普通高等教育“十二五”规划教材·工科数学系列教材

线性代数与几何

主　编　张保才
副主编　郭志芳　李京艳
　　　　张素娟　郭秀英

科学出版社
北　京

内 容 简 介

本书是“普通高等教育‘十二五’规划教材·工科数学系列教材”中的一本，是编者在多个省部级科研成果的基础上，结合多年教学经验编写而成的．本书共6章，内容包括：行列式，矩阵，向量空间，线性方程组，相似矩阵、二次型及二次曲面，线性空间与线性变换，每节后有习题，每章后有综合习题，并在部分章节配有适当的应用题、数学史或数学文化等内容．书后附有习题答案．在教学上，本书与同系列《高等数学》(上下册)配套使用．

本书面向工科类学生，可作为土木工程、机械工程、电气自动化工程、计算机工程、交通工程、工程管理、经济管理等本科专业的教材或教学参考书，也可供报考工科硕士研究生的人员参考．

图书在版编目(CIP)数据

线性代数与几何/张保才主编．—北京：科学出版社，2012

普通高等教育“十二五”规划教材·工科数学系列教材

ISBN 978-7-03-035307-8

Ⅰ.①线… Ⅱ.①张… Ⅲ.①线性代数-高等学校-教材②解析几何-高等学校-教材 Ⅳ.①O151.2②O182

中国版本图书馆 CIP 数据核字(2012)第 190402 号

责任编辑：相　凌 / 责任校对：林青梅

责任印制：徐晓晨 / 封面设计：华路天然工作室

科学出版社出版

北京东黄城根北街16号

邮政编码：100717

http://www.sciencep.com

北京凌奇印刷有限责任公司印刷

科学出版社发行　各地新华书店经销

*

2012年8月第 一 版　开本：787×1092 1/16

2020年7月第七次印刷　印张：14 1/4

字数：329 000

定价：39.00元

(如有印装质量问题，我社负责调换)

前　言

本系列教材是在原铁道部部级课题、河北省“九五”教育学科规划重点课题“面向21世纪高等工科教育数学系列课程教学内容与课程体系改革的研究与实践”和全国高等学校数学研究中心承担科技部“创新方法工作专项项目——科学思维、科学方法在高等数学课程中的应用与实践”的研究成果基础上，通过多年的教学实践，广泛征求意见，按照教育部非数学类专业数学基础课程教学指导分委员会2009年编制的《工科类本科数学基础课程教学基本要求》编写而成的．本系列教材在多年的教学实践中受到了广大师生的欢迎和同行的肯定，在总体结构、编写思想和特点、难易程度把握等方面，经受了实践的检验．本系列教材包括《高等数学》(上下册)、《线性代数与几何》、《概率论与数理统计》等．在教学中，《高等数学》(上下册)与《线性代数与几何》配套使用．

本系列教材在编写中力求做到渗透现代数学思想，淡化计算技巧，加强应用能力培养；在内容编排上从实际问题出发，建立数学模型，抽象出数学概念，寻求数学处理方法，解决实际问题．通过学习本系列教材，希望提高学生对数学的学习兴趣，培养数学建模意识，使学生较好地掌握高等数学方法，提高数学应用能力．书中带有“ * ”号的内容为选学内容．

本书具有以下特点：

(1) 以简明适用为原则，突出了对基本概念、基本方法、基本理论的介绍和训练．

(2) 在内容选择与安排上，注意代数理论体系的系统性与严谨性、空间几何的直观性，将空间解析几何与线性代数做了有机的结合，使读者能够对基本概念有更深入的理解．

(3) 在内容体系上努力做到结构设计合理，重点突出，重视理论联系实际．

(4) 在重要的章节附有实际应用题，将数学建模思想巧妙地渗透到其中，调动学生学习的积极性，提高学生分析问题和解决问题的能力．

(5) 为培养学生学习数学的兴趣，在部分章节加入了与内容相关的数学史和数学文化作为阅读材料供学生选读．

(6) 在每节后有精心选配的习题，各章后配有综合习题，书后附有习题答案．

本书由张保才任主编，负责总体方案的设计、具体内容安排及统稿工作．参编者有李京艳(第1、6章)、张素娟(第2章)、郭志芳(第3章及第5章7～9节)、郭秀英(第4章及第5章1～6节)、胡俊美(每章后的数学史和数学文化部分)．本书在编写过程中，得到了顾祝全、牟卫华、刘响林、王永亮、胡荣老师的大力支持，刘宝友、孙秋杰、胡俊美老师也提出了许多宝贵意见，在此一并表示感谢．

由于编者水平有限，书中仍可能有不当之处，敬请读者批评指正．

编　者

2012年4月

目　录

第1章 行 列 式

行列式概念的建立源于求解线性方程组的实际需要，它作为一个重要的数学工具，在数学的各个领域和其他众多科学技术领域(如物理学、力学、工程技术等)都有着广泛的应用.

本章主要介绍 n 阶行列式的概念、性质、行列式按行(列)展开、拉普拉斯(Laplace)展开定理以及解线性方程组的克莱姆(Cramer)法则.

1.1 行列式的概念

1.1.1 二阶、三阶行列式

1. 二阶行列式

引例 用消元法解二元线性方程组

$$\begin{cases} a_{11}x_1+a_{12}x_2=b_1 \\ a_{21}x_1+a_{22}x_2=b_2 \end{cases}. \tag{1.1.1}$$

解 以 a_{22} 乘第一个方程，以 a_{12} 乘第二个方程，然后两式相减，消去 x_2，得

$$(a_{11}a_{22}-a_{12}a_{21})x_1=b_1a_{22}-a_{12}b_2.$$

类似消去 x_1，得

$$(a_{11}a_{22}-a_{12}a_{21})x_2=a_{11}b_2-b_1a_{21}.$$

当 $a_{11}a_{22}-a_{12}a_{21}\neq 0$ 时，即有

$$x_1=\frac{b_1a_{22}-a_{12}b_2}{a_{11}a_{22}-a_{12}a_{21}},\quad x_2=\frac{a_{11}b_2-b_1a_{21}}{a_{11}a_{22}-a_{12}a_{21}}.$$

这就是二元线性方程组(1.1.1)的解公式. 为了便于记忆，我们引入记号 $\begin{vmatrix} a_{11} & a_{12} \\ a_{21} & a_{22} \end{vmatrix} \triangleq D$，

并规定

$$D=\begin{vmatrix} a_{11} & a_{12} \\ a_{21} & a_{22} \end{vmatrix}=a_{11}a_{22}-a_{12}a_{21}, \tag{1.1.2}$$

称 D 为**二阶行列式**，其中 $a_{11}, a_{12}, a_{21}, a_{22}$ 称为行列式的**元素**. 这四个元素排成两行两列，横排称为**行**，竖排称为**列**. 元素 a_{ij} 的右下角有两个下标 i 和 j，第一个下标 i 称为**行标**，它表示元素所在的行；第二个下标 j 称为**列标**，它表示元素所在的列. 如 a_{12} 是位于第一行第二列上的元素，而 a_{21} 是位于第二行第一列上的元素. 从行列式的左上角到右下角的连线称为行列式的**主对角线**，从行列式的右上角到左下角的连线称为行列式的**次对角线**.

从式(1.1.2)可知，二阶行列式是两项的代数和，一项是主对角线上两元素的乘积，取正号；另一项是次对角线上两元素的乘积，取负号. 此规律可用对角线法则来记忆，如

图 1.1所示，二阶行列式 D 等于实线上两元素的乘积减去虚线上两元素的乘积．

$$\begin{vmatrix} a_{11} & a_{12} \\ a_{21} & a_{22} \end{vmatrix} = a_{11}a_{22} - a_{12}a_{21}$$

图 1.1

据此定义，可计算出

$$D_1 = \begin{vmatrix} b_1 & a_{12} \\ b_2 & a_{22} \end{vmatrix} = b_1 a_{22} - a_{12} b_2, \quad D_2 = \begin{vmatrix} a_{11} & b_1 \\ a_{21} & b_2 \end{vmatrix} = a_{11} b_2 - b_1 a_{21}.$$

这样当 $D \neq 0$ 时，方程组(1.1.1)的解公式便可以简洁明了地表示为

$$x_1 = \frac{D_1}{D}, \quad x_2 = \frac{D_2}{D}.$$

其中分母 D 是由方程组(1.1.1)的系数按它们原来在方程组中的次序所排成的二阶行列式，称为方程组(1.1.1)的**系数行列式**．D_j 是将系数行列式 D 的第 j 列元素依次用方程组右端的常数项替换后所得的二阶行列式($j=1,2$).

例 1.1.1　求解二元线性方程组

$$\begin{cases} 3x_1 - 2x_2 = 1 \\ 2x_1 + 7x_2 = -3 \end{cases}.$$

解　方程组的系数行列式

$$D = \begin{vmatrix} 3 & -2 \\ 2 & 7 \end{vmatrix} = 3\times 7 - (-2)\times 2 = 25 \neq 0,$$

而

$$D_1 = \begin{vmatrix} 1 & -2 \\ -3 & 7 \end{vmatrix} = 1\times 7 - (-2)\times(-3) = 1,$$

$$D_2 = \begin{vmatrix} 3 & 1 \\ 2 & -3 \end{vmatrix} = 3\times(-3) - 1\times 2 = -11.$$

所以方程组的解为 $x_1 = \frac{D_1}{D} = \frac{1}{25}, x_2 = \frac{D_2}{D} = -\frac{11}{25}$.

2. 三阶行列式

与二元线性方程组类似，对于含三个未知量 x_1, x_2, x_3 的线性方程组

$$\begin{cases} a_{11}x_1 + a_{12}x_2 + a_{13}x_3 = b_1 \\ a_{21}x_1 + a_{22}x_2 + a_{23}x_3 = b_2 \\ a_{31}x_1 + a_{32}x_2 + a_{33}x_3 = b_3 \end{cases}. \tag{1.1.3}$$

可同样逐次消元，消去 x_3 和 x_2，可得

$$(a_{11}a_{22}a_{33} + a_{12}a_{23}a_{31} + a_{13}a_{21}a_{32} - a_{11}a_{23}a_{32} - a_{12}a_{21}a_{33} - a_{13}a_{22}a_{31})x_1$$
$$= b_1 a_{22}a_{33} + a_{12}a_{23}b_3 + a_{13}b_2 a_{32} - b_1 a_{23}a_{32} - a_{12}b_2 a_{33} - a_{13}a_{22}b_3.$$

将上式中 x_1 的系数记为 D，则当 $D \neq 0$ 时，有

$$x_1 = \frac{1}{D}(b_1 a_{22}a_{33} + a_{12}a_{23}b_3 + a_{13}b_2 a_{32} - b_1 a_{23}a_{32} - a_{12}b_2 a_{33} - a_{13}a_{22}b_3).$$

类似可得

$$x_2=\frac{1}{D}(a_{11}b_2a_{33}+b_1a_{23}a_{31}+a_{13}a_{21}b_3-a_{11}a_{23}b_3-b_1a_{21}a_{33}-a_{13}b_2a_{31}),$$

$$x_3=\frac{1}{D}(a_{11}a_{22}b_3+a_{12}b_2a_{31}+b_1a_{21}a_{32}-a_{11}b_2a_{32}-a_{12}a_{21}b_3-b_1a_{22}a_{31}).$$

这是三元线性方程组(1.1.3)的解．显然，要记住这两个式子相当困难．为便于方程组的求解和记忆，引入由三行三列元素构成的三阶行列式 $\begin{vmatrix} a_{11} & a_{12} & a_{13} \\ a_{21} & a_{22} & a_{23} \\ a_{31} & a_{32} & a_{33} \end{vmatrix} \triangleq D$，并规定

$$D=\begin{vmatrix} a_{11} & a_{12} & a_{13} \\ a_{21} & a_{22} & a_{23} \\ a_{31} & a_{32} & a_{33} \end{vmatrix}=a_{11}a_{22}a_{33}+a_{12}a_{23}a_{31}+a_{13}a_{21}a_{32}-a_{11}a_{23}a_{32}-a_{12}a_{21}a_{33}-a_{13}a_{22}a_{31}.$$

此规律也可借助于对角线法则来记忆，如图 1.2 所示，图中有三条实线和三条虚线，每条实线所连三个元素的乘积取正号，每条虚线所连三个元素的乘积取负号，三阶行列式等于这六个乘积的代数和．

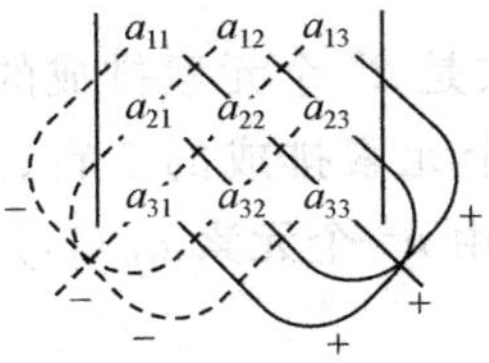

$$=a_{11}a_{22}a_{33}+a_{12}a_{23}a_{31}+a_{13}a_{21}a_{32}-a_{11}a_{23}a_{32}-a_{12}a_{21}a_{33}-a_{13}a_{22}a_{31}$$

图 1.2

注 计算行列式的对角线法则只适用于二阶、三阶行列式，并不能推广到更高阶的行列式．

现将方程组(1.1.3)中常数项 b_1,b_2,b_3 依次替换 D 中第 1 列、第 2 列、第 3 列元素所得的行列式分别记为

$$D_1=\begin{vmatrix} b_1 & a_{12} & a_{13} \\ b_2 & a_{22} & a_{23} \\ b_3 & a_{32} & a_{33} \end{vmatrix},\quad D_2=\begin{vmatrix} a_{11} & b_1 & a_{13} \\ a_{21} & b_2 & a_{23} \\ a_{31} & b_3 & a_{33} \end{vmatrix},\quad D_3=\begin{vmatrix} a_{11} & a_{12} & b_1 \\ a_{21} & a_{22} & b_2 \\ a_{31} & a_{32} & b_3 \end{vmatrix}.$$

按三阶行列式定义计算 D_1,D_2,D_3，发现三者恰为用消元法解方程组(1.1.3)所得 x_1,x_2，x_3 表达式的分子，而分母均为 D(称 D 为线性方程组(1.1.3)的系数行列式)．当 $D\neq0$ 时，方程组(1.1.3)有唯一的解

$$x_1=\frac{D_1}{D},\quad x_2=\frac{D_2}{D},\quad x_3=\frac{D_3}{D}.$$

例 1.1.2 求解三元线性方程组

$$\begin{cases} x_1-x_2=1 \\ x_2-x_3=3 \\ x_1+x_3=2 \end{cases}.$$

解　方程组的系数行列式

$$D=\begin{vmatrix}1&-1&0\\0&1&-1\\1&0&1\end{vmatrix}=1\times1\times1+(-1)\times(-1)\times1+0\times0\times0-$$

$$1\times(-1)\times0-(-1)\times0\times1-0\times1\times1=2\neq0,$$

而

$$D_1=\begin{vmatrix}1&-1&0\\3&1&-1\\2&0&1\end{vmatrix}=1+2+3=6,\quad D_2=\begin{vmatrix}1&1&0\\0&3&-1\\1&2&1\end{vmatrix}=3-1+2=4,$$

$$D_3=\begin{vmatrix}1&-1&1\\0&1&3\\1&0&2\end{vmatrix}=2-3-1=-2.$$

所以方程组的解为 $x_1=\dfrac{D_1}{D}=3,\quad x_2=\dfrac{D_2}{D}=2,\quad x_3=\dfrac{D_3}{D}=-1.$

1.1.2　*n* 阶行列式

从二、三阶行列式定义可以看出，二阶行列式是 2^2 个元素排成的两行、两列的表，它表示 2 项，即 2！项的代数和；三阶行列式是 3^2 个元素排成的三行、三列的表，它表示 6 项，即 3！项的代数和．可以想象，n 阶行列式应由 n^2 个元素 $a_{ij}(i,j=1,2,\cdots,n)$ 排成 n 行 n 列的表构成，即

$$\begin{vmatrix}a_{11}&a_{12}&\cdots&a_{1n}\\a_{21}&a_{22}&\cdots&a_{2n}\\\vdots&\vdots&&\vdots\\a_{n1}&a_{n2}&\cdots&a_{nn}\end{vmatrix},$$

那么，n 阶行列式表示多少项的代数和？每项的正负号如何确定？当 $n>3$ 时，对角线法则并不适用，故为求得上述问题的解决，需对二阶、三阶行列式做进一步研究，以便找出行列式所共有的特性．为此，下面先介绍全排列和逆序数概念．

1．全排列及逆序数

在初等数学中，我们已经学过排列的知识．n 个不同的元素排成一列，称为这 n 个元素的**全排列**(简称**排列**)，n 个不同元素的所有排列个数用 P_n 表示．则有

$$P_2=2!,P_3=3!,\cdots,P_n=n!\,.$$

对于 n 个不同的元素，我们规定各元素之间有一个标准次序(例如，n 个不同的自然数，可规定由小到大为标准次序)，按标准次序排成的排列称为**标准排列**．在 n 个元素的任一排列中，当某两个元素的先后次序与标准次序不同时，就说有一个**逆序**．一个排列中所有逆序的总数称为这个排列的**逆序数**．显然，标准排列的逆序数为 0.

逆序数为奇数的排列称为**奇排列**，逆序数为偶数的排列称为**偶排列**．

下面介绍求逆序数的方法．

考虑由 n 个自然数 $1,2,\cdots,n$ 构成的排列．规定由小到大为标准次序(即排列 $12\cdots n$ 为标准排列)．设

$$p_1 p_2 \cdots p_n$$

是由 $1,2,\cdots,n$ 构成的一个排列，逐个考虑元素 $p_i(i=1,2,\cdots,n)$，如果比 p_i 小且排在 p_i 后面的元素有 t_i 个，就说 p_i 这个元素的逆序数为 t_i．n 个元素的逆序数之总和

$$t = t_1 + t_2 + \cdots + t_n = \sum_{i=1}^{n} t_i$$

就是这个排列的逆序数．

例 1.1.3 求排列 236154 的逆序数．

解 比 2 小且排在 2 后面的数只有一个(数 1)，故 2 的逆序数为 1；

比 3 小且排在 3 后面的数只有一个(数 1)，故 3 的逆序数为 1；

比 6 小且排在 6 后面的数有三个(数 1,5,4)，故 6 的逆序数为 3；

比 1 小且排在 1 后面的数不存在，故 1 的逆序数为 0；

比 5 小且排在 5 后面的数只有一个(数 4)，故 5 的逆序数为 1；

4 在末位，故逆序数为 0.

所以，此排列的逆序数为 $t=1+1+3+0+1+0=6$.

此排列为偶排列．

2. 对换

对于给定的一个排列，将其中任意两个元素对调，其余元素不动，得一新的排列，这种作出新排列的手续称为**对换**．将相邻两个元素对换，称为**相邻对换**．如

$$456231 \xrightarrow[\text{5 与 6 对换}]{\text{一次相邻对换}} 465231,$$

$$456231 \xrightarrow[\text{5 与 3 对换}]{\text{一次对换}} 436251.$$

容易算出

$$t(456231)=11,$$
$$t(465231)=12,$$
$$t(436251)=10.$$

结果表明，经一次对换(无论是相邻对换还是不相邻对换)，排列改变了奇偶性．此结论具有一般性．

定理 1.1.1 排列中任意两个元素对换，排列改变奇偶性．

证 先证相邻对换的情形．

设对换排列 $p_1\cdots p_l p q q_1 \cdots q_m$ 中的 p 与 q，得到 $p_1\cdots p_l q p q_1\cdots q_m$．显然元素 $p_1,\cdots,p_l$ 与 $q_1,\cdots,q_m$ 的逆序数经过对换并不改变，而 p,q 两个元素的逆序数改变为：当 $p<q$ 时，经对换后 p 的逆序数没有改变，而 q 的逆序数增加 1；当 $p>q$ 时，经对换后 p 的逆序数减少 1，而 q 的逆序数没有改变．总之，对换前后两个排列的逆序数相差 1，所以两个排列的奇偶性不同．

再证一般对换的情形．

设对换排列 $p_1\cdots p_l p q_1\cdots q_m q r_1\cdots r_k$ 中的 p 与 q，得到

$$p_1\cdots p_l q q_1\cdots q_m p r_1\cdots r_k.$$

这个对换过程可看作先将元素 p 依次与 $q_1,\cdots,q_m,q$ 作 $m+1$ 次相邻对换，调成 $p_1\cdots p_l q_1\cdots q_m q p r_1\cdots r_k$，再用元素 q 依次与 $q_m,\cdots,q_1$ 作 m 次相邻对换，调成 $p_1\cdots p_l q q_1\cdots q_m p r_1\cdots r_k$. 总之，排列 $p_1\cdots p_l p q_1\cdots q_m q r_1\cdots r_k$ 经 $2m+1$ 次相邻对换调成排列 $p_1\cdots p_l q q_1\cdots q_m p r_1\cdots r_k$，所以两个排列的奇偶性不同.

注意到标准排列是偶排列(逆序数为 0)，不难得到如下推论.

推论 1.1.1　奇排列调成标准排列的对换次数为奇数，偶排列调成标准排列的对换次数为偶数.

3. 三阶行列式的结构

三阶行列式的定义式为

$$\begin{vmatrix} a_{11} & a_{12} & a_{13} \\ a_{21} & a_{22} & a_{23} \\ a_{31} & a_{32} & a_{33} \end{vmatrix} = a_{11}a_{22}a_{33}+a_{12}a_{23}a_{31}+a_{13}a_{21}a_{32}-a_{11}a_{23}a_{32}-a_{12}a_{21}a_{33}-a_{13}a_{22}a_{31}.$$

容易看出其结构特点：

(1) 三阶行列式由 3^2 个元素构成，定义式右端的每一项除正负号外可以写成 $a_{1p_1}a_{2p_2}a_{3p_3}$，这里行标排成标准排列 123，而列标排成 $p_1p_2p_3$，是自然数 1,2,3 的某个排列. 这样的排列共有 6 个($P_3=3!=6$)，正好对应定义式右端的项数. 这说明，三阶行列式等于所有取自不同行、不同列的三个元素乘积的代数和，共有 3! 项.

(2) 6 项中带正号、负号的各 3 项：带正号的 3 项列标排列是 123、231、312，均为偶排列；带负号的 3 项列标排列是 132、213、321，均为奇排列.

因此各项所带正负号可以表示为 $(-1)^t$，其中 t 是列标排列的逆序数.

由以上分析，三阶行列式可以定义为

$$\begin{vmatrix} a_{11} & a_{12} & a_{13} \\ a_{21} & a_{22} & a_{23} \\ a_{31} & a_{32} & a_{33} \end{vmatrix} = \sum_{p_1p_2p_3}(-1)^t a_{1p_1}a_{2p_2}a_{3p_3},$$

其中 t 为排列 $p_1p_2p_3$ 的逆序数，$\sum\limits_{p_1p_2p_3}$ 表示对 1,2,3 三个数的所有排列 $p_1p_2p_3$ 求和.

4. n 阶行列式的定义

定义 1.1.1　n 阶行列式由 n^2 个元素构成，其定义式为

$$D=\begin{vmatrix} a_{11} & a_{12} & \cdots & a_{1n} \\ a_{21} & a_{22} & \cdots & a_{2n} \\ \vdots & \vdots & & \vdots \\ a_{n1} & a_{n2} & \cdots & a_{nn} \end{vmatrix} = \sum_{p_1p_2\cdots p_n}(-1)^t a_{1p_1}a_{2p_2}\cdots a_{np_n},$$

其中 $p_1p_2\cdots p_n$ 为自然数 $1,2,\cdots,n$ 的排列，t 是排列 $p_1p_2\cdots p_n$ 的逆序数，$\sum\limits_{p_1p_2\cdots p_n}$ 表示对 1，

$2,\cdots,n$ 的所有排列 $p_1p_2\cdots p_n$ 求和.

由定义知,n 阶行列式 D 是 $n!$ 项的代数和,其中每一项都是位于不同行、不同列的 n 个元素的乘积,每项前面所带符号 $(-1)^t$ 由排列 $p_1p_2\cdots p_n$ 的逆序数 t 确定.

n 阶行列式 D 有时也简记作 $\Delta(a_{ij})$.

规定 一阶行列式的值就等于构成行列式的元素,如 $|-1|=-1$. 注意不要与绝对值记号混淆.

下面给出另一形式的 n 阶行列式定义.

定理 1.1.2 n 阶行列式也可以定义为

$$D=\sum_{p_1p_2\cdots p_n}(-1)^t a_{p_11}a_{p_22}\cdots a_{p_nn},$$

其中 t 为排列 $p_1p_2\cdots p_n$ 的逆序数.

证 由于 $p_1p_2\cdots p_n$ 是自然数 $1,2,\cdots,n$ 的全排列,因此 $a_{p_11}a_{p_22}\cdots a_{p_nn}$ 是取自不同行、不同列的元素的乘积.

若交换 $a_{p_11}a_{p_22}\cdots a_{p_nn}$ 中两个元素 a_{p_ii} 与 a_{p_jj},则其行标排列由 $p_1\cdots p_i\cdots p_j\cdots p_n$ 变为 $p_1\cdots p_j\cdots p_i\cdots p_n$,同时其列标由排列 $1\cdots i\cdots j\cdots n$ 变为 $1\cdots j\cdots i\cdots n$,由定理 1.1.1 知,二者逆序数的奇偶性均改变. 由推论 1.1.1 知,如果 $p_1p_2\cdots p_n$ 为偶排列,则经过偶数次对换可换成标准排列,同时其列标由标准排列 $12\cdots n$ 变为 $q_1q_2\cdots q_n$,为偶排列;如果 $p_1p_2\cdots p_n$ 为奇排列,则经过奇数次对换可换成标准排列,同时其列标由标准排列 $12\cdots n$ 变为 $q_1q_2\cdots q_n$,为奇排列,即 $(-1)^t=(-1)^s$,其中 s 为 $q_1q_2\cdots q_n$ 的逆序数. 故 $\sum\limits_{p_1p_2\cdots p_n}(-1)^t a_{p_11}a_{p_22}\cdots a_{p_nn}$ 中每一项 $(-1)^t a_{p_11}a_{p_22}\cdots a_{p_nn}$ 均可经过有限次对换变为 $(-1)^s a_{1q_1}a_{2q_2}\cdots a_{nq_n}$,即

$$\sum_{p_1p_2\cdots p_n}(-1)^t a_{p_11}a_{p_22}\cdots a_{p_nn}=\sum_{q_1q_2\cdots q_n}(-1)^s a_{1q_1}a_{2q_2}\cdots a_{nq_n}=D.$$

例 1.1.4 根据定义可知,对角行列式(主对角线上可能有非零元素,其余元素全为 0)

$$\begin{vmatrix}\lambda_1 & & & \\ & \lambda_2 & & \\ & & \ddots & \\ & & & \lambda_n\end{vmatrix}=\lambda_1\lambda_2\cdots\lambda_n.$$

例 1.1.5 证明

$$\begin{vmatrix} & & & \lambda_1 \\ & & \lambda_2 & \\ & \cdot^{\cdot^{\cdot}} & & \\ \lambda_n & & & \end{vmatrix}=(-1)^{\frac{n(n-1)}{2}}\lambda_1\lambda_2\cdots\lambda_n.$$

证 记 $\lambda_1=a_{1n},\lambda_2=a_{2,n-1},\cdots,\lambda_n=a_{n1}$. 则由 n 阶行列式定义

$$\begin{vmatrix} & & & \lambda_1 \\ & & \lambda_2 & \\ & \cdot^{\cdot^{\cdot}} & & \\ \lambda_n & & & \end{vmatrix}=\begin{vmatrix} & & & a_{1n} \\ & & a_{2,n-1} & \\ & \cdot^{\cdot^{\cdot}} & & \\ a_{n1} & & & \end{vmatrix}=(-1)^t a_{1n}a_{2,n-1}\cdots a_{n1}=(-1)^t\lambda_1\lambda_2\cdots\lambda_n.$$

其中 t 为排列 $n(n-1)\cdots21$ 的逆序数,故

$$t=(n-1)+(n-2)+\cdots+1+0=\frac{n(n-1)}{2}.$$

例 1.1.6　计算 n 阶上三角行列式(主对角线以下的元素全为 0)

$$D=\begin{vmatrix} a_{11} & a_{12} & \cdots & a_{1n} \\ & a_{22} & \cdots & a_{2n} \\ & & \ddots & \vdots \\ & & & a_{nn} \end{vmatrix}.$$

解　该行列式的特点是主对角线以下的元素皆为 0,即当 $j<i$ 时,$a_{ij}=0$.

n 阶行列式的每一项都是位于不同行、不同列的 n 个元素的乘积．而该行列式除主对角线上 n 个元素乘积之外,其余各项中至少有一个元素为 0,故

$$D=\begin{vmatrix} a_{11} & a_{12} & \cdots & a_{1n} \\ & a_{22} & \cdots & a_{2n} \\ & & \ddots & \vdots \\ & & & a_{nn} \end{vmatrix}=(-1)^t a_{11}a_{22}\cdots a_{nn}=a_{11}a_{22}\cdots a_{nn},$$

其中 $t=t(12\cdots n)=0$.

同样,下三角行列式(主对角线以上元素全为 0)

$$D=\begin{vmatrix} a_{11} & & & \\ a_{21} & a_{22} & & \\ \vdots & \vdots & \ddots & \\ a_{n1} & a_{n2} & \cdots & a_{nn} \end{vmatrix}=a_{11}a_{22}\cdots a_{nn}.$$

习　题　1.1

1. 用定义计算下列行列式:

(1) $\begin{vmatrix} \cos\theta & -\sin\theta \\ \sin\theta & \cos\theta \end{vmatrix}$;　(2) $\begin{vmatrix} 1 & \log_b a \\ \log_a b & 1 \end{vmatrix}$;　(3) $\begin{vmatrix} 0 & a & 0 \\ b & 0 & c \\ 0 & d & 0 \end{vmatrix}$;

(4) $\begin{vmatrix} 1 & -1 & 1 \\ 1 & 1 & -1 \\ -1 & 1 & 1 \end{vmatrix}$;　(5) $\begin{vmatrix} a & b & c \\ b & c & a \\ c & a & b \end{vmatrix}$;　(6) $\begin{vmatrix} 1 & 1 & 1 \\ a & b & c \\ a^2 & b^2 & c^2 \end{vmatrix}$.

2. 按自然数从小到大的标准次序,求下列各排列的逆序数:

(1) 4132;　(2) 2431;　(3) $13\cdots(2n-1)24\cdots(2n)$;

(4) $24\cdots(2n)(2n-1)\cdots31$;　(5) $13\cdots(2n-1)(2n)(2n-2)\cdots42$;

(6) 如果排列 $a_1a_2\cdots a_n$ 有 s 个逆序,求排列 $a_na_{n-1}\cdots a_2a_1$ 的逆序数．

3. 写出四阶行列式中含有因子 $a_{11}a_{24}$ 的项,并确定这些项的符号．

4. 在六阶行列式中,项 $a_{23}a_{31}a_{42}a_{56}a_{14}a_{65}$ 与 $a_{32}a_{43}a_{54}a_{11}a_{66}a_{25}$ 各应取什么符号?

5. 设 n 阶行列式中有 n^2-n 个以上的元素为零,证明:该行列式为零．

6. 用定义计算下列行列式：

(1) $\begin{vmatrix} a & 0 & 0 & 0 \\ 0 & 0 & b & 0 \\ 0 & c & 0 & 0 \\ 0 & 0 & 0 & d \end{vmatrix}$；　(2) $\begin{vmatrix} 1 & 1 & 1 & 0 \\ 0 & 1 & 0 & 1 \\ 0 & 1 & 1 & 1 \\ 0 & 0 & 1 & 0 \end{vmatrix}$；

(3) $\begin{vmatrix} 0 & 1 & 0 & \cdots & 0 \\ 0 & 0 & 2 & \cdots & 0 \\ \vdots & \vdots & \vdots & & \vdots \\ 0 & 0 & 0 & \cdots & n-1 \\ n & 0 & 0 & \cdots & 0 \end{vmatrix}$；　(4) $\begin{vmatrix} 0 & 0 & \cdots & 0 & 1 & 0 \\ 0 & 0 & \cdots & 2 & 0 & 0 \\ \vdots & \vdots & & \vdots & \vdots & \vdots \\ n-1 & 0 & \cdots & 0 & 0 & 0 \\ 0 & 0 & \cdots & 0 & 0 & n \end{vmatrix}$；

(5) $\begin{vmatrix} a_1 & a_2 & a_3 & a_4 & a_5 \\ b_1 & b_2 & b_3 & b_4 & b_5 \\ c_1 & c_2 & 0 & 0 & 0 \\ d_1 & d_2 & 0 & 0 & 0 \\ e_1 & e_2 & 0 & 0 & 0 \end{vmatrix}$；　(6) $\begin{vmatrix} a_{11} & a_{12} & \cdots & a_{1,n-1} & a_{1n} \\ a_{21} & a_{22} & \cdots & a_{2,n-1} & 0 \\ \vdots & \vdots & & \vdots & \vdots \\ a_{n-1,1} & a_{n-1,2} & \cdots & 0 & 0 \\ a_{n1} & 0 & \cdots & 0 & 0 \end{vmatrix}$.

1.2 行列式的性质与计算

一般情况下，由定义计算高阶行列式的工作量很大，且符号确定比较麻烦．若行列式中零元素较多，则计算会简单得多．如果能够通过适当的变换将行列式中某些元素变为零，则会简化行列式的计算．为此，我们介绍行列式的性质．

1.2.1 行列式的性质

设

$$D=\begin{vmatrix} a_{11} & a_{12} & \cdots & a_{1n} \\ a_{21} & a_{22} & \cdots & a_{2n} \\ \vdots & \vdots & & \vdots \\ a_{n1} & a_{n2} & \cdots & a_{nn} \end{vmatrix},\quad D^{\mathrm{T}}=\begin{vmatrix} a_{11} & a_{21} & \cdots & a_{n1} \\ a_{12} & a_{22} & \cdots & a_{n2} \\ \vdots & \vdots & & \vdots \\ a_{1n} & a_{2n} & \cdots & a_{nn} \end{vmatrix},$$

称行列式 D^{T} 为行列式 D 的**转置行列式**．显然，D 也是 D^{T} 的转置行列式．

性质 1.2.1 行列式与它的转置行列式相等．

证 记

$$D=\begin{vmatrix} a_{11} & a_{12} & \cdots & a_{1n} \\ a_{21} & a_{22} & \cdots & a_{2n} \\ \vdots & \vdots & & \vdots \\ a_{n1} & a_{n2} & \cdots & a_{nn} \end{vmatrix},\quad D^{\mathrm{T}}=\begin{vmatrix} b_{11} & b_{12} & \cdots & b_{1n} \\ b_{21} & b_{22} & \cdots & b_{2n} \\ \vdots & \vdots & & \vdots \\ b_{n1} & b_{n2} & \cdots & b_{nn} \end{vmatrix}.$$

其中 $b_{ij}=a_{ji}(i,j=1,2,\cdots,n)$，按定义 1.1.1，有

$$D^{\mathrm{T}}=\sum_{p_1p_2\cdots p_n}(-1)^t b_{1p_1}b_{2p_2}\cdots b_{np_n}=\sum_{p_1p_2\cdots p_n}(-1)^t a_{p_1 1}a_{p_2 2}\cdots a_{p_n n},$$

根据定理 1.1.2，又有

$$D=\sum_{p_1p_2\cdots p_n}(-1)^t a_{p_11}a_{p_22}\cdots a_{p_nn},$$

所以

$$D^{\mathrm{T}}=D.$$

性质 1.2.1 表明，行列式中的行与列的地位是对等的，行列式的性质凡是对行成立的，对列也同样成立，反之亦然．于是下面性质只需对行(或列)给出证明．

性质 1.2.2　互换行列式的两行(列)，行列式变号．互换 i,j 两行(列)，记为 $r_i\leftrightarrow r_j(c_i\leftrightarrow c_j)$.

证　设行列式

$$D_1=\begin{vmatrix} b_{11} & b_{12} & \cdots & b_{1n}\\ b_{21} & b_{22} & \cdots & b_{2n}\\ \vdots & \vdots & & \vdots\\ b_{n1} & b_{n2} & \cdots & b_{nn}\end{vmatrix}$$

是由行列式 $D=\Delta(a_{ij})$ 交换 i,j 两行得到的(不妨设 $i<j$)，即当 $k\neq i,j$ 时，$b_{kl}=a_{kl}$；当 $k=i,j$ 时，$b_{il}=a_{jl}$，$b_{jl}=a_{il}$ $(l=1,2,\cdots,n)$，于是

$$D_1=\sum(-1)^t b_{1p_1}b_{2p_2}\cdots b_{ip_i}\cdots b_{jp_j}\cdots b_{np_n}=\sum(-1)^t a_{1p_1}a_{2p_2}\cdots a_{jp_i}\cdots a_{ip_j}\cdots a_{np_n}.$$

其中 $12\cdots i\cdots j\cdots n$ 为标准排列，t 为排列 $p_1p_2\cdots p_i\cdots p_j\cdots p_n$ 的逆序数．设排列 $p_1p_2\cdots p_j\cdots p_i\cdots p_n$ 的逆序数为 t_1，t 与 t_1 的奇偶性相反，于是有 $(-1)^t=-(-1)^{t_1}$，故

$$D_1=-\sum(-1)^{t_1}a_{1p_1}a_{2p_2}\cdots a_{ip_j}\cdots a_{jp_i}\cdots a_{np_n}=-D.$$

推论 1.2.1　如果行列式有两行(列)完全相同，则此行列式的值为零．

类似性质 1.2.2，以下各性质均可利用行列式的定义加以证明．

性质 1.2.3　用数 k 乘行列式等于用 k 乘行列式的某一行(列)中所有元素．k 乘第 i 行(列)记为 $kr_i(kc_i)$.

推论 1.2.2　行列式某一行(列)的所有元素的公因子可以提到行列式符号的外面．第 i 行(列)提出公因子 k 记为 $r_i\div k(c_i\div k)$.

例如，

$$\begin{vmatrix} 3 & 6 & 12\\ 0 & -2 & 2\\ 15 & 5 & 10\end{vmatrix}\xlongequal[r_3\div 5]{\substack{r_1\div 3\\ r_2\div 2}}3\times 2\times 5\begin{vmatrix} 1 & 2 & 4\\ 0 & -1 & 1\\ 3 & 1 & 2\end{vmatrix}=30\times 15=450.$$

推论 1.2.3　行列式中有一行(列)元素全为零，则此行列式的值等于零．

由性质 1.2.3 及其推论 1.2.1 可得：

性质 1.2.4　行列式如果有两行(列)元素对应成比例，则此行列式的值等于零．

性质 1.2.5　若行列式的某一行(列)的元素皆为两数之和，则此行列式等于两个行列式之和．例如第 j 列的元素都是两数之和，则有

$$D=\begin{vmatrix} a_{11} & \cdots & a_{1j}+a_{1j}' & \cdots & a_{1n}\\ a_{21} & \cdots & a_{2j}+a_{2j}' & \cdots & a_{2n}\\ \vdots & & \vdots & & \vdots\\ a_{n1} & \cdots & a_{nj}+a_{nj}' & \cdots & a_{nn}\end{vmatrix}=\begin{vmatrix} a_{11} & \cdots & a_{1j} & \cdots & a_{1n}\\ a_{21} & \cdots & a_{2j} & \cdots & a_{2n}\\ \vdots & & \vdots & & \vdots\\ a_{n1} & \cdots & a_{nj} & \cdots & a_{nn}\end{vmatrix}+\begin{vmatrix} a_{11} & \cdots & a_{1j}' & \cdots & a_{1n}\\ a_{21} & \cdots & a_{2j}' & \cdots & a_{2n}\\ \vdots & & \vdots & & \vdots\\ a_{n1} & \cdots & a_{nj}' & \cdots & a_{nn}\end{vmatrix}.$$

性质 1.2.6 把行列式的某一行(列)的各元素乘以同一数 k,然后加到另一行(列)对应元素上去,行列式的值不变．例如用数 k 乘第 j 行加到第 i 行上,有

$$\begin{vmatrix} a_{11} & a_{12} & \cdots & a_{1n} \\ \vdots & \vdots & & \vdots \\ a_{i1} & a_{i2} & \cdots & a_{in} \\ \vdots & \vdots & & \vdots \\ a_{j1} & a_{j2} & \cdots & a_{jn} \\ \vdots & \vdots & & \vdots \\ a_{n1} & a_{n2} & \cdots & a_{nn} \end{vmatrix} = \begin{vmatrix} a_{11} & a_{12} & \cdots & a_{1n} \\ \vdots & \vdots & & \vdots \\ a_{i1}+ka_{j1} & a_{i2}+ka_{j2} & \cdots & a_{in}+ka_{jn} \\ \vdots & \vdots & & \vdots \\ a_{j1} & a_{j2} & \cdots & a_{jn} \\ \vdots & \vdots & & \vdots \\ a_{n1} & a_{n2} & \cdots & a_{nn} \end{vmatrix}.$$

k 乘第 j 行(列)加到第 i 行(列)上去记为 $r_i+kr_j(c_i+kc_j)$.

利用以上各性质可以简化行列式的计算．

例 1.2.1 计算行列式

$$D=\begin{vmatrix} -2 & -1 & 1 & 0 \\ 3 & 1 & -1 & -1 \\ 1 & 2 & -1 & 1 \\ 4 & 1 & 3 & -1 \end{vmatrix}.$$

解

$$D \xlongequal{c_1\leftrightarrow c_2} -\begin{vmatrix} -1 & -2 & 1 & 0 \\ 1 & 3 & -1 & -1 \\ 2 & 1 & -1 & 1 \\ 1 & 4 & 3 & -1 \end{vmatrix} \xlongequal[r_4+r_1]{\substack{r_2+r_1 \\ r_3+2r_1}} -\begin{vmatrix} -1 & -2 & 1 & 0 \\ 0 & 1 & 0 & -1 \\ 0 & -3 & 1 & 1 \\ 0 & 2 & 4 & -1 \end{vmatrix}$$

$$\xlongequal[r_4-2r_2]{r_3+3r_2} -\begin{vmatrix} -1 & -2 & 1 & 0 \\ 0 & 1 & 0 & -1 \\ 0 & 0 & 1 & -2 \\ 0 & 0 & 4 & 1 \end{vmatrix} \xlongequal{r_4-4r_3} -\begin{vmatrix} -1 & -2 & 1 & 0 \\ 0 & 1 & 0 & -1 \\ 0 & 0 & 1 & -2 \\ 0 & 0 & 0 & 9 \end{vmatrix} = 9.$$

例 1.2.2 计算行列式

$$\begin{vmatrix} 1 & 3 & 3 & 3 \\ 3 & 1 & 3 & 3 \\ 3 & 3 & 1 & 3 \\ 3 & 3 & 3 & 1 \end{vmatrix}.$$

解 该行列式的特点是各列 4 个数之和都是 10,把第 2,3,4 行上的元素同时加到第 1 行,提出公因式 10,各行再减去第 1 行的 3 倍,即可将原行列式化为上三角形行列式．

$$\begin{vmatrix} 1 & 3 & 3 & 3 \\ 3 & 1 & 3 & 3 \\ 3 & 3 & 1 & 3 \\ 3 & 3 & 3 & 1 \end{vmatrix} \xlongequal[r_1+r_4]{\substack{r_1+r_2 \\ r_1+r_3}} \begin{vmatrix} 10 & 10 & 10 & 10 \\ 3 & 1 & 3 & 3 \\ 3 & 3 & 1 & 3 \\ 3 & 3 & 3 & 1 \end{vmatrix} \xlongequal{r_1\div 10}$$

$$10\begin{vmatrix} 1 & 1 & 1 & 1 \\ 3 & 1 & 3 & 3 \\ 3 & 3 & 1 & 3 \\ 3 & 3 & 3 & 1 \end{vmatrix} \xlongequal[r_4-3r]{\substack{r_2-3r_1 \\ r_3-3r_1}} 10\begin{vmatrix} 1 & 1 & 1 & 1 \\ 0 & -2 & 0 & 0 \\ 0 & 0 & -2 & 0 \\ 0 & 0 & 0 & -2 \end{vmatrix} = -80.$$

仿照上述方法可得到更一般的结果：

$$\begin{vmatrix} a & b & b & \cdots & b \\ b & a & b & \cdots & b \\ b & b & a & \cdots & b \\ \vdots & \vdots & \vdots & & \vdots \\ b & b & b & \cdots & a \end{vmatrix} = [a+(n-1)b](a-b)^{n-1}.$$

例 1.2.3 计算行列式

$$D=\begin{vmatrix} a & b & c & d \\ a & a+b & a+b+c & a+b+c+d \\ a & 2a+b & 3a+2b+c & 4a+3b+2c+d \\ a & 3a+b & 6a+3b+c & 10a+6b+3c+d \end{vmatrix}.$$

解

$$D\xlongequal[r_4-r_1]{\substack{r_2-r_1\\ r_3-r_1}}\begin{vmatrix} a & b & c & d \\ 0 & a & a+b & a+b+c \\ 0 & 2a & 3a+2b & 4a+3b+2c \\ 0 & 3a & 6a+3b & 10a+6b+3c \end{vmatrix}\xlongequal[r_4-3r_2]{r_3-2r_2}\begin{vmatrix} a & b & c & d \\ 0 & a & a+b & a+b+c \\ 0 & 0 & a & 2a+b \\ 0 & 0 & 3a & 7a+3b \end{vmatrix}$$

$$\xlongequal{r_4-3r_3}\begin{vmatrix} a & b & c & d \\ 0 & a & a+b & a+b+c \\ 0 & 0 & a & 2a+b \\ 0 & 0 & 0 & a \end{vmatrix}=a^4.$$

例 1.2.4 计算行列式

$$\begin{vmatrix} 1 & 1 & 1 & \cdots & 1 \\ 1 & 2 & 0 & \cdots & 0 \\ 1 & 0 & 3 & \cdots & 0 \\ \vdots & \vdots & \vdots & & \vdots \\ 1 & 0 & 0 & \cdots & n \end{vmatrix}.$$

解

$$\begin{vmatrix} 1 & 1 & 1 & \cdots & 1 \\ 1 & 2 & 0 & \cdots & 0 \\ 1 & 0 & 3 & \cdots & 0 \\ \vdots & \vdots & \vdots & & \vdots \\ 1 & 0 & 0 & \cdots & n \end{vmatrix}\xlongequal[\cdots,c_1-\frac{1}{n}c_n]{c_1-\frac{1}{2}c_2,c_1-\frac{1}{3}c_3,}\begin{vmatrix} 1-\frac{1}{2}-\cdots-\frac{1}{n} & 1 & 1 & \cdots & 1 \\ 0 & 2 & 0 & \cdots & 0 \\ 0 & 0 & 3 & \cdots & 0 \\ \vdots & \vdots & \vdots & & \vdots \\ 0 & 0 & 0 & \cdots & n \end{vmatrix}=n!-\sum_{i=2}^{n}\frac{n!}{i}.$$

以上各例表明，利用行列式的性质计算行列式，可先将行列式化为三角形行列式．这在一定程度上简化了行列式的计算．但对于某些阶数较高的行列式，用这种方法计算起来较困难．一般来说，低阶行列式的计算比高阶行列式的计算要简便，下面我们来考虑用低阶行列式表示高阶行列式的问题．

1.2.2 行列式按行(列)展开

引例 分析三阶行列式的展开式,有

$$\begin{vmatrix} a_{11} & a_{12} & a_{13} \\ a_{21} & a_{22} & a_{23} \\ a_{31} & a_{32} & a_{33} \end{vmatrix} = a_{11}a_{22}a_{33}+a_{12}a_{23}a_{31}+a_{13}a_{21}a_{32}-a_{11}a_{23}a_{32}-a_{12}a_{21}a_{33}-a_{13}a_{22}a_{31}$$

$$=a_{11}(a_{22}a_{33}-a_{23}a_{32})+a_{12}(a_{23}a_{31}-a_{21}a_{33})+a_{13}(a_{21}a_{32}-a_{22}a_{31})$$

$$=a_{11}\begin{vmatrix} a_{22} & a_{23} \\ a_{32} & a_{33} \end{vmatrix}-a_{12}\begin{vmatrix} a_{21} & a_{23} \\ a_{31} & a_{33} \end{vmatrix}+a_{13}\begin{vmatrix} a_{21} & a_{22} \\ a_{31} & a_{32} \end{vmatrix}.$$

从中可得到这样的启示:三阶行列式可按第一行“展开”. 对三阶行列式的展开式进行适当的重新组合,易见该三阶行列式也可以按其他行或列“展开”,从而将三阶行列式的计算转化为低一阶行列式的计算.

为从更一般的角度来考虑用低阶行列式表示高阶行列式的问题,先引入余子式和代数余子式的概念.

1. 余子式和代数余子式

在 n 阶行列式 D 中,划去元素 a_{ij} 所在的第 i 行、第 j 列,剩下的 $(n-1)^2$ 个元素按原来的次序构成的 $n-1$ 阶行列式,称为元素 a_{ij} 的**余子式**,记为 M_{ij},而称 $A_{ij}=(-1)^{i+j}M_{ij}$ 为元素 a_{ij} 的**代数余子式**.

例如,四阶行列式

$$D=\begin{vmatrix} 1 & -1 & 2 & 0 \\ 3 & 1 & 6 & 1 \\ -1 & 2 & 4 & -1 \\ 5 & 1 & -1 & 1 \end{vmatrix}$$

中元素 $a_{23}=6$ 的余子式和代数余子式分别为

$$M_{23}=\begin{vmatrix} 1 & -1 & 0 \\ -1 & 2 & -1 \\ 5 & 1 & 1 \end{vmatrix},\quad A_{23}=(-1)^{2+3}M_{23}=-M_{23}.$$

2. 行列式按行(列)展开

引理 1.2.1 如果一个 n 阶行列式中第 i 行所有元素除 a_{ij} 外都为零,那么这个行列式等于 a_{ij} 与它的代数余子式的乘积,即

$$D=a_{ij}A_{ij}.$$

证 先证 a_{ij} 位于第一行第一列的特殊情形,此时

$$D=\begin{vmatrix} a_{11} & 0 & \cdots & 0 \\ a_{21} & a_{22} & \cdots & a_{2n} \\ \vdots & \vdots & & \vdots \\ a_{n1} & a_{n2} & \cdots & a_{nn} \end{vmatrix}=\sum_{p_1p_2\cdots p_n}(-1)^t a_{1p_1}a_{2p_2}\cdots a_{np_n},$$

其中 $p_1p_2\cdots p_n$ 为 $1,2,\cdots,n$ 的排列，t 为这个排列的逆序数．

由于当 $p_1>1$ 时，$a_{1p_1}=0$，因此只有在 $p_1=1$ 时，一般项 $a_{1p_1}a_{2p_2}\cdots a_{np_n}$ 才有可能不为零．于是 D 中可能不为零的项可以记作

$$(-1)^t a_{11}a_{2p_2}\cdots a_{np_n},$$

其中 $p_2\cdots p_n$ 为 $2,\cdots,n$ 的排列，t 为排列 $1p_2\cdots p_n$ 的逆序数．用 s 表示排列 $p_2\cdots p_n$ 的逆序数，则有 $t=s$.

于是

$$D=\sum_{p_2\cdots p_n}(-1)^s a_{11}a_{2p_2}\cdots a_{np_n}=a_{11}\sum_{p_2\cdots p_n}(-1)^s a_{2p_2}\cdots a_{np_n}$$

$$=a_{11}\begin{vmatrix} a_{22} & a_{23} & \cdots & a_{2n} \\ a_{32} & a_{33} & \cdots & a_{3n} \\ \vdots & \vdots & & \vdots \\ a_{n2} & a_{n3} & \cdots & a_{nn} \end{vmatrix}=a_{11}M_{11}.$$

又

$$A_{11}=(-1)^{1+1}M_{11}=M_{11},$$

从而

$$D=a_{11}A_{11}.$$

再证一般情形，此时

$$D=\begin{vmatrix} a_{11} & \cdots & a_{1j} & \cdots & a_{1n} \\ \vdots & & \vdots & & \vdots \\ 0 & \cdots & a_{ij} & \cdots & 0 \\ \vdots & & \vdots & & \vdots \\ a_{n1} & \cdots & a_{nj} & \cdots & a_{nn} \end{vmatrix}.$$

为了利用前面的结果，把 D 的行作如下调换：把 D 的第 i 行依次与第 $i-1$ 行、第 $i-2$ 行、…、第 2 行、第 1 行对调，这样 a_{ij} 就调到原来 a_{1j} 的位置上，调换的次数为 $i-1$. 再把第 j 列依次与第 $j-1$ 列、第 $j-2$ 列、…、第 2 列、第 1 列对调，这样 a_{ij} 就调到了左上角，调换的次数为 $j-1$. 总之，经 $i+j-2$ 次调换，把 a_{ij} 调到左上角，所得的行列式记为 D_1，则有 $D=(-1)^{i+j-2}D_1=(-1)^{i+j}D_1$，而元素 a_{ij} 在 D_1 中的余子式仍然是 a_{ij} 在 D 中的余子式 M_{ij}.

由于 a_{ij} 在 D_1 的左上角，利用前面的结果就有

$$D_1=a_{ij}M_{ij}.$$

于是

$$D=(-1)^{i+j}D_1=(-1)^{i+j}a_{ij}M_{ij}=a_{ij}A_{ij}.$$

定理 1.2.1　行列式 D 等于它的任一行(列)的各元素与其对应的代数余子式乘积之和，即

$$D=a_{i1}A_{i1}+a_{i2}A_{i2}+\cdots+a_{in}A_{in}=\sum_{k=1}^{n}a_{ik}A_{ik},\quad i=1,2,\cdots,n;$$

或

$$D=a_{1j}A_{1j}+a_{2j}A_{2j}+\cdots+a_{nj}A_{nj}=\sum_{k=1}^{n}a_{kj}A_{kj},\quad j=1,2,\cdots,n.$$

证

$$D=\begin{vmatrix} a_{11} & a_{12} & \cdots & a_{1n} \\ \vdots & \vdots & & \vdots \\ a_{i1}+0+\cdots+0 & 0+a_{i2}+\cdots+0 & \cdots & 0+\cdots+0+a_{in} \\ \vdots & \vdots & & \vdots \\ a_{n1} & a_{n2} & \cdots & a_{nn} \end{vmatrix}$$

$$=\begin{vmatrix} a_{11} & a_{12} & \cdots & a_{1n} \\ \vdots & \vdots & & \vdots \\ a_{i1} & 0 & \cdots & 0 \\ \vdots & \vdots & & \vdots \\ a_{n1} & a_{n2} & \cdots & a_{nn} \end{vmatrix}+\begin{vmatrix} a_{11} & a_{12} & \cdots & a_{1n} \\ \vdots & \vdots & & \vdots \\ 0 & a_{i2} & \cdots & 0 \\ \vdots & \vdots & & \vdots \\ a_{n1} & a_{n2} & \cdots & a_{nn} \end{vmatrix}+\cdots+\begin{vmatrix} a_{11} & a_{12} & \cdots & a_{1n} \\ \vdots & \vdots & & \vdots \\ 0 & 0 & \cdots & a_{in} \\ \vdots & \vdots & & \vdots \\ a_{n1} & a_{n2} & \cdots & a_{nn} \end{vmatrix}.$$

根据引理 1.2.1,即得

$$D=a_{i1}A_{i1}+a_{i2}A_{i2}+\cdots+a_{in}A_{in}=\sum_{k=1}^{n}a_{ik}A_{ik},\quad i=1,2,\cdots,n;$$

同理可证

$$D=a_{1j}A_{1j}+a_{2j}A_{2j}+\cdots+a_{nj}A_{nj}=\sum_{k=1}^{n}a_{kj}A_{kj},\quad j=1,2,\cdots,n.$$

由定理 1.2.1 可得推论 1.2.4.

推论 1.2.4 行列式任一行(列)的元素与另一行(列)的对应元素的代数余子式乘积之和等于零. 即

$$a_{i1}A_{j1}+a_{i2}A_{j2}+\cdots+a_{in}A_{jn}=0,\quad i\neq j;$$
$$a_{1i}A_{1j}+a_{2i}A_{2j}+\cdots+a_{ni}A_{nj}=0,\quad i\neq j.$$

证

$$D=\begin{vmatrix} a_{11} & a_{12} & \cdots & a_{1n} \\ \vdots & \vdots & & \vdots \\ a_{i1} & a_{i2} & \cdots & a_{in} \\ \vdots & \vdots & & \vdots \\ a_{j1} & a_{j2} & \cdots & a_{jn} \\ \vdots & \vdots & & \vdots \\ a_{n1} & a_{n2} & \cdots & a_{nn} \end{vmatrix}=\begin{vmatrix} a_{11} & a_{12} & \cdots & a_{1n} \\ \vdots & \vdots & & \vdots \\ a_{i1} & a_{i2} & \cdots & a_{in} \\ \vdots & \vdots & & \vdots \\ a_{j1}+a_{i1} & a_{j2}+a_{i2} & \cdots & a_{jn}+a_{in} \\ \vdots & \vdots & & \vdots \\ a_{n1} & a_{n2} & \cdots & a_{nn} \end{vmatrix}$$

$$\xlongequal{\text{按第 } j \text{ 行展开}}\sum_{k=1}^{n}(a_{jk}+a_{ik})A_{jk}=\sum_{k=1}^{n}a_{jk}A_{jk}+\sum_{k=1}^{n}a_{ik}A_{jk}$$

$$=D+\sum_{k=1}^{n}a_{ik}A_{jk},$$

所以有

$$\sum_{k=1}^{n}a_{ik}A_{jk}=a_{i1}A_{j1}+a_{i2}A_{j2}+\cdots+a_{in}A_{jn}=0,\quad i\neq j.$$

同理可证

$$a_{1i}A_{1j}+a_{2i}A_{2j}+\cdots+a_{ni}A_{nj}=0,\quad i\neq j.$$

综合行列式展开定理 1.2.1 及推论 1.2.1,得到关于代数余子式的重要性质:

$$\sum_{k=1}^{n}a_{ik}A_{jk}=D\delta_{ij}=\begin{cases}D, & i=j\\ 0, & i\neq j\end{cases};$$

$$\sum_{k=1}^{n}a_{ki}A_{kj}=D\delta_{ij}=\begin{cases}D, & i=j\\ 0, & i\neq j\end{cases},$$

其中 $\delta_{ij}=\begin{cases}1, & i=j\\ 0, & i\neq j\end{cases}$.

用展开定理计算 n 阶行列式 D 时,一般要计算 n 个 $n-1$ 阶行列式,但若 D 的某行(列)只有一个非零元素,则按该行(列)展开时只需计算一个 $n-1$ 阶行列式. 因此,在计算 n 阶行列式时,可先利用行列式的性质将某一行(列)除一个元素外,其余全变为零,然后再按此行(或列)展开.

例 1.2.5 计算行列式

$$D=\begin{vmatrix}1 & 2 & 3 & 4\\ 1 & 0 & 1 & 2\\ 3 & -1 & -1 & 0\\ 1 & 2 & 0 & -5\end{vmatrix}.$$

解

$$D\overset{r_1+2r_3}{\underset{r_4+2r_3}{=\!=\!=}}\begin{vmatrix}7 & 0 & 1 & 4\\ 1 & 0 & 1 & 2\\ 3 & -1 & -1 & 0\\ 7 & 0 & -2 & -5\end{vmatrix}=(-1)\times(-1)^{3+2}\begin{vmatrix}7 & 1 & 4\\ 1 & 1 & 2\\ 7 & -2 & -5\end{vmatrix}$$

$$\overset{r_1-r_2}{\underset{r_3+2r_2}{=\!=\!=}}\begin{vmatrix}6 & 0 & 2\\ 1 & 1 & 2\\ 9 & 0 & -1\end{vmatrix}=1\times(-1)^{2+2}\begin{vmatrix}6 & 2\\ 9 & -1\end{vmatrix}=-6-18=-24.$$

例 1.2.6 计算 n 阶行列式

$$D=\begin{vmatrix}a & b & 0 & \cdots & 0 & 0\\ 0 & a & b & \cdots & 0 & 0\\ \vdots & \vdots & \vdots & & \vdots & \vdots\\ 0 & 0 & 0 & \cdots & a & b\\ b & 0 & 0 & \cdots & 0 & a\end{vmatrix}.$$

解 按第 1 列展开,有

$$D=a\begin{vmatrix}a & b & 0 & \cdots & 0 & 0\\ 0 & a & b & \cdots & 0 & 0\\ \vdots & \vdots & \vdots & & \vdots & \vdots\\ 0 & 0 & 0 & \cdots & a & b\\ 0 & 0 & 0 & \cdots & 0 & a\end{vmatrix}_{(n-1)}+(-1)^{n+1}b\begin{vmatrix}b & 0 & \cdots & 0 & 0\\ a & b & \cdots & 0 & 0\\ \vdots & \vdots & & \vdots & \vdots\\ 0 & 0 & \cdots & b & 0\\ 0 & 0 & \cdots & a & b\end{vmatrix}_{(n-1)}$$

$$=a^n+(-1)^{n+1}b^n.$$

例 1.2.7 计算行列式

$$D=\begin{vmatrix}1&1&1&1&1\\-a_1&x_1&0&0&0\\0&-a_2&x_2&0&0\\0&0&-a_3&x_3&0\\0&0&0&-a_4&x_4\end{vmatrix}.$$

解

$$D\xlongequal[\substack{c_4-c_1\\c_5-c_1}]{\substack{c_2-c_1\\c_3-c_1}}\begin{vmatrix}1&0&0&0&0\\-a_1&x_1+a_1&a_1&a_1&a_1\\0&-a_2&x_2&0&0\\0&0&-a_3&x_3&0\\0&0&0&-a_4&x_4\end{vmatrix}=\begin{vmatrix}x_1+a_1&a_1&a_1&a_1\\-a_2&x_2&0&0\\0&-a_3&x_3&0\\0&0&-a_4&x_4\end{vmatrix}$$

$$=\begin{vmatrix}x_1&a_1&a_1&a_1\\0&x_2&0&0\\0&-a_3&x_3&0\\0&0&-a_4&x_4\end{vmatrix}+a_1\begin{vmatrix}1&1&1&1\\-a_2&x_2&0&0\\0&-a_3&x_3&0\\0&0&-a_4&x_4\end{vmatrix}$$

$$=x_1x_2x_3x_4+a_1\left[\begin{vmatrix}x_2&0&0\\-a_3&x_3&0\\0&-a_4&x_4\end{vmatrix}+a_2\begin{vmatrix}1&1&1\\-a_3&x_3&0\\0&-a_4&x_4\end{vmatrix}\right]$$

$$=x_1x_2x_3x_4+a_1x_2x_3x_4+a_1a_2\left[\begin{vmatrix}x_3&0\\-a_4&x_4\end{vmatrix}+a_3\begin{vmatrix}1&1\\-a_4&x_4\end{vmatrix}\right]$$

$$=x_1x_2x_3x_4+a_1x_2x_3x_4+a_1a_2x_3x_4+a_1a_2a_3x_4+a_1a_2a_3a_4.$$

例 1.2.8 计算行列式

$$D_{2n}=\begin{vmatrix}a&&&&&&b\\&a&&&&b&\\&&\ddots&&\iddots&&\\&&&a\ \ b&&&\\&&&c\ \ d&&&\\&&\iddots&&\ddots&&\\&c&&&&d&\\c&&&&&&d\end{vmatrix}.$$

解 按第 1 行展开,有

$$D_{2n}=a\begin{vmatrix}a&&&&b&0\\&\ddots&&\iddots&&\vdots\\&&a\ \ b&&&0\\&&c\ \ d&&&0\\&\iddots&&\ddots&&\vdots\\c&&&&d&0\\0&\cdots\ 0&&0\ \cdots&0&d\end{vmatrix}_{(2n-1)}+b(-1)^{1+2n}\begin{vmatrix}0&a&&&&b\\\vdots&&\ddots&&\iddots&\\0&&&a\ \ b&&\\0&&&c\ \ d&&\\\vdots&&\iddots&&\ddots&\\0&c&&&&d\\c&0&\cdots\ 0&0\ \cdots&&0\end{vmatrix}_{(2n-1)}$$

$$=adD_{2(n-1)}-bc(-1)^{2n-1+1}D_{2(n-1)}=(ad-bc)D_{2(n-1)},$$

以此作递推公式，即可得

$$D_{2n}=(ad-bc)D_{2(n-1)}=(ad-bc)^2D_{2(n-2)}=\cdots=(ad-bc)^{n-1}D_2$$
$$=(ad-bc)^{n-1}\begin{vmatrix} a & b \\ c & d \end{vmatrix}=(ad-bc)^n.$$

例 1.2.9　证明范德蒙行列式

$$D_n=\begin{vmatrix} 1 & 1 & 1 & \cdots & 1 \\ x_1 & x_2 & x_3 & \cdots & x_n \\ x_1^2 & x_2^2 & x_3^2 & \cdots & x_n^2 \\ \vdots & \vdots & \vdots & & \vdots \\ x_1^{n-1} & x_2^{n-1} & x_3^{n-1} & \cdots & x_n^{n-1} \end{vmatrix}=\prod_{1\leqslant j<i\leqslant n}(x_i-x_j),$$

其中记号“$\prod$”表示全体同类因子的乘积．

证　用数学归纳法．

当 $n=2$ 时，

$$D_2=\begin{vmatrix} 1 & 1 \\ x_1 & x_2 \end{vmatrix}=x_2-x_1=\prod_{1\leqslant j<i\leqslant 2}(x_i-x_j),$$

公式成立．

假设当 $n=k$ 时，公式成立，即

$$D_k=\prod_{1\leqslant j<i\leqslant k}(x_i-x_j).$$

当 $n=k+1$ 时，

$$D_{k+1}=\begin{vmatrix} 1 & 1 & 1 & \cdots & 1 \\ x_1 & x_2 & x_3 & \cdots & x_{k+1} \\ x_1^2 & x_2^2 & x_3^2 & \cdots & x_{k+1}^2 \\ \vdots & \vdots & \vdots & & \vdots \\ x_1^k & x_2^k & x_3^k & \cdots & x_{k+1}^k \end{vmatrix}$$

$$\xlongequal[\substack{\cdots \\ r_2-x_1r_1}]{\substack{r_{k+1}-x_1r_k \\ r_k-x_1r_{k-1}}}\begin{vmatrix} 1 & 1 & 1 & \cdots & 1 \\ 0 & x_2-x_1 & x_3-x_1 & \cdots & x_{k+1}-x_1 \\ 0 & x_2(x_2-x_1) & x_3(x_3-x_1) & \cdots & x_{k+1}(x_{k+1}-x_1) \\ \vdots & \vdots & \vdots & & \vdots \\ 0 & x_2^{k-1}(x_2-x_1) & x_3^{k-1}(x_3-x_1) & \cdots & x_{k+1}^{k-1}(x_{k+1}-x_1) \end{vmatrix}_{(k+1)}$$

$$=(x_2-x_1)(x_3-x_1)\cdots(x_{k+1}-x_1)\begin{vmatrix} 1 & 1 & 1 & \cdots & 1 \\ x_2 & x_3 & x_4 & \cdots & x_{k+1} \\ \vdots & \vdots & \vdots & & \vdots \\ x_2^{k-1} & x_3^{k-1} & x_4^{k-1} & \cdots & x_{k+1}^{k-1} \end{vmatrix}_{(k)}$$

$$=(x_2-x_1)(x_3-x_1)\cdots(x_{k+1}-x_1)\prod_{2\leqslant j<i\leqslant k+1}(x_i-x_j)$$

$$=\prod_{1\leqslant j<i\leqslant k+1}(x_i-x_j).$$

由上述步骤可知，对任意自然数 n，公式均成立．

* 1.2.3 拉普拉斯展开定理

行列式按行(列)展开可以推广到按 k 行(列)展开．为了讨论这一问题，先引入 k 阶子式的概念．在 n 阶行列式 D 中任意选取 k 行、k 列($1\leqslant k\leqslant n$)，位于这些行和列交叉处的 k^2 个元素按原来的相对位置构成的一个 k 阶行列式 M，称为 D 的一个 k 阶子式；在 D 中划去 M 所在行、所在列后，余下的元素按原来的相对位置构成的一个 $n-k$ 阶行列式 A，称为 k 阶子式 M 的**余子式**；设 M 位于 $i_1,i_2,\cdots,i_k$ 行，$j_1,j_2,\cdots,j_k$ 列，则称 $(-1)^{(i_1+i_2+\cdots+i_k)+(j_1+j_2+\cdots+j_k)}A$ 为 M 的**代数余子式**．可见，子式的余子式及代数余子式是元素的余子式及代数余子式的推广．

例如，在五阶行列式

$$D=\begin{vmatrix}1&2&3&0&1\\2&1&0&0&2\\3&1&3&2&3\\1&3&2&1&1\\0&1&2&1&0\end{vmatrix}$$

中，若选定第 1 行、第 3 行及第 1 列、第 3 列得到一个二阶子式 $M=\begin{vmatrix}1&3\\3&3\end{vmatrix}$，则 M 的余子式及代数余子式分别为

$$\begin{vmatrix}1&0&2\\3&1&1\\1&1&0\end{vmatrix},\quad (-1)^{(1+3)+(1+3)}\begin{vmatrix}1&0&2\\3&1&1\\1&1&0\end{vmatrix}.$$

注 在 D 中选定第 1 行、第 3 行可得到 $C_5^2=10$ 个二阶子式，读者可逐一列举．

定理 1.2.2(拉普拉斯展开定理) 在 n 阶行列式 D 中任意选取 k 行($1\leqslant k\leqslant n$)，由这 k 行元素构成的所有 k 阶子式与它们所对应的代数余子式的乘积之和等于行列式 D. 即

$$D=M_1A_1+M_2A_2+\cdots+M_tA_t,$$

其中 $t=C_n^k=\dfrac{n!}{k!\,(n-k)!}$，$A_j$ 是对应于 k 阶子式 M_j 的代数余子式．

例如，行列式

$$\begin{vmatrix}1&-3&2&1\\2&-1&1&-2\\0&0&4&3\\0&0&-2&1\end{vmatrix}$$

中第 3，4 两行共构成 6 个二阶子式

$$M_1=\begin{vmatrix}0&0\\0&0\end{vmatrix}=0,\quad M_2=\begin{vmatrix}0&4\\0&-2\end{vmatrix}=0,\quad M_3=\begin{vmatrix}0&3\\0&1\end{vmatrix}=0,$$

$$M_4=\begin{vmatrix}0&4\\0&-2\end{vmatrix}=0,\quad M_5=\begin{vmatrix}0&3\\0&1\end{vmatrix}=0,\quad M_6=\begin{vmatrix}4&3\\-2&1\end{vmatrix}=10.$$

由拉普拉斯展开定理,得

$$D=M_1A_1+M_2A_2+M_3A_3+M_4A_4+M_5A_5+M_6A_6$$
$$=0\cdot A_1+0\cdot A_2+0\cdot A_3+0\cdot A_4+0\cdot A_5+10\cdot(-1)^{(3+4)+(3+4)}\begin{vmatrix}1 & -3\\ 2 & -1\end{vmatrix}$$
$$=50.$$

例 1.2.10 设

$$D=\begin{vmatrix}a_{11} & \cdots & a_{1k} & 0 & \cdots & 0\\ \vdots & & \vdots & \vdots & & \vdots\\ a_{k1} & \cdots & a_{kk} & 0 & \cdots & 0\\ c_{11} & \cdots & c_{1k} & b_{11} & \cdots & b_{1n}\\ \vdots & & \vdots & \vdots & & \vdots\\ c_{n1} & \cdots & c_{nk} & b_{n1} & \cdots & b_{nn}\end{vmatrix},$$

及

$$D_1=\begin{vmatrix}a_{11} & \cdots & a_{1k}\\ \vdots & & \vdots\\ a_{k1} & \cdots & a_{kk}\end{vmatrix},\quad D_2=\begin{vmatrix}b_{11} & \cdots & b_{1n}\\ \vdots & & \vdots\\ b_{n1} & \cdots & b_{nn}\end{vmatrix}.$$

证明:

$$D=D_1D_2.$$

证 在 D 中取前 k 行应用拉普拉斯定理进行展开. 前 k 行共构成 C_{n+k}^k 个 k 阶子式,而这些子式中只有含前 k 列的子式 D_1 可能不是零,其他子式均为零,又 D_1 的子式为 D_2,因此,由拉普拉斯展开定理得

$$D=D_1\cdot(-1)^{(1+2+\cdots+k)+(1+2+\cdots+k)}D_2=D_1D_2.$$

习 题 1.2

1. 计算下列行列式:

(1) $\begin{vmatrix}2 & 1 & -5 & 1\\ 1 & -3 & 0 & -6\\ 0 & 2 & -1 & 2\\ 1 & 4 & -7 & 6\end{vmatrix}$;　(2) $\begin{vmatrix}4 & 1 & 2 & 4\\ 1 & 2 & 0 & 2\\ 10 & 5 & 2 & 0\\ 0 & 1 & 1 & 7\end{vmatrix}$;　(3) $\begin{vmatrix}2 & 1 & 4 & 1\\ 3 & -1 & 2 & 1\\ 1 & 2 & 3 & 2\\ 5 & 0 & 6 & 2\end{vmatrix}$;

(4) $\begin{vmatrix}-ab & ac & ae\\ bd & -cd & de\\ bf & cf & -ef\end{vmatrix}$;　(5) $\begin{vmatrix}1 & -0.3 & 0.3 & -1\\ 0.5 & 0 & 0 & -1\\ 0 & -1.1 & 0.3 & 0\\ 1 & 1 & 0.5 & 0.5\end{vmatrix}$;　(6) $\begin{vmatrix}5 & 3 & -1 & 2 & 0\\ 1 & 7 & 2 & 5 & 2\\ 0 & -2 & 3 & 1 & 0\\ 0 & -4 & -1 & 4 & 0\\ 0 & 2 & 3 & 5 & 0\end{vmatrix}$.

2. 计算下列行列式:

(1) $\begin{vmatrix}2-\lambda & 2 & -2\\ 2 & 5-\lambda & -4\\ -2 & -4 & 5-\lambda\end{vmatrix}$;　(2) $\begin{vmatrix}1 & 1 & 1 & 0\\ 1 & 1 & 0 & 1\\ 1 & 0 & 1 & 1\\ 0 & 1 & 1 & 1\end{vmatrix}$;

(3) $\begin{vmatrix} a-b-c & 2a & 2a \\ 2b & b-c-a & 2b \\ 2c & 2c & c-a-b \end{vmatrix}$；

(4) $\begin{vmatrix} a^2 & (a+1)^2 & (a+2)^2 & (a+3)^2 \\ b^2 & (b+1)^2 & (b+2)^2 & (b+3)^2 \\ c^2 & (c+1)^2 & (c+2)^2 & (c+3)^2 \\ d^2 & (d+1)^2 & (d+2)^2 & (d+3)^2 \end{vmatrix}$；

(5) $\begin{vmatrix} 1 & 1 & \cdots & 1 & -n \\ 1 & 1 & \cdots & -n & 1 \\ \vdots & \vdots & & \vdots & \vdots \\ 1 & -n & \cdots & 1 & 1 \\ -n & 1 & \cdots & 1 & 1 \end{vmatrix}_{(n)}$；

(6) $\begin{vmatrix} a_0 & 1 & 1 & \cdots & 1 \\ 1 & a_1 & 0 & \cdots & 0 \\ 1 & 0 & a_2 & \cdots & 0 \\ \vdots & \vdots & \vdots & & \vdots \\ 1 & 0 & 0 & \cdots & a_n \end{vmatrix}$ $(a_1a_2\cdots a_n\neq 0)$.

3. 证明：

(1) $\begin{vmatrix} a^2 & ab & b^2 \\ 2a & a+b & 2b \\ 1 & 1 & 1 \end{vmatrix}=(a-b)^3$；

(2) $\begin{vmatrix} x_1+y_1 & y_1+z_1 & z_1+x_1 \\ x_2+y_2 & y_2+z_2 & z_2+x_2 \\ x_3+y_3 & y_3+z_3 & z_3+x_3 \end{vmatrix}=2\begin{vmatrix} x_1 & y_1 & z_1 \\ x_2 & y_2 & z_2 \\ x_3 & y_3 & z_3 \end{vmatrix}$；

(3) $\begin{vmatrix} 1+a_1 & 1 & 1 & \cdots & 1 \\ 1 & 1+a_2 & 1 & \cdots & 1 \\ \vdots & \vdots & \vdots & & \vdots \\ 1 & 1 & 1 & \cdots & 1+a_n \end{vmatrix}=a_1a_2\cdots a_n\left(1+\sum_{i=1}^{n}\frac{1}{a_i}\right),a_i\neq 0,i=1,2,\cdots,n$；

(4) $D_{2n}=\begin{vmatrix} a_n & & & & & b_n \\ & \ddots & & & \iddots & \\ & & a_1 & b_1 & & \\ & & c_1 & d_1 & & \\ & \iddots & & & \ddots & \\ c_n & & & & & d_n \end{vmatrix}=\prod_{i=1}^{n}(a_id_i-b_ic_i)$；

(5) $\begin{vmatrix} x & -1 & 0 & \cdots & 0 & 0 \\ 0 & x & -1 & \cdots & 0 & 0 \\ 0 & 0 & x & \cdots & 0 & 0 \\ \vdots & \vdots & \vdots & & \vdots & \vdots \\ 0 & 0 & 0 & \cdots & x & -1 \\ a_n & a_{n-1} & a_{n-2} & \cdots & a_2 & x+a_1 \end{vmatrix}=x^n+a_1x^{n-1}+\cdots+a_{n-1}x+a_n$；

(6) $\begin{vmatrix} a & 0 & \cdots & 0 & 1 \\ 0 & a & \cdots & 0 & 0 \\ \vdots & \vdots & & \vdots & \vdots \\ 0 & 0 & \cdots & a & 0 \\ 1 & 0 & \cdots & 0 & a \end{vmatrix}_{(n)}=(a^2-1)a^{n-2}$；

(7) $\frac{\mathrm{d}}{\mathrm{d}t}\begin{vmatrix} a_{11}(t) & a_{12}(t) & \cdots & a_{1n}(t) \\ a_{21}(t) & a_{22}(t) & \cdots & a_{2n}(t) \\ \vdots & \vdots & & \vdots \\ a_{n1}(t) & a_{n2}(t) & \cdots & a_{nn}(t) \end{vmatrix}=\sum_{j=1}^{n}\begin{vmatrix} a_{11}(t) & a_{12}(t) & \cdots & a_{1j}'(t) & \cdots & a_{1n}(t) \\ a_{21}(t) & a_{22}(t) & \cdots & a_{2j}'(t) & \cdots & a_{2n}(t) \\ \vdots & \vdots & & \vdots & & \vdots \\ a_{n1}(t) & a_{n2}(t) & \cdots & a_{nj}'(t) & \cdots & a_{nn}(t) \end{vmatrix}$.

4. 形如 $\begin{vmatrix} 0 & a_{12} & a_{13} & \cdots & a_{1n} \\ -a_{12} & 0 & a_{23} & \cdots & a_{2n} \\ -a_{13} & -a_{23} & 0 & \cdots & a_{3n} \\ \vdots & \vdots & \vdots & & \vdots \\ -a_{1n} & -a_{2n} & -a_{3n} & \cdots & 0 \end{vmatrix}$ 的行列式称为反对称行列式，它具有如下特征：

$$a_{ij}=-a_{ji}\,(i\neq j),\quad a_{ij}=0\,(i=j).$$

证明：奇数阶反对称行列式的值为 0.

1.3 克莱姆法则

设有 n 元线性方程组

$$\begin{cases} a_{11}x_1+a_{12}x_2+\cdots+a_{1n}x_n=b_1 \\ a_{21}x_1+a_{22}x_2+\cdots+a_{2n}x_n=b_2 \\ \quad\vdots \qquad\quad \vdots \qquad\qquad \vdots \qquad \vdots \\ a_{n1}x_1+a_{n2}x_2+\cdots+a_{nn}x_n=b_n \end{cases} \tag{1.3.1}$$

$$\begin{cases} a_{11}x_1+a_{12}x_2+\cdots+a_{1n}x_n=0 \\ a_{21}x_1+a_{22}x_2+\cdots+a_{2n}x_n=0 \\ \quad\vdots \qquad\quad \vdots \qquad\qquad \vdots \qquad \vdots \\ a_{n1}x_1+a_{n2}x_2+\cdots+a_{nn}x_n=0 \end{cases} \tag{1.3.2}$$

当 $b_1,b_2,\cdots,b_n$ 不全为零时，称方程组(1.3.1)为非齐次线性方程组，称方程组(1.3.2)为齐次线性方程组，称行列式

$$D=\begin{vmatrix} a_{11} & a_{12} & \cdots & a_{1n} \\ a_{21} & a_{22} & \cdots & a_{2n} \\ \vdots & \vdots & & \vdots \\ a_{n1} & a_{n2} & \cdots & a_{nn} \end{vmatrix}$$

为方程组(1.3.1)，方程组(1.3.2)的系数行列式．

与二、三元线性方程组相类似，n 元线性方程组(1.3.1)的解可以用 n 阶行列式表示．

定理 1.3.1（克莱姆法则） 如果非齐次线性方程组(1.3.1)的系数行列式 $D\neq 0$，则方程组(1.3.1)有唯一解：

$$x_1=\frac{D_1}{D},x_2=\frac{D_2}{D},\cdots,x_n=\frac{D_n}{D}. \tag{1.3.3}$$

其中 $D_j(j=1,2,\cdots,n)$是把系数行列式 D 的第 j 列的元素依次用方程组右端的常数 b_1，$b_2,\cdots,b_n$ 代替后得到的 n 阶行列式．即

$$D_j=\begin{vmatrix} a_{11} & \cdots & a_{1,j-1} & b_1 & a_{1,j+1} & \cdots & a_{1n} \\ a_{21} & \cdots & a_{2,j-1} & b_2 & a_{2,j+1} & \cdots & a_{2n} \\ \vdots & & \vdots & \vdots & \vdots & & \vdots \\ a_{n1} & \cdots & a_{n,j-1} & b_n & a_{n,j+1} & \cdots & a_{nn} \end{vmatrix}.$$

证 假设方程组(1.3.1)有解 $x_1,x_2,\cdots,x_n$，用 x_1 乘 D 得

$$x_1D=\begin{vmatrix} x_1a_{11} & a_{12} & \cdots & a_{1n} \\ x_1a_{21} & a_{22} & \cdots & a_{2n} \\ \vdots & \vdots & & \vdots \\ x_1a_{n1} & a_{n2} & \cdots & a_{nn} \end{vmatrix}$$

$$\xlongequal[\substack{c_1+x_3c_3 \\ \cdots \\ c_1+x_nc_n}]{c_1+x_2c_2}\begin{vmatrix} a_{11}x_1+a_{12}x_2+\cdots+a_{1n}x_n & a_{12} & \cdots & a_{1n} \\ a_{21}x_1+a_{22}x_2+\cdots+a_{2n}x_n & a_{22} & \cdots & a_{2n} \\ \vdots & \vdots & & \vdots \\ a_{n1}x_1+a_{n2}x_2+\cdots+a_{nn}x_n & a_{n2} & \cdots & a_{nn} \end{vmatrix}$$

$$=\begin{vmatrix} b_1 & a_{12} & \cdots & a_{1n} \\ b_2 & a_{22} & \cdots & a_{2n} \\ \vdots & \vdots & & \vdots \\ b_n & a_{n2} & \cdots & a_{nn} \end{vmatrix}=D_1,$$

即有

$$x_1D=D_1,$$

当 $D\neq0$ 时，

$$x_1=\frac{D_1}{D}.$$

一般地，对 x_j 有 $x_jD=D_j,j=1,2,\cdots,n$，当 $D\neq0$ 时，有

$$x_1=\frac{D_1}{D},x_2=\frac{D_2}{D},\cdots,x_n=\frac{D_n}{D}.$$

这说明，当 $D\neq0$ 时，方程组(1.3.1)若有解，则解只能是式(1.3.3).

下面验证式(1.3.3)确实是方程组(1.3.1)的解，即验证

$$a_{i1}\frac{D_1}{D}+a_{i2}\frac{D_2}{D}+\cdots+a_{in}\frac{D_n}{D}=b_i,\quad i=1,2,\cdots,n.$$

考虑有两行相同的 $n+1$ 阶行列式

$$\begin{vmatrix} b_i & a_{i1} & a_{i2} & \cdots & a_{in} \\ b_1 & a_{11} & a_{12} & \cdots & a_{1n} \\ \vdots & \vdots & \vdots & & \vdots \\ b_i & a_{i1} & a_{i2} & \cdots & a_{in} \\ \vdots & \vdots & \vdots & & \vdots \\ b_n & a_{n1} & a_{n2} & \cdots & a_{nn} \end{vmatrix},\quad i=1,2,\cdots,n.$$

其值显然为 0. 把它按第 1 行展开，由于第 1 行中 a_{ij} 的代数余子式为

$$(-1)^{1+j+1}\begin{vmatrix} b_1 & a_{11} & \cdots & a_{1,j-1} & a_{1,j+1} & \cdots & a_{1n} \\ b_2 & a_{21} & \cdots & a_{2,j-1} & a_{2,j+1} & \cdots & a_{2n} \\ \vdots & \vdots & & \vdots & \vdots & & \vdots \\ b_n & a_{n1} & \cdots & a_{n,j-1} & a_{n,j+1} & \cdots & a_{nn} \end{vmatrix}=(-1)^{j+2}(-1)^{j-1}D_j=-D_j,$$

所以有

$$0=b_iD-a_{i1}D_1-a_{i2}D_2-\cdots-a_{in}D_n,$$

由 $D\neq 0$，得

$$a_{i1}\frac{D_1}{D}+a_{i2}\frac{D_2}{D}+\cdots+a_{in}\frac{D_n}{D}=b_i,\quad i=1,2,\cdots,n.$$

克莱姆法则包含三层意思：当行列式 $D\neq 0$ 时，方程组(1.3.1)有解；解是唯一的；解由式(1.3.3)给出．

当 $D=0$ 时，方程组(1.3.1)的解会出现什么情况？请读者考虑．

齐次线性方程组(1.3.2)一定有零解 $x_1=x_2=\cdots=x_n=0$，什么条件下有非零解？可以证明下述定理．

定理 1.3.2　如果系数行列式 $D\neq 0$，则齐次线性方程组(1.3.2)只有零解．

其逆否命题为：如果方程组(1.3.2)有非零解，则 $D=0$.

由此可知，系数行列式 $D=0$ 是方程组(1.3.2)有非零解的必要条件，在第4章中我们还将看到 $D=0$ 也是方程组(1.3.2)有非零解的充分条件．

例 1.3.1　解线性方程组

$$\begin{cases}x_1+x_2+x_3=5\\2x_1+x_2-x_3+x_4=1\\x_1+2x_2-x_3+x_4=2\\x_2+2x_3+3x_4=3\end{cases}.$$

解

$$D=\begin{vmatrix}1&1&1&0\\2&1&-1&1\\1&2&-1&1\\0&1&2&3\end{vmatrix}=\begin{vmatrix}1&1&1&0\\0&-1&-3&1\\0&1&-2&1\\0&1&2&3\end{vmatrix}=\begin{vmatrix}-1&-3&1\\1&-2&1\\1&2&3\end{vmatrix}=18,$$

$$D_1=\begin{vmatrix}5&1&1&0\\1&1&-1&1\\2&2&-1&1\\3&1&2&3\end{vmatrix}=18,\quad D_2=\begin{vmatrix}1&5&1&0\\2&1&-1&1\\1&2&-1&1\\0&3&2&3\end{vmatrix}=36,$$

$$D_3=\begin{vmatrix}1&1&5&0\\2&1&1&1\\1&2&2&1\\0&1&3&3\end{vmatrix}=36,\quad D_4=\begin{vmatrix}1&1&1&5\\2&1&-1&1\\1&2&-1&2\\0&1&2&3\end{vmatrix}=-18.$$

所以

$$x_1=\frac{18}{18}=1,\quad x_2=\frac{36}{18}=2,\quad x_3=\frac{36}{18}=2,\quad x_4=\frac{-18}{18}=-1.$$

例 1.3.2　求过三点 $P_1(1,2)$，$P_2(2,1)$ 及 $P_3(3,2)$ 的抛物线，要求它以平行于 y 轴的直线为对称轴．

解　设所求抛物线方程为

$$y=ax^2+bx+c.$$

因 P_1,P_2,P_3 三点在抛物线上，所以三点的坐标均应满足方程，将坐标代入并整理，得非

齐次线性方程组

$$\begin{cases}a+b+c=2\\4a+2b+c=1\\9a+3b+c=2\end{cases}.$$

因为

$$D=\begin{vmatrix}1&1&1\\4&2&1\\9&3&1\end{vmatrix}=-2,\quad D_1=\begin{vmatrix}2&1&1\\1&2&1\\2&3&1\end{vmatrix}=-2,$$

$$D_2=\begin{vmatrix}1&2&1\\4&1&1\\9&2&1\end{vmatrix}=8,\quad D_3=\begin{vmatrix}1&1&2\\4&2&1\\9&3&2\end{vmatrix}=-10,$$

所以

$$a=\frac{-2}{-2}=1,\quad b=\frac{8}{-2}=-4,\quad c=\frac{-10}{-2}=5,$$

故所求抛物线方程为

$$y=x^2-4x+5,$$

即

$$y-1=(x-2)^2.$$

该抛物线的对称轴为 $x=2$.

例 1.3.3 试问数 λ,μ 取何值时，齐次线性方程组

$$\begin{cases}\lambda x_1+x_2+x_3=0\\x_1+\mu x_2+x_3=0\\x_1+2\mu x_2+x_3=0\end{cases}$$

有非零解？

解 因为

$$D=\begin{vmatrix}\lambda&1&1\\1&\mu&1\\1&2\mu&1\end{vmatrix}=\begin{vmatrix}\lambda-1&1&1\\0&\mu&0\\0&2\mu&1\end{vmatrix}=-\mu(\lambda-1),$$

要使方程组有非零解，需 $D=0$. 所以 $\mu=0$ 或 $\lambda=1$ 时方程组有非零解.

习 题 1.3

1. 用克莱姆法则解下列方程组：

(1) $\begin{cases}2x_1+2x_2-5x_3+x_4=4\\x_1+4x_2-7x_3+6x_4=0\\x_1-3x_2-6x_4=9\\2x_2-x_3+2x_4=-5\end{cases}$；

(2) $\begin{cases}x_2+x_3+x_4+x_5=1\\x_1+x_3+x_4+x_5=2\\x_1+x_2+x_4+x_5=3\\x_1+x_2+x_3+x_5=4\\x_1+x_2+x_3+x_4=5\end{cases}$.

2. 问 λ 取何值时，下列齐次线性方程组有非零解？

(1) $\begin{cases} \lambda x_1 + x_2 + x_3 = 0 \\ x_1 + \lambda x_2 - x_3 = 0 \\ 2x_1 - x_2 + x_3 = 0 \end{cases}$；　(2) $\begin{cases} (1-\lambda)x_1 - 2x_2 + 4x_3 = 0 \\ 2x_1 + (3-\lambda)x_2 + x_3 = 0 \\ x_1 + x_2 + (1-\lambda)x_3 = 0 \end{cases}$．

3. (1) 问 λ 取何值时，齐次线性方程组

$$\begin{cases} x_1 + \lambda x_3 = 0 \\ 2x_1 - x_4 = 0 \\ \lambda x_1 + x_2 = 0 \\ x_3 + 2x_4 = 0 \end{cases}$$

只有零解？为什么？

(2) 问 λ,μ 取何值时，齐次线性方程组

$$\begin{cases} \lambda x_1 + x_2 + x_3 = 0 \\ x_1 + \mu x_2 + x_3 = 0 \\ x_1 + 2\mu x_2 + x_3 = 0 \end{cases}$$

有非零解？为什么？

4. 求过三点 $A(-1,5)$，$B(5,5)$，$C(6,-2)$ 的圆的一般方程．

*实际应用题

一天文学家要确定一颗小行星绕太阳运行的轨道，他在轨道平面内建立一个以太阳为原点的直角坐标系，在两坐标轴上取天文测量单位(1天文单位为地球到太阳的平均距离，即15 000万km)．他在5个不同时间内对小行星作5次观测，得到轨道上的5个点坐标分别为(5.764，0.648)，(6.286，1.202)，(6.759，1.823)，(7.168，2.562)，(7.408，3.360)，由开普勒第一定律知小行星轨道为一椭圆，试建立它的方程．

模型求解　平面上圆锥曲线(椭圆、双曲线、抛物线)的一般方程为

$$a_1x^2 + a_2xy + a_3y^2 + a_4x + a_5y + a_6 = 0.$$

这个方程含有6个待定系数，用它们之中不为零的任意一个系数去除其他系数，实际上此方程只有5个独立的待定系数．

设所求椭圆通过(x_1,y_1)，(x_2,y_2)，(x_3,y_3)，(x_4,y_4)，(x_5,y_5)5个不同点，对于曲线上任一点(x,y)，则6个点均满足曲线的一般方程，且这6个方程所构成的线性方程组有非零解，从而可得

$$\begin{vmatrix} x^2 & xy & y^2 & x & y & 1 \\ x_1^2 & x_1y_1 & y_1^2 & x_1 & y_1 & 1 \\ x_2^2 & x_2y_2 & y_2^2 & x_2 & y_2 & 1 \\ x_3^2 & x_3y_3 & y_3^2 & x_3 & y_3 & 1 \\ x_4^2 & x_4y_4 & y_4^2 & x_4 & y_4 & 1 \\ x_5^2 & x_5y_5 & y_5^2 & x_5 & y_5 & 1 \end{vmatrix} = 0,$$

即

$$\begin{vmatrix} x^2 & xy & y^2 & x & y & 1 \\ 33.224 & 3.735 & 0.420 & 5.764 & 0.648 & 1 \\ 39.514 & 7.556 & 1.445 & 6.286 & 1.202 & 1 \\ 45.648 & 12.322 & 3.323 & 6.759 & 1.823 & 1 \\ 51.380 & 18.106 & 6.381 & 7.168 & 2.562 & 1 \\ 55.950 & 25.133 & 11.290 & 7.408 & 3.360 & 1 \end{vmatrix}=0,$$

展开并化简后得所求椭圆方程为 $x^2-1.04xy+1.30y^2-3.90x-2.93y-5.49=0$.

综合习题 1

1. 填空题.

(1) 若 $a_{1i}a_{23}a_{35}a_{4j}a_{54}$ 为五阶行列式中带正号的一项,则 $i=$________, $j=$________.

(2) 多项式 $f(x)=\begin{vmatrix} 3x & 2 & -4 & 1 \\ -x & x & -1 & 3 \\ 7 & 5 & 2x & 2 \\ x & 2 & 1 & x \end{vmatrix}$ 中 x^4 的系数为________, x^3 的系数为________.

(3) 行列式 $D=\begin{vmatrix} 3 & 0 & 4 & 0 \\ 2 & 2 & 2 & 2 \\ 0 & -7 & 0 & 0 \\ 5 & 3 & -2 & 2 \end{vmatrix}$,则第 4 行各元素代数余子式之和的值为________.

(4) 在五阶行列式 $D=\begin{vmatrix} 4 & 4 & 4 & 1 & 1 \\ 3 & 2 & 1 & 4 & 5 \\ 3 & 3 & 3 & 2 & 2 \\ 2 & 3 & 5 & 4 & 2 \\ 4 & 5 & 6 & 1 & 3 \end{vmatrix}$ 中, $A_{21}+A_{22}+A_{23}=$________, $A_{24}+A_{25}=$________.

(5) 设 n 阶行列式 $D=\begin{vmatrix} 1 & 3 & 5 & \cdots & 2n-1 \\ 1 & 2 & & & \\ 1 & & 3 & & \\ \vdots & & & \ddots & \\ 1 & & & & n \end{vmatrix}$,则 $A_{11}+A_{12}+\cdots+A_{1n}=$________.

2. 选择题.

(1) 行列式 D_n 为零的充分条件是(　　).

(A) 零元素的个数大于 n;

(B) D_n 中各行元素之和为零;

(C) 主对角线上元素全为零;

(D) 次对角线上元素全为零.

(2) 行列式 D_n 为零的必要条件是(　　).

(A) D_n 中有两行(或列)元素对应成比例;

(B) D_n 中有一行(或列)元素全为零;

(C) D_n 中各列元素之和为零;

(D) 以 D_n 为系数行列式的齐次线性方程组有非零解.

(3) 设 $D_1=\begin{vmatrix} a_{11} & a_{12} & \cdots & a_{1n} \\ a_{21} & a_{22} & \cdots & a_{2n} \\ \vdots & \vdots & & \vdots \\ a_{n1} & a_{n2} & \cdots & a_{nn} \end{vmatrix}=1$，则 $D_2=\begin{vmatrix} a_{nn} & a_{n,n-1} & \cdots & a_{n1} \\ a_{n-1,n} & a_{n-1,n-1} & \cdots & a_{n-1,1} \\ \vdots & \vdots & & \vdots \\ a_{1n} & a_{1,n-1} & \cdots & a_{11} \end{vmatrix}=$(　　).

(A) 1；　(B) -1；　(C) $(-1)^n$；　(D) 2.

(4) 记 $f(x)=\begin{vmatrix} x-2 & x-1 & x-2 & x-3 \\ 2x-3 & 2x-1 & 2x-2 & 2x-3 \\ 3x-3 & 3x-2 & 4x-5 & 3x-5 \\ 4x & 4x-3 & 5x-7 & 4x-3 \end{vmatrix}$，则 $f(x)=0$ 的根的个数为(　　).

(A) 1；　(B) 2；　(C) 3；　(D) 4.

(5) 方程组 $\begin{cases} \lambda x_1+x_2+x_3=1 \\ x_1+\lambda x_2+x_3=\lambda \\ x_1+x_2+\lambda x_3=\lambda^2 \end{cases}$ 有唯一解，则 λ 应满足(　　).

(A) $\lambda\neq1,\lambda\neq2$；　(B) $\lambda\neq-1,\lambda\neq2$；

(C) $\lambda\neq1,\lambda\neq-2$；　(D) $\lambda=1,\lambda\neq2$.

3. 计算下列行列式：

(1) $\begin{vmatrix} 1+a & 1 & 1 & 1 \\ 1 & 1-a & 1 & 1 \\ 1 & 1 & 1+b & 1 \\ 1 & 1 & 1 & 1-b \end{vmatrix}$ $(ab\neq0)$；　(2) $\begin{vmatrix} x_1 & a_2 & a_3 & a_4 \\ a_1 & x_2 & a_3 & a_4 \\ a_1 & a_2 & x_3 & a_4 \\ a_1 & a_2 & a_3 & x_4 \end{vmatrix}$ $(x_i\neq a_i, i=1,2,3,4)$；

(3) $\begin{vmatrix} 2 & 1 & 0 & \cdots & 0 & 0 \\ 1 & 2 & 1 & \cdots & 0 & 0 \\ 0 & 1 & 2 & \cdots & 0 & 0 \\ \vdots & \vdots & \vdots & & \vdots & \vdots \\ 0 & 0 & 0 & \cdots & 2 & 1 \\ 0 & 0 & 0 & \cdots & 1 & 2 \end{vmatrix}$；　(4) $\begin{vmatrix} -a_1 & a_1 & 0 & \cdots & 0 & 0 \\ 0 & -a_2 & a_2 & \cdots & 0 & 0 \\ 0 & 0 & -a_3 & \cdots & 0 & 0 \\ \vdots & \vdots & \vdots & & \vdots & \vdots \\ 0 & 0 & 0 & \cdots & -a_n & a_n \\ 1 & 1 & 1 & \cdots & 1 & 1 \end{vmatrix}$；

(5) $\begin{vmatrix} x & y & 0 & \cdots & 0 & 0 \\ 0 & x & y & \cdots & 0 & 0 \\ 0 & 0 & x & \cdots & 0 & 0 \\ \vdots & \vdots & \vdots & & \vdots & \vdots \\ 0 & 0 & 0 & \cdots & x & y \\ y & 0 & 0 & \cdots & 0 & x \end{vmatrix}_{(n)}$；　(6) $\begin{vmatrix} a^n & (a-1)^n & \cdots & (a-n)^n \\ a^{n-1} & (a-1)^{n-1} & \cdots & (a-n)^{n-1} \\ \vdots & \vdots & & \vdots \\ a & a-1 & \cdots & a-n \\ 1 & 1 & \cdots & 1 \end{vmatrix}$；

(7) $\begin{vmatrix} 1-a_1 & a_2 & 0 & 0 & \cdots & 0 & 0 \\ -1 & 1-a_2 & a_3 & 0 & \cdots & 0 & 0 \\ 0 & -1 & 1-a_3 & a_4 & \cdots & 0 & 0 \\ \vdots & \vdots & \vdots & \vdots & & \vdots & \vdots \\ 0 & 0 & 0 & 0 & \cdots & 1-a_{n-1} & a_n \\ 0 & 0 & 0 & 0 & \cdots & -1 & 1-a_n \end{vmatrix}$；　(8) $\begin{vmatrix} 1 & 2 & 3 & \cdots & n-1 & n \\ n & 1 & 2 & \cdots & n-2 & n-1 \\ n-1 & n & 1 & \cdots & n-3 & n-2 \\ \vdots & \vdots & \vdots & & \vdots & \vdots \\ 3 & 4 & 5 & \cdots & 1 & 2 \\ 2 & 3 & 4 & \cdots & n & 1 \end{vmatrix}$.

4. 求下列方程的根：

(1) $f(x)=\begin{vmatrix} x-5 & 1 & -3 \\ 1 & x-5 & 3 \\ -3 & 3 & x-3 \end{vmatrix}=0$；

(2) $f(x)=\begin{vmatrix} x-1 & -2 & -2 \\ -2 & x-1 & -2 \\ -2 & -2 & x-1 \end{vmatrix}=0$；

(3) $f(x)=\begin{vmatrix} 1 & a_1 & a_2 & \cdots & a_{n-1} & a_n \\ 1 & x & a_2 & \cdots & a_{n-1} & a_n \\ 1 & a_1 & x & \cdots & a_{n-1} & a_n \\ \vdots & \vdots & \vdots & & \vdots & \vdots \\ 1 & a_1 & a_2 & \cdots & a_{n-1} & x \end{vmatrix}=0.$

5. 用克莱姆法则解下列方程组：

(1) $\begin{cases} x_1+x_2+x_3+x_4=5 \\ x_1+2x_2-x_3+4x_4=-2 \\ 2x_1-3x_2-x_3-5x_4=-2 \\ 3x_1+x_2+2x_3+11x_4=0 \end{cases}$；

(2) $\begin{cases} 5x_1+6x_2=1 \\ x_1+5x_2+6x_3=0 \\ x_2+5x_3+6x_4=0 \\ x_3+5x_4+6x_5=0 \\ x_4+5x_5=1 \end{cases}$；

(3) $\begin{cases} x_1+x_2+x_3+x_4=1 \\ 2x_1+3x_2+4x_3+5x_4=1 \\ 4x_1+9x_2+16x_3+25x_4=1 \\ 8x_1+27x_2+64x_3+125x_4=1 \end{cases}$.

拓展阅读

克莱姆法则的由来

在《线性代数》这门学科中，“克莱姆法则”被冠以瑞士数学家加百列·克莱姆(Gabriel Cramer，1704～1752 年)的大名，不过正像数学史乃至整个科学史上的很多情况一样，如《高等数学》中所学的“洛必达法则”的真正创立者应该为约翰·伯努利(Johann Bernoulli，1667～1748 年)，克莱姆并不是首先使用克莱姆法则的人，他只是第一个公开发表这一法则的人．

加百列·克莱姆

事实上，德国哲学家、数学家、外交官戈特弗里德·威廉·莱布尼茨(Gottfried Wilhelm Leibniz，1646～1716 年)早在 1678 年的一份手稿中就给出了所谓的克莱姆法则的雏形，但不知什么原因，他并没有发表这项成果．直到去世 150 多年后，他的这一思想才得以重见天日，因此对线性方程组求解方法的发展几乎没有产生任何影响．

70 多年后，英国数学家科林·麦克劳林(Colin Maclaurin，1698～1746 年)研究了具有二、三、四个未知量的线性方程组，得到了现在称为克莱姆法则的结果．麦克劳林是数学上的一位奇才，也是18世纪英国最具影响力的数学家之一．他自幼聪慧过人，11岁考入格拉斯哥大学，17岁以有关引力研究的论文获硕士学位，19岁受聘为阿伯丁马里沙尔学院数学教授，21岁当选为英国皇家学会会员，25岁赴法国巴黎从事研究工作，27岁以论文《物体碰撞》获巴黎科学院奖金，28岁回国任爱丁堡大学数学教授．大约在1729年，他创立了用行列式求解多元线性方程组的方法，然而也没有及时发表，而是收录在1748年出版的遗著《代数论著》(A Treatise of Algebra)中．

其中，对于含两个未知量、两个方程的线性方程组$\begin{cases}ax+by=c\\dx+ey=f\end{cases}$，麦克劳林求出$y=\dfrac{af-dc}{ae-db}$，并且指出$y$的分母由$x,y$的系数的乘积构成，且这些系数取自于不同方程的不同未知量，y的分子则是由不含y的系数(包含常数项)的乘积构成，且乘积的因子取自不同方程的不同未知量的系数．类似地，对于含三个未知量、三个方程的线性方程组$\begin{cases}ax+by+cz=m\\dx+ey+fz=n\\gx+hy+kz=p\end{cases}$，他求出$z=\dfrac{aep-ahn+dhm-dbp+gbn-gem}{aek-ahf+dhc-dbk+gbf-gec}$，并解释说，$z$的分母由$x,y,z$的系数的乘积构成，且乘积因子分别取自于不同方程的不同未知量的系数，z的分子则是由不包含z的系数在内的x,y的系数和常数项的乘积构成，这些乘积的因子也来自于不同方程的不同未知量的系数．最后他指出，对于含四个未知量、四个方程的线性方程组，可以用同样的方法进行求解．

在求解的过程中，虽然麦克劳林也意识到了分子、分母中各式的符号问题，但没能进一步给出明确的符号判别法．另外，随着未知量及方程数目的逐渐增多，他所采用的记号也暴露出弊端．

《代数论著》问世两年之后，1750年，克莱姆重新发现了克莱姆法则．克莱姆早年在日内瓦读书，18岁便获得博士学位，1724年起在日内瓦加尔文学院任教，1727年进行为期两年的旅行访学，结识了约翰·伯努利(Johann Bernoulli，1667～1748)、莱昂哈德·欧拉(Leonhard Euler，1707～1783年)、乔治·蒲丰(Georges Buffoon，1707～1788年)等大数学家．正是这次旅行，为他今后的数学研究奠定了坚实的基础．他一生未婚，专心治学，先后成为伦敦皇家学会、柏林研究院等机构的成员，其主要著作是于1750年出版的《代数曲线分析引论》(Introduction à L'analyse des L ignes Courbes Algébriques)．在这本书里，他给出了所谓的克莱姆法则：

设有n个未知数$z,y,x,v,\cdots$构成如下方程组

$$\begin{aligned}A^1&=Z^1z+Y^1y+X^1x+V^1v+\cdots\\A^2&=Z^2z+Y^2y+X^2x+V^2v+\cdots\\A^3&=Z^3z+Y^3y+X^3x+V^3v+\cdots\\A^4&=Z^4z+Y^4y+X^4x+V^4v+\cdots\\&\cdots\end{aligned}$$

其中$A^1,A^2,A^3,A^4,\cdots$分别表示第1,2,3,4,…个方程左边的常数项，$Z^1,Z^2,Z^3,Z^4,\cdots$分

别表示第 1,2,3,4,…个方程中 z 的系数,$Y^1,Y^2,Y^3,Y^4,\cdots$表示对应方程中 y 的系数,$X^1,X^2,X^3,X^4,\cdots$表示对应方程中 x 的系数等. 这样对含有两个未知量 z 和 y、两个方程的方程组,有

$$z=\frac{A^1Y^2-A^2Y^1}{Z^1Y^2-Z^2Y^1},\ y=\frac{Z^1A^2-Z^2A^1}{Z^1Y^2-Z^2Y^1};$$

对含有三个未知量 z,y,x 和三个方程的方程组,有

$$z=\frac{A^1Y^2X^3-A^1Y^3X^2-A^2Y^1X^3+A^2Y^3X^1+A^3Y^1X^2-A^3Y^2X^1}{Z^1Y^2X^3-Z^1Y^3X^2-Z^2Y^1X^3+Z^2Y^3X^1+Z^3Y^1X^2-Z^3Y^2X^1},$$

$$y=\frac{Z^1A^2X^3-Z^1A^3X^2-Z^2A^1X^3+Z^2A^3X^1+Z^3A^1X^2-Z^3A^2X^1}{Z^1Y^2X^3-Z^1Y^3X^2-Z^2Y^1X^3+Z^2Y^3X^1+Z^3Y^1X^2-Z^3Y^2X^1},$$

$$x=\frac{Z^1Y^2A^3-Z^1Y^3A^2-Z^2Y^1A^3+Z^2Y^3A^1+Z^3Y^1A^2-Z^3Y^2A^1}{Z^1Y^2X^3-Z^1Y^3X^2-Z^2Y^1X^3+Z^2Y^3X^1+Z^3Y^1X^2-Z^3Y^2X^1}.$$

在此基础上,克莱姆对含有 n 个未知量、n 个方程的线性方程组给出了一般性的算法规则. 与麦克劳林的工作相比,他不仅清晰地表达了各未知量分子和分母的构成形式,还采用现在所谓逆序数的方法去判断分子分母各项符号. 这样虽计算起来比较复杂,但形成了一套可以遵循的规则,应用起来得心应手. 遗憾的是,克莱姆本人没有给这个法则以严密的逻辑证明,直到 1815 年才由法国大数学家奥古斯丁·路易斯·柯西(Augustin Louis Cauchy,1789～1857 年)首次给出.

由上可知,尽管在当时还没有出现"行列式"这一名称,但麦克劳林和克莱姆给出的法则与我们现在用行列式给出的克莱姆法则别无二致,事实上,行列式的符号直到 1841 年才由英国数学家阿瑟·凯莱(Arthur Cayley,1821～1895 年)引进. 同时也可以看出,克莱姆法则产生的历史同其他许多数学知识一样,是许多数学家共同努力的结果. 之所以冠名于克莱姆,不仅仅是由于他第一个发表了这个法则,他所采用的记号也显示了无比的优越性,其中的上角标为寻找逆序数进而确定各项正负提供了统一的方法,这更便于推广和传播. 鉴于麦克劳林在出版上有优先权,而克莱姆在符号表达上有优越权,把这一法则称为"麦克劳林-克莱姆法则"也许更为公允.

第2章　矩　　阵

矩阵是研究与处理线性问题的重要工具，是代数学研究的主要对象，它在数学的其他分支以及自然科学、现代经济学、管理学和工程技术领域等方面有广泛的应用．

本章主要介绍矩阵的概念、矩阵的运算、逆矩阵、分块矩阵、矩阵的初等变换与初等矩阵、矩阵的秩．

2.1　矩阵的概念

2.1.1　矩阵的概念

矩阵的概念源于实际，为使读者对矩阵概念的实际背景有一些了解，我们先介绍两个有关矩阵问题的引例．

引例1　设某类物资从 m 个产地 $A_1,A_2,\cdots,A_m$ 运往 n 个销售地 $M_1,M_2,\cdots,M_n$，如果用 $a_{ij}(i=1,2,\cdots,m;\ \ j=1,2,\cdots,n)$ 表示由第 i 个产地运往第 j 个销售地调运的物资数，则整个调运方案可以用下列矩形数表2.1表示．

表2.1　矩形数表

物资数 销售地 / 产地	M_1	M_2	$\cdots$	M_n
A_1	a_{11}	a_{12}	$\cdots$	a_{1n}
A_2	a_{21}	a_{22}	$\cdots$	a_{2n}
$\vdots$	$\vdots$	$\vdots$		$\vdots$
A_m	a_{m1}	a_{m2}	$\cdots$	a_{mn}

引例2　设有含 m 个方程、n 个未知向量的线性方程组

$$\begin{cases} a_{11}x_1+a_{12}x_2+\cdots+a_{1n}x_n=b_1 \\ a_{21}x_1+a_{22}x_2+\cdots+a_{2n}x_n=b_2 \\ \vdots \qquad\quad \vdots \qquad\qquad\quad \vdots \qquad\quad \vdots \\ a_{m1}x_1+a_{m2}x_2+\cdots+a_{mn}x_n=b_m \end{cases}.$$

显然，这个方程组的特征完全由未知量的系数和等式右边的常数决定，因此，我们可以把这些数字按照原来的次序排列成一个矩形数表

$$\begin{pmatrix} a_{11} & a_{12} & \cdots & a_{1n} & b_1 \\ a_{21} & a_{22} & \cdots & a_{2n} & b_2 \\ \vdots & \vdots & & \vdots & \vdots \\ a_{m1} & a_{m2} & \cdots & a_{mn} & b_m \end{pmatrix}.$$

从而,把对方程组的研究转化为对相应的矩形数表的研究.

上面这些引例都可以用矩形数表来注明,因此我们给出矩阵的定义.

定义 2.1.1 由 $m\times n$ 个数 $a_{ij}(i=1,2,\cdots,m;j=1,2,\cdots,n)$ 排列成 m 行 n 列矩形数表

$$\boldsymbol{A}=\begin{pmatrix} a_{11} & a_{12} & \cdots & a_{1n} \\ a_{21} & a_{22} & \cdots & a_{2n} \\ \vdots & \vdots & & \vdots \\ a_{m1} & a_{m2} & \cdots & a_{mn} \end{pmatrix}.$$

称为 $m\times n$ **矩阵**,记为 $\boldsymbol{A}=(a_{ij})_{m\times n}$ 或 (a_{ij}).

其中 a_{ij} 称为矩阵的元素,它可以是具体的数,也可以是代数式.与行列式情况类似,元素 a_{ij} 有两个角标,第一个角标 i 表示元素所在的行,称为**行标**;第二个角标 j 表示元素所在的列,称为**列标**.

应当指出,行列式和矩阵是两个根本不同的概念.行列式中行数和列数必须相等,它表示的是一个数或代数式;矩阵的行数和列数可以不等,它表示的是一个矩形数表.

2.1.2 一些特殊矩阵

实矩阵 所有元素均为实数的矩阵.若无特殊说明,本书所讨论的矩阵均为实矩阵.

复矩阵 所有元素均为复数的矩阵.

行矩阵 行数为 1 的矩阵,也称为行向量.显然 $\boldsymbol{A}=(a_1\quad a_2\quad\cdots\quad a_n)$ 就是一个 $1\times n$ 的行矩阵.为避免元素间的混淆,行矩阵也记为 $\boldsymbol{A}=(a_1,a_2,\cdots,a_n)$.

列矩阵 列数为 1 的矩阵,如

$$\begin{pmatrix} b_1 \\ b_2 \\ \vdots \\ b_m \end{pmatrix}$$

就是一个 $m\times 1$ 的列矩阵.

零矩阵 元素全为零的矩阵,记为 $\boldsymbol{O}$. 注意不同型的零矩阵是不同的.

n 阶方阵 行数与列数都等于 n 的矩阵称为 n 阶矩阵或 n 阶方阵.

与行列式类似,方阵也有主对角线、次对角线及"阶"的概念.

上三角矩阵 主对角线下方元素全为零的方阵,即 $\boldsymbol{A}=(a_{ij})$ 中的元素 $a_{ij}=0(i>j)$,显然有

$$\boldsymbol{A}=\begin{pmatrix} a_{11} & a_{12} & \cdots & a_{1n} \\ 0 & a_{22} & \cdots & a_{2n} \\ \vdots & \vdots & & \vdots \\ 0 & 0 & \cdots & a_{nn} \end{pmatrix},$$

例如,

$$\begin{pmatrix} 1 & 2 & 0 & 1 \\ 0 & 1 & -1 & 2 \\ 0 & 0 & 1 & 1 \\ 0 & 0 & 0 & 2 \end{pmatrix}$$

是一个四阶上三角矩阵.

下三角矩阵　主对角线上方元素全为零的方阵,即 $\boldsymbol{A}=(a_{ij})$ 中的元素 $a_{ij}=0(i<j)$,显然有

$$\boldsymbol{A}=\begin{pmatrix} a_{11} & 0 & \cdots & 0 \\ a_{21} & a_{22} & \cdots & 0 \\ \vdots & \vdots & & \vdots \\ a_{n1} & a_{n2} & \cdots & a_{nn} \end{pmatrix}.$$

对角矩阵　主对角线以外的元素全为零的方阵,即

$$\boldsymbol{A}=\begin{pmatrix} a_{11} & 0 & \cdots & 0 \\ 0 & a_{22} & \cdots & 0 \\ \vdots & \vdots & & \vdots \\ 0 & 0 & \cdots & a_{nn} \end{pmatrix},$$

简记为

$$\boldsymbol{A}=\begin{pmatrix} a_{11} & & & \\ & a_{22} & & \\ & & \ddots & \\ & & & a_{nn} \end{pmatrix}=\operatorname{diag}(a_{11},a_{22},\cdots,a_{nn}).$$

***n* 阶单位矩阵**　主对角线上元素全为1,其余元素全为零的 n 阶方阵,记为

$$\boldsymbol{E}=\begin{pmatrix} 1 & & & \\ & 1 & & \\ & & \ddots & \\ & & & 1 \end{pmatrix},$$

也可用 $\boldsymbol{I}$ 表示.

对称矩阵　位于主对角线两侧对称位置上的元素彼此相等的方阵,即

$$a_{ij}=a_{ji}(i,j=1,2,\cdots,n).$$

例如,

$$\boldsymbol{A}=\begin{pmatrix} 1 & 2 & 3 & 4 \\ 2 & 3 & 4 & 5 \\ 3 & 4 & 5 & 6 \\ 4 & 5 & 6 & 7 \end{pmatrix}$$

是一个四阶对称矩阵.

反对称矩阵　主对角线上元素全为零,且主对角线两侧对称位置上的元素绝对值相等而正负号相反的方阵,即

$$a_{ij}=-a_{ji}(i,j=1,2,\cdots,n).$$

例如，

$$A=\begin{pmatrix}0&2&3&4\\-2&0&4&5\\-3&-4&0&6\\-4&-5&-6&0\end{pmatrix}$$

是一个四阶反对称矩阵．

2.2 矩阵的运算

在介绍矩阵的运算之前，先介绍矩阵相等的定义．设 $\boldsymbol{A}=(a_{ij})$ 与 $\boldsymbol{B}=(b_{ij})$ 均为 $m\times n$ 矩阵，若 $\boldsymbol{A}$ 与 $\boldsymbol{B}$ 对应位置上的元素相等，即 $a_{ij}=b_{ij}(i=1,2,\cdots,m;j=1,2,\cdots,n)$，则称矩阵 $\boldsymbol{A}$ 与 $\boldsymbol{B}$ 相等，记作 $\boldsymbol{A}=\boldsymbol{B}$. 如果两个矩阵具有相同的行数与列数，则称两个矩阵为同型矩阵．显然两矩阵相等的一个必要条件是它们是同型矩阵．

例如，$\boldsymbol{A}=\begin{pmatrix}a+2b&a+c\\b-3d&a-b\end{pmatrix}$，当 $\boldsymbol{A}=\boldsymbol{E}$ 时，则有 $a=1,b=0,c=-1,d=0$.

下面介绍几种常用的矩阵运算及它们满足的运算规律．

2.2.1 矩阵的加法

定义 2.2.1 设 $\boldsymbol{A}=(a_{ij})_{m\times n}$ 与 $\boldsymbol{B}=(b_{ij})_{m\times n}$ 均是 $m\times n$ 矩阵，若 $m\times n$ 矩阵 $\boldsymbol{C}=(c_{ij})_{m\times n}$ 满足 $c_{ij}=a_{ij}+b_{ij}(i=1,2,\cdots,m;j=1,2,\cdots,n)$，则称矩阵 $\boldsymbol{C}$ 为矩阵 $\boldsymbol{A}$ 与 $\boldsymbol{B}$ 的和，记作 $\boldsymbol{C}=\boldsymbol{A}+\boldsymbol{B}$，即

$$\boldsymbol{A}+\boldsymbol{B}=\begin{pmatrix}a_{11}+b_{11}&a_{12}+b_{12}&\cdots&a_{1n}+b_{1n}\\a_{21}+b_{21}&a_{22}+b_{22}&\cdots&a_{2n}+b_{2n}\\\vdots&\vdots&&\vdots\\a_{m1}+b_{m1}&a_{m2}+b_{m2}&\cdots&a_{mn}+b_{mn}\end{pmatrix},$$

可见，两矩阵相加等于它们的对应元素相加．

若有矩阵 $\boldsymbol{B}=(b_{ij})_{m\times n}$，则矩阵 $(-b_{ij})_{m\times n}$ 称为 $\boldsymbol{B}$ 的负矩阵，记为 $-\boldsymbol{B}$，由此可定义矩阵 $\boldsymbol{A}$ 与 $\boldsymbol{B}$ 的差

$$\boldsymbol{A}-\boldsymbol{B}=\boldsymbol{A}+(-\boldsymbol{B})=\begin{pmatrix}a_{11}-b_{11}&a_{12}-b_{12}&\cdots&a_{1n}-b_{1n}\\a_{21}-b_{21}&a_{22}-b_{22}&\cdots&a_{2n}-b_{2n}\\\vdots&\vdots&&\vdots\\a_{m1}-b_{m1}&a_{m2}-b_{m2}&\cdots&a_{mn}-b_{mn}\end{pmatrix}.$$

注 只有同型矩阵才能相加减．

例 2.2.1 设有矩阵

$$\boldsymbol{A}=\begin{pmatrix}2&0&1&4\\1&-1&0&2\\3&1&1&6\end{pmatrix},\quad \boldsymbol{B}=\begin{pmatrix}1&-1&0&2\\0&1&-2&0\\3&0&1&2\end{pmatrix},$$

求 $\boldsymbol{A}+\boldsymbol{B}$ 和 $\boldsymbol{A}-\boldsymbol{B}$.

解

$$\boldsymbol{A}+\boldsymbol{B}=\begin{pmatrix}2+1 & 0-1 & 1+0 & 4+2\\ 1+0 & -1+1 & 0-2 & 2+0\\ 3+3 & 1+0 & 1+1 & 6+2\end{pmatrix}=\begin{pmatrix}3 & -1 & 1 & 6\\ 1 & 0 & -2 & 2\\ 6 & 1 & 2 & 8\end{pmatrix},$$

$$\boldsymbol{A}-\boldsymbol{B}=\begin{pmatrix}2-1 & 0-(-1) & 1-0 & 4-2\\ 1-0 & -1-1 & 0-(-2) & 2-0\\ 3-3 & 1-0 & 1-1 & 6-2\end{pmatrix}=\begin{pmatrix}1 & 1 & 1 & 2\\ 1 & -2 & 2 & 2\\ 0 & 1 & 0 & 4\end{pmatrix}.$$

由定义可知,矩阵加法满足如下运算规律:

(1) $\boldsymbol{A}+\boldsymbol{B}=\boldsymbol{B}+\boldsymbol{A}$ (交换律);

(2) $\boldsymbol{A}+(\boldsymbol{B}+\boldsymbol{C})=(\boldsymbol{A}+\boldsymbol{B})+\boldsymbol{C}$(结合律);

(3) $\boldsymbol{A}+\boldsymbol{O}=\boldsymbol{A}$;($\boldsymbol{O}$ 表示零矩阵);

(4) $\boldsymbol{A}+(-\boldsymbol{A})=\boldsymbol{O}$.

其中 $\boldsymbol{A},\boldsymbol{B},\boldsymbol{C},\boldsymbol{O}$ 均为同型矩阵.

2.2.2 数与矩阵相乘

定义 2.2.2 数 λ 与矩阵 $\boldsymbol{A}=(a_{ij})_{m\times n}$ 中每个元素相乘所得到的 $m\times n$ 矩阵称为数 λ 与矩阵 $\boldsymbol{A}$ 的乘积,记作 $\lambda\boldsymbol{A}$ 或 $\boldsymbol{A}\lambda$,即

$$\lambda\boldsymbol{A}=\boldsymbol{A}\lambda=\begin{pmatrix}\lambda a_{11} & \lambda a_{12} & \cdots & \lambda a_{1n}\\ \lambda a_{21} & \lambda a_{22} & \cdots & \lambda a_{2n}\\ \vdots & \vdots & & \vdots\\ \lambda a_{m1} & \lambda a_{m2} & \cdots & \lambda a_{mn}\end{pmatrix}.$$

例 2.2.2 设

$$\boldsymbol{A}=\begin{pmatrix}2 & 0 & 1 & 4\\ 1 & -1 & 0 & 2\\ 3 & 1 & 1 & 6\end{pmatrix},\quad \boldsymbol{B}=\begin{pmatrix}1 & -1 & 0 & 2\\ 0 & 1 & -2 & 0\\ 3 & 0 & 1 & 2\end{pmatrix},$$

求 $4\boldsymbol{A}-3\boldsymbol{B}$.

解

$$4\boldsymbol{A}-3\boldsymbol{B}=\begin{pmatrix}8 & 0 & 4 & 16\\ 4 & -4 & 0 & 8\\ 12 & 4 & 4 & 24\end{pmatrix}-\begin{pmatrix}3 & -3 & 0 & 6\\ 0 & 3 & -6 & 0\\ 9 & 0 & 3 & 6\end{pmatrix}$$

$$=\begin{pmatrix}5 & 3 & 4 & 10\\ 4 & -7 & 6 & 8\\ 3 & 4 & 1 & 18\end{pmatrix}.$$

容易证明,数与矩阵的乘法满足下列运算规律:

(1) $\lambda(\mu\boldsymbol{A})=(\lambda\mu)\boldsymbol{A}$;

(2) $\lambda(\boldsymbol{A}+\boldsymbol{B})=\lambda\boldsymbol{A}+\lambda\boldsymbol{B}$;

(3) $(\lambda+\mu)\boldsymbol{A}=\lambda\boldsymbol{A}+\mu\boldsymbol{A}$;

(4) $1\boldsymbol{A}=\boldsymbol{A}$.

其中 $\boldsymbol{A},\boldsymbol{B}$ 为 $m\times n$ 矩阵，λ,μ 为数．

矩阵的加法和数与矩阵的乘法两种运算统称为矩阵的线性运算．

2.2.3 矩阵与矩阵相乘

矩阵的乘法定义不像矩阵的加法与数乘那么简单与自然，是一种独特的乘法运算，具有特殊的运算规律，因而这种乘法的定义看起来有些显得不自然，不易接受，但从实际问题出发又非常合理．鉴于此，在给出乘法定义前，先给出两个例子．

引例 1 某地区有三种不同的矿物质 A_1,A_2,A_3 为一个工厂提供原材料，其中矿物质 A_1,A_2,A_3 单价为 $a_{1j}(j=1,2,3)$，矿物质 A_1,A_2,A_3 营运单价为 $a_{2j}(j=1,2,3)$，见表 2.2；工厂对三种矿物质 A_1,A_2,A_3 两个月(分别用 B_1,B_2 表示)需求量为 $b_{ij}(i=1,2,3;j=1,2)$，见表 2.3.

表 2.2

	A_1	A_2	A_3
单价	a_{11}	a_{12}	a_{13}
营运单价	a_{21}	a_{22}	a_{23}

表 2.3

	B_1	B_2
A_1 需求量	b_{11}	b_{12}
A_2 需求量	b_{21}	b_{22}
A_3 需求量	b_{31}	b_{32}

则工厂所支付原材料的成本可用矩阵表示为

$$\begin{pmatrix} a_{11}b_{11}+a_{12}b_{21}+a_{13}b_{31} & a_{11}b_{12}+a_{12}b_{22}+a_{13}b_{32} \\ a_{21}b_{11}+a_{22}b_{21}+a_{23}b_{31} & a_{21}b_{12}+a_{22}b_{22}+a_{23}b_{32} \end{pmatrix}=\boldsymbol{C}=(c_{ij})_{2\times 2},$$

这里矩阵 $\boldsymbol{C}$ 中的元素 c_{1j} 是矩阵 $\boldsymbol{A}=(a_{ij})_{2\times 3}$ 的第一行与矩阵 $\boldsymbol{B}=(b_{ij})_{3\times 2}$ 的第 j 列对应元素乘积之和，表示 B_j 月所需支付的原料成本，类似 c_{2j} 表示 B_j 月所需支付的营运成本．

引例 2 设有两个线性变换

$$\begin{cases} y_1=a_{11}x_1+a_{12}x_2+a_{13}x_3 \\ y_2=a_{21}x_1+a_{22}x_2+a_{23}x_3 \end{cases}, \tag{2.2.1}$$

$$\begin{cases} x_1=b_{11}t_1+b_{12}t_2 \\ x_2=b_{21}t_1+b_{22}t_2, \\ x_3=b_{31}t_1+b_{32}t_2 \end{cases} \tag{2.2.2}$$

把式(2.2.2)代入式(2.2.1)，可求出从 t_1,t_2 到 y_1,y_2 的线性变换：

$$\begin{cases} y_1=(a_{11}b_{11}+a_{12}b_{21}+a_{13}b_{31})t_1+(a_{11}b_{12}+a_{12}b_{22}+a_{13}b_{32})t_2 \\ y_2=(a_{21}b_{11}+a_{22}b_{21}+a_{23}b_{31})t_1+(a_{21}b_{12}+a_{22}b_{22}+a_{23}b_{32})t_2 \end{cases}. \tag{2.2.3}$$

我们把线性变换式(2.2.3)称为线性变换式(2.2.1)和式(2.2.2)的乘积．由以上两个例子，我们可以定义

$$\begin{pmatrix} a_{11} & a_{12} & a_{13} \\ a_{21} & a_{22} & a_{23} \end{pmatrix}\begin{pmatrix} b_{11} & b_{12} \\ b_{21} & b_{22} \\ b_{31} & b_{32} \end{pmatrix}=\begin{pmatrix} a_{11}b_{11}+a_{12}b_{21}+a_{13}b_{31} & a_{11}b_{12}+a_{12}b_{22}+a_{13}b_{32} \\ a_{21}b_{11}+a_{22}b_{21}+a_{23}b_{31} & a_{21}b_{12}+a_{22}b_{22}+a_{23}b_{32} \end{pmatrix},$$

称为 $\boldsymbol{A}$ 与 $\boldsymbol{B}$ 的乘积，记为 $\boldsymbol{AB}=\boldsymbol{C}$.

容易看出，矩阵 $\boldsymbol{C}$ 中任意元素 c_{ij} 正好是矩阵 $\boldsymbol{A}$ 中第 i 行元素与矩阵 $\boldsymbol{B}$ 中第 j 列对应元素乘积之和，并且，矩阵 $\boldsymbol{A}$ 的列数等于矩阵 $\boldsymbol{B}$ 的行数．

定义 2.2.3　设 $\boldsymbol{A}=(a_{ij})$ 是一个 $m\times s$ 矩阵，$\boldsymbol{B}=(b_{ij})$ 是一个 $s\times n$ 矩阵，则规定矩阵 $\boldsymbol{A}$ 与矩阵 $\boldsymbol{B}$ 的乘积是一个 $m\times n$ 矩阵 $\boldsymbol{C}=(c_{ij})$，其中

$$c_{ij}=a_{i1}b_{1j}+a_{i2}b_{2j}+\cdots+a_{is}b_{sj}=\sum_{k=1}^{s}a_{ik}b_{kj}\quad(i=1,2,\cdots,m;j=1,2,\cdots,n),$$

记作 $\boldsymbol{C}=\boldsymbol{AB}$.

由定义可知，两个矩阵能够相乘的充分必要条件是左边矩阵(简称左矩阵)的列数等于右边矩阵(简称右矩阵)的行数．

例 2.2.3　已知矩阵

$$\boldsymbol{A}=\begin{pmatrix}1&1&0\\2&1&1\end{pmatrix},\quad \boldsymbol{B}=\begin{pmatrix}1&0&-1\\1&1&2\\2&0&1\end{pmatrix},$$

求 $\boldsymbol{AB}$.

解　$\boldsymbol{A}$ 是 2×3 矩阵，$\boldsymbol{B}$ 是 3×3 矩阵，满足左矩阵的列数等于右矩阵的行数这一条件，故可以相乘．

$$\boldsymbol{AB}=\begin{pmatrix}1\times1+1\times1+0\times2 & 1\times0+1\times1+0\times0 & 1\times(-1)+1\times2+0\times1\\2\times1+1\times1+1\times2 & 2\times0+1\times1+1\times0 & 2\times(-1)+1\times2+1\times1\end{pmatrix}$$

$$=\begin{pmatrix}2&1&1\\5&1&1\end{pmatrix}.$$

例 2.2.4　已知矩阵

$$\boldsymbol{A}=(a_1,a_2,a_3,a_4),\boldsymbol{B}=\begin{pmatrix}b_1\\b_2\\b_3\\b_4\end{pmatrix},$$

求 $\boldsymbol{AB},\boldsymbol{BA}$.

解

$$\boldsymbol{AB}=(a_1,a_2,a_3,a_4)\begin{pmatrix}b_1\\b_2\\b_3\\b_4\end{pmatrix}=a_1b_1+a_2b_2+a_3b_3+a_4b_4,$$

$$\boldsymbol{BA}=\begin{pmatrix}b_1\\b_2\\b_3\\b_4\end{pmatrix}(a_1,a_2,a_3,a_4)=\begin{pmatrix}a_1b_1&a_2b_1&a_3b_1&a_4b_1\\a_1b_2&a_2b_2&a_3b_2&a_4b_2\\a_1b_3&a_2b_3&a_3b_3&a_4b_3\\a_1b_4&a_2b_4&a_3b_4&a_4b_4\end{pmatrix}.$$

注　一阶方阵作为运算结果可视为一个数，不用加括号．但是，在参与矩阵运算时，一般不能当作数看待．

例 2.2.5 设矩阵 $\boldsymbol{A}=(a_{ij})_{3\times 3}$，$\boldsymbol{B}=(b_{ij})_{3\times 4}$，$\boldsymbol{C}=(c_{ij})_{2\times 3}$，$\boldsymbol{E}$ 是三阶单位矩阵，求 $\boldsymbol{AE}$，$\boldsymbol{EB}$ 和 $\boldsymbol{CE}$.

解

$$\boldsymbol{AE}=\begin{pmatrix} a_{11} & a_{12} & a_{13} \\ a_{21} & a_{22} & a_{23} \\ a_{31} & a_{32} & a_{33} \end{pmatrix}\begin{pmatrix} 1 & 0 & 0 \\ 0 & 1 & 0 \\ 0 & 0 & 1 \end{pmatrix}=\begin{pmatrix} a_{11} & a_{12} & a_{13} \\ a_{21} & a_{22} & a_{23} \\ a_{31} & a_{32} & a_{33} \end{pmatrix},$$

$$\boldsymbol{EB}=\begin{pmatrix} 1 & 0 & 0 \\ 0 & 1 & 0 \\ 0 & 0 & 1 \end{pmatrix}\begin{pmatrix} b_{11} & b_{12} & b_{13} & b_{14} \\ b_{21} & b_{22} & b_{23} & b_{24} \\ b_{31} & b_{32} & b_{33} & b_{34} \end{pmatrix}=\begin{pmatrix} b_{11} & b_{12} & b_{13} & b_{14} \\ b_{21} & b_{22} & b_{23} & b_{24} \\ b_{31} & b_{32} & b_{33} & b_{34} \end{pmatrix},$$

$$\boldsymbol{CE}=\begin{pmatrix} c_{11} & c_{12} & c_{13} \\ c_{21} & c_{22} & c_{23} \end{pmatrix}\begin{pmatrix} 1 & 0 & 0 \\ 0 & 1 & 0 \\ 0 & 0 & 1 \end{pmatrix}=\begin{pmatrix} c_{11} & c_{12} & c_{13} \\ c_{21} & c_{22} & c_{23} \end{pmatrix}.$$

结果表明：任何矩阵与单位矩阵的乘积（只要能够相乘）仍为原矩阵.

例 2.2.6 设有矩阵

$$\boldsymbol{A}=\begin{pmatrix} 1 & 2 \\ 1 & 2 \end{pmatrix},\quad \boldsymbol{B}=\begin{pmatrix} 2 & 2 \\ -1 & -1 \end{pmatrix},$$

求 $\boldsymbol{AB}$ 和 $\boldsymbol{BA}$.

解

$$\boldsymbol{AB}=\begin{pmatrix} 1 & 2 \\ 1 & 2 \end{pmatrix}\begin{pmatrix} 2 & 2 \\ -1 & -1 \end{pmatrix}=\begin{pmatrix} 0 & 0 \\ 0 & 0 \end{pmatrix},$$

$$\boldsymbol{BA}=\begin{pmatrix} 2 & 2 \\ -1 & -1 \end{pmatrix}\begin{pmatrix} 1 & 2 \\ 1 & 2 \end{pmatrix}=\begin{pmatrix} 4 & 8 \\ -2 & -4 \end{pmatrix}.$$

结果表明：

(1) $\boldsymbol{AB}\neq\boldsymbol{BA}$，即矩阵乘法不满足交换律．甚至当 $\boldsymbol{AB}$ 有意义时，$\boldsymbol{BA}$ 不见得有意义．因此，在谈到两矩阵相乘时，必须明确哪个在左，哪个在右，即要区分左乘和右乘.

如果方阵 $\boldsymbol{A}$，$\boldsymbol{B}$ 满足 $\boldsymbol{AB}=\boldsymbol{BA}$，则称 $\boldsymbol{A}$ 与 $\boldsymbol{B}$ 是**可交换矩阵**.

(2) 由 $\boldsymbol{AB}=\boldsymbol{O}$ 并不能推出 $\boldsymbol{A}=\boldsymbol{O}$ 或 $\boldsymbol{B}=\boldsymbol{O}$.

例 2.2.7 设矩阵

$$\boldsymbol{A}=\begin{pmatrix} 2 & 3 \\ 1 & 4 \end{pmatrix},\boldsymbol{B}=\begin{pmatrix} 2 & 2 \\ 1 & 3 \end{pmatrix},\boldsymbol{C}=\begin{pmatrix} 3 & 5 \\ 0 & 0 \end{pmatrix},$$

求 $\boldsymbol{AC}$ 和 $\boldsymbol{BC}$.

解

$$\boldsymbol{AC}=\begin{pmatrix} 2 & 3 \\ 1 & 4 \end{pmatrix}\begin{pmatrix} 3 & 5 \\ 0 & 0 \end{pmatrix}=\begin{pmatrix} 6 & 10 \\ 3 & 5 \end{pmatrix},$$

$$\boldsymbol{BC}=\begin{pmatrix} 2 & 2 \\ 1 & 3 \end{pmatrix}\begin{pmatrix} 3 & 5 \\ 0 & 0 \end{pmatrix}=\begin{pmatrix} 6 & 10 \\ 3 & 5 \end{pmatrix}.$$

结果表明：由 $\boldsymbol{AC}=\boldsymbol{BC}$ 且 $\boldsymbol{C}\neq\boldsymbol{O}$ 并不能推出 $\boldsymbol{A}=\boldsymbol{B}$.

虽然矩阵乘法不能满足交换律和消去律，但满足如下运算规律（假设所有运算均有意义）：

(1) $(\boldsymbol{AB})\boldsymbol{C}=\boldsymbol{A}(\boldsymbol{BC})$(结合律);

(2) $(\boldsymbol{A}+\boldsymbol{B})\boldsymbol{C}=\boldsymbol{AC}+\boldsymbol{BC}$, $\boldsymbol{A}(\boldsymbol{B}+\boldsymbol{C})=\boldsymbol{AB}+\boldsymbol{AC}$(分配律);

(3) $\lambda(\boldsymbol{AB})=(\lambda\boldsymbol{A})\boldsymbol{B}=\boldsymbol{A}(\lambda\boldsymbol{B})$($\lambda$ 是数).

由矩阵乘法概念可以定义方阵的幂.

定义 2.2.4　设 $\boldsymbol{A}$ 是 n 阶方阵,k 是正整数,称

$$\boldsymbol{A}^k=\underbrace{\boldsymbol{AA}\cdots\boldsymbol{A}}_{k\text{个}\boldsymbol{A}}$$

为**方阵 $\boldsymbol{A}$ 的 k 次幂**.

若约定 $\boldsymbol{A}^0=\boldsymbol{E}$,则对任何非负整数 k 和 l,有

$$\boldsymbol{A}^k\boldsymbol{A}^l=\boldsymbol{A}^{k+l},\quad (\boldsymbol{A}^k)^l=\boldsymbol{A}^{kl}.$$

需要注意的是,由于矩阵乘法不满足交换律,故对于两个 n 阶矩阵 $\boldsymbol{A}$ 和 $\boldsymbol{B}$,一般地,

$$(\boldsymbol{AB})^k\neq\boldsymbol{A}^k\boldsymbol{B}^k.$$

若 $f(x)=a_0+a_1x+a_2x^2+\cdots+a_nx^n$ 为未知数 x 的 n 次多项式,则可定义方阵 $\boldsymbol{A}$ 的 n 次多项式为

$$f(\boldsymbol{A})=a_0\boldsymbol{E}+a_1\boldsymbol{A}+a_2\boldsymbol{A}^2+\cdots+a_n\boldsymbol{A}^n.$$

例 2.2.8　对于本节(2.2.1)式、(2.2.2)式、(2.2.3)式,若令

$$\boldsymbol{Y}=\begin{pmatrix}y_1\\y_2\end{pmatrix},\boldsymbol{X}=\begin{pmatrix}x_1\\x_2\\x_3\end{pmatrix},\boldsymbol{T}=\begin{pmatrix}t_1\\t_2\end{pmatrix},$$

$$\boldsymbol{A}=\begin{pmatrix}a_{11}&a_{12}&a_{13}\\a_{21}&a_{22}&a_{23}\end{pmatrix},\boldsymbol{B}=\begin{pmatrix}b_{11}&b_{12}\\b_{21}&b_{22}\\b_{31}&b_{32}\end{pmatrix}.$$

则

$$\boldsymbol{Y}=\boldsymbol{AX},\boldsymbol{X}=\boldsymbol{BT},\boldsymbol{Y}=\boldsymbol{A}(\boldsymbol{BT})=(\boldsymbol{AB})\boldsymbol{T}.$$

例 2.2.9　证明

$$\begin{pmatrix}\cos\varphi&-\sin\varphi\\\sin\varphi&\cos\varphi\end{pmatrix}^n=\begin{pmatrix}\cos n\varphi&-\sin n\varphi\\\sin n\varphi&\cos n\varphi\end{pmatrix}.$$

证　用数学归纳法.当 $n=1$ 时,显然成立.设 $n=k$ 时,命题成立,即

$$\begin{pmatrix}\cos\varphi&-\sin\varphi\\\sin\varphi&\cos\varphi\end{pmatrix}^k=\begin{pmatrix}\cos k\varphi&-\sin k\varphi\\\sin k\varphi&\cos k\varphi\end{pmatrix},$$

则当 $n=k+1$ 时,有

$$\begin{aligned}\begin{pmatrix}\cos\varphi&-\sin\varphi\\\sin\varphi&\cos\varphi\end{pmatrix}^{k+1}&=\begin{pmatrix}\cos\varphi&-\sin\varphi\\\sin\varphi&\cos\varphi\end{pmatrix}^k\begin{pmatrix}\cos\varphi&-\sin\varphi\\\sin\varphi&\cos\varphi\end{pmatrix}\\&=\begin{pmatrix}\cos k\varphi&-\sin k\varphi\\\sin k\varphi&\cos k\varphi\end{pmatrix}\begin{pmatrix}\cos\varphi&-\sin\varphi\\\sin\varphi&\cos\varphi\end{pmatrix}\\&=\begin{pmatrix}\cos k\varphi\cos\varphi-\sin k\varphi\sin\varphi&-\cos k\varphi\sin\varphi-\sin k\varphi\cos\varphi\\\sin k\varphi\cos\varphi+\cos k\varphi\sin\varphi&-\sin k\varphi\sin\varphi+\cos k\varphi\cos\varphi\end{pmatrix}\\&=\begin{pmatrix}\cos(k+1)\varphi&-\sin(k+1)\varphi\\\sin(k+1)\varphi&\cos(k+1)\varphi\end{pmatrix}.\end{aligned}$$

于是，等式得证.

几何意义：如图 2.1 所示，矩阵$\begin{pmatrix}\cos\varphi & -\sin\varphi\\ \sin\varphi & \cos\varphi\end{pmatrix}$对应的线性变换$\begin{cases}x'=x\cos\varphi-y\sin\varphi\\ y'=x\sin\varphi+y\cos\varphi\end{cases}$把平面上的点$P(r\cos\theta,r\sin\theta)$变为点$P'(r\cos(\theta+\varphi),r\sin(\theta+\varphi))$，即把极坐标为$(r,\theta)$的点$P$逆时针旋转角$\varphi$变为极坐标为$(r,\theta+\varphi)$的点$P'$(称为**旋转变换**). 等式的左边对应的是旋转n个角φ的旋转变换，右边对应的是旋转$n\varphi$的旋转变换，它们显然相等.

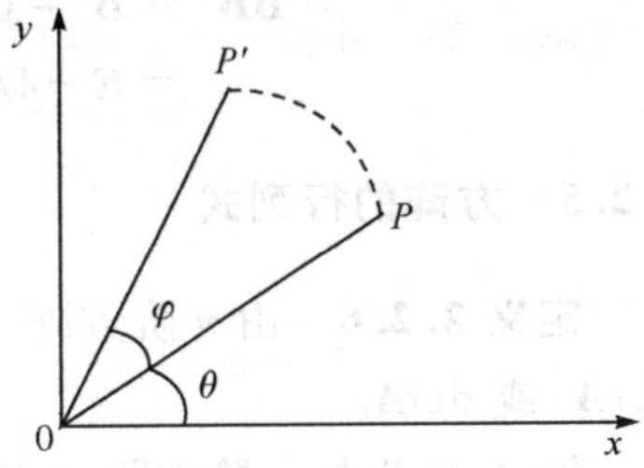

图 2.1

2.2.4 矩阵的转置

定义 2.2.5 将矩阵$A=(a_{ij})_{m\times n}$的所有行依次变成相同序号的列所得到的矩阵，称为矩阵A的转置矩阵，记作A^{T}(或A')，即

$$A^{\mathrm{T}}=\begin{pmatrix}a_{11} & a_{12} & \cdots & a_{1n}\\ a_{21} & a_{22} & \cdots & a_{2n}\\ \vdots & \vdots & & \vdots\\ a_{m1} & a_{m2} & \cdots & a_{mn}\end{pmatrix}^{\mathrm{T}}=\begin{pmatrix}a_{11} & a_{21} & \cdots & a_{m1}\\ a_{12} & a_{22} & \cdots & a_{m2}\\ \vdots & \vdots & & \vdots\\ a_{1n} & a_{2n} & \cdots & a_{mn}\end{pmatrix}.$$

矩阵的转置也是一种运算，它满足下列性质(假设所有运算有意义)：

(1) $(A^{\mathrm{T}})^{\mathrm{T}}=A$;

(2) $(A+B)^{\mathrm{T}}=A^{\mathrm{T}}+B^{\mathrm{T}}$;

(3) $(\lambda A)^{\mathrm{T}}=\lambda A^{\mathrm{T}}$($\lambda$是数);

(4) $(AB)^{\mathrm{T}}=B^{\mathrm{T}}A^{\mathrm{T}}$.

这里只证明性质(4). 设$A=(a_{ij})_{m\times s}$，$B=(b_{ij})_{s\times n}$，记$AB=C=(c_{ij})_{m\times n}$，$B^{\mathrm{T}}A^{\mathrm{T}}=D=(d_{ij})_{n\times m}$. 由定义 2.2.3 知，

$$c_{ji}=\sum_{k=1}^{s}a_{jk}b_{ki},$$

而B^{T}的第i行为$(b_{1i},b_{2i},\cdots,b_{si})$，$A^{\mathrm{T}}$的第$j$列为$(a_{j1},a_{j2},\cdots,a_{js})^{\mathrm{T}}$，因此

$$d_{ij}=\sum_{k=1}^{s}b_{ki}a_{jk}=\sum_{k=1}^{s}a_{jk}b_{ki}.$$

所以$d_{ij}=c_{ji}(i=1,2,\cdots,n;j=1,2,\cdots,m)$. 即$D=C^{\mathrm{T}}$，亦即

$$B^{\mathrm{T}}A^{\mathrm{T}}=(AB)^{\mathrm{T}}.$$

由矩阵转置的定义可知：n阶方阵A是对称矩阵的充要条件为$A^{\mathrm{T}}=A$；A是反对称矩阵的充要条件为$A^{\mathrm{T}}=-A$.

例 2.2.10 设矩阵A满足$AA^{\mathrm{T}}=E$，E是n阶单位矩阵，$B=E-2A^{\mathrm{T}}A$，试证B是对称矩阵，且$BB^{\mathrm{T}}=E$.

证 因为

$$B^{\mathrm{T}}=(E-2A^{\mathrm{T}}A)^{\mathrm{T}}=E^{\mathrm{T}}-2A^{\mathrm{T}}(A^{\mathrm{T}})^{\mathrm{T}}=E-2A^{\mathrm{T}}A=B,$$

所以B是对称矩阵，且

$$\begin{aligned}BB^{\mathrm{T}}&=B^2=(E-2A^{\mathrm{T}}A)^2=E-4A^{\mathrm{T}}A+4(A^{\mathrm{T}}A)(A^{\mathrm{T}}A)\\&=E-4A^{\mathrm{T}}A+4A^{\mathrm{T}}(AA^{\mathrm{T}})A=E-4A^{\mathrm{T}}A+4A^{\mathrm{T}}A=E.\end{aligned}$$

2.2.5　方阵的行列式

定义 2.2.6　由 n 阶方阵 A 的元素按原来的位置所构成的行列式称为 A 的**行列式**，记 $|A|$ 或 $\det A$.

设 A 与 B 是 n 阶方阵，λ 是数，则

(1) $|A^{\mathrm{T}}|=|A|$；

(2) $|\lambda A|=\lambda^n|A|$；

(3) $|AB|=|A||B|$.

性质(3)表明：对任意两个同阶方阵 A 和 B，尽管 AB 和 BA 不一定相等，但它们对应的行列式总是相等．即 $|AB|=|A||B|=|B||A|=|BA|$.

下面只证性质(3)：设 $A=(a_{ij})_{n\times n}$，$B=(b_{ij})_{n\times n}$．作 $2n$ 阶行列式

$$D=\begin{vmatrix}a_{11}&\cdots&a_{1n}&&&\\\vdots&&\vdots&&O&\\a_{n1}&\cdots&a_{nn}&&&\\-1&&&b_{11}&\cdots&b_{1n}\\&\ddots&&\vdots&&\vdots\\&&-1&b_{n1}&\cdots&b_{nn}\end{vmatrix}\triangleq\begin{vmatrix}A&O\\-E&B\end{vmatrix}.$$

由拉普拉斯展开定理可得

$$D=|A||B|.$$

另一方面，在 D 中以 b_{1j} 乘第 1 列，b_{2j} 乘第 2 列，…，b_{nj} 乘第 n 列，都加到第 $n+j$ 列上($j=1,2,\cdots,n$)．有

$$D=\begin{vmatrix}A&C\\-E&O\end{vmatrix}.$$

其中 $C=(c_{ij})_{n\times n}$，$c_{ij}=b_{1j}a_{i1}+b_{2j}a_{i2}+\cdots+b_{nj}a_{in}$．故

$$C=AB.$$

再次利用拉普拉斯展开定理，有

$$D=(-1)^{(n+1)+\cdots+2n+1+2+\cdots+n}|-E||AB|=|AB|.$$

从而得到

$$|AB|=|A||B|.$$

习　题　2.2

1. 求矩阵 X.

(1) 已知 $A=\begin{pmatrix}2&1&1\\3&2&1\\-1&0&1\end{pmatrix}$，$B=\begin{pmatrix}2&3&0\\-1&0&-1\\2&-1&1\end{pmatrix}$，$C=\begin{pmatrix}1&2&3\\4&5&6\\-3&-1&2\end{pmatrix}$，且 $A+X-B=C$，求 X.

(2) 已知 $A=\begin{pmatrix}3&-1&2&0\\1&5&7&9\\2&4&5&8\end{pmatrix}$，$B=\begin{pmatrix}7&5&-2&4\\5&1&9&7\\2&2&-1&6\end{pmatrix}$，且 $A+2X=B$，求 X.

2. 设 A,B 为两个 n 阶矩阵，问下列等式在什么条件下成立，并证明：

(1) $(A+B)^2=A^2+2AB+B^2$；

(2) $(A+B)(A-B)=A^2-B^2$.

3. 已知

$$A=\begin{pmatrix}3&1&1\\2&1&2\\1&2&3\end{pmatrix},B=\begin{pmatrix}1&1&-1\\2&-1&0\\1&0&1\end{pmatrix},$$

计算 AB，$AB-BA$ 和 $(AB)^{\mathrm{T}}$.

4. 计算下列矩阵的乘积：

(1) $\begin{pmatrix}1&-1&1\\2&0&1\\3&1&-2\end{pmatrix}\begin{pmatrix}1&1\\0&1\\1&0\end{pmatrix}$；　　(2) $(x,y,1)\begin{pmatrix}a&b&d\\b&c&e\\d&e&f\end{pmatrix}\begin{pmatrix}x\\y\\1\end{pmatrix}$；

(3) $(1,2,3)\begin{pmatrix}3\\2\\1\end{pmatrix}$；　　(4) $\begin{pmatrix}3\\2\\1\end{pmatrix}(1,2,3)$.

5. 判断下列结论是否成立：若成立，则说明理由；若不成立，则举出反例.

(1) 若矩阵 A 的行列式 $|A|=0$，则 $A=O$；

(2) 若 $|A-E|=0$，则 $A=E$；

(3) 若 A,B 为两个 n 阶矩阵，则 $|A+B|=|A|+|B|$；

(4) 若矩阵 $A\neq O,B\neq O$，则 $AB\neq O$.

6. 已知 A,B 是 n 阶对称矩阵，证明：AB 是对称矩阵的充要条件是 $AB=BA$.

7. 设 $A=(a_{ij})$ 为三阶方阵，若已知 $|A|=-3$，求 $||A|A|$.

8. 证明：任一 n 阶矩阵 A 都可以表示成对称矩阵与反对称矩阵之和.

9. 设 $A=\begin{pmatrix}1&0\\-1&1\end{pmatrix}$，证明 $A^2=2A-E$，并求 A^{100}.

10. 已知 $f(x)=1+x+\cdots+x^{n-1}$，$g(x)=1-x$，$A=\begin{pmatrix}a&b\\0&a\end{pmatrix}$，求 $f(A)g(A)$.

2.3 逆 矩 阵

2.3.1 逆矩阵的定义

考察线性变换

$$\begin{cases}y_1=a_{11}x_1+a_{12}x_2+\cdots+a_{1n}x_n\\y_2=a_{21}x_1+a_{22}x_2+\cdots+a_{2n}x_n\\\vdots\qquad\vdots\qquad\vdots\qquad\vdots\\y_n=a_{n1}x_1+a_{n2}x_2+\cdots+a_{nn}x_n\end{cases},\tag{2.3.1}$$

若记

$$X=\begin{pmatrix}x_1\\x_2\\\vdots\\x_n\end{pmatrix},Y=\begin{pmatrix}y_1\\y_2\\\vdots\\y_n\end{pmatrix},\quad A=\begin{pmatrix}a_{11}&a_{12}&\cdots&a_{1n}\\a_{21}&a_{22}&\cdots&a_{2n}\\\vdots&\vdots&&\vdots\\a_{n1}&a_{n2}&\cdots&a_{nn}\end{pmatrix},$$

则线性变换(2.3.1)可用矩阵表为 $\boldsymbol{Y}=\boldsymbol{AX}$.

根据克莱姆法则,若 $|\boldsymbol{A}|\neq 0$,则由 $y_1,y_2,\cdots,y_n$ 可解出唯一的 $x_1,x_2,\cdots,x_n$,即

$$\begin{cases}x_1=b_{11}y_1+b_{12}y_2+\cdots+b_{1n}y_n\\x_2=b_{21}y_1+b_{22}y_2+\cdots+b_{2n}y_n\\\vdots\qquad\vdots\qquad\vdots\qquad\qquad\vdots\\x_n=b_{n1}y_1+b_{n2}y_2+\cdots+b_{nn}y_n\end{cases},\tag{2.3.2}$$

其中 $b_{ij}=\frac{1}{|\boldsymbol{A}|}A_{ji}(i,j=1,2,\cdots,n)$,$A_{ji}$ 是元素 a_{ji} 在行列式 $|\boldsymbol{A}|$ 中的**代数余子式**. 若记 $\boldsymbol{B}=(b_{ij})_{n\times n}$,则式(2.3.2)可表示为 $\boldsymbol{X}=\boldsymbol{BY}$.

我们称式(2.3.2)为线性变换(2.3.1)的逆变换,而 $\boldsymbol{A}$、$\boldsymbol{B}$ 又分别是它们对应的矩阵,于是很自然要提出这样一个问题:能否把 $\boldsymbol{B}$ 定义为 $\boldsymbol{A}$ 的逆矩阵?它们之间会满足何种关系?

为此,联立 $\boldsymbol{Y}=\boldsymbol{AX}$ 和 $\boldsymbol{X}=\boldsymbol{BY}$ 有 $\boldsymbol{Y}=\boldsymbol{AX}=\boldsymbol{A}(\boldsymbol{BY})=(\boldsymbol{AB})\boldsymbol{Y}$,$\boldsymbol{X}=\boldsymbol{BY}=\boldsymbol{B}(\boldsymbol{AX})=(\boldsymbol{BA})\boldsymbol{X}$. $\boldsymbol{AB}$、$\boldsymbol{BA}$ 均为恒等变换所对应的矩阵,故应有 $\boldsymbol{AB}=\boldsymbol{BA}=\boldsymbol{E}$.

由此引入逆矩阵的定义:

定义 2.3.1 对于 n 阶方阵 $\boldsymbol{A}$,若存在一个 n 阶方阵 $\boldsymbol{B}$,使

$$\boldsymbol{AB}=\boldsymbol{BA}=\boldsymbol{E},$$

则称矩阵 $\boldsymbol{A}$ 是**可逆的**,并称 $\boldsymbol{B}$ 是 $\boldsymbol{A}$ 的**逆矩阵**.

容易证明,若矩阵 $\boldsymbol{A}$ 可逆,则其逆矩阵唯一.

事实上,设矩阵 $\boldsymbol{B}$、$\boldsymbol{C}$ 均为矩阵 $\boldsymbol{A}$ 的逆矩阵,则 $\boldsymbol{AB}=\boldsymbol{BA}=\boldsymbol{E}$,$\boldsymbol{AC}=\boldsymbol{CA}=\boldsymbol{E}$,于是有

$$\boldsymbol{B}=\boldsymbol{BE}=\boldsymbol{B}(\boldsymbol{AC})=(\boldsymbol{BA})\boldsymbol{C}=\boldsymbol{EC}=\boldsymbol{C}.$$

$\boldsymbol{A}$ 的逆矩阵记为 $\boldsymbol{A}^{-1}$. 即若 $\boldsymbol{AB}=\boldsymbol{BA}=\boldsymbol{E}$,则 $\boldsymbol{B}=\boldsymbol{A}^{-1}$.

根据前面的讨论,我们可先引入伴随矩阵的概念.

定义 2.3.2 设有 n 阶方阵 $\boldsymbol{A}=(a_{ij})_{n\times n}$,称

$$\boldsymbol{A}^*=\begin{pmatrix}A_{11}&A_{21}&\cdots&A_{n1}\\A_{12}&A_{22}&\cdots&A_{n2}\\\vdots&\vdots&&\vdots\\A_{1n}&A_{2n}&\cdots&A_{nn}\end{pmatrix}$$

为 $\boldsymbol{A}$ 的**伴随矩阵**,其中 A_{ij} 是元素 a_{ij} 在行列式 $|\boldsymbol{A}|$ 中的代数余子式.

例 2.3.1 设 $\boldsymbol{A}=\begin{pmatrix}1&1&2\\0&1&3\\2&1&2\end{pmatrix}$,求 $\boldsymbol{A}^*$.

解 $|\boldsymbol{A}|$ 的每个元素对应的代数余子式为

$$A_{11}=(-1)^{1+1}\begin{vmatrix}1&3\\1&2\end{vmatrix}=-1, A_{12}=(-1)^{1+2}\begin{vmatrix}0&3\\2&2\end{vmatrix}=6, A_{13}=(-1)^{1+3}\begin{vmatrix}0&1\\2&1\end{vmatrix}=-2,$$

$$A_{21}=(-1)^{2+1}\begin{vmatrix}1&2\\1&2\end{vmatrix}=0, A_{22}=(-1)^{2+2}\begin{vmatrix}1&2\\2&2\end{vmatrix}=-2, A_{23}=(-1)^{2+3}\begin{vmatrix}1&1\\2&1\end{vmatrix}=1,$$

$$A_{31}=(-1)^{3+1}\begin{vmatrix}1&2\\1&3\end{vmatrix}=1, A_{32}=(-1)^{3+2}\begin{vmatrix}1&2\\0&3\end{vmatrix}=-3, A_{33}=(-1)^{3+3}\begin{vmatrix}1&1\\0&1\end{vmatrix}=1,$$

所以

$$\boldsymbol{A}^*=\begin{pmatrix}A_{11}&A_{21}&A_{31}\\A_{12}&A_{22}&A_{32}\\A_{13}&A_{23}&A_{33}\end{pmatrix}=\begin{pmatrix}-1&0&1\\6&-2&-3\\-2&1&1\end{pmatrix}.$$

由 $\boldsymbol{A}^*$ 的构成可知，$\boldsymbol{A}^*$ 的第 i 列元素正是 $|\boldsymbol{A}|$ 的第 i 行相应元素的代数余子式．由行列式展开定理有

$$\boldsymbol{AA}^*=\begin{pmatrix}a_{11}&a_{12}&\cdots&a_{1n}\\a_{21}&a_{22}&\cdots&a_{2n}\\\vdots&\vdots&&\vdots\\a_{n1}&a_{n2}&\cdots&a_{nn}\end{pmatrix}\begin{pmatrix}A_{11}&A_{21}&\cdots&A_{n1}\\A_{12}&A_{22}&\cdots&A_{n2}\\\vdots&\vdots&&\vdots\\A_{1n}&A_{2n}&\cdots&A_{nn}\end{pmatrix}$$

$$=\begin{pmatrix}|\boldsymbol{A}|&&&\\&|\boldsymbol{A}|&&\\&&\ddots&\\&&&|\boldsymbol{A}|\end{pmatrix}=|\boldsymbol{A}|\boldsymbol{E}.$$

同理可得

$$\boldsymbol{A}^*\boldsymbol{A}=|\boldsymbol{A}|\boldsymbol{E},$$

于是有

$$\boldsymbol{AA}^*=\boldsymbol{A}^*\boldsymbol{A}=|\boldsymbol{A}|\boldsymbol{E}.$$

定理 2.3.1 n 阶方阵 $\boldsymbol{A}$ 可逆的充分必要条件是 $\boldsymbol{A}$ 的行列式 $|\boldsymbol{A}|\neq0$. 且若 $\boldsymbol{A}$ 可逆，则

$$\boldsymbol{A}^{-1}=\frac{1}{|\boldsymbol{A}|}\boldsymbol{A}^*.$$

证 必要性．若 $\boldsymbol{A}$ 可逆，则 $\boldsymbol{A}^{-1}$ 存在，并且满足

$$\boldsymbol{AA}^{-1}=\boldsymbol{E}.$$

从而 $|\boldsymbol{A}||\boldsymbol{A}^{-1}|=|\boldsymbol{AA}^{-1}|=|\boldsymbol{E}|=1$. 故 $|\boldsymbol{A}|\neq0$.

充分性．若 $|\boldsymbol{A}|\neq0$，由 $\boldsymbol{AA}^*=\boldsymbol{A}^*\boldsymbol{A}=|\boldsymbol{A}|\boldsymbol{E}$ 可得

$$\boldsymbol{A}\left(\frac{1}{|\boldsymbol{A}|}\boldsymbol{A}^*\right)=\left(\frac{1}{|\boldsymbol{A}|}\boldsymbol{A}^*\right)\boldsymbol{A}=\boldsymbol{E}.$$

由逆矩阵的定义可知 $\boldsymbol{A}$ 可逆，且

$$\boldsymbol{A}^{-1}=\frac{1}{|\boldsymbol{A}|}\boldsymbol{A}^*.$$

推论 2.3.1 设 $\boldsymbol{A}$、$\boldsymbol{B}$ 为同阶方阵，若 $\boldsymbol{AB}=\boldsymbol{E}$（或 $\boldsymbol{BA}=\boldsymbol{E}$），则 $\boldsymbol{A}$、$\boldsymbol{B}$ 均可逆，且 $\boldsymbol{A}$ 与 $\boldsymbol{B}$

互为逆矩阵．

证　由 $AB=E$ 可知

$$|A||B|=|AB|=|E|=1\neq 0,$$

所以 $|A|\neq 0$，$|B|\neq 0$．由定理 2.3.1 知，A 与 B 均可逆，又

$$B=(A^{-1}A)B=A^{-1}(AB)=A^{-1}E=A^{-1}.$$

同理

$$A=B^{-1}.$$

故 A 与 B 互为逆矩阵．

当方阵 A 的行列式 $|A|=0$ 时，称 A 为**奇异矩阵**；当 $|A|\neq 0$ 时，称 A 为**非奇异矩阵**．显然，方阵 A 非奇异的充分必要条件为 A 可逆．

2.3.2　可逆矩阵的性质

通过前面的讨论，可以得到可逆矩阵的性质：

(1) 若 A 可逆，则 A^{-1} 可逆，且 $(A^{-1})^{-1}=A$；

(2) 若 A 可逆，数 $\lambda\neq 0$，则 λA 可逆，且 $(\lambda A)^{-1}=\frac{1}{\lambda}A^{-1}$；

(3) 若 A 可逆，则 $|A^{-1}|=|A|^{-1}=\frac{1}{|A|}$；

(4) 若 A 可逆，则 $(A^{-1})^{\mathrm{T}}=(A^{\mathrm{T}})^{-1}$；

(5) 若同阶方阵 A、B 可逆，则 AB 可逆，且 $(AB)^{-1}=B^{-1}A^{-1}$.

性质(5)的证明：因 A 与 B 均可逆，故 $|A|\neq 0$，且 $|B|\neq 0$，从而

$$|AB|=|A||B|\neq 0.$$

故 AB 可逆．

又因

$$(AB)(B^{-1}A^{-1})=A(BB^{-1})A^{-1}=AA^{-1}=E,$$

故

$$(AB)^{-1}=B^{-1}A^{-1}.$$

进一步，$A_1,A_2,\cdots,A_m$ 均为 n 阶可逆矩阵，则

$$(A_1A_2\cdots A_m)^{-1}=A_m^{-1}\cdots A_2^{-1}A_1^{-1}.$$

若矩阵 A 可逆，则 $(A^m)^{-1}=(A^{-1})^m$，若记 $(A^{-1})^m$ 为 A^{-m}，则对任意整数 k,l，有

$$A^kA^l=A^{k+l},\quad (A^k)^l=A^{kl}.$$

例 2.3.2　求矩阵

$$A=\begin{pmatrix}1&0&1\\2&1&-1\\0&-1&0\end{pmatrix}$$

的逆矩阵．

解　因 $|A|=-3\neq 0$，故 A 可逆，计算 A 中各元素的代数余子式：

$$A_{11}=-1,\quad A_{21}=-1,\quad A_{31}=-1,$$
$$A_{12}=0,\quad A_{22}=0,\quad A_{32}=3,$$
$$A_{13}=-2,\quad A_{23}=1,\quad A_{33}=1,$$

于是 $\boldsymbol{A}$ 的伴随矩阵为

$$\boldsymbol{A}^*=\begin{pmatrix}-1&-1&-1\\0&0&3\\-2&1&1\end{pmatrix},$$

所以

$$\boldsymbol{A}^{-1}=\frac{1}{|\boldsymbol{A}|}\boldsymbol{A}^*=\frac{1}{3}\begin{pmatrix}1&1&1\\0&0&-3\\2&-1&-1\end{pmatrix}=\begin{pmatrix}\frac{1}{3}&\frac{1}{3}&\frac{1}{3}\\0&0&-1\\\frac{2}{3}&-\frac{1}{3}&-\frac{1}{3}\end{pmatrix}.$$

2.3.3 矩阵方程

矩阵方程是一般方程定义的推广，简单地说就是未知元为矩阵的方程．

对于矩阵方程，当系数矩阵是方阵时，先判断是否可逆．如果可逆，则可以利用左乘或右乘逆矩阵的方法求未知矩阵；如果方阵不可逆或是系数矩阵不是方阵，则需要用待定元素法通过解方程确定未知矩阵．

矩阵方程的几种常见类型(系数矩阵均为可逆矩阵)：

$$\boldsymbol{AX}=\boldsymbol{B}\Rightarrow\boldsymbol{X}=\boldsymbol{A}^{-1}\boldsymbol{B},\qquad \boldsymbol{XA}=\boldsymbol{B}\Rightarrow\boldsymbol{X}=\boldsymbol{BA}^{-1},$$

$$\boldsymbol{AXB}=\boldsymbol{C}\Rightarrow\boldsymbol{X}=\boldsymbol{A}^{-1}\boldsymbol{CB}^{-1},\qquad \boldsymbol{AX}+a\boldsymbol{X}=\boldsymbol{B}\Rightarrow\boldsymbol{X}=(\boldsymbol{A}+a\boldsymbol{E})^{-1}\boldsymbol{B}.$$

例 2.3.3 设

$$\boldsymbol{A}=\begin{pmatrix}1&2&3\\2&2&1\\3&4&3\end{pmatrix},\boldsymbol{B}=\begin{pmatrix}2&1\\5&3\end{pmatrix},\boldsymbol{C}=\begin{pmatrix}1&3\\2&0\\3&1\end{pmatrix},$$

求矩阵 $\boldsymbol{X}$ 使之满足 $\boldsymbol{AXB}=\boldsymbol{C}$.

解 若 $\boldsymbol{A},\boldsymbol{B}$ 可逆，则分别用 $\boldsymbol{A}^{-1}$ 左乘，$\boldsymbol{B}^{-1}$ 右乘 $\boldsymbol{AXB}=\boldsymbol{C}$，有

$$\boldsymbol{A}^{-1}\boldsymbol{AXBB}^{-1}=\boldsymbol{A}^{-1}\boldsymbol{CB}^{-1},$$

即

$$\boldsymbol{X}=\boldsymbol{A}^{-1}\boldsymbol{CB}^{-1}.$$

又因 $|\boldsymbol{A}|=2\neq0$，$|\boldsymbol{B}|=1\neq0$，故 $\boldsymbol{A}$ 和 $\boldsymbol{B}$ 均可逆，且

$$\boldsymbol{A}^{-1}=\begin{pmatrix}1&3&-2\\-\frac{3}{2}&-3&\frac{5}{2}\\1&1&-1\end{pmatrix},\boldsymbol{B}^{-1}=\begin{pmatrix}3&-1\\-5&2\end{pmatrix},$$

所以

$$\boldsymbol{X}=\boldsymbol{A}^{-1}\boldsymbol{CB}^{-1}=\begin{pmatrix}1&3&-2\\-\frac{3}{2}&-3&\frac{5}{2}\\1&1&-1\end{pmatrix}\begin{pmatrix}1&3\\2&0\\3&1\end{pmatrix}\begin{pmatrix}3&-1\\-5&2\end{pmatrix}$$

$$=\begin{pmatrix}-2 & 1\\ 10 & -4\\ -10 & 4\end{pmatrix}.$$

例 2.3.4 设 $\boldsymbol{A}=\begin{pmatrix}1 & 0 & 1\\ 0 & 2 & 6\\ 1 & 6 & 1\end{pmatrix}$，且有 $\boldsymbol{AX}+\boldsymbol{E}=\boldsymbol{A}^2+\boldsymbol{X}$，求 $\boldsymbol{X}$.

解 化简矩阵方程得

$$(\boldsymbol{A}-\boldsymbol{E})\boldsymbol{X}=\boldsymbol{A}^2-\boldsymbol{E},$$

由

$$\boldsymbol{A}^2-\boldsymbol{E}=(\boldsymbol{A}-\boldsymbol{E})(\boldsymbol{A}+\boldsymbol{E}),$$

且

$$|\boldsymbol{A}-\boldsymbol{E}|=\begin{vmatrix}0 & 0 & 1\\ 0 & 1 & 6\\ 1 & 6 & 0\end{vmatrix}=-1\neq 0,$$

知 $\boldsymbol{A}-\boldsymbol{E}$ 可逆，故矩阵方程化为 $\boldsymbol{X}=\boldsymbol{A}+\boldsymbol{E}$，得矩阵方程的解为

$$\boldsymbol{X}=\boldsymbol{A}+\boldsymbol{E}=\begin{pmatrix}2 & 0 & 1\\ 0 & 3 & 6\\ 1 & 6 & 2\end{pmatrix}.$$

习　题　2.3

1. 设矩阵 $\boldsymbol{A}=\begin{pmatrix}1 & -1\\ 2 & 3\end{pmatrix}$，$\boldsymbol{B}=\boldsymbol{A}^2-3\boldsymbol{A}+2\boldsymbol{E}$，求 $\boldsymbol{B}^{-1}$.

2. 设 $\boldsymbol{A},\boldsymbol{B},\boldsymbol{C}$ 是同阶矩阵，且 $\boldsymbol{A}$ 可逆，下列结论如果正确，试证明之；如果不正确，举反例说明.

(1) 若 $\boldsymbol{AB}=\boldsymbol{O}$，则 $\boldsymbol{B}=\boldsymbol{O}$；　　(2) 若 $\boldsymbol{BC}=\boldsymbol{AC}$，则 $\boldsymbol{A}=\boldsymbol{B}$.

3. 已知矩阵 $\boldsymbol{A}$，求 $\boldsymbol{A}^{-1}$.

(1) $\boldsymbol{A}=\begin{pmatrix}a & b\\ c & d\end{pmatrix}$，其中 $ad-bc=1$；　　(2) $\boldsymbol{A}=\begin{pmatrix}0 & 2 & -1\\ 1 & 1 & 2\\ -1 & -1 & -1\end{pmatrix}$.

4. 在下列矩阵方程中求矩阵 $\boldsymbol{X}$.

(1) $\boldsymbol{X}\begin{pmatrix}1 & 2\\ 3 & 4\end{pmatrix}=\begin{pmatrix}3 & 5\\ 5 & 9\end{pmatrix}$；

(2) $\begin{pmatrix}1 & 2 & -3\\ 2 & 2 & -4\\ 2 & -1 & 0\end{pmatrix}\boldsymbol{X}=\begin{pmatrix}1 & -3 & 0\\ 10 & 2 & 7\\ 10 & 7 & 8\end{pmatrix}$；

(3) $\boldsymbol{X}=\begin{pmatrix}0 & 1 & 0\\ -1 & 1 & 1\\ -1 & 0 & -1\end{pmatrix}\boldsymbol{X}+\begin{pmatrix}1 & -1\\ 2 & 0\\ 5 & -3\end{pmatrix}$.

5. 证明：若一个对称矩阵可逆，则它的逆矩阵也是对称矩阵.

6. 设方阵 $\boldsymbol{A}$ 满足矩阵方程 $\boldsymbol{A}^2-2\boldsymbol{A}+5\boldsymbol{E}=\boldsymbol{O}$，证明：$\boldsymbol{A}$ 可逆，并求 $\boldsymbol{A}^{-1}$.

7. 设 $\boldsymbol{B}$ 为可逆矩阵，$\boldsymbol{A}$ 与 $\boldsymbol{B}$ 是 n 阶方阵，且满足 $\boldsymbol{A}^2+\boldsymbol{AB}+\boldsymbol{B}^2=\boldsymbol{O}$，证明：$\boldsymbol{A}$ 和 $\boldsymbol{A}+\boldsymbol{B}$ 都是可逆矩阵，并求 $\boldsymbol{A}^{-1}$.

2.4 分块矩阵

2.4.1 分块矩阵的概念

对于一个行数和列数较多的大容量矩阵,无论从事理论研究还是进行矩阵运算都很不方便．因此,我们希望将一个"大"矩阵化"小"．具体做法是用若干条横线和纵线将矩阵分成若干小块,将每个小块看作一个小矩阵,称之为原矩阵的**子块**或**子矩阵**．由这些子块作为元素构成的矩阵称为**分块矩阵**．

例如,对于一个 4×3 矩阵

$$\boldsymbol{A}=\begin{pmatrix}1&2&3\\3&2&1\\-3&1&0\\4&0&1\end{pmatrix},$$

可作如下分块:

(1) 将 $\boldsymbol{A}$ 的每行作为一个子块,并从上到下用 $\boldsymbol{A}_1,\boldsymbol{A}_2,\boldsymbol{A}_3$ 和 $\boldsymbol{A}_4$ 表示这些子块,有

$$\boldsymbol{A}=\left(\begin{array}{ccc}1&2&3\\\hdashline 3&2&1\\\hdashline -3&1&0\\\hdashline 4&0&1\end{array}\right)=\begin{pmatrix}\boldsymbol{A}_1\\\boldsymbol{A}_2\\\boldsymbol{A}_3\\\boldsymbol{A}_4\end{pmatrix}.$$

分块后的矩阵变成一个 4×1 分块矩阵,其中每个子块都是 1×3 的子矩阵．

(2) 将 $\boldsymbol{A}$ 的每列作为一个子块,并从左至右依次用 $\boldsymbol{B}_1,\boldsymbol{B}_2$ 和 $\boldsymbol{B}_3$ 表示这些子块有

$$\boldsymbol{A}=\left(\begin{array}{c:c:c}1&2&3\\3&2&1\\-3&1&0\\4&0&1\end{array}\right)=(\boldsymbol{B}_1\quad\boldsymbol{B}_2\quad\boldsymbol{B}_3).$$

分块后的矩阵是一个 1×3 分块矩阵,其中每个子块都是 4×1 矩阵．

(3) 在 $\boldsymbol{A}$ 的第二、三行之间画一条横线,在第一、二列之间画一条纵线,将 $\boldsymbol{A}$ 分成四块,分别用 $\boldsymbol{A}_{11},\boldsymbol{A}_{12},\boldsymbol{A}_{21}$ 和 $\boldsymbol{A}_{22}$ 表示,有

$$\boldsymbol{A}=\left(\begin{array}{c:cc}1&2&3\\3&2&1\\\hdashline -3&1&0\\4&0&1\end{array}\right)=\begin{pmatrix}\boldsymbol{A}_{11}&\boldsymbol{A}_{12}\\\boldsymbol{A}_{21}&\boldsymbol{A}_{22}\end{pmatrix}.$$

可以看出,$\boldsymbol{A}_{11}$ 和 $\boldsymbol{A}_{21}$ 为 2×1 子矩阵,$\boldsymbol{A}_{12}$ 为二阶方阵,$\boldsymbol{A}_{22}$ 为二阶单位矩阵．以后将会看到,子矩阵为单位矩阵可给矩阵乘法运算带来方便．

矩阵的分块方式还有很多,究竟采取哪一种要视情况而定,总的原则是简化运算．

2.4.2 分块矩阵的加法

设 $\boldsymbol{A},\boldsymbol{B}$ 均为 $m\times n$ 矩阵,$\boldsymbol{A}$ 和 $\boldsymbol{B}$ 可以相加,现对 $\boldsymbol{A}$ 和 $\boldsymbol{B}$ 作相同的分块,得到分块矩阵

$$A=(A_{ij})_{r\times s},B=(B_{ij})_{r\times s},$$

其中 A_{ij} 和 B_{ij} 为同型子矩阵($i=1,2,\cdots,r;j=1,2,\cdots,s$). 则分块矩阵的加法定义为

$$A+B=(A_{ij}+B_{ij})_{r\times s},$$

即

$$A+B=\begin{pmatrix} A_{11}+B_{11} & A_{12}+B_{12} & \cdots & A_{1s}+B_{1s} \\ A_{21}+B_{21} & A_{22}+B_{22} & \cdots & A_{2s}+B_{2s} \\ \vdots & \vdots & & \vdots \\ A_{r1}+B_{r1} & A_{r2}+B_{r2} & \cdots & A_{rs}+B_{rs} \end{pmatrix}.$$

注　分块矩阵相加必须满足下列条件:

(1) 分块前 A 和 B 为同型矩阵;

(2) 分块后,两分块矩阵同型,且对应子矩阵也同型.

例 2.4.1　设矩阵 A 和 B 分块如下,求 $A+B$.

$$A=\left(\begin{array}{cc:cc} 3 & 1 & 0 & 1 \\ 2 & 0 & 1 & 0 \\ \hdashline 1 & 0 & 1 & 0 \\ 0 & 1 & 0 & 1 \end{array}\right),\quad B=\left(\begin{array}{cc:cc} 4 & 2 & 0 & 0 \\ -3 & 1 & 0 & 0 \\ \hdashline 1 & 0 & -1 & 0 \\ 0 & 1 & 0 & -1 \end{array}\right).$$

解　令

$$A=\begin{pmatrix} A_{11} & A_{12} \\ A_{21} & A_{22} \end{pmatrix},B=\begin{pmatrix} B_{11} & B_{12} \\ B_{21} & B_{22} \end{pmatrix},$$

则

$$A+B=\begin{pmatrix} A_{11}+B_{11} & A_{12}+B_{12} \\ A_{21}+B_{21} & A_{22}+B_{22} \end{pmatrix}=\left(\begin{array}{cc:cc} 7 & 3 & 0 & 1 \\ -1 & 1 & 1 & 0 \\ \hdashline 2 & 0 & 0 & 0 \\ 0 & 2 & 0 & 0 \end{array}\right).$$

2.4.3　数与分块矩阵相乘

设 $A=(a_{ij})_{m\times n}$ 经分块变为

$$A=\begin{pmatrix} A_{11} & A_{12} & \cdots & A_{1s} \\ A_{21} & A_{22} & \cdots & A_{2s} \\ \vdots & \vdots & & \vdots \\ A_{r1} & A_{r2} & \cdots & A_{rs} \end{pmatrix},$$

定义数 λ 与分块矩阵 A 的乘法为

$$\lambda A=A\lambda=\begin{pmatrix} \lambda A_{11} & \lambda A_{12} & \cdots & \lambda A_{1s} \\ \lambda A_{21} & \lambda A_{22} & \cdots & \lambda A_{2s} \\ \vdots & \vdots & & \vdots \\ \lambda A_{r1} & \lambda A_{r2} & \cdots & \lambda A_{rs} \end{pmatrix}.$$

2.4.4 分块矩阵相乘

设矩阵 $\boldsymbol{A}=(a_{ij})_{m\times l}$，$\boldsymbol{B}=(b_{ij})_{l\times n}$，由于 $\boldsymbol{A}$ 的列数等于 $\boldsymbol{B}$ 的行数，故 $\boldsymbol{AB}$ 有意义．现对 $\boldsymbol{A}$，$\boldsymbol{B}$ 进行分块，要求满足：$\boldsymbol{A}$ 的列的分法与 $\boldsymbol{B}$ 的行的分法必须相同，以保证分块后左分块矩阵 $\boldsymbol{A}$ 的列数等于右分块矩阵 $\boldsymbol{B}$ 的行数，即 $\boldsymbol{A}=(\boldsymbol{A}_{ij})_{r\times s}$，$\boldsymbol{B}=(\boldsymbol{B}_{ij})_{s\times t}$，并且 $\boldsymbol{A}$ 的各子块 $\boldsymbol{A}_{i1},\boldsymbol{A}_{i2},\cdots,\boldsymbol{A}_{is}(i=1,2,\cdots,r)$ 的列数依次与 $\boldsymbol{B}$ 的各相应子块 $\boldsymbol{B}_{1j},\boldsymbol{B}_{2j},\cdots,\boldsymbol{B}_{sj}(j=1,2,\cdots,t)$ 的行数相同，以保证各相应子块可以相乘．

定义分块矩阵 $\boldsymbol{A}=(\boldsymbol{A}_{ij})_{r\times s}$，$\boldsymbol{B}=(\boldsymbol{B}_{ij})_{s\times t}$ 的乘积为

$$\boldsymbol{AB}=\begin{pmatrix}\boldsymbol{A}_{11} & \boldsymbol{A}_{12} & \cdots & \boldsymbol{A}_{1s}\\ \boldsymbol{A}_{21} & \boldsymbol{A}_{22} & \cdots & \boldsymbol{A}_{2s}\\ \vdots & \vdots & & \vdots\\ \boldsymbol{A}_{r1} & \boldsymbol{A}_{r2} & \cdots & \boldsymbol{A}_{rs}\end{pmatrix}\begin{pmatrix}\boldsymbol{B}_{11} & \boldsymbol{B}_{12} & \cdots & \boldsymbol{B}_{1t}\\ \boldsymbol{B}_{21} & \boldsymbol{B}_{22} & \cdots & \boldsymbol{B}_{2t}\\ \vdots & \vdots & & \vdots\\ \boldsymbol{B}_{s1} & \boldsymbol{B}_{s2} & \cdots & \boldsymbol{B}_{st}\end{pmatrix}$$

$$=\begin{pmatrix}\boldsymbol{C}_{11} & \boldsymbol{C}_{12} & \cdots & \boldsymbol{C}_{1t}\\ \boldsymbol{C}_{21} & \boldsymbol{C}_{22} & \cdots & \boldsymbol{C}_{2t}\\ \vdots & \vdots & & \vdots\\ \boldsymbol{C}_{r1} & \boldsymbol{C}_{r2} & \cdots & \boldsymbol{C}_{rt}\end{pmatrix}.$$

其中 $\boldsymbol{C}_{ij}=\sum_{k=1}^{s}\boldsymbol{A}_{ik}\boldsymbol{B}_{kj}(i=1,2,\cdots,r;j=1,2,\cdots,t)$.

注 若 $\boldsymbol{B}$ 按列分块为 $(\boldsymbol{B}_1,\boldsymbol{B}_2,\cdots,\boldsymbol{B}_n)$，则 $\boldsymbol{AB}=(\boldsymbol{AB}_1,\boldsymbol{AB}_2,\cdots,\boldsymbol{AB}_n)$.

例 2.4.2 设矩阵

$$\boldsymbol{A}=\begin{pmatrix}1 & 0 & -2 & 1\\ 0 & 1 & 1 & 3\\ 0 & 0 & 2 & -2\end{pmatrix},\quad \boldsymbol{B}=\begin{pmatrix}2 & 3 & 0 & 0\\ 1 & 1 & 0 & 0\\ 1 & 0 & 1 & 0\\ 0 & 1 & 0 & 1\end{pmatrix},$$

试用分块矩阵乘法计算 $\boldsymbol{AB}$.

解 对 $\boldsymbol{A}$ 和 $\boldsymbol{B}$ 作如下分块：

$$\boldsymbol{A}=\left(\begin{array}{cc:cc}1 & 0 & -2 & 1\\ 0 & 1 & 1 & 3\\ \hdashline 0 & 0 & 2 & -2\end{array}\right)=\begin{pmatrix}\boldsymbol{E}_2 & \boldsymbol{A}_{12}\\ \boldsymbol{O} & \boldsymbol{A}_{22}\end{pmatrix},$$

$$\boldsymbol{B}=\left(\begin{array}{cc:cc}2 & 3 & 0 & 0\\ 1 & 1 & 0 & 0\\ \hdashline 1 & 0 & 1 & 0\\ 0 & 1 & 0 & 1\end{array}\right)=\begin{pmatrix}\boldsymbol{B}_{11} & \boldsymbol{O}\\ \boldsymbol{E}_2 & \boldsymbol{E}_2\end{pmatrix}.$$

则

$$\boldsymbol{AB}=\begin{pmatrix}\boldsymbol{E}_2 & \boldsymbol{A}_{12}\\ \boldsymbol{O} & \boldsymbol{A}_{22}\end{pmatrix}\begin{pmatrix}\boldsymbol{B}_{11} & \boldsymbol{O}\\ \boldsymbol{E}_2 & \boldsymbol{E}_2\end{pmatrix}=\begin{pmatrix}\boldsymbol{B}_{11}+\boldsymbol{A}_{12} & \boldsymbol{A}_{12}\\ \boldsymbol{A}_{22} & \boldsymbol{A}_{22}\end{pmatrix}$$

$$=\begin{pmatrix}0 & 4 & -2 & 1\\ 2 & 4 & 1 & 3\\ 2 & -2 & 2 & -2\end{pmatrix}.$$

此例表明：根据矩阵的实际结构，对其进行适当分块，利用分块矩阵乘法计算 $\boldsymbol{AB}$，有时比直接计算 $\boldsymbol{AB}$ 要简单．

2.4.5　分块矩阵的转置

设 $\boldsymbol{A}=(a_{ij})_{m\times n}$ 的分块矩阵为

$$\boldsymbol{A}=\begin{pmatrix}\boldsymbol{A}_{11} & \boldsymbol{A}_{12} & \cdots & \boldsymbol{A}_{1s}\\ \boldsymbol{A}_{21} & \boldsymbol{A}_{22} & \cdots & \boldsymbol{A}_{2s}\\ \vdots & \vdots & & \vdots\\ \boldsymbol{A}_{r1} & \boldsymbol{A}_{r2} & \cdots & \boldsymbol{A}_{rs}\end{pmatrix},$$

则有

$$\boldsymbol{A}^{\mathrm{T}}=\begin{pmatrix}\boldsymbol{A}_{11}^{\mathrm{T}} & \boldsymbol{A}_{21}^{\mathrm{T}} & \cdots & \boldsymbol{A}_{r1}^{\mathrm{T}}\\ \boldsymbol{A}_{12}^{\mathrm{T}} & \boldsymbol{A}_{22}^{\mathrm{T}} & \cdots & \boldsymbol{A}_{r2}^{\mathrm{T}}\\ \vdots & \vdots & & \vdots\\ \boldsymbol{A}_{1s}^{\mathrm{T}} & \boldsymbol{A}_{2s}^{\mathrm{T}} & \cdots & \boldsymbol{A}_{rs}^{\mathrm{T}}\end{pmatrix}.$$

例如，

$$\boldsymbol{A}=\left(\begin{array}{cc:cc}1 & 2 & 1 & 1\\ 1 & 1 & 0 & 0\\ \hdashline 1 & 3 & 2 & 4\end{array}\right)=\begin{pmatrix}\boldsymbol{A}_{11} & \boldsymbol{A}_{12}\\ \boldsymbol{A}_{21} & \boldsymbol{A}_{22}\end{pmatrix},$$

则

$$\boldsymbol{A}^{\mathrm{T}}=\begin{pmatrix}\boldsymbol{A}_{11}^{\mathrm{T}} & \boldsymbol{A}_{21}^{\mathrm{T}}\\ \boldsymbol{A}_{12}^{\mathrm{T}} & \boldsymbol{A}_{22}^{\mathrm{T}}\end{pmatrix}=\left(\begin{array}{cc:c}1 & 1 & 1\\ 2 & 1 & 3\\ \hdashline 1 & 0 & 2\\ 1 & 0 & 4\end{array}\right).$$

下面讨论一类特殊分法的分块矩阵．

设 n 阶方阵 $\boldsymbol{A}$ 分块为

$$\boldsymbol{A}=\begin{pmatrix}\boldsymbol{A}_1 & & & \\ & \boldsymbol{A}_2 & & \\ & & \ddots & \\ & & & \boldsymbol{A}_r\end{pmatrix},$$

其中位于主对角线上的子块 $\boldsymbol{A}_i(i=1,2,\cdots,r)$ 均为小方阵，不在主对角线上的子块均为零矩阵，则称之为**分块对角方阵**．

若 n 阶方阵 $\boldsymbol{B}$ 分块后的形式与 $\boldsymbol{A}$ 相同，且 $\boldsymbol{A}$ 与 $\boldsymbol{B}$ 中同序号的子块阶数相同，则

$$\boldsymbol{AB}=\begin{pmatrix}\boldsymbol{A}_1 & & & \\ & \boldsymbol{A}_2 & & \\ & & \ddots & \\ & & & \boldsymbol{A}_r\end{pmatrix}\begin{pmatrix}\boldsymbol{B}_1 & & & \\ & \boldsymbol{B}_2 & & \\ & & \ddots & \\ & & & \boldsymbol{B}_r\end{pmatrix}=\begin{pmatrix}\boldsymbol{A}_1\boldsymbol{B}_1 & & & \\ & \boldsymbol{A}_2\boldsymbol{B}_2 & & \\ & & \ddots & \\ & & & \boldsymbol{A}_r\boldsymbol{B}_r\end{pmatrix}.$$

分块对角矩阵 $\boldsymbol{A}$ 的行列式

$$|\boldsymbol{A}|=|\boldsymbol{A}_1||\boldsymbol{A}_2|\cdots|\boldsymbol{A}_r|,$$

因此，若$|\boldsymbol{A}_i|\neq 0(i=1,2,\cdots,r)$，则$|\boldsymbol{A}|\neq 0$，$\boldsymbol{A}$可逆，且

$$\boldsymbol{A}^{-1}=\begin{pmatrix}\boldsymbol{A}_1^{-1} & & & \\ & \boldsymbol{A}_2^{-1} & & \\ & & \ddots & \\ & & & \boldsymbol{A}_r^{-1}\end{pmatrix}.$$

例 2.4.3 设$\boldsymbol{A}=\begin{pmatrix}5 & 1 & 0\\ 2 & 1 & 0\\ 0 & 0 & 3\end{pmatrix}$，求$\boldsymbol{A}^{-1}$.

解 $\boldsymbol{A}=\left(\begin{array}{cc:c}5 & 1 & 0\\ 2 & 1 & 0\\ \hdashline 0 & 0 & 3\end{array}\right)=\begin{pmatrix}\boldsymbol{A}_1 & \\ & \boldsymbol{A}_2\end{pmatrix}$

$$\boldsymbol{A}_1=\begin{pmatrix}5 & 1\\ 2 & 1\end{pmatrix},\quad \boldsymbol{A}_1^{-1}=\frac{1}{3}\begin{pmatrix}1 & -1\\ -2 & 5\end{pmatrix},\quad \boldsymbol{A}_2=(3),\quad \boldsymbol{A}_2^{-1}=\left(\frac{1}{3}\right),$$

所以

$$\boldsymbol{A}^{-1}=\begin{pmatrix}\boldsymbol{A}_1^{-1} & \\ & \boldsymbol{A}_2^{-1}\end{pmatrix}=\frac{1}{3}\begin{pmatrix}1 & -1 & 0\\ -2 & 5 & 0\\ 0 & 0 & 1\end{pmatrix}=\left(\begin{array}{cc:c}\frac{1}{3} & -\frac{1}{3} & 0\\ -\frac{2}{3} & \frac{5}{3} & 0\\ \hdashline 0 & 0 & \frac{1}{3}\end{array}\right).$$

习　题　2.4

1. 设矩阵$\boldsymbol{A}=\begin{pmatrix}1 & 0 & 1 & 3\\ 0 & 1 & 2 & 4\\ 0 & 0 & -1 & 0\\ 0 & 0 & 0 & -1\end{pmatrix}$，$\boldsymbol{B}=\begin{pmatrix}1 & 2 & 0 & 0\\ 2 & 0 & 0 & 0\\ 6 & 3 & 1 & 0\\ 0 & -2 & 0 & -1\end{pmatrix}$，用分块矩阵计算$k\boldsymbol{A}$，$\boldsymbol{A}+\boldsymbol{B}$.

2. 设$\boldsymbol{B}$是n阶可逆矩阵，$\boldsymbol{C}$是m阶可逆矩阵，证明：分块矩阵$\boldsymbol{A}=\begin{pmatrix}\boldsymbol{B} & \boldsymbol{O}\\ \boldsymbol{O} & \boldsymbol{C}\end{pmatrix}$是可逆矩阵，并且用$\boldsymbol{B}^{-1}$，$\boldsymbol{C}^{-1}$表示分块矩阵$\boldsymbol{A}^{-1}$.

3. 求下列矩阵的逆矩阵

(1) $\boldsymbol{A}=\begin{pmatrix}2 & -1 & 0 & 0\\ -3 & 2 & 0 & 0\\ 0 & 0 & 3 & -4\\ 0 & 0 & -2 & 3\end{pmatrix}$；　　(2) $\boldsymbol{A}=\begin{pmatrix}0 & 0 & 1 & 2\\ 0 & 0 & 2 & 1\\ 2 & 1 & 0 & 0\\ 1 & 3 & 0 & 0\end{pmatrix}$.

4. 设$\boldsymbol{A}$，$\boldsymbol{B}$均为四阶方阵，若按列分块为：$\boldsymbol{A}=(\boldsymbol{\alpha},\boldsymbol{\gamma}_2,\boldsymbol{\gamma}_3,\boldsymbol{\gamma}_4)$，$\boldsymbol{B}=(\boldsymbol{\beta},\boldsymbol{\gamma}_2,\boldsymbol{\gamma}_3,\boldsymbol{\gamma}_4)$，又知$|\boldsymbol{A}|=4$，$|\boldsymbol{B}|=1$，求矩阵$\boldsymbol{A}+\boldsymbol{B}$的行列式.

2.5　矩阵的初等变换与初等矩阵

矩阵的初等变换是对矩阵所作的一种特定变换，通过这种变换可以将矩阵化简．它在求矩阵的逆、矩阵的秩和解线性方程组等方面都有广泛应用．

2.5.1　矩阵的初等变换

定义 2.5.1　下列三种变换称为矩阵的**初等行变换**：

(1) 矩阵的两行互换(第 i 行与第 j 行互换，记作 $r_i \leftrightarrow r_j$)；

(2) 用非零数 k 乘以矩阵的某一行(k 乘第 i 行，记作 kr_i)；

(3) 用数 k 乘以矩阵的某行元素后加到另一行对应元素上去(k 乘第 j 行加到第 i 行上去，记作 r_i+kr_j)．

将上述三条中的“行”换成“列”所成的变换，称为矩阵的**初等列变换**，并分别记为：$c_i \leftrightarrow c_j$(矩阵第 i,j 两列互换)，kc_i(矩阵第 i 列乘以非零数 k)，c_i+kc_j(矩阵的第 i 列加上第 j 列的 k 倍)．

矩阵的初等行变换与初等列变换统称为矩阵的**初等变换**．

矩阵的上述三种变换，也相应称作**对换变换**、**倍乘变换**和**倍加变换**．

由定义不难看出，矩阵的初等变换是可逆变换，如 $r_i \leftrightarrow r_j$ 的逆变换就是其自身，$kr_i\,(k\neq 0)$ 的逆变换是 $\frac{1}{k}r_i$，r_i+kr_j 的逆变换是 $r_i+(-k)r_j$．

下面给出两个矩阵等价的概念．

定义 2.5.2　设 $\boldsymbol{A}$ 和 $\boldsymbol{B}$ 均为 $m\times n$ 矩阵，若 $\boldsymbol{A}$ 经初等变换变成 $\boldsymbol{B}$，则称矩阵 $\boldsymbol{A}$ 与 $\boldsymbol{B}$ 等价，记为 $\boldsymbol{A}\sim\boldsymbol{B}$.

等价矩阵具有如下性质：

(1) 反身性　矩阵 $\boldsymbol{A}$ 与 $\boldsymbol{A}$ 等价；

(2) 对称性　若矩阵 $\boldsymbol{A}$ 与 $\boldsymbol{B}$ 等价，则 $\boldsymbol{B}$ 与 $\boldsymbol{A}$ 等价；

(3) 传递性　若矩阵 $\boldsymbol{A}$ 与 $\boldsymbol{B}$ 等价，$\boldsymbol{B}$ 与 $\boldsymbol{C}$ 等价，则 $\boldsymbol{A}$ 与 $\boldsymbol{C}$ 等价．

利用初等变换，可以将矩阵化简为下面定义的有用形式．

定义 2.5.3　若非零矩阵满足条件：

(1) 如果矩阵有零行(元素全为零的行)，则零行排在所有非零行(元素不全为零的行)的下面；

(2) 非零行的排列次序为第 i 行($i>1$)的首非零元(左起第一个非零元素)所在列的序号大于上一行(第 $i-1$ 行)的首非零元所在列的序号，则称矩阵 $\boldsymbol{A}$ 为**行阶梯形的**．

若行阶梯行矩阵 $\boldsymbol{A}$ 又满足条件：

(1) 非零行的首非零元都是 1；

(2) 首非零元所在列其余元素都为零．

则称矩阵 $\boldsymbol{A}$ 为**行最简形的**．

若矩阵 $\boldsymbol{A}=(a_{ij})_{m\times n}$ 经初等变换将 $a_{11},a_{22},\cdots,a_{rr}\,(r\leqslant\min\{m,n\})$ 位置上的元素化

为 1,其余元素都化为零,则称所得矩阵为矩阵 $\boldsymbol{A}$ 的**标准形**,记作 $\boldsymbol{E}_A$. 当 $r<\min\{m,n\}$ 时,有

$$\boldsymbol{E}_A=\begin{pmatrix}1&0&\cdots&0&\cdots&0\\0&1&\cdots&0&\cdots&0\\\vdots&\vdots&&\vdots&&\vdots\\0&0&\cdots&1&\cdots&0\\0&0&\cdots&0&\cdots&0\\\vdots&\vdots&&\vdots&&\vdots\\0&0&\cdots&0&\cdots&0\end{pmatrix},$$

其分块矩阵为

$$\boldsymbol{E}_A=\begin{pmatrix}\boldsymbol{E}_r&\boldsymbol{O}\\\boldsymbol{O}&\boldsymbol{O}\end{pmatrix}.$$

其中 $\boldsymbol{E}_r$ 为 r 阶单位子矩阵.

下面两个矩阵是行阶梯形的:

$$\begin{pmatrix}1&2&-1&0\\0&1&2&2\\0&0&3&1\\0&0&0&0\end{pmatrix},\quad\begin{pmatrix}1&0&-1&0&4\\0&1&-1&0&3\\0&0&0&1&-3\\0&0&0&0&0\end{pmatrix}.$$

其中第二个是行最简行的.

例 2.5.1　用初等行变换将矩阵

$$\boldsymbol{A}=\begin{pmatrix}2&1&2&-2&3\\1&0&-1&0&1\\3&-1&0&-5&2\\1&-1&0&-3&0\end{pmatrix}$$

化为行阶梯形和行最简形矩阵.

解

$$\boldsymbol{A}\xrightarrow{r_1\leftrightarrow r_2}\begin{pmatrix}1&0&-1&0&1\\2&1&2&-2&3\\3&-1&0&-5&2\\1&-1&0&-3&0\end{pmatrix}\xrightarrow[r_4-r_1]{\substack{r_2-2r_1\\r_3-3r_1}}\begin{pmatrix}1&0&-1&0&1\\0&1&4&-2&1\\0&-1&3&-5&-1\\0&-1&1&-3&-1\end{pmatrix}$$

$$\xrightarrow[r_4+r_2]{r_3+r_2}\begin{pmatrix}1&0&-1&0&1\\0&1&4&-2&1\\0&0&7&-7&0\\0&0&5&-5&0\end{pmatrix}\xrightarrow{r_4-\frac{5}{7}r_3}\begin{pmatrix}1&0&-1&0&1\\0&1&4&-2&1\\0&0&7&-7&0\\0&0&0&0&0\end{pmatrix}\triangleq\boldsymbol{B}.$$

$$\boldsymbol{B}\xrightarrow{\frac{1}{7}r_3}\begin{pmatrix}1&0&-1&0&1\\0&1&4&-2&1\\0&0&1&-1&0\\0&0&0&0&0\end{pmatrix}\xrightarrow[r_2-4r_3]{r_1+r_3}\begin{pmatrix}1&0&0&-1&1\\0&1&0&2&1\\0&0&1&-1&0\\0&0&0&0&0\end{pmatrix}\triangleq\boldsymbol{C}.$$

其中 $\boldsymbol{B}$ 是行阶梯形的，$\boldsymbol{C}$ 是行最简形的．

例 2.5.2　用初等变换将矩阵

$$\boldsymbol{A}=\begin{pmatrix}1 & 1 & 0 & 0 & 1\\ 2 & 1 & 1 & 0 & 0\\ -4 & 1 & -1 & 1 & 1\\ -1 & 3 & 0 & 1 & 2\end{pmatrix}$$

化为标准形．

解

$$\boldsymbol{A}\xrightarrow[c_5-c_1]{c_2-c_1}\begin{pmatrix}1 & 0 & 0 & 0 & 0\\ 2 & -1 & 1 & 0 & -2\\ -4 & 5 & -1 & 1 & 5\\ -1 & 4 & 0 & 1 & 3\end{pmatrix}\xrightarrow[r_4+r_1]{\substack{r_2-2r_1\\ r_3+4r_1}}\begin{pmatrix}1 & 0 & 0 & 0 & 0\\ 0 & -1 & 1 & 0 & -2\\ 0 & 5 & -1 & 1 & 5\\ 0 & 4 & 0 & 1 & 3\end{pmatrix}$$

$$\xrightarrow[r_4+4r_2]{r_3+5r_2}\begin{pmatrix}1 & 0 & 0 & 0 & 0\\ 0 & -1 & 1 & 0 & -2\\ 0 & 0 & 4 & 1 & -5\\ 0 & 0 & 4 & 1 & -5\end{pmatrix}\xrightarrow{r_4-r_3}\begin{pmatrix}1 & 0 & 0 & 0 & 0\\ 0 & -1 & 1 & 0 & -2\\ 0 & 0 & 4 & 1 & -5\\ 0 & 0 & 0 & 0 & 0\end{pmatrix}$$

$$\xrightarrow[c_5-2c_2]{c_3+c_2}\begin{pmatrix}1 & 0 & 0 & 0 & 0\\ 0 & -1 & 0 & 0 & 0\\ 0 & 0 & 4 & 1 & -5\\ 0 & 0 & 0 & 0 & 0\end{pmatrix}\xrightarrow[\substack{c_5+5c_3\\ (-1)c_2}]{\substack{\frac{1}{4}c_3\\ c_4-c_3}}\begin{pmatrix}1 & 0 & 0 & 0 & 0\\ 0 & 1 & 0 & 0 & 0\\ 0 & 0 & 1 & 0 & 0\\ 0 & 0 & 0 & 0 & 0\end{pmatrix}\triangleq\begin{pmatrix}\boldsymbol{E}_3 & \boldsymbol{O}\\ \boldsymbol{O} & \boldsymbol{O}\end{pmatrix}.$$

应当注意，把矩阵化为行阶梯形和行最简形时，只用初等行变换；而将矩阵化为标准形时，一般来说，既要用初等行变换，也要用初等列变换．

定理 2.5.1　任何一个非零矩阵，都可经初等行变换将其化为行阶梯形或行最简形，经初等变换将其化为标准形．

证明略．

由初等变换存在逆变换和矩阵等价的定义有：

定理 2.5.2　同型矩阵 $\boldsymbol{A}$ 与 $\boldsymbol{B}$ 等价的充分必要条件是 $\boldsymbol{A}$ 与 $\boldsymbol{B}$ 有相同的标准形．

2.5.2　初等矩阵

对一个矩阵实施初等变换，可否通过某些特殊矩阵与它的乘积来实现？为回答这一问题，先介绍下列三种特殊矩阵．

定义 2.5.4　对单位矩阵 $\boldsymbol{E}$ 实施一次初等变换所得到的矩阵，称为**初等矩阵**．

三种初等行(列)变换分别对应三种初等矩阵．

(1) 初等对换矩阵 $\boldsymbol{E}(i,j)$，由 $\boldsymbol{E}$ 的第 i,j 行互换得到

$$
E \xrightarrow{r_i \leftrightarrow r_j} E(i,j)=\begin{pmatrix}
1 & & & & & & & & \\
& \ddots & & & & & & & \\
& & 1 & & & & & & \\
& & & 0 & \cdots & 1 & & & \\
& & & & 1 & & & & \\
& & & \vdots & \ddots & \vdots & & & \\
& & & & & 1 & & & \\
& & & 1 & \cdots & 0 & & & \\
& & & & & & 1 & & \\
& & & & & & & \ddots & \\
& & & & & & & & 1
\end{pmatrix}
\begin{matrix} \\ \\ \\ \leftarrow \text{第 } i \text{ 行} \\ \\ \\ \\ \leftarrow \text{第 } j \text{ 行} \\ \\ \\ \\ \end{matrix}
$$

第 i 列　　第 j 列

显然有 $E \xrightarrow{c_i \leftrightarrow c_j} E(i,j)$.

(2) 初等倍乘矩阵 $E(i(k))$，由 E 的第 i 行乘以 $k(k\neq 0)$ 得到

$$
E \xrightarrow{kr_i} E(i(k))=\begin{pmatrix}
1 & & & & & & \\
& \ddots & & & & & \\
& & 1 & & & & \\
& & & k & & & \\
& & & & 1 & & \\
& & & & & \ddots & \\
& & & & & & 1
\end{pmatrix}
\begin{matrix} \\ \\ \\ \leftarrow \text{第 } i \text{ 行} \\ \\ \\ \\ \end{matrix}
$$

第 i 列

显然有 $E \xrightarrow{kc_i} E(i(k))$.

(3) 初等倍加矩阵 $E(i,j(k))$，由 E 中第 j 行的 k 倍加到第 i 行上去得到

$$
E \xrightarrow{r_i + kr_j} E(i,j(k))=\begin{pmatrix}
1 & & & & & \\
& \ddots & & & & \\
& & 1 & \cdots & k & \\
& & & \ddots & \vdots & \\
& & & & 1 & \\
& & & & & \ddots \\
& & & & & & 1
\end{pmatrix}
\begin{matrix} \\ \\ \leftarrow \text{第 } i \text{ 行} \\ \\ \leftarrow \text{第 } j \text{ 行} \\ \\ \\ \end{matrix}
$$

i 列　　j 列

显然有 $E \xrightarrow{c_j + kc_i} E(i,j(k))$.

容易验证,上述三种初等矩阵均为可逆矩阵,其逆矩阵分别为

$$\boldsymbol{E}(i,j)^{-1}=\boldsymbol{E}(i,j),$$

$$\boldsymbol{E}(i(k))^{-1}=\boldsymbol{E}(i(\frac{1}{k})),$$

$$\boldsymbol{E}(i,j(k))^{-1}=\boldsymbol{E}(i,j(-k)).$$

定理 2.5.3　对矩阵 $\boldsymbol{A}=(a_{ij})_{m\times n}$ 实施一次初等行变换,相当于对 $\boldsymbol{A}$ 左乘一个相应的 m 阶初等矩阵;对 $\boldsymbol{A}$ 实施一次初等列变换,相当于对 $\boldsymbol{A}$ 右乘一个相应的 n 阶初等矩阵.

证明略.

已经知道,任何一个非零矩阵都可以通过有限次初等变换(设为 l 次初等行变换和 s 次初等列变换)将其化为标准形,于是由定理 2.5.3 可知,l 次初等行变换可通过对 $\boldsymbol{A}$ 左乘 l 个相应的 m 阶初等矩阵 $\boldsymbol{P}_1,\boldsymbol{P}_2,\cdots,\boldsymbol{P}_l$ 来实现,s 次初等列变换可通过对 $\boldsymbol{A}$ 右乘 s 个相应的 n 阶初等矩阵 $\boldsymbol{Q}_1,\boldsymbol{Q}_2,\cdots,\boldsymbol{Q}_s$ 来实现,即有

$$\boldsymbol{P}_l\cdots\boldsymbol{P}_2\boldsymbol{P}_1\boldsymbol{A}\boldsymbol{Q}_1\boldsymbol{Q}_2\cdots\boldsymbol{Q}_s=\boldsymbol{E}_A,$$

其中 $\boldsymbol{E}_A$ 为矩阵 $\boldsymbol{A}$ 的标准形.

以上讨论,可归纳为如下定理:

定理 2.5.4　对任何非零矩阵 $\boldsymbol{A}_{m\times n}$,总存在有限个(设为 l 个)m 阶初等矩阵 $\boldsymbol{P}_1,\boldsymbol{P}_2,\cdots,\boldsymbol{P}_l$ 和有限个(设为 s 个)n 阶初等矩阵 $\boldsymbol{Q}_1,\boldsymbol{Q}_2,\cdots,\boldsymbol{Q}_s$,使得

$$\boldsymbol{P}_l\cdots\boldsymbol{P}_2\boldsymbol{P}_1\boldsymbol{A}\boldsymbol{Q}_1\boldsymbol{Q}_2\cdots\boldsymbol{Q}_s=\boldsymbol{E}_A,$$

其中 $\boldsymbol{E}_A$ 为矩阵 $\boldsymbol{A}$ 的标准形.

若记 $\boldsymbol{P}=\boldsymbol{P}_l\cdots\boldsymbol{P}_2\boldsymbol{P}_1$,$\boldsymbol{Q}=\boldsymbol{Q}_1\boldsymbol{Q}_2\cdots\boldsymbol{Q}_s$,显然 $\boldsymbol{P}$ 为 m 阶可逆矩阵,$\boldsymbol{Q}$ 为 n 阶可逆矩阵,于是有

推论 2.5.1　对任何一个非零矩阵 $\boldsymbol{A}_{m\times n}$,总存在一个 m 阶可逆矩阵 $\boldsymbol{P}$ 和一个 n 阶可逆矩阵 $\boldsymbol{Q}$,使得

$$\boldsymbol{PAQ}=\boldsymbol{E}_A,$$

其中 $\boldsymbol{E}_A$ 为矩阵 $\boldsymbol{A}$ 的标准形.

特别地,当 $\boldsymbol{A}$ 为 n 阶可逆矩阵时,在定理 2.5.4 的等式 $\boldsymbol{P}_l\cdots\boldsymbol{P}_2\boldsymbol{P}_1\boldsymbol{A}\boldsymbol{Q}_1\boldsymbol{Q}_2\cdots\boldsymbol{Q}_s=\boldsymbol{E}_A$ 中,因 $\boldsymbol{P}_i,\boldsymbol{Q}_j(i=1,2,\cdots,l;j=1,2,\cdots,s)$ 均为 n 阶初等矩阵,于是有

$$|\boldsymbol{P}_l|\cdots|\boldsymbol{P}_2||\boldsymbol{P}_1||\boldsymbol{A}||\boldsymbol{Q}_1||\boldsymbol{Q}_2|\cdots|\boldsymbol{Q}_s|=|\boldsymbol{E}_A|,$$

注意到 $\boldsymbol{A}$ 及 $\boldsymbol{P}_i,\boldsymbol{Q}_j$ 均可逆,从而有 $|\boldsymbol{E}_A|\neq 0$,即 $\boldsymbol{A}$ 的标准形 $\boldsymbol{E}_A$ 是一个单位矩阵,则有:

推论 2.5.2　任何可逆矩阵 $\boldsymbol{A}$,其标准形必为同阶单位矩阵 $\boldsymbol{E}$,于是存在同阶初等矩阵 $\boldsymbol{P}_1,\boldsymbol{P}_2,\cdots,\boldsymbol{P}_l$ 和 $\boldsymbol{Q}_1,\boldsymbol{Q}_2,\cdots,\boldsymbol{Q}_s$,使得

$$\boldsymbol{P}_l\cdots\boldsymbol{P}_2\boldsymbol{P}_1\boldsymbol{A}\boldsymbol{Q}_1\boldsymbol{Q}_2\cdots\boldsymbol{Q}_s=\boldsymbol{E}.$$

因 $\boldsymbol{P}_i,\boldsymbol{Q}_j(i=1,2,\cdots,l;j=1,2,\cdots,s)$ 均可逆,于是便有

$$\boldsymbol{A}=\boldsymbol{P}_1^{-1}\boldsymbol{P}_2^{-1}\cdots\boldsymbol{P}_l^{-1}\boldsymbol{Q}_s^{-1}\cdots\boldsymbol{Q}_2^{-1}\boldsymbol{Q}_1^{-1}.$$

由此可得

推论 2.5.3　任何可逆矩阵,都可以表示为一系列初等矩阵的乘积.

定理 2.5.4 及其推论提供了矩阵求逆的初等变换方法,具体介绍如下:

设 $\boldsymbol{A}$ 为 n 阶可逆矩阵,由推论 2.5.3 可知

$$\boldsymbol{A}=\boldsymbol{U}_1\boldsymbol{U}_2\cdots\boldsymbol{U}_m,$$

其中 $\boldsymbol{U}_i(i=1,2,\cdots,m)$ 为 n 阶初等矩阵．于是有

$$\boldsymbol{U}_m^{-1}\cdots\boldsymbol{U}_2^{-1}\boldsymbol{U}_1^{-1}\boldsymbol{A}=\boldsymbol{E}.$$

等式两边同时右乘 $\boldsymbol{A}^{-1}$，有

$$\boldsymbol{U}_m^{-1}\cdots\boldsymbol{U}_2^{-1}\boldsymbol{U}_1^{-1}\boldsymbol{E}=\boldsymbol{A}^{-1}.$$

可以看到：$\boldsymbol{A}$ 左乘 m 个初等矩阵 $\boldsymbol{U}_1^{-1},\boldsymbol{U}_2^{-1},\cdots,\boldsymbol{U}_m^{-1}$ 可得到单位矩阵 $\boldsymbol{E}$，$\boldsymbol{E}$ 左乘 m 个同样的初等矩阵可得到 $\boldsymbol{A}^{-1}$．这表明，对 $\boldsymbol{A}$ 和 $\boldsymbol{E}$ 做相同的初等行变换，只要将 $\boldsymbol{A}$ 变换成 $\boldsymbol{E}$，也就将 $\boldsymbol{E}$ 变换成了 $\boldsymbol{A}^{-1}$．于是有

$$(\boldsymbol{A}\,\vdots\,\boldsymbol{E})\xrightarrow{\text{初等行变换}}(\boldsymbol{E}\,\vdots\,\boldsymbol{A}^{-1}).$$

例 2.5.3 已知矩阵

$$\boldsymbol{A}=\begin{pmatrix}0&-2&1\\3&0&-2\\-2&3&0\end{pmatrix}$$

求 $\boldsymbol{A}^{-1}$.

解
$$(\boldsymbol{A}|\boldsymbol{E})=\left(\begin{array}{ccc:ccc}0&-2&1&1&0&0\\3&0&-2&0&1&0\\-2&3&0&0&0&1\end{array}\right)\xrightarrow[r_1\leftrightarrow r_2]{\substack{3r_2\\r_3+2r_2}}\left(\begin{array}{ccc:ccc}3&0&-2&0&1&0\\0&-2&1&1&0&0\\0&9&-4&0&2&3\end{array}\right)$$

$$\xrightarrow[r_3+9r_2]{2r_3}\left(\begin{array}{ccc:ccc}3&0&-2&0&1&0\\0&-2&1&1&0&0\\0&0&1&9&4&6\end{array}\right)\xrightarrow[r_2-r_3]{r_1+2r_3}\left(\begin{array}{ccc:ccc}3&0&0&18&9&12\\0&-2&0&-8&-4&-6\\0&0&1&9&4&6\end{array}\right)$$

$$\xrightarrow[\left(-\frac{1}{2}\right)r_2]{\frac{1}{3}r}\left(\begin{array}{ccc:ccc}1&0&0&6&3&4\\0&1&0&4&2&3\\0&0&1&9&4&6\end{array}\right)$$

$$\boldsymbol{A}^{-1}=\begin{pmatrix}6&3&4\\4&2&3\\9&4&6\end{pmatrix}.$$

例 2.5.4 已知矩阵

$$\boldsymbol{A}=\begin{pmatrix}1&-1&1\\2&0&1\\3&1&-2\end{pmatrix},\boldsymbol{B}=\begin{pmatrix}2&0\\3&2\\1&4\end{pmatrix},$$

满足方程 $\boldsymbol{AX}=\boldsymbol{B}$，试用初等变换方法求矩阵 $\boldsymbol{X}$.

解 方法 1. 因 $|\boldsymbol{A}|=-6\neq0$，故 $\boldsymbol{A}$ 可逆，于是有

$$\boldsymbol{X}=\boldsymbol{A}^{-1}\boldsymbol{B}.$$

利用初等变换方法求 $\boldsymbol{A}^{-1}$：

$$(\boldsymbol{A}\,\vdots\,\boldsymbol{E})=\left(\begin{array}{ccc:ccc}1&-1&1&1&0&0\\2&0&1&0&1&0\\3&1&-2&0&0&1\end{array}\right)\xrightarrow[r_3-3r_1]{r_2-2r_1}\left(\begin{array}{ccc:ccc}1&-1&1&1&0&0\\0&2&-1&-2&1&0\\0&4&-5&-3&0&1\end{array}\right)$$

$$\xrightarrow{r_3-2r_2}\left(\begin{array}{ccc:ccc}1&-1&1&1&0&0\\0&2&-1&-2&1&0\\0&0&-3&1&-2&1\end{array}\right)\xrightarrow[\left(-\frac{1}{3}\right)r_3]{\frac{1}{2}r_2}\left(\begin{array}{ccc:ccc}1&-1&1&1&0&0\\0&1&-\frac{1}{2}&-1&\frac{1}{2}&0\\0&0&1&-\frac{1}{3}&\frac{2}{3}&-\frac{1}{3}\end{array}\right)$$

$$\xrightarrow[r_1-r_3]{r_2+\frac{1}{2}r_3}\left(\begin{array}{ccc:ccc}1&-1&0&\frac{4}{3}&-\frac{2}{3}&\frac{1}{3}\\0&1&0&-\frac{7}{6}&\frac{5}{6}&-\frac{1}{6}\\0&0&1&-\frac{1}{3}&\frac{2}{3}&-\frac{1}{3}\end{array}\right)\xrightarrow{r_1+r_2}\left(\begin{array}{ccc:ccc}1&0&0&\frac{1}{6}&\frac{1}{6}&\frac{1}{6}\\0&1&0&-\frac{7}{6}&\frac{5}{6}&-\frac{1}{6}\\0&0&1&-\frac{1}{3}&\frac{2}{3}&-\frac{1}{3}\end{array}\right)=(\boldsymbol{E}\,\vdots\,\boldsymbol{A}^{-1}).$$

故

$$\boldsymbol{A}^{-1}=\begin{pmatrix}\frac{1}{6}&\frac{1}{6}&\frac{1}{6}\\-\frac{7}{6}&\frac{5}{6}&-\frac{1}{6}\\-\frac{1}{3}&\frac{2}{3}&-\frac{1}{3}\end{pmatrix},$$

$$\boldsymbol{X}=\boldsymbol{A}^{-1}\boldsymbol{B}=\begin{pmatrix}\frac{1}{6}&\frac{1}{6}&\frac{1}{6}\\-\frac{7}{6}&\frac{5}{6}&-\frac{1}{6}\\-\frac{1}{3}&\frac{2}{3}&-\frac{1}{3}\end{pmatrix}\begin{pmatrix}2&0\\3&2\\1&4\end{pmatrix}=\begin{pmatrix}1&1\\0&1\\1&0\end{pmatrix}.$$

方法 2. 由 $\boldsymbol{A}$ 可逆知 $\boldsymbol{A}^{-1}$ 也可逆，故存在初等矩阵 $\boldsymbol{P}_1,\boldsymbol{P}_2,\cdots,\boldsymbol{P}_l$，使

$$\boldsymbol{A}^{-1}=\boldsymbol{P}_1\boldsymbol{P}_2\cdots\boldsymbol{P}_l,$$

所以

$$\boldsymbol{P}_1\boldsymbol{P}_2\cdots\boldsymbol{P}_l\boldsymbol{A}=\boldsymbol{E},$$

又

$$\boldsymbol{X}=\boldsymbol{A}^{-1}\boldsymbol{B}=\boldsymbol{P}_1\boldsymbol{P}_2\cdots\boldsymbol{P}_l\boldsymbol{B},$$

可见对 $\boldsymbol{A},\boldsymbol{B}$ 施行相同的初等行变换，当 $\boldsymbol{A}$ 变换为单位矩阵 $\boldsymbol{E}$ 时，$\boldsymbol{B}$ 就变换为 $\boldsymbol{X}$，即

$$\boldsymbol{P}_1\boldsymbol{P}_2\cdots\boldsymbol{P}_l(\boldsymbol{A}\,\vdots\,\boldsymbol{B})=(\boldsymbol{E}\,\vdots\,\boldsymbol{X}).$$

$$(\boldsymbol{A}\,\vdots\,\boldsymbol{B})=\left(\begin{array}{ccc:cc}1&-1&1&2&0\\2&0&1&3&2\\3&1&-2&1&4\end{array}\right)\longrightarrow\left(\begin{array}{ccc:cc}1&-1&1&2&0\\0&2&-1&-1&2\\0&4&-5&-5&4\end{array}\right)$$

$$\longrightarrow\left(\begin{array}{ccc:cc}1&-1&1&2&0\\0&2&-1&-1&2\\0&0&-3&-3&0\end{array}\right)\longrightarrow\left(\begin{array}{ccc:cc}1&-1&1&2&0\\0&1&-\frac{1}{2}&-\frac{1}{2}&1\\0&0&1&1&0\end{array}\right)$$

$$\longrightarrow\begin{pmatrix}1&0&0&1&1\\0&1&0&0&1\\0&0&1&1&0\end{pmatrix}=(\boldsymbol{E}\,\vdots\,\boldsymbol{X}).$$

故

$$X=\begin{pmatrix}1&1\\0&1\\1&0\end{pmatrix}.$$

以上所讲矩阵求逆的初等变换方法只限于使用初等行变换，忽略这一点将导致错误．那么，有没有用初等列变换求逆矩阵的方法呢？回答是肯定的，有兴趣的读者可以推证如下关系

$$\begin{pmatrix}A\\ \cdots\\ E\end{pmatrix}\xrightarrow{\text{初等列变换}}\begin{pmatrix}E\\ \cdots\\ A^{-1}\end{pmatrix},$$

这里不再赘述．

习　题　2.5

1．求下列矩阵的行阶梯形、行最简形和标准形：

(1) $\begin{pmatrix}1&-1&2\\3&-3&1\\-2&2&4\end{pmatrix}$；　(2) $\begin{pmatrix}3&1&0&2\\1&-1&2&-1\\1&3&-4&4\end{pmatrix}$.

2．用初等变换求下列矩阵的逆矩阵：

(1) $A=\begin{pmatrix}2&2&1\\1&2&2\\1&2&1\end{pmatrix}$；　(2) $A=\begin{pmatrix}1&3&-5&7\\0&1&2&-3\\0&0&1&2\\0&0&0&1\end{pmatrix}$；

(3) $A=\begin{pmatrix}&&&a_1\\&&a_2&\\&\iddots&&\\a_n&&&\end{pmatrix}$，　$a_i\neq0(i=1,2,\cdots,n)$.

3．设 A 是 n 阶可逆方阵，证明：

(1) $(A^{-1})^{\mathrm{T}}=(A^{\mathrm{T}})^{-1}$；　(2) $(A^{\mathrm{T}})^{*}=(A^{*})^{\mathrm{T}}$；　(3) $(A^{-1})^{*}=(A^{*})^{-1}$.

4．解下列矩阵方程：

(1) 已知 $A=\begin{pmatrix}1&2&3\\2&2&1\\3&4&3\end{pmatrix}$，$B=\begin{pmatrix}1&0\\1&2\\2&1\end{pmatrix}$，且 $AX=B$，求 X；

(2) 已知 $A=\begin{pmatrix}4&2&3\\1&1&0\\1&2&3\end{pmatrix}$，$XA=A+2X$，求 X；

(3) 已知 $A=\begin{pmatrix}0&1&0\\1&0&0\\0&0&1\end{pmatrix}$，$B=\begin{pmatrix}1&0&0\\0&0&1\\0&1&0\end{pmatrix}$，$C=\begin{pmatrix}1&-4&3\\2&0&-1\\1&-2&0\end{pmatrix}$，求矩阵 X，使之满足 $AXB=C$.

2.6　矩阵的秩

如果用矩阵来表示线性方程组，则线性方程组的解的情况由相应的矩阵的某些特征决定．因此，有必要对矩阵的一些特征进行研究．矩阵的秩就是矩阵的重要特征之一．

定义 2.6.1　设 $\boldsymbol{A}$ 是 $m\times n$ 矩阵，在 $\boldsymbol{A}$ 中取 k 行、k 列（$k\leqslant\min\{m,n\}$），位于这些行和列交处的元素，按照原来的次序组成一个 k 阶行列式，称为矩阵 $\boldsymbol{A}$ 的一个 k **阶子式**．若矩阵 $\boldsymbol{A}$ 中存在一个 r 阶子式不为零，而所有高于 r 阶子式（如果有的话）全为零，则称 r 为**矩阵 $\boldsymbol{A}$ 的秩**，记作 $R(\boldsymbol{A})=r$. 当 $\boldsymbol{A}=\boldsymbol{O}$ 时，规定 $R(\boldsymbol{A})=0$.

显然，对任何矩阵，都有 $R(\boldsymbol{A})=R(\boldsymbol{A}^{\mathrm{T}})$. 对于 n 阶方阵 $\boldsymbol{A}$，若 $R(\boldsymbol{A})=n$，则称 $\boldsymbol{A}$ 为**满秩矩阵**，否则称 $\boldsymbol{A}$ 为**降秩矩阵**．由矩阵的定义，容易得到下述结论：

结论 2.6.1　n 阶方阵 $\boldsymbol{A}$ 满秩的充分必要条件是 $|\boldsymbol{A}|\neq0$.

结论 2.6.2　n 阶方阵 $\boldsymbol{A}$ 可逆的充分必要条件是 $\boldsymbol{A}$ 为满秩矩阵．

例如，对于矩阵

$$\boldsymbol{A}=\begin{pmatrix}1&2&3&4\\1&0&1&0\\2&4&6&8\end{pmatrix},\quad \boldsymbol{B}=\begin{pmatrix}1&2&3\\0&1&0\\2&1&4\end{pmatrix},\quad \boldsymbol{C}=\begin{pmatrix}1&2&-2&2\\0&1&-1&0\\1&4&-4&2\end{pmatrix}.$$

容易看出，$\boldsymbol{A}$ 有非零二阶子式，但所有三阶子式（共 4 个）全为零，所以 $R(\boldsymbol{A})=2$；$\boldsymbol{B}$ 为三阶方阵，因 $|\boldsymbol{B}|=-2\neq0$，所以 $R(\boldsymbol{B})=3$，即 $\boldsymbol{B}$ 为三阶满秩矩阵；对于矩阵 $\boldsymbol{C}$，易知有二阶非零子式，所以 $R(\boldsymbol{C})\geqslant2$，欲定 $\boldsymbol{C}$ 的秩，必须具体算出它的 4 个三阶子式，经计算，它们均为零，所以 $R(\boldsymbol{C})=2$.

由上例看出，欲求矩阵的秩，需计算各阶子式的值，这给求秩带来极大不便，尤其对行、列数较多的矩阵更是如此．为寻求更简便的方法，先给出如下定理：

定理 2.6.1　初等变换不改变矩阵的秩．

证　因为任何矩阵与它的转置矩阵同秩，所以只需证一次初等行变换不改变矩阵的秩即可．

(1) 若 $\boldsymbol{A}\xrightarrow{r_i\leftrightarrow r_j}\boldsymbol{B}$，则 $\boldsymbol{B}$ 中任何一个子式与 $\boldsymbol{A}$ 中相应子式要么相等，要么只相差一个负号，因此，在是否为零这一点上二者相同，从而有 $R(\boldsymbol{A})=R(\boldsymbol{B})$.

(2) 若 $\boldsymbol{A}\xrightarrow{kr_i(k\neq0)}\boldsymbol{B}$，则 $\boldsymbol{B}$ 中任何一个子式与 $\boldsymbol{A}$ 中相应子式要么相等，要么只相差 k 倍，所以 $R(\boldsymbol{A})=R(\boldsymbol{B})$.

(3) 若 $\boldsymbol{A}\xrightarrow{r_i+kr_j}\boldsymbol{B}$，设 D_r 为 $\boldsymbol{B}$ 中最高阶（r 阶）非零子式，分如下三种情况进行论证：

(i) 当 D_r 中不含第 i 行时，D_r 也是 $\boldsymbol{A}$ 的 r 阶子式，故 $R(\boldsymbol{A})\geqslant r=R(\boldsymbol{B})$；

(ii) 当 D_r 中既含有第 i 行又含第 j 行时，则

$$D_r=\begin{vmatrix}\vdots\\ r_i+kr_j\\ \vdots\\ r_j\\ \vdots\end{vmatrix}=\begin{vmatrix}\vdots\\ r_i\\ \vdots\\ r_j\\ \vdots\end{vmatrix}+k\begin{vmatrix}\vdots\\ r_j\\ \vdots\\ r_j\\ \vdots\end{vmatrix}\triangleq D_r^{(1)}+kD_r^{(2)},$$

其中 $D_r^{(1)}$ 是 $\boldsymbol{A}$ 中相应子式，$D_r^{(2)}=0$. 由 $D_r^{(1)}=D_r\neq 0$ 知，$R(\boldsymbol{A})\geqslant r=R(\boldsymbol{B})$；

(iii) 当 D_r 中只含有第 i 行不含第 j 行时，同理可将 D_r 拆成

$$D_r=D_r^{(1)}+kD_r^{(2)},$$

其中 $D_r^{(1)}$ 仍为 $\boldsymbol{A}$ 中相应的 r 阶子式，而 $D_r^{(2)}$ 与 $\boldsymbol{A}$ 中相应的 r 阶子式至多相差一个负号，于是由 $D_r\neq 0$ 知，$D_r^{(1)}$、$D_r^{(2)}$ 不全为零，即 $\boldsymbol{A}$ 中有 r 阶非零子式，从而有 $R(\boldsymbol{A})\geqslant r$.

总之，当 $\boldsymbol{A}\xrightarrow{r_i+kr_j}\boldsymbol{B}$ 时，必有 $R(\boldsymbol{A})\geqslant R(\boldsymbol{B})$. 再考虑到初等变换的可逆性，又有 $\boldsymbol{B}\xrightarrow{r_i+(-k)r_j}\boldsymbol{A}$，从而 $R(\boldsymbol{B})\geqslant R(\boldsymbol{A})$，故 $R(\boldsymbol{A})=R(\boldsymbol{B})$.

由初等变换不改变矩阵的秩可知，任何一个非零矩阵的秩等于它的行阶梯形矩阵的秩，即等于它的行阶梯形矩阵的非零行的行数.

推论 2.6.1 设 $\boldsymbol{A}$ 是 $m\times n$ 矩阵，$\boldsymbol{P},\boldsymbol{Q}$ 分别是 m 阶和 n 阶可逆矩阵，则

$$R(\boldsymbol{A})=R(\boldsymbol{PA})=R(\boldsymbol{AQ})=R(\boldsymbol{PAQ}).$$

证 由于可逆矩阵 $\boldsymbol{P},\boldsymbol{Q}$ 可表为若干个初等矩阵的乘积，而初等变换不改变矩阵的秩，故结论成立.

推论 2.6.2 同型矩阵等价当且仅当它们有相同的秩.

例 2.6.1 求矩阵

$$\boldsymbol{A}=\begin{pmatrix}1&4&-1&2&1\\2&-1&-3&1&0\\1&-5&-4&2&1\\3&-6&-7&3&1\end{pmatrix}$$

的秩.

解

$$\boldsymbol{A}\xrightarrow[r_4-3r_1]{\substack{r_2-2r_1\\ r_3-r_1}}\begin{pmatrix}1&4&-1&2&1\\0&-9&-1&-3&-2\\0&-9&-3&0&0\\0&-18&-4&-3&-2\end{pmatrix}\xrightarrow[r_4-2r_2]{r_3-r_2}\begin{pmatrix}1&4&-1&2&1\\0&-9&-1&-3&-2\\0&0&-2&3&2\\0&0&-2&3&2\end{pmatrix}$$

$$\xrightarrow{r_4-r_3}\begin{pmatrix}1&4&-1&2&1\\0&-9&-1&-3&-2\\0&0&-2&3&2\\0&0&0&0&0\end{pmatrix}\triangleq\boldsymbol{B}.$$

$\boldsymbol{A}$ 的行阶梯形矩阵 $\boldsymbol{B}$ 共有三个非零行，所以 $R(\boldsymbol{A})=R(\boldsymbol{B})=3$.

例 2.6.2　设$\boldsymbol{A}=\begin{pmatrix}1&1&1&1\\0&1&-1&b\\2&3&a&4\\3&5&1&7\end{pmatrix}$，讨论$\boldsymbol{A}$的秩，其中$a,b$为参数.

解　对$\boldsymbol{A}$做行初等变换将其化为行阶梯形

$$\boldsymbol{A}\xrightarrow[r_3-3r_1]{r_3-2r_1}\begin{pmatrix}1&1&1&1\\0&1&-1&b\\0&1&a-2&2\\0&2&-2&4\end{pmatrix}\xrightarrow[r_4-2r_2]{r_3-r_2}\begin{pmatrix}1&1&1&1\\0&1&-1&b\\0&0&a-1&2-b\\0&0&0&4-2b\end{pmatrix}\triangleq\boldsymbol{B},$$

由于初等变换不改变矩阵的秩，对上面矩阵$\boldsymbol{B}$中的参数a,b讨论易得

$$R(\boldsymbol{A})=R(\boldsymbol{B})=\begin{cases}2 & 当\ a=1\ 且\ b=2\\3 & 当\ a=1\ 且\ b\neq2，或\ a\neq1\ 且\ b=2\\4 & 当\ a\neq1\ 且\ b\neq2\end{cases}.$$

习　题　2.6

1. 求下列矩阵的秩：

(1) $\begin{pmatrix}1&2&1\\0&1&2\\2&3&0\end{pmatrix}$；　(2) $\begin{pmatrix}1&2&3&4\\2&0&2&3\\2&2&-1&4\\-1&2&2&1\end{pmatrix}$；　(3) $\begin{pmatrix}1&4&-1&0\\2&x&2&1\\11&56&5&4\\2&5&y&-1\end{pmatrix}$.

2. 若$a_i(i=1,2,\cdots,m)$不全为零，且$b_j(j=1,2,\cdots,n)$不全为零，求下列矩阵$\boldsymbol{C}$的秩：

$$\boldsymbol{C}=\begin{pmatrix}a_1\\a_2\\\vdots\\a_m\end{pmatrix}(b_1,b_2,\cdots,b_n).$$

3. 已知$\boldsymbol{A}=\begin{pmatrix}1&-1&1&2\\3&\lambda&-1&2\\5&3&\mu&6\end{pmatrix}$，$R(\boldsymbol{A})=2$，求$\lambda$与$\mu$.

4. 已知$\boldsymbol{A}$、$\boldsymbol{B}$、$\boldsymbol{C}$分别为$m\times n$，$n\times p$，$p\times s$矩阵，秩$R(\boldsymbol{A})=n$，$R(\boldsymbol{C})=p$，且$\boldsymbol{ABC}=\boldsymbol{O}$，证明$\boldsymbol{B}=\boldsymbol{O}$.

5. 设$\boldsymbol{A}$、$\boldsymbol{B}$分别是$m\times n$、$n\times 1$的实矩阵，证明：

$\boldsymbol{A}^{\mathrm{T}}\boldsymbol{AB}=\boldsymbol{O}$当且仅当$\boldsymbol{AB}=\boldsymbol{O}$;

*实际应用题

一种矩阵密码问题

在信息传递中，需要对信息进行保密，因而要将信息加密；而接收方收到加密信息后，

需要进行解密以获得所需信息．利用可逆矩阵可以完成信息的加密和解密．

模型分析与建立

先在 26 个英文字母与数字间建立一一对应关系，例如，

$$\begin{matrix} A & B & \cdots & Y & Z \\ \updownarrow & \updownarrow & & \updownarrow & \updownarrow \\ 1 & 2 & & 25 & 26 \end{matrix}$$

将英文信息利用对应关系写成一个列向量 $\boldsymbol{b}$，任选一个可逆矩阵 $\boldsymbol{A}$，利用 $\boldsymbol{y}=\boldsymbol{A}\boldsymbol{b}$ 对信息 $\boldsymbol{b}$ 进行加密为 $\boldsymbol{y}$，当接收方收到信息 $\boldsymbol{y}$ 后再利用 $\boldsymbol{b}=\boldsymbol{A}^{-1}\boldsymbol{y}$ 运算将信息进行解密．

模型求解

若发出信息 show，则信息的编码是：19，8，15，23，写成向量 $\boldsymbol{b}=\begin{pmatrix}19\\8\\15\\23\end{pmatrix}$．

任选一个四阶可逆矩阵 $\boldsymbol{A}=\begin{pmatrix}1&2&0&0\\0&1&2&0\\1&2&1&0\\1&2&1&1\end{pmatrix}$，于是发出的信息向量乘以矩阵 $\boldsymbol{A}$ 变成密码后发出

$$\boldsymbol{A}\boldsymbol{b}=\begin{pmatrix}1&2&0&0\\0&1&2&0\\1&2&1&0\\1&2&1&1\end{pmatrix}\begin{pmatrix}19\\8\\15\\23\end{pmatrix}=\begin{pmatrix}35\\38\\50\\73\end{pmatrix},$$

对应着发出的密文编码：35，38，50，73，写成向量 $\boldsymbol{y}=\begin{pmatrix}35\\38\\50\\73\end{pmatrix}$．

收到密文后解码，当然矩阵 $\boldsymbol{A}$ 是约定的，合法用户用 $\boldsymbol{A}^{-1}$ 左乘向量 $\boldsymbol{y}$ 即可解密得到明文

$$\boldsymbol{A}^{-1}\boldsymbol{y}=\begin{pmatrix}-3&-2&4&0\\2&1&-2&0\\-1&2&1&0\\0&0&-1&1\end{pmatrix}\begin{pmatrix}35\\38\\50\\73\end{pmatrix}=\begin{pmatrix}19\\8\\15\\23\end{pmatrix}.$$

综合习题 2

1. 填空题．

(1) 设 $\boldsymbol{A}$ 为 m 阶方阵，则存在非零的 $m\times n$ 矩阵 $\boldsymbol{B}$，使 $\boldsymbol{A}\boldsymbol{B}=\boldsymbol{O}$ 的充要条件是________．

(2) 设 $\boldsymbol{A}$ 是四阶方阵，且 $|\boldsymbol{A}|=-2$，则 $\boldsymbol{A}$ 的伴随矩阵 $\boldsymbol{A}^*$ 的行列式 $|\boldsymbol{A}^*|=$________．

(3) 设 $\boldsymbol{A}$ 是三阶方阵，$\boldsymbol{A}^*$ 是 $\boldsymbol{A}$ 的伴随矩阵，$|\boldsymbol{A}|=\frac{1}{2}$，则 $|(3\boldsymbol{A})^{-1}-2\boldsymbol{A}^*|=$________.

(4) 设矩阵 $\boldsymbol{A}=\begin{pmatrix}3&1&1\\0&5&1\\1&1&3\end{pmatrix}$，则 $(\boldsymbol{A}-3\boldsymbol{E})^{-1}=$ ________.

(5) 要使矩阵 $\begin{pmatrix}1&2&4\\2&\lambda&1\\1&1&0\end{pmatrix}$ 的秩取得最小值，则 $\lambda=$________.

(6) 设矩阵 $\boldsymbol{A}=\begin{pmatrix}1&-1\\2&3\end{pmatrix}$，$\boldsymbol{B}=\boldsymbol{A}^2-3\boldsymbol{A}+2\boldsymbol{E}$，则 $\boldsymbol{B}^{-1}=$________.

(7) $\begin{pmatrix}a_1\\a_2\\\vdots\\a_n\end{pmatrix}(b_1\quad b_2\quad\cdots\quad b_n)=$________.

(8) 若对任意 $n\times1$ 矩阵 $\boldsymbol{X}$，均有 $\boldsymbol{AX}=\boldsymbol{O}$，则 $\boldsymbol{A}=$________.

2. 选择题.

(1) 设 $\boldsymbol{A}$ 是 $m\times n$ 矩阵，$\boldsymbol{C}$ 是 n 阶可逆矩阵，矩阵 $\boldsymbol{A}$ 的秩为 r_1，矩阵 $\boldsymbol{B}=\boldsymbol{AC}$ 的秩为 r，则(　　).

(A) $r>r_1$；　(B) $r<r_1$；　(C) $r=r_1$；　(D) r 与 r_1 的关系依 $\boldsymbol{C}$ 而定.

(2) 设 $\boldsymbol{A}$ 是三阶方阵，若 $\boldsymbol{A}^2=\boldsymbol{O}$，下列等式必成立的是(　　).

(A) $\boldsymbol{A}=\boldsymbol{O}$；　(B) $R(\boldsymbol{A})=2$；　(C) $\boldsymbol{A}^3=\boldsymbol{O}$；　(D) $|\boldsymbol{A}|\neq0$.

(3) 设 $\boldsymbol{A}$ 是 $m\times n$ 矩阵，且 $m<n$，则必有(　　).

(A) $|\boldsymbol{A}^{\mathrm{T}}\boldsymbol{A}|\neq0$；　(B) $|\boldsymbol{A}^{\mathrm{T}}\boldsymbol{A}|=0$；　(C) $|\boldsymbol{A}^{\mathrm{T}}\boldsymbol{A}|>0$；　(D) $|\boldsymbol{A}^{\mathrm{T}}\boldsymbol{A}|<0$.

(4) 若 $\boldsymbol{A}$ 为 n 阶可逆矩阵，则 $(-\boldsymbol{A})^*$ 等于(　　).

(A) $-\boldsymbol{A}^*$；　(B) $\boldsymbol{A}^*$；　(C) $(-1)^n\boldsymbol{A}^*$；　(D) $(-1)^{n-1}\boldsymbol{A}^*$.

(5) $\boldsymbol{A}$ 是 n 阶方阵，且满足等式 $\boldsymbol{A}^2-\boldsymbol{A}-2\boldsymbol{E}=\boldsymbol{O}$，则 $\boldsymbol{A}$ 的逆矩阵是(　　).

(A) $\boldsymbol{A}-\boldsymbol{E}$；　(B) $\boldsymbol{E}-\boldsymbol{A}$；　(C) $\frac{1}{2}(\boldsymbol{A}-\boldsymbol{E})$；　(D) $\frac{1}{2}(\boldsymbol{E}-\boldsymbol{A})$.

(6) 设 $\boldsymbol{A},\boldsymbol{B}$ 是 n 阶可逆矩阵，则下列等式成立的是(　　).

(A) $|(\boldsymbol{AB})^{-1}|=\frac{1}{|\boldsymbol{A}^{-1}|}\frac{1}{|\boldsymbol{B}^{-1}|}$；　(B) $|(\boldsymbol{AB})^{-1}|=|\boldsymbol{A}|^{-1}|\boldsymbol{B}|^{-1}$；

(C) $|(\boldsymbol{AB})^{-1}|=|\boldsymbol{A}||\boldsymbol{B}|$；　(D) $|(\boldsymbol{AB})^{-1}|=(-1)^n|\boldsymbol{AB}|$.

(7) 设 $\boldsymbol{A},\boldsymbol{B}$ 是 n 阶对称矩阵，m 为大于 1 的自然数，则必为对称矩阵的是(　　).

(A) $\boldsymbol{A}^m$；　(B) $(\boldsymbol{AB})^m$；　(C) $\boldsymbol{AB}$；　(D) $(\boldsymbol{A}+\boldsymbol{B})^{-1}$.

(8) 设 $\boldsymbol{A},\boldsymbol{B}$ 都是 n 阶可逆矩阵，则 $\left|-2\begin{pmatrix}\boldsymbol{A}^{\mathrm{T}}&0\\0&\boldsymbol{B}^{-1}\end{pmatrix}\right|$ 等于(　　).

(A) $(-2)^{2n}|\boldsymbol{A}||\boldsymbol{B}|^{-1}$；　(B) $(-2)^n|\boldsymbol{A}||\boldsymbol{B}|^{-1}$；

(C) $-2|\boldsymbol{A}^{\mathrm{T}}||\boldsymbol{B}|$；　(D) $-2|\boldsymbol{A}||\boldsymbol{B}|^{-1}$.

(9) 设 $\boldsymbol{A},\boldsymbol{B}$ 都是 n 阶非零矩阵，且 $\boldsymbol{AB}=\boldsymbol{O}$，则 $\boldsymbol{A}$ 和 $\boldsymbol{B}$ 的秩(　　).

(A) 必有一个等于零；　(B) 都小于 n；

(C) 一个小于 n，一个等于 n；　(D) 都等于 n.

(10) 设 $\boldsymbol{A},\boldsymbol{B}$ 为同阶可逆矩阵，则(　　).

(A) $\boldsymbol{AB}=\boldsymbol{BA}$；　(B) 存在可逆矩阵 $\boldsymbol{P}$，使 $\boldsymbol{P}^{-1}\boldsymbol{AP}=\boldsymbol{B}$；

(C) 存在可逆矩阵 $\boldsymbol{C}$,使 $\boldsymbol{C}^{\mathrm{T}}\boldsymbol{A}\boldsymbol{C}=\boldsymbol{B}$;　　(D) 存在可逆矩阵 $\boldsymbol{P}$ 和 $\boldsymbol{Q}$,使 $\boldsymbol{PAQ}=\boldsymbol{B}$.

3. 已知 $\boldsymbol{A}$ 是一个 n 阶对称矩阵,$\boldsymbol{B}$ 是一个 n 阶反对称矩阵,证明:

(1) $\boldsymbol{A}^2,\boldsymbol{B}^2$ 都是对称矩阵;(2) $\boldsymbol{AB}-\boldsymbol{BA}$ 是对称矩阵;(3) $\boldsymbol{AB}+\boldsymbol{BA}$ 是反对称矩阵.

4. 已知 n 阶方阵 $\boldsymbol{A}=\begin{pmatrix}2&2&2&\cdots&2\\0&1&1&\cdots&1\\0&0&1&\cdots&1\\\vdots&\vdots&\vdots&&\vdots\\0&0&0&\cdots&1\end{pmatrix}$,求 $\boldsymbol{A}$ 中所有元素代数余子式之和 $\sum\limits_{i,j=1}^{n}A_{ij}$.

5. 把可逆矩阵 $\boldsymbol{A}=\begin{pmatrix}1&2&0\\-1&1&1\\3&-2&0\end{pmatrix}$ 分解为初等矩阵的乘积.

6. 设 $\boldsymbol{A}=\begin{pmatrix}1&0&1\\0&2&0\\0&0&1\end{pmatrix}$,求 $(\boldsymbol{A}+3\boldsymbol{E})^{-1}(\boldsymbol{A}^2-9\boldsymbol{E})$.

7. 设 $\boldsymbol{A}=\begin{pmatrix}1&-1&2\\-2&-1&-2\\4&3&3\end{pmatrix}$,求 $\boldsymbol{A}^{-1},(\boldsymbol{A}^*)^{-1},[(-2\boldsymbol{A})^*]^{-1}$.

8. 已知 $\boldsymbol{A}$ 是主对角元素全为 0 的四阶实对称矩阵,$\boldsymbol{E}$ 是四阶单位矩阵,又已知对角矩阵

$$\boldsymbol{B}=\begin{pmatrix}0&&&\\&0&&\\&&1&\\&&&1\end{pmatrix},$$

使得 $\boldsymbol{E}+\boldsymbol{AB}$ 为对称的不可逆矩阵,求 $\boldsymbol{A}$.

9. 已知 $\boldsymbol{A}$ 与 $\boldsymbol{B}$ 都是三阶矩阵,将 $\boldsymbol{A}$ 的第 1 行乘以 -3 加至第 3 行,得到矩阵 $\boldsymbol{A}_1$,将 $\boldsymbol{B}$ 的第 1 列乘以 -3 得 $\boldsymbol{B}_1$,且知

$$\boldsymbol{A}_1\boldsymbol{B}_1=\begin{pmatrix}0&1&2\\1&0&1\\2&4&3\end{pmatrix},$$

求 $\boldsymbol{AB}$.

10. 设四阶方阵

$$\boldsymbol{A}=\begin{pmatrix}a&b&c&d\\-b&a&-d&c\\-c&d&a&-b\\-d&-c&b&a\end{pmatrix},$$

求 $|\boldsymbol{A}|$.

11. 设 $\boldsymbol{A}$ 为非零实矩阵,$\boldsymbol{A}^*$ 是 $\boldsymbol{A}$ 的伴随矩阵,且 $\boldsymbol{A}^*=\boldsymbol{A}^{\mathrm{T}}$,证明:$\boldsymbol{A}$ 为可逆矩阵.

12. 设 $\boldsymbol{B}$ 为反对称矩阵,证明:$\boldsymbol{B}+\boldsymbol{E}$ 和 $\boldsymbol{B}-\boldsymbol{E}$ 均为可逆矩阵.

13. 已知 $\boldsymbol{A}=\begin{pmatrix}1&1&-1\\0&1&1\\0&0&-1\end{pmatrix}$,$\boldsymbol{B}=\begin{pmatrix}2&0&1\\0&2&0\\0&0&2\end{pmatrix}$,且 $\boldsymbol{AXB}=\boldsymbol{AX}+\boldsymbol{A}^2\boldsymbol{B}-\boldsymbol{A}^2+\boldsymbol{B}$,求 $\boldsymbol{X}$.

14. 设 $\boldsymbol{A}$ 是 $m\times n$ 矩阵,证明:$\boldsymbol{A}$ 的秩 $R(\boldsymbol{A})\leqslant 1$ 的充要条件是存在列矩阵 $\boldsymbol{B}$ 与行矩阵 $\boldsymbol{C}$

$$B=\begin{pmatrix} b_1 \\ b_2 \\ \vdots \\ b_m \end{pmatrix}, C=(c_1, c_2, c_3, c_4)$$

使得 $A=BC$.

15. 讨论 n 阶矩阵 $A=\begin{pmatrix} x & y & \cdots & y \\ y & x & \cdots & y \\ \vdots & \vdots & & \vdots \\ y & y & \cdots & x \end{pmatrix}$(对角线上全为 x,其他元素全为 y)的秩与 x、y 的关系.

16. 设二阶方阵 $A=\begin{pmatrix} a & c \\ 0 & b \end{pmatrix}$,其中 a,b,c 为实数,试求一切可能的 a,b,c 值,使得 $A^{100}=E$.

17. 设 A 与 B 是 n 阶方阵,已知 $|B|\neq 0$,$A-E$ 可逆,且 $(A-E)^{-1}=(B-E)^{\mathrm{T}}$,证明:$A$ 可逆.

18. 设 A,B 是 n 阶方阵,证明:$\begin{vmatrix} A & E \\ E & B \end{vmatrix}=|AB-E|$.

拓展阅读

矩阵论的创立人——凯莱与西尔维斯特

矩阵思想历史久远,早在公元前 1 世纪的《九章算术》中就已经开始用矩阵思想解线性方程组,但那时的矩阵只不过是方程组的简化形式,表现为数的矩形列阵,只有到赋予加、减,特别是乘法运算时,矩阵才变得重要起来.

阿瑟·凯莱

矩阵的现代概念在 19 世纪逐渐形成.1801 年,德国数学家卡尔·弗里德里希·高斯(Carl Friedrich Gauss,1777～1855 年)把一个线性变换的全部系数作为一个整体;1844 年,德国数学家费迪南·爱森斯坦(Ferdinand Eisenstein,1823～1852 年)讨论了"变换"(矩阵)及其乘积,遗憾的是,他还没来得及发展这些思想就去世了.现在,人们常常把矩阵论的创立归功于英国数学家阿瑟·凯莱(Arthur Cayley,1821～1895 年)和他亲密的朋友——英国数学家詹姆斯·约瑟夫·西尔维斯特(James Joseph Sylvester,1814～1897 年).

詹姆斯·约瑟夫·西尔维斯特

然而,这对具有非凡数学才能的密友,在大学中就呈现了不同的命运.凯莱 17 岁考入剑桥三一学院,在大学就享有"数学家"的美称,21 岁以优异的成绩毕业,不久获得研究员职位.在整个 19 世纪,他是取得这个职位最年轻的毕业生.同样也是在 17 岁,西尔维斯特考入剑桥圣约翰学院,两年后却因病辍学,1837 年参加毕业考试,虽然他取得了第二名的好成绩,但由于宗教原因他没能得到学位,于是转到都柏林大学,直到 27 岁才获得学位.

作为数学家,凯莱和西尔维斯特的工作经历也是一个传奇.凯莱毕业后在剑桥大学除了教几个学生外,主要从事研究工作,在短短 4 年当中,他写了 28 篇数学论文.但是这个职位收入有限,必须选择另外一个足以维持生活的职业,他选择了法律.1849 年他取得律师资格，从此一直干到1863年．在从事律师行业的14年时间里，凯莱发表数学论文200多篇．1863年，不知什么原因，他毅然放弃法律业务，到剑桥大学当教授，从此论文一篇篇接踵而至，到他1895年去世时，一共发表了上千篇论文．

谈到西尔维斯特，他1841年离开了大不列颠到弗吉尼亚大学工作，但由于与一个学生发生了争执，他误以为杀死学生，就匆匆跑到纽约，赶回英国．1843年，他到英国当了一名保险统计员，在闲暇时间当几个学生的私人教师．机缘巧合的是，1850年，西尔维斯特也取得了律师资格，当了一名律师．同年，都从事律师职业的凯莱和西尔维斯特见面并建立了终生友谊．1854年，格雷汉学院几何学讲师职位出缺，西尔维斯特前去应聘，结果试讲失败．第二年，皇家军事学院数学教授职位出缺，他又去应聘，再一次失败了．但由于新任命的教授上任不久就去世了，他的再一次争取终获成功．这时，他已经41岁了．1855～1870年是他在数学上取得巨大成就的时期，业绩可谓登峰造极，各种国内外的荣誉及头衔纷至沓来．1876年，他任约翰·霍普金斯大学第一任数学教授，对美国数学的发展产生了重大影响，培养了美国本土成长的第一批数学家．他还创办了《美国数学杂志》，并在该刊发表论文30篇，对美国的数学研究产生了深远影响．1883年，西尔维斯特返回英国，就职于牛津大学．晚年由于记忆力及视力逐步丧失，身边又没有亲人，生活孤苦凄凉．

此外，凯莱和西尔维斯特都是极富创造性的数学家，但使用的数学方法却大不相同．凯莱讲话小心谨慎，他的数学论文推理充分、严密．与之相比，西尔维斯特是一个易兴奋而又健谈的人，他总是毫不犹豫地用自己的直觉来代替严密的证明．有时他的论文包含着许多优美的、富有诗意的描述，但无疑都缺少数学的严密性．

事实上，在人们构想出矩阵的概念之前，行列式论、谱论以及线性方程论都已经体现了矩阵的许多基本性质．凯莱曾说："从逻辑上讲，矩阵的概念先于行列式，但在历史上却正好相反．"矩阵这个词首先由西尔维斯特在1850年使用，主要是为了与行列式的数组区别开，而现在意义下的矩阵 $\begin{pmatrix} a_{11} & a_{12} \\ a_{21} & a_{22} \end{pmatrix}$ 是凯莱1857年引进的(1858年发表)，实际上是为了表达方程系数，既然前人已有过这样的思想，所以这并非是一个重大创造．凯莱被认为是矩阵论的创立者之一，是由于他首先摆脱线性变换和行列式，把矩阵本身作为独立的研究对象．

在1858年发表的"矩阵论的研究报告"(A Memoir on the Theory of Matrices)中，凯莱引进了矩阵的基本概念和运算，如矩阵相等、零矩阵、单位矩阵、矩阵的和、矩阵的乘积、矩阵的逆、转置矩阵、对称阵等，并借助于行列式定义了方阵的特征方程和特征根．特别地，他证明了一个重要结果：任何方阵都满足它的特征方程．由于爱尔兰数学家、天文学家威廉·哈密顿(Sir William Henry Rowan Hamilton，1805～1865年)从另外一个角度也发现了这个结果，现在我们称之为凯莱-哈密顿定理．

凯莱是一位著名而又多产的数学家，但是在大不列颠，他在矩阵方面的工作并没有引起人们太多的注意，在大不列颠以外的地区，他的工作也不为人知，因此，凯莱的许多思想是后来在其他地方重新发现的．到了19世纪80年代，西尔维斯特已经成为那时最著名的数学家之一，他把注意力转向了凯莱30年前提出的问题．到底是西尔维斯特读过凯莱以前的著作，还是他独立地重新发现了这些思想，已无从考证．无论如何，西尔维斯特的工作使得凯莱的早期发现引起了人们的注意，好像西尔维斯特对此比较满意．他总是赞扬他的朋友，曾经把凯莱关于矩阵的工作说成是这一学科的“基石”．

然而，西尔维斯特的成就远不止于重新发现凯莱的工作，他在行列式论方面的研究为后世做出了重要贡献，而且他已经知道如何用行列式去研究许多问题．从某种程度上讲，在发现矩阵之前，他就已经通晓了许多对矩阵论来说非常重要的问题．例如，他发现：若 $\boldsymbol{A}$ 表示一个 $n\times n$ 矩阵，λ 表示 $\boldsymbol{A}$ 的一个特征值，那么 λ^j 是矩阵 $\boldsymbol{A}^j$ 的一个特征值．另外，他还得到了其他一些类似的结果．例如，假设矩阵 $\boldsymbol{A}$ 有逆 $\boldsymbol{A}^{-1}$，那么有 $\boldsymbol{A}^{-1}\times\boldsymbol{A}$ 等于单位矩阵；令 λ 为 $\boldsymbol{A}$ 的一个特征值，那么 λ^{-1} 是 $\boldsymbol{A}^{-1}$ 的一个特征值．

此外，法国数学家夏尔·埃尔米特(Charles Hermite，1822～1901 年)、德国数学家克莱布什(Rudolf Friedrich Alfred Clebsch，1833～1872 年)和费迪南德·格奥尔格·弗罗贝尼乌斯(Ferdinand Georg Frobenius，1849～1917 年)等人也在矩阵论方面做出了很多贡献，但由于西尔维斯特的威望以及他对凯莱贡献的强调，其他人的工作就显得黯淡无光了．

矩阵论发挥了当时根本无法预见的作用．例如，20 世纪早期，为了表达关于原子内部运动状态的新观点，物理学家一直在数学上寻求一种方法，而事实证明，矩阵论是表达量子力学观点的最恰当的语言，物理学家要做的所有事情就是应用先前发展起来的数学．此外，矩阵论在几何、分析、数论以及系统工程、控制论、机器人学、生物学、经济学乃至社会形态学等领域也有着重要应用．

第 3 章　向 量 空 间

空间解析几何的基本思想是利用代数的方法解决空间几何问题．为此，引入坐标的概念，有了坐标，就可以把点和一组有序的数对应起来，从而把图形和方程对应起来．这样就能以向量为工具，利用代数的方法研究几何问题．

本章首先建立空间直角坐标系，引入空间向量的概念及其运算，然后利用坐标讨论向量的运算，并以向量作为工具讨论空间中的平面和直线．作为空间向量的推广，介绍 n 维向量及向量空间的概念，研究向量组的线性相关性、向量组的极大无关组与秩、向量空间的基与维数等内容．

3.1　空间向量及其坐标表示

3.1.1　空间直角坐标系

在平面解析几何中，建立了平面直角坐标系，使得平面上的点与有序数对 (x,y) 有了一一对应关系．同样，为了将空间中的点与有序数组对应起来，需建立空间直角坐标系．

过空间一定点 O 作三个两两垂直的数轴，它们都以 O 为坐标原点且有相同的长度单位，这三个坐标轴分别称为 x 轴（**横轴**）、y 轴（**纵轴**）、z 轴（**竖轴**），统称为**坐标轴**．通常把 x 轴和 y 轴放置在水平面上，而 z 轴则垂直于水平面，它们的正方向符合右手规则，即以右手握住 z 轴，当并拢的四指由 x 轴的正向旋转 90°指向 y 轴的正向时，伸开的拇指恰好指向 z 轴的正向，如图 3.1 所示．这三个坐标轴构成一个空间直角坐标系，称为 $Oxyz$ **空间直角坐标系**．

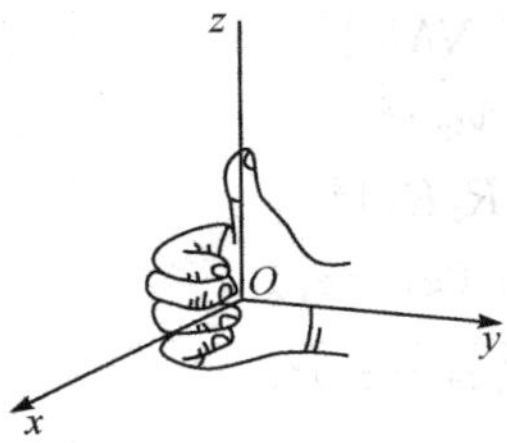

图 3.1

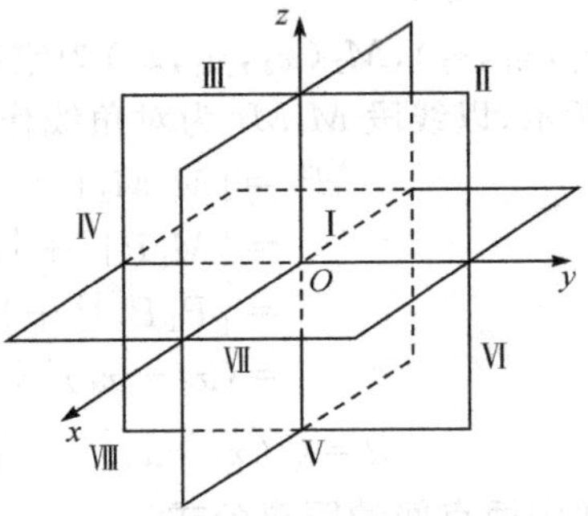

图 3.2

三个坐标轴中的任意两个都确定一个平面，分别记作 xOy 面、yOz 面、zOx 面，统称为**坐标面**．这三个坐标面把空间分成了八个部分，每个部分称为一个**卦限**，其中 $x>0$，$y>0$，$z>0$ 对应的卦限为第Ⅰ卦限，其他的第Ⅱ、Ⅲ、Ⅳ卦限在 xOy 面的上方，按逆时针方向确定，第Ⅴ至Ⅷ卦限在 xOy 面的下方，由第Ⅰ卦限之下的第Ⅴ卦限，按逆时针方向确定，如图3.2所示．

建立了空间直角坐标系之后，空间中的点与有序数组之间就确定了一一对应关系．

设 M 为空间中的任意一点，过点 M 分别作垂直于三坐标轴的平面，与三坐标轴的交点依次为 P,Q,R，如图3.3所示．设它们在 x 轴、y 轴、z 轴上的坐标分别为 x,y,z，这样，空间中的点 M 就唯一地确定了有序数组 x,y,z；反之，若给定有序数组 x,y,z，就可以在 x 轴、y 轴、z 轴上确定三点 P,Q,R，过这三点分别作 x 轴、y 轴、z 轴的垂直平面，三个平面的交点就是有序数组 x,y,z 所确定的唯一的点 M. 这组有序数组 x,y,z 称为点 M 的**坐标**，记为 $M(x,y,z)$. 并依次称数 x,y 和 z 为点 M 的**横坐标**、**纵坐标**、**竖坐标**．

显然，原点 O 的坐标为(0,0,0). 坐标面和坐标轴上的点，其坐标各有一定的特征．坐标轴上的点至少有两个坐标为0，坐标面上的点至少有一个坐标为0. 例如，x 轴上的点的坐标为 $(x,0,0)$，xOy 面上的点的坐标为 $(x,y,0)$.

设 $M(x,y,z)$ 为空间中的任一点，则点 M 关于 xOy 坐标面的对称点为 $(x,y,-z)$，关于 x 轴的对称点为 $M(x,-y,-z)$，关于原点的对称点为 $M(-x,-y,-z)$.

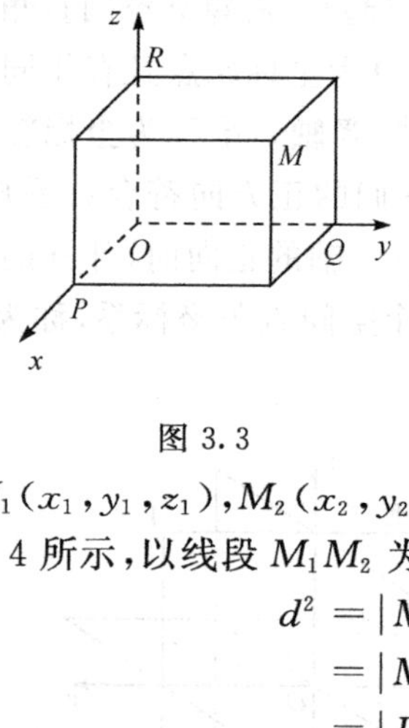

图 3.3

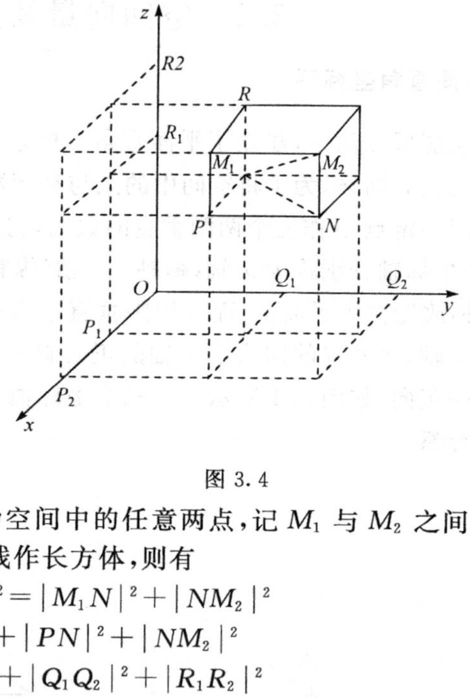

图 3.4

设 $M_1(x_1,y_1,z_1)$，$M_2(x_2,y_2,z_2)$ 为空间中的任意两点，记 M_1 与 M_2 之间的距离为 d，如图3.4所示，以线段 M_1M_2 为对角线作长方体，则有

$$\begin{aligned} d^2 &= |M_1M_2|^2 = |M_1N|^2 + |NM_2|^2 \\ &= |M_1P|^2 + |PN|^2 + |NM_2|^2 \\ &= |P_1P_2|^2 + |Q_1Q_2|^2 + |R_1R_2|^2 \\ &= (x_2-x_1)^2 + (y_2-y_1)^2 + (z_2-z_1)^2, \end{aligned}$$

因此

$$d = \sqrt{(x_2-x_1)^2 + (y_2-y_1)^2 + (z_2-z_1)^2}.$$

上式称为空间中**两点间的距离公式**．

特别地，点 $M(x,y,z)$ 与原点 $O(0,0,0)$ 间的距离公式为

$$|OM| = \sqrt{x^2+y^2+z^2}.$$

3.1.2　向量的概念

在研究物理学及其他应用学科时，经常遇到两类量，一类量只与数值大小有关，称为

数量或纯量,如质量、温度、密度等;另一类量不仅与数值大小有关,还与方向有关,如力、位移、速度等,称为**向量或矢量**.

在几何上,平面或空间向量常用有向线段表示,如图 3.5 所示,它表示以 A 为起点,B 为终点的向量,记为$\overrightarrow{AB}$,向量也可用黑体字母表示,如 $\boldsymbol{a},\boldsymbol{b},\boldsymbol{n},\boldsymbol{s}$ 等. 向量的大小称为向量的**模**. 向量$\overrightarrow{AB}$,$\boldsymbol{a}$ 的模分别记为$|\overrightarrow{AB}|$,$|\boldsymbol{a}|$. 模为 1 的向量称为**单位向量**. 模为 0 的向量称为**零向量**,记为$\boldsymbol{0}$,零向量的方向看做任意的.

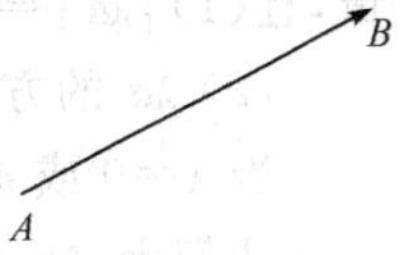

图 3.5

设有两个向量 $\boldsymbol{a},\boldsymbol{b}$,若它们的方向相同且模相等,则称这两个**向量相等**,记作 $\boldsymbol{a}=\boldsymbol{b}$. 依此规定,向量可以平行移动,这种向量称为**自由向量**. 若无特别说明,本书所指的向量均为自由向量.

与向量 $\boldsymbol{a}$ 的模相等且方向相反的向量,称为向量 $\boldsymbol{a}$ 的**负向量**(或**反向量**),记为$-\boldsymbol{a}$.

如果两个非零向量 $\boldsymbol{a}$ 与 $\boldsymbol{b}$ 平行于同一条直线,称这两个向量**平行**(或**共线**),记作 $\boldsymbol{a}/\!/\boldsymbol{b}$.

3.1.3 向量的线性运算

1. 向量的加法

根据物理学中力的合成的**平行四边形法则**,定义向量的加法如下

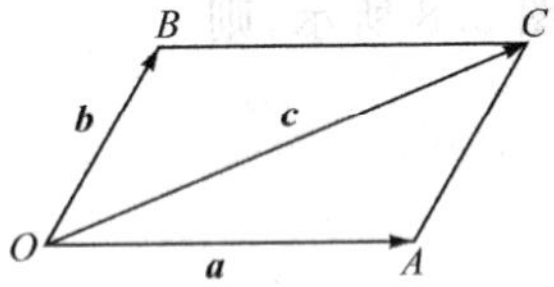

图 3.6

定义 3.1.1 设有向量 $\boldsymbol{a},\boldsymbol{b}$,取点 O,作$\overrightarrow{OA}=\boldsymbol{a}$,$\overrightarrow{OB}=\boldsymbol{b}$,再以$\overrightarrow{OA}$,$\overrightarrow{OB}$为边作平行四边形 $OACB$,如图 3.6 所示,则称对角线$\overrightarrow{OC}=\boldsymbol{c}$ 为向量 $\boldsymbol{a}$ 与 $\boldsymbol{b}$ 的和,记为 $\boldsymbol{a}+\boldsymbol{b}$,即$\boldsymbol{c}=\boldsymbol{a}+\boldsymbol{b}$.

在图 3.6 中,$\overrightarrow{AC}=\overrightarrow{OB}=\boldsymbol{b}$, 平行移动 $\boldsymbol{b}$,使 $\boldsymbol{b}$ 的起点与 $\boldsymbol{a}$ 的终点重合,则由 $\boldsymbol{a}$ 的起点 O 到 $\boldsymbol{b}$ 的终点 C 的向量即为 $\boldsymbol{a}$ 与 $\boldsymbol{b}$ 的和$\overrightarrow{OC}$, 这种求 $\boldsymbol{a}$ 与 $\boldsymbol{b}$ 的和的方法称为**三角形法则**.

根据定义,可证明向量的加法满足:

(1) $\boldsymbol{a}+\boldsymbol{b}=\boldsymbol{b}+\boldsymbol{a}$(交换律);

(2) $(\boldsymbol{a}+\boldsymbol{b})+\boldsymbol{c}=\boldsymbol{a}+(\boldsymbol{b}+\boldsymbol{c})$(结合律);

(3) $\boldsymbol{a}+\boldsymbol{0}=\boldsymbol{0}+\boldsymbol{a}$;

(4) $\boldsymbol{a}+(-\boldsymbol{a})=\boldsymbol{0}$.

向量加法的交换律和结合律可推广到有限个向量相加的情况.

利用三角形法则,可证明三角不等式

$$||\boldsymbol{a}|-|\boldsymbol{b}||\leqslant|\boldsymbol{a}+\boldsymbol{b}|\leqslant|\boldsymbol{a}|+|\boldsymbol{b}|.$$

由负向量的定义,可以定义向量的减法

$$\boldsymbol{b}-\boldsymbol{a}=\boldsymbol{b}+(-\boldsymbol{a}).$$

由此定义,取点 O,把 $\boldsymbol{a}$ 与 $\boldsymbol{b}$ 放到同一起点 O,如图 3.7 所示,则由 $\boldsymbol{a}$ 的终点 A 向 $\boldsymbol{b}$ 的终点 B 所引的向量$\overrightarrow{AB}$为 $\boldsymbol{b}$ 与 $\boldsymbol{a}$ 的差,即$\overrightarrow{AB}=\boldsymbol{b}-\boldsymbol{a}$.

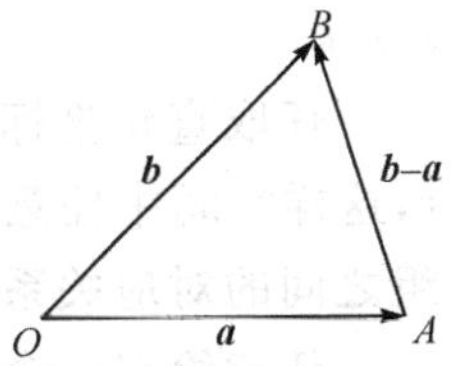

图 3.7

2. 数和向量的乘法

在实际问题中,经常会遇到数与向量相乘的情形,例如,已知力 $\boldsymbol{F}$, 如果它的方向保

持不变，大小增大到原来的两倍，可记为 $2\boldsymbol{F}$，由此得到数与向量乘积的定义：

定义 3.1.2　设 $\boldsymbol{a}$ 为非零向量，λ 为非零实数，λ 与 $\boldsymbol{a}$ 的乘积（简称**数乘**）$\lambda\boldsymbol{a}$ 是一个向量，且(1) $|\lambda\boldsymbol{a}|=|\lambda||\boldsymbol{a}|$；

(2) $\lambda\boldsymbol{a}$ 的方向：当 $\lambda>0$ 时，与 $\boldsymbol{a}$ 同向；当 $\lambda<0$ 时，与 $\boldsymbol{a}$ 反向．

当 $\lambda=0$ 或 $\boldsymbol{a}=\boldsymbol{0}$ 时，规定 $\lambda\boldsymbol{a}=\boldsymbol{0}$.

几何上，$\lambda\boldsymbol{a}$ 与 $\boldsymbol{a}$ 是共线向量．

通常把与非零向量 $\boldsymbol{a}$ 同向的单位向量称为 $\boldsymbol{a}$ 的单位向量，记为 $\boldsymbol{a}^0$，由数乘的定义知

$$\boldsymbol{a}=|\boldsymbol{a}|\boldsymbol{a}^0,\quad \boldsymbol{a}^0=\frac{\boldsymbol{a}}{|\boldsymbol{a}|}.$$

容易证明，向量的数乘满足

(1) $1\boldsymbol{a}=\boldsymbol{a},(-1)\boldsymbol{a}=-\boldsymbol{a}$；

(2) $\lambda(\mu\boldsymbol{a})=(\lambda\mu)\boldsymbol{a}$；

(3) $(\lambda+\mu)\boldsymbol{a}=\lambda\boldsymbol{a}+\mu\boldsymbol{a}$；

(4) $\lambda(\boldsymbol{a}+\boldsymbol{b})=\lambda\boldsymbol{a}+\lambda\boldsymbol{b}$.

其中 λ,μ 为任意实数；$\boldsymbol{a},\boldsymbol{b}$ 为任意向量．

向量的加法与数乘统称为向量的**线性运算**．

例 3.1.1　用向量法证明三角形中位线定理．

证　设 M, N 分别是三角形 $\triangle ABC$ 的边 AB, AC 的中点，如图 3.8 所示，则

$$\overrightarrow{MN}=\overrightarrow{MA}+\overrightarrow{AN}=\frac{1}{2}\overrightarrow{BA}+\frac{1}{2}\overrightarrow{AC}$$

$$=\frac{1}{2}(\overrightarrow{BA}+\overrightarrow{AC})$$

$$=\frac{1}{2}\overrightarrow{BC}.$$

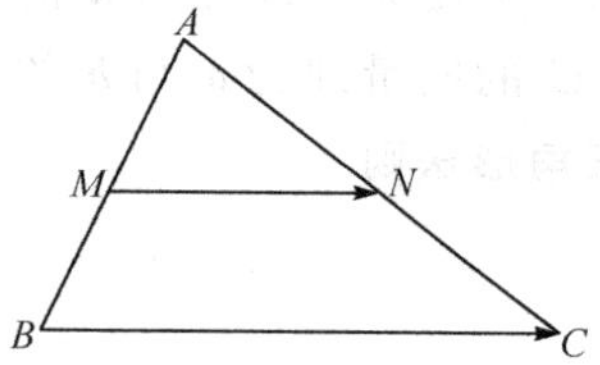

图 3.8

由向量数乘的定义知，$\overrightarrow{MN}/\!/\overrightarrow{BC}$，且 $|\overrightarrow{MN}|=\frac{1}{2}|\overrightarrow{BC}|$，即三角形两边中点连线平行于底边且等于底边的一半．

3.1.4　向量的坐标表示、方向角、方向余弦

利用空间直角坐标系，可以将向量的几何运算转化为代数运算，为此，引入向量的坐标表示．

与 x 轴，y 轴，z 轴的正向相同的单位向量称为**基本向量（单位坐标向量）**，依次记作 $\boldsymbol{i},\boldsymbol{j},\boldsymbol{k}$.

任取直角坐标系 $Oxyz$ 中的一点 $M(x,y,z)$，作向量 $\overrightarrow{OM}$，称 $\overrightarrow{OM}$ 为点 M 的**向径**，记为 $\boldsymbol{r}$，这样空间中任意一点 M 与向量 $\overrightarrow{OM}$ 之间建立了一一对应关系．下面讨论向量与有序数组之间的对应关系．

任意给定一个空间向量 $\boldsymbol{r}$，将 $\boldsymbol{r}$ 平行移动，使 $\boldsymbol{r}$ 的起点与原点重合，终点记为 $M(x,y,z)$，过点 M 作三坐标轴的垂直平面，与 x 轴，y 轴，z 轴分别交于点 P, Q, R, 如图 3.9 所示，则由向量的加法法则，有

$$\begin{aligned} \boldsymbol{r}=\overrightarrow{OM}&=\overrightarrow{ON}+\overrightarrow{NM} \\ &=\overrightarrow{OP}+\overrightarrow{PN}+\overrightarrow{NM} \\ &=\overrightarrow{OP}+\overrightarrow{OQ}+\overrightarrow{OR}. \end{aligned}$$

因 $\boldsymbol{i},\boldsymbol{j},\boldsymbol{k}$ 分别表示沿 x 轴，y 轴，z 轴正向的单位向量，所以有

$$\overrightarrow{OP}=x\boldsymbol{i},\overrightarrow{OQ}=y\boldsymbol{j},\overrightarrow{OR}=z\boldsymbol{k}.$$

因此，

$$\boldsymbol{r}=\overrightarrow{OM}=x\boldsymbol{i}+y\boldsymbol{j}+z\boldsymbol{k},$$

称上式为向量 $\boldsymbol{r}$ 在单位向量下的**坐标分解式**，$x\boldsymbol{i}$，$y\boldsymbol{j}$，$z\boldsymbol{k}$ 分别称为向量 $\boldsymbol{r}$ 在 x 轴，y 轴，z 轴上的**分向量**，有序数组 (x,y,z) 称为向量 $\boldsymbol{r}$ 的**坐标**，记为

$$\boldsymbol{r}=(x,y,z)$$

注 点 $M(x,y,z)$ 与其向径 $\overrightarrow{OM}=(x,y,z)$ 都能反映出空间点 M 的位置，但是两者意义不同，前者表示点 M 的坐标，后者表示以原点 O 为起点，以点 M 为终点的向量.

例 3.1.2 设点 M_1，M_2 在直角坐标系 $Oxyz$ 下的坐标分别为 $M_1(x_1,y_1,z_1)$，$M_2(x_2,y_2,z_2)$，求向量 $\overrightarrow{M_1M_2}$ 的坐标.

解 如图 3.10 所示，利用向量的几何运算法则，有

$$\begin{aligned} \overrightarrow{M_1M_2}&=\overrightarrow{OM_2}-\overrightarrow{OM_1} \\ &=(x_2\boldsymbol{i}+y_2\boldsymbol{j}+z_2\boldsymbol{k})-(x_1\boldsymbol{i}+y_1\boldsymbol{j}+z_1\boldsymbol{k}) \\ &=(x_2-x_1)\boldsymbol{i}+(y_2-y_1)\boldsymbol{j}+(z_2-z_1)\boldsymbol{k}. \end{aligned}$$

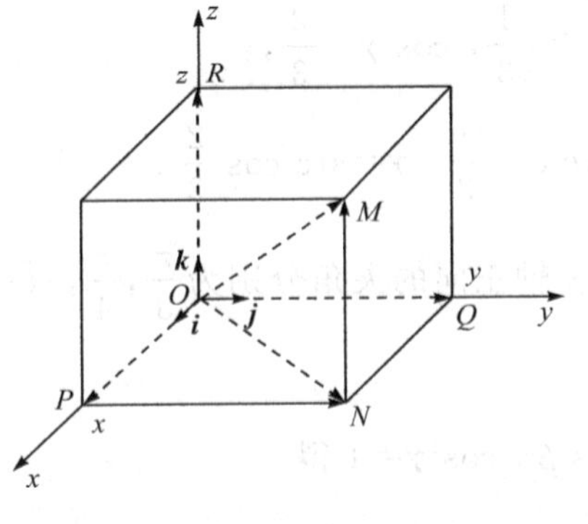

图 3.9

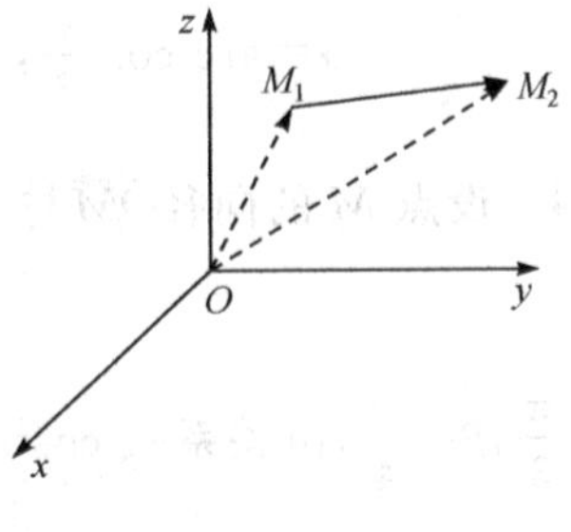

图 3.10

因此，$\overrightarrow{M_1M_2}$ 的坐标为 $(x_2-x_1,y_2-y_1,z_2-z_1)$.

向量是由它的模与方向确定的，如果已知非零向量 $\boldsymbol{a}$ 的坐标，则它的模与方向也可以用其坐标来表示，为此引入两向量夹角的概念.

规定两个非零向量 $\boldsymbol{a},\boldsymbol{b}$ 之间不超过 π 的夹角 φ 为向量 $\boldsymbol{a}$ 与 $\boldsymbol{b}$ 的夹角，如图 3.11 所示，记作 $(\widehat{\boldsymbol{a},\boldsymbol{b}})$ 或 $(\widehat{\boldsymbol{b},\boldsymbol{a}})$.

特别地，若 $\boldsymbol{a}$ 与 $\boldsymbol{b}$ 同方向，则夹角为 0；若反方向，则夹角为 π.

设向量 $\boldsymbol{a}$ 的坐标为 (x,y,z)，则存在点 M，使得 $\boldsymbol{a}=\overrightarrow{OM}$，因此 $\boldsymbol{a}$ 的模为

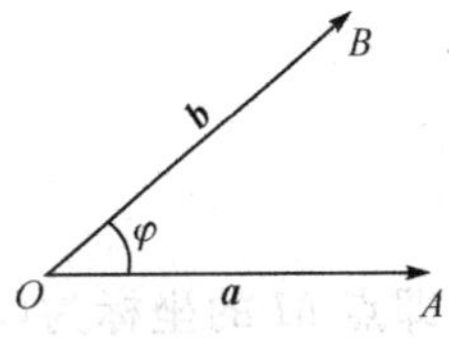

图 3.11

$$|\boldsymbol{a}|=|\overrightarrow{OM}|=\sqrt{x^2+y^2+z^2}.$$

显然，向量 $\boldsymbol{a}$ 的方向可由它与三坐标轴正向的夹角来表示.

设向量 $\boldsymbol{a}=\overrightarrow{OM}$ 与 x 轴，y 轴，z 轴正向的夹角分别为 α,β,γ，我们称 α,β,γ 为 $\boldsymbol{a}$ 的**方向角**，称 $\cos\alpha,\cos\beta,\cos\gamma$ 为 $\boldsymbol{a}$ 的**方向余弦**．如图 3.12 所示，$\triangle OAM,\triangle OBM,\triangle OCM$ 均为直角三角形，所以

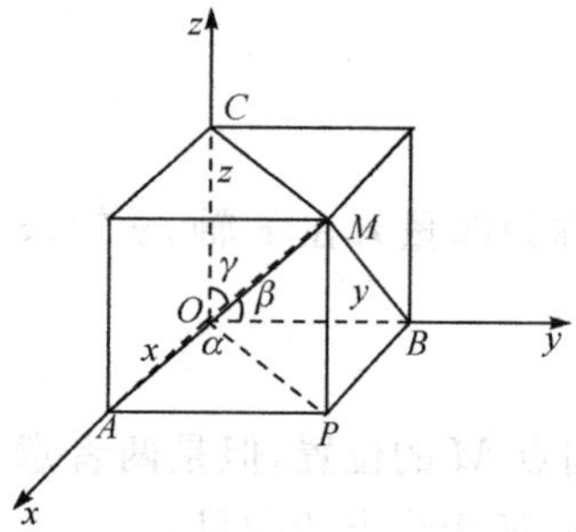

图 3.12

$$\cos\alpha=\frac{x}{|\boldsymbol{a}|}=\frac{x}{\sqrt{x^2+y^2+z^2}},$$

$$\cos\beta=\frac{y}{|\boldsymbol{a}|}=\frac{y}{\sqrt{x^2+y^2+z^2}},$$

$$\cos\gamma=\frac{z}{|\boldsymbol{a}|}=\frac{z}{\sqrt{x^2+y^2+z^2}}.$$

对任一非零向量 $\boldsymbol{a}$，有以下结论

(1) $\cos^2\alpha+\cos^2\beta+\cos^2\gamma=1$；

(2) $\boldsymbol{a}^0=\dfrac{\boldsymbol{a}}{|\boldsymbol{a}|}=(\cos\alpha,\cos\beta,\cos\gamma)$.

例 3.1.3　已知 $M_1(1,1,1),M_2(3,2,3)$，求 $\overrightarrow{M_1M_2}$ 的模、方向余弦、方向角．

解　$\overrightarrow{M_1M_2}=(2,1,2)$，

因此

$$|\overrightarrow{M_1M_2}|=\sqrt{2^2+1^2+2^2}=3,$$

$$\cos\alpha=\frac{2}{3},\ \cos\beta=\frac{1}{3},\ \cos\gamma=\frac{2}{3},$$

$$\alpha=\arccos\frac{2}{3},\ \beta=\arccos\frac{1}{3},\ \gamma=\arccos\frac{2}{3}.$$

例 3.1.4　设点 M 的向径 $\overrightarrow{OM}$ 与 x 轴，y 轴正向的夹角分别为 $\frac{\pi}{3},\frac{\pi}{4}$，$|\overrightarrow{OM}|=6$，求点 M 的坐标．

解　$\alpha=\frac{\pi}{3},\beta=\frac{\pi}{4}$，由关系式 $\cos^2\alpha+\cos^2\beta+\cos^2\gamma=1$ 得

$$\cos\gamma=\pm\sqrt{1-\cos^2\alpha-\cos^2\beta}=\pm\sqrt{1-\left(\frac{1}{2}\right)^2-\left(\frac{\sqrt{2}}{2}\right)^2}=\pm\frac{1}{2},$$

于是

$$\begin{aligned}\overrightarrow{OM}&=|\overrightarrow{OM}|(\cos\alpha,\cos\beta,\cos\gamma)\\&=6\left(\frac{1}{2},\frac{\sqrt{2}}{2},\pm\frac{1}{2}\right)\\&=(3,3\sqrt{2},\pm3),\end{aligned}$$

即点 M 的坐标为 $(3,3\sqrt{2},3)$ 或 $(3,3\sqrt{2},-3)$.

3.1.5　向量线性运算的坐标表示

设在直角坐标系 $Oxyz$ 下，向量 $\boldsymbol{a}=a_x\boldsymbol{i}+a_y\boldsymbol{j}+a_z\boldsymbol{k}$，$\boldsymbol{b}=b_x\boldsymbol{i}+b_y\boldsymbol{j}+b_z\boldsymbol{k}$，利用向量加法

运算的交换律、结合律以及数乘运算的结合律和分配律，有

$$\begin{aligned}\boldsymbol{a}+\boldsymbol{b}&=(a_x\boldsymbol{i}+a_y\boldsymbol{j}+a_z\boldsymbol{k})+(b_x\boldsymbol{i}+b_y\boldsymbol{j}+b_z\boldsymbol{k})\\&=(a_x+b_x)\boldsymbol{i}+(a_y+b_y)\boldsymbol{j}+(a_z+b_z)\boldsymbol{k}\\&=(a_x+b_x,a_y+b_y,a_z+b_z),\end{aligned}$$

类似地，

$$\begin{aligned}\boldsymbol{a}-\boldsymbol{b}&=(a_x\boldsymbol{i}+a_y\boldsymbol{j}+a_z\boldsymbol{k})-(b_x\boldsymbol{i}+b_y\boldsymbol{j}+b_z\boldsymbol{k})\\&=(a_x-b_x,a_y-b_y,a_z-b_z),\end{aligned}$$

数 λ 与向量 $\boldsymbol{a}$ 的乘法为

$$\begin{aligned}\lambda\boldsymbol{a}&=\lambda(a_x\boldsymbol{i}+a_y\boldsymbol{j}+a_z\boldsymbol{k})\\&=\lambda a_x\boldsymbol{i}+\lambda a_y\boldsymbol{j}+\lambda a_z\boldsymbol{k}\\&=(\lambda a_x,\lambda a_y,\lambda a_z),\end{aligned}$$

即

$$\begin{aligned}\boldsymbol{a}+\boldsymbol{b}&=(a_x+b_x,a_y+b_y,a_z+b_z),\\\boldsymbol{a}-\boldsymbol{b}&=(a_x-b_x,a_y-b_y,a_z-b_z),\\\lambda\boldsymbol{a}&=(\lambda a_x,\lambda a_y,\lambda a_z).\end{aligned}$$

因此，进行向量的加法、减法及数乘运算时，只需对向量的各个坐标分别进行相应的数量运算就可以了.

例 3.1.5 已知两点 $A(x_1,y_1,z_1)$，$B(x_2,y_2,z_2)$ 及实数 $\lambda(\lambda\neq-1)$，试在有向线段 $\overrightarrow{AB}$ 上求一点 $M(x,y,z)$，使

$$\overrightarrow{AM}=\lambda\overrightarrow{MB}.$$

解 如图 3.13 所示，$\overrightarrow{AM}=\overrightarrow{OM}-\overrightarrow{OA}=(x-x_1,y-y_1,z-z_1)$，

$$\overrightarrow{MB}=\overrightarrow{OB}-\overrightarrow{OM}=(x_2-x,y_2-y,z_2-z),$$

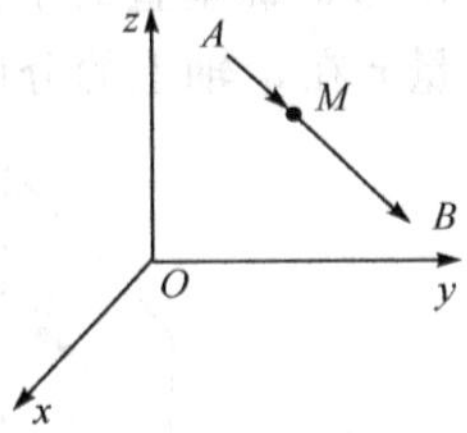

图 3.13

因此

$$\overrightarrow{OM}-\overrightarrow{OA}=\lambda(\overrightarrow{OB}-\overrightarrow{OM}),$$

解得

$$\begin{aligned}\overrightarrow{OM}&=\frac{1}{1+\lambda}(\overrightarrow{OA}+\lambda\overrightarrow{OB})\\&=\frac{1}{1+\lambda}(x_1+\lambda x_2,y_1+\lambda y_2,z_1+\lambda z_2)\\&=\left(\frac{x_1+\lambda x_2}{1+\lambda},\frac{y_1+\lambda y_2}{1+\lambda},\frac{z_1+\lambda z_2}{1+\lambda}\right),\end{aligned}$$

所以点 M 的坐标为

$$\left(\frac{x_1+\lambda x_2}{1+\lambda},\frac{y_1+\lambda y_2}{1+\lambda},\frac{z_1+\lambda z_2}{1+\lambda}\right).$$

上例中，点 M 称为分有向线段 $\overrightarrow{AB}$ 为 λ 的**定比分点**.

特别地，当 $\lambda=1$ 时，M 是有向线段 $\overrightarrow{AB}$ 的中点，其坐标为

$$\left(\frac{x_1+x_2}{2},\frac{y_1+y_2}{2},\frac{z_1+z_2}{2}\right).$$

习　题　3.1

1. 求平行于向量 $\boldsymbol{a}=(2,-3,6)$ 的单位向量.

2. 求点 $M(4,-2,6)$ 到各坐标轴的距离.

3. 确定 λ 和 μ 的值，使向量 $\boldsymbol{a}=\boldsymbol{i}+2\boldsymbol{j}-\lambda\boldsymbol{k}$ 与向量 $\boldsymbol{b}=\mu\boldsymbol{i}-4\boldsymbol{j}+6\boldsymbol{k}$ 平行.

4. 设 $A(1,2,-3)$，$B(2,-3,5)$ 是平行四边形相邻的两个顶点，点 $M(1,1,1)$ 是其对角线的交点，求其余两个顶点的坐标.

5. 设向量 $\boldsymbol{a}$ 的模为 4，方向余弦 $\cos\alpha=\dfrac{1}{2}$，$\cos\beta=\dfrac{1}{2}$，求向量 $\boldsymbol{a}$ 的坐标.

6. 已知 $M_1(-1,1,0)$，$M_2(0,-1,2)$，求向量 $\overrightarrow{M_1M_2}$ 的模及方向余弦.

7. 设向量 $\boldsymbol{a}$ 的方向余弦分别满足：(1) $\cos\alpha=0$，(2) $\cos\beta=1$，(3) $\cos\alpha=\cos\beta=0$，问这些向量与坐标轴或坐标平面的位置关系如何？

3.2　向量的数量积、向量积、*混合积

在介绍向量的这几种运算之前，先定义向量在轴上的投影.

3.2.1　向量在轴上的投影

设点 O 及单位向量 $\boldsymbol{e}$ 确定了 u 轴，如图 3.14 所示，任取向量 $\boldsymbol{r}$，作 $\overrightarrow{OM}=\boldsymbol{r}$，再过点 M 作与 u 轴垂直的平面，交 u 轴于点 M'，点 M' 称为**点 M 在 u 轴上的投影**，向量 $\overrightarrow{OM'}$ 称为向量 $\boldsymbol{r}$ 在 u 轴上的分向量，设 $\overrightarrow{OM'}=\lambda\boldsymbol{e}$，数 λ 称为**向量 $\boldsymbol{r}$ 在 u 轴上的投影**，记为 $\mathrm{Prj}_u\boldsymbol{r}$.

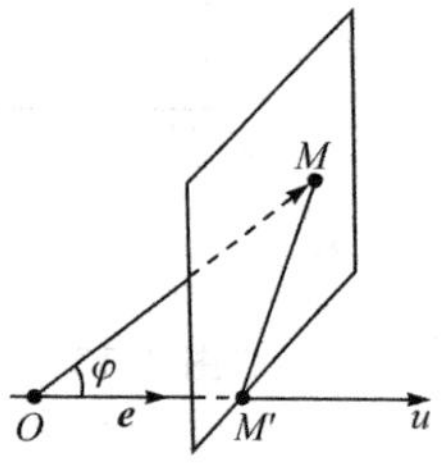

图 3.14

由此定义，向量 $\boldsymbol{a}$ 在直角坐标系 $Oxyz$ 中的坐标 a_x,a_y,a_z 恰为向量 $\boldsymbol{a}$ 在 x 轴、y 轴、z 轴上的投影，即

$$a_x=\mathrm{Prj}_x\boldsymbol{a},\ a_y=\mathrm{Prj}_y\boldsymbol{a},\ a_z=\mathrm{Prj}_z\boldsymbol{a}.$$

容易验证，向量的投影具有如下性质：

性质 3.2.1　$\mathrm{Prj}_u\boldsymbol{a}=|\boldsymbol{a}|\cos\theta$（其中 θ 为向量 $\boldsymbol{a}$ 与 u 轴正向的夹角）.

性质 3.2.2　$\mathrm{Prj}_u(\boldsymbol{a}+\boldsymbol{b})=\mathrm{Prj}_u\boldsymbol{a}+\mathrm{Prj}_u\boldsymbol{b}$.

性质 3.2.3　$\mathrm{Prj}_u(\lambda\boldsymbol{a})=\lambda\mathrm{Prj}_u\boldsymbol{a}$（$\lambda$ 为实数）.

例 3.2.1　设立方体的一条对角线为 OM，一条棱为 OA，且 $|OA|=a$，求向量 $\overrightarrow{OA}$ 在 $\overrightarrow{OM}$ 方向上的投影 $\mathrm{Prj}_{\overrightarrow{OM}}\overrightarrow{OA}$.

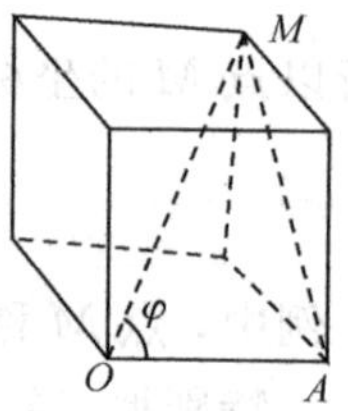

图 3.15

解　如图 3.15 所示，记 $\angle MOA=\varphi$，则

$$\cos\varphi=\frac{|\overrightarrow{OA}|}{|\overrightarrow{OM}|}=\frac{1}{\sqrt{3}},$$

所以，

$$\mathrm{Prj}_{\overrightarrow{OM}}\overrightarrow{OA}=|\overrightarrow{OA}|\cos\varphi=\frac{a}{\sqrt{3}}.$$

3.2.2 向量的数量积

引例 常力做功问题。

如果某物体在常力 $\boldsymbol{F}$ 的作用下沿直线运动，其位移为 $\boldsymbol{s}$，如图 3.16 所示，由物理学知道，力 $\boldsymbol{F}$ 所做的功为

$$W=|\boldsymbol{F}||\boldsymbol{s}|\cos\theta,$$

其中 θ 为 $\boldsymbol{F}$ 与 $\boldsymbol{s}$ 的夹角．

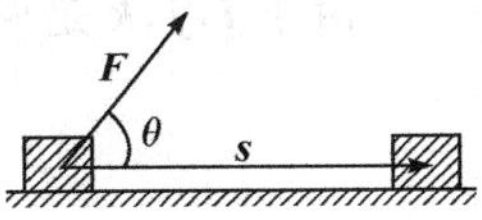

图 3.16

在上述问题中由两个向量确定了唯一的数量 W，这种情况在其他物理学或力学问题中也会遇到，我们把这种运算抽象成两个向量的数量积．

定义 3.2.1 向量 $\boldsymbol{a}$ 与 $\boldsymbol{b}$ 的**数量积**（也称为**点积**、**内积**）是一个数值，记作 $\boldsymbol{a}\cdot\boldsymbol{b}$，它等于这两个向量的模及其夹角余弦的乘积，即

$$\boldsymbol{a}\cdot\boldsymbol{b}=|\boldsymbol{a}||\boldsymbol{b}|\cos(\widehat{\boldsymbol{a},\boldsymbol{b}}).$$

依此定义，上述常力所做的功是力 $\boldsymbol{F}$ 与位移 $\boldsymbol{s}$ 的数量积，即

$$W=\boldsymbol{F}\cdot\boldsymbol{s}.$$

记 $\mathrm{Prj}_{\boldsymbol{b}}\boldsymbol{a}$ 为向量 $\boldsymbol{a}$ 在向量 $\boldsymbol{b}$ 上的投影，则 $\mathrm{Prj}_{\boldsymbol{b}}\boldsymbol{a}=|\boldsymbol{a}|\cos(\widehat{\boldsymbol{a},\boldsymbol{b}})$，由数量积的定义，可以推得以下结论：

(1) $\boldsymbol{a}\cdot\boldsymbol{b}=|\boldsymbol{b}|\mathrm{Prj}_{\boldsymbol{b}}\boldsymbol{a}=|\boldsymbol{a}|\mathrm{Prj}_{\boldsymbol{a}}\boldsymbol{b}$；

(2) $\boldsymbol{a}\cdot\boldsymbol{a}=|\boldsymbol{a}|^2$；

(3) 设 $\boldsymbol{a},\boldsymbol{b}$ 是两个非零向量，则 $\boldsymbol{a}\cdot\boldsymbol{b}=0$ 的充分必要条件是 $\boldsymbol{a}\perp\boldsymbol{b}$.

证明 结论(1)(2)显然成立，我们只证明(3).

因为如果 $\boldsymbol{a}\cdot\boldsymbol{b}=|\boldsymbol{a}||\boldsymbol{b}|\cos\theta=0$，由于 $\boldsymbol{a}\neq\boldsymbol{0},\boldsymbol{b}\neq\boldsymbol{0}$，所以 $\cos\theta=0,\theta=\dfrac{\pi}{2}$，即 $\boldsymbol{a}\perp\boldsymbol{b}$；反之，如果 $\boldsymbol{a}\perp\boldsymbol{b}$，则 $\theta=\dfrac{\pi}{2}$，$\cos\theta=0$，于是 $\boldsymbol{a}\cdot\boldsymbol{b}=|\boldsymbol{a}||\boldsymbol{b}|\cos\theta=0$.

向量的数量积满足下列运算规律

(1) $\boldsymbol{a}\cdot\boldsymbol{b}=\boldsymbol{b}\cdot\boldsymbol{a}$（交换律）；

(2) $(\boldsymbol{a}+\boldsymbol{b})\cdot\boldsymbol{c}=\boldsymbol{a}\cdot\boldsymbol{c}+\boldsymbol{b}\cdot\boldsymbol{c}$（分配律）；

(3) $(\lambda\boldsymbol{a})\cdot\boldsymbol{b}=\boldsymbol{a}\cdot(\lambda\boldsymbol{b})=\lambda(\boldsymbol{a}\cdot\boldsymbol{b})$（结合律）.

其中 λ 为任意实数，$\boldsymbol{a},\boldsymbol{b},\boldsymbol{c}$ 为任意向量．

交换律显然成立，我们仅证明分配律．

$$\begin{aligned}(\boldsymbol{a}+\boldsymbol{b})\cdot\boldsymbol{c}&=|\boldsymbol{c}|\mathrm{Prj}_{\boldsymbol{c}}(\boldsymbol{a}+\boldsymbol{b})\\&=|\boldsymbol{c}|(\mathrm{Prj}_{\boldsymbol{c}}\boldsymbol{a}+\mathrm{Prj}_{\boldsymbol{c}}\boldsymbol{b})\\&=|\boldsymbol{c}|\mathrm{Prj}_{\boldsymbol{c}}\boldsymbol{a}+|\boldsymbol{c}|\mathrm{Prj}_{\boldsymbol{c}}\boldsymbol{b}\\&=\boldsymbol{a}\cdot\boldsymbol{c}+\boldsymbol{b}\cdot\boldsymbol{c}.\end{aligned}$$

结合律可用类似的方法证明．

下面我们来推导两个向量的数量积的坐标表示式．

设 $\boldsymbol{a}=a_x\boldsymbol{i}+a_y\boldsymbol{j}+a_z\boldsymbol{k}$，$\boldsymbol{b}=b_x\boldsymbol{i}+b_y\boldsymbol{j}+b_z\boldsymbol{k}$，按数量积的运算规律，有

$$\begin{aligned}\boldsymbol{a}\cdot\boldsymbol{b}&=(a_x\boldsymbol{i}+a_y\boldsymbol{j}+a_z\boldsymbol{k})\cdot(b_x\boldsymbol{i}+b_y\boldsymbol{j}+b_z\boldsymbol{k})\\&=a_xb_x\boldsymbol{i}\cdot\boldsymbol{i}+a_xb_y\boldsymbol{i}\cdot\boldsymbol{j}+a_xb_z\boldsymbol{i}\cdot\boldsymbol{k}+a_yb_x\boldsymbol{j}\cdot\boldsymbol{i}+a_yb_y\boldsymbol{j}\cdot\boldsymbol{j}+a_yb_z\boldsymbol{j}\cdot\boldsymbol{k}\\&\quad+a_zb_x\boldsymbol{k}\cdot\boldsymbol{i}+a_zb_y\boldsymbol{k}\cdot\boldsymbol{j}+a_zb_z\boldsymbol{k}\cdot\boldsymbol{k}.\end{aligned}$$

由于 $\boldsymbol{i},\boldsymbol{j},\boldsymbol{k}$ 是两两垂直的单位向量，所以

$$\boldsymbol{i}\cdot\boldsymbol{i}=\boldsymbol{j}\cdot\boldsymbol{j}=\boldsymbol{k}\cdot\boldsymbol{k}=1,$$

$$\boldsymbol{i}\cdot\boldsymbol{j}=\boldsymbol{j}\cdot\boldsymbol{k}=\boldsymbol{k}\cdot\boldsymbol{i}=0,$$

这样得到了数量积的坐标表示式

$$\boldsymbol{a}\cdot\boldsymbol{b}=a_xb_x+a_yb_y+a_zb_z.$$

由数量积的定义式 $\boldsymbol{a}\cdot\boldsymbol{b}=|\boldsymbol{a}||\boldsymbol{b}|\cos(\widehat{\boldsymbol{a},\boldsymbol{b}})$，可得两向量夹角余弦的坐标表示式

$$\cos(\widehat{\boldsymbol{a},\boldsymbol{b}})=\frac{\boldsymbol{a}\cdot\boldsymbol{b}}{|\boldsymbol{a}||\boldsymbol{b}|}=\frac{a_xb_x+a_yb_y+a_zb_z}{\sqrt{a_x^2+a_y^2+a_z^2}\sqrt{b_x^2+b_y^2+b_z^2}}.$$

进一步，有

$$\boldsymbol{a}\perp\boldsymbol{b}\text{ 的充要条件是 }a_xb_x+a_yb_y+a_zb_z=0.$$

例 3.2.2　设 $\boldsymbol{a}=(1,1,-2)$，$\boldsymbol{b}=(2,-2,1)$，求(1) $\boldsymbol{a}\cdot\boldsymbol{b}$；(2) $\mathrm{Prj}_{\boldsymbol{b}}\boldsymbol{a}$；(3)向量 $\boldsymbol{a}$ 与 $\boldsymbol{b}$ 夹角的余弦．

解　(1) $\boldsymbol{a}\cdot\boldsymbol{b}=1\times2+1\times(-2)+(-2)\times1=-2$；

(2) $\mathrm{Prj}_{\boldsymbol{b}}\boldsymbol{a}=\dfrac{\boldsymbol{a}\cdot\boldsymbol{b}}{|\boldsymbol{b}|}=\dfrac{-2}{\sqrt{2^2+(-2)^2+1^2}}=-\dfrac{2}{3}$；

(3) $\cos(\widehat{\boldsymbol{a},\boldsymbol{b}})=\dfrac{\boldsymbol{a}\cdot\boldsymbol{b}}{|\boldsymbol{a}||\boldsymbol{b}|}=\dfrac{-2}{\sqrt{1^2+1^2+(-2)^2}\cdot3}=\dfrac{-2}{3\sqrt{6}}=-\dfrac{\sqrt{6}}{9}$.

例 3.2.3　设液体流过平面 S 上面积为 A 的一个区域，液体在这区域上各点处的流速均为(常向量) $\boldsymbol{v}$，设 $\boldsymbol{n}$ 为垂直于 S 的单位向量，如图 3.17(a)所示，计算单位时间内经过这区域流向 $\boldsymbol{n}$ 所指的一侧的液体的质量 P(液体的密度为 ρ)．

解　单位时间内经过区域的液体组成一个底面积为 A、斜高为 $|\boldsymbol{v}|$ 的斜柱体，如图 3.17(b)所示，柱体的斜高与底面的垂线的夹角就是 $\boldsymbol{v}$ 与 $\boldsymbol{n}$ 的夹角 θ，所以柱体的高为 $|\boldsymbol{v}|\cos\theta$，体积为

$$A|\boldsymbol{v}|\cos\theta=A\boldsymbol{v}\cdot\boldsymbol{n},$$

从而，单位时间内经过这区域流向 $\boldsymbol{n}$ 所指一侧的液体质量为

$$P=\rho A\boldsymbol{v}\cdot\boldsymbol{n}.$$

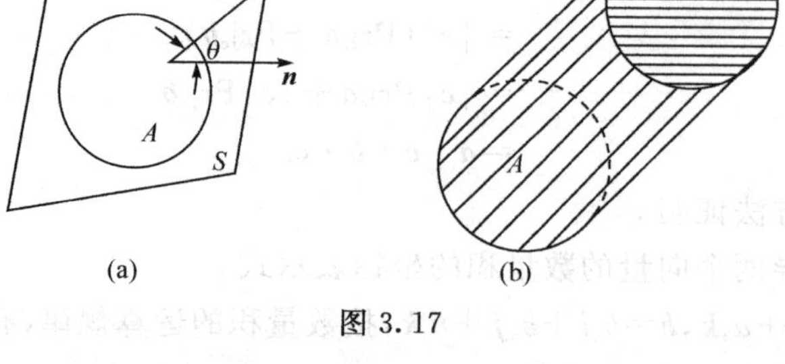

图 3.17

3.2.3 向量的向量积

引例 力矩问题.

有一根杠杆,将其一端 O 固定,另一端 P 受到力 $\boldsymbol{F}$ 的作用下,产生的力矩为 $\boldsymbol{M}$,它是一个向量,其模为

$$|\boldsymbol{M}|=|\overrightarrow{OQ}||\boldsymbol{F}|=|\overrightarrow{OP}||\boldsymbol{F}|\sin\theta,$$

其方向垂直于 $\overrightarrow{OP}$ 与 $\boldsymbol{F}$ 所决定的平面,且 $\overrightarrow{OP}$,$\boldsymbol{F}$ 与 $\boldsymbol{M}$ 构成右手系,如图 3.18 所示.

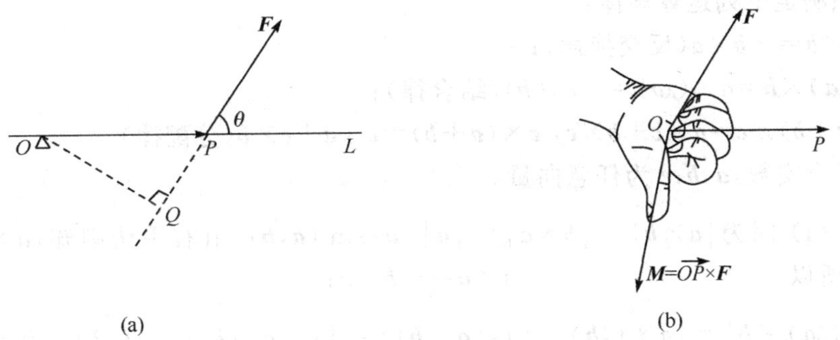

图 3.18

这说明力矩 $\boldsymbol{M}$ 这一向量是由两个向量 $\overrightarrow{OP}$ 与 $\boldsymbol{F}$ 所决定的,这种由两个已知向量按上述规则来确定另一向量的情形,在其他力学和物理学问题中也会遇到,我们从中抽象出两个向量的向量积的定义.

定义 3.2.2 向量 $\boldsymbol{a}$ 与 $\boldsymbol{b}$ 的**向量积**(也称为**叉积**、**外积**)是一个向量,记作 $\boldsymbol{a}\times\boldsymbol{b}$,它的模和方向分别为

(1) $|\boldsymbol{a}\times\boldsymbol{b}|=|\boldsymbol{a}||\boldsymbol{b}|\sin(\widehat{\boldsymbol{a},\boldsymbol{b}})$;

(2) $\boldsymbol{a}\times\boldsymbol{b}$ 垂直于向量 $\boldsymbol{a}$ 和 $\boldsymbol{b}$,且 $\boldsymbol{a},\boldsymbol{b},\boldsymbol{a}\times\boldsymbol{b}$ 构成右手系,如图 3.19 所示.

由此定义,上述力矩可表示为

$$\boldsymbol{M}=\overrightarrow{OP}\times\boldsymbol{F}.$$

向量积的模的几何意义:

$\boldsymbol{a}$ 与 $\boldsymbol{b}$ 的向量积的模 $|\boldsymbol{a}\times\boldsymbol{b}|=|\boldsymbol{a}||\boldsymbol{b}|\sin(\widehat{\boldsymbol{a},\boldsymbol{b}})$ 在几何上表示:以 $\boldsymbol{a},\boldsymbol{b}$ 为邻边的平行四边形的面积,如图 3.20 所示.

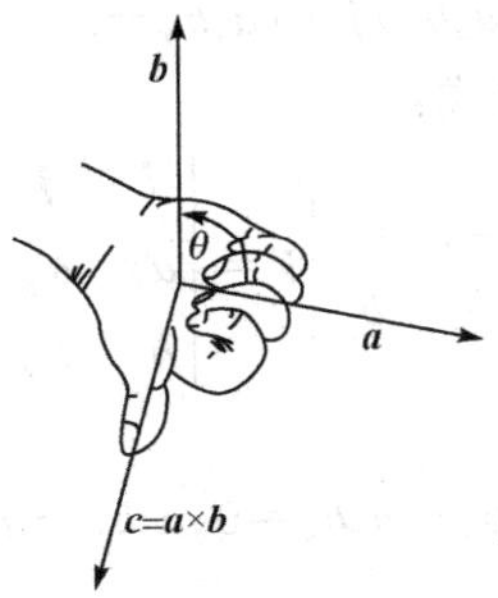

图 3.19

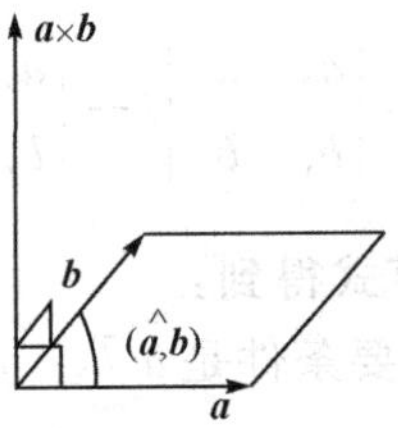

图 3.20

由向量积的定义,可以推得以下结论:

(1) $\boldsymbol{a}\times\boldsymbol{a}=\boldsymbol{0}$;

(2) 设 $\boldsymbol{a},\boldsymbol{b}$ 是两个非零向量,则 $\boldsymbol{a}\times\boldsymbol{b}=\boldsymbol{0}$ 的充分必要条件是 $\boldsymbol{a}/\!/\boldsymbol{b}$.

证明 (1) 显然,下面仅证明(2).

因为如果 $\boldsymbol{a}\times\boldsymbol{b}=\boldsymbol{0}$,由于 $|\boldsymbol{a}\times\boldsymbol{b}|=|\boldsymbol{a}||\boldsymbol{b}|\sin\theta=0,\boldsymbol{a}\neq\boldsymbol{0},\boldsymbol{b}\neq\boldsymbol{0}$,所以 $\sin\theta=0,\theta=0$ 或 π,即 $\boldsymbol{a}/\!/\boldsymbol{b}$;反之,如果 $\boldsymbol{a}/\!/\boldsymbol{b}$,则 $\theta=0$ 或 π,$\sin\theta=0$,于是

$$|\boldsymbol{a}\times\boldsymbol{b}|=|\boldsymbol{a}||\boldsymbol{b}|\sin\theta=0,\boldsymbol{a}\times\boldsymbol{b}=\boldsymbol{0}.$$

向量积满足下列运算规律:

(1) $\boldsymbol{a}\times\boldsymbol{b}=-\boldsymbol{b}\times\boldsymbol{a}$(反交换律);

(2) $(\lambda\boldsymbol{a})\times\boldsymbol{b}=\boldsymbol{a}\times(\lambda\boldsymbol{b})=\lambda(\boldsymbol{a}\times\boldsymbol{b})$(结合律);

(3) $(\boldsymbol{a}+\boldsymbol{b})\times\boldsymbol{c}=\boldsymbol{a}\times\boldsymbol{c}+\boldsymbol{b}\times\boldsymbol{c}$, $\boldsymbol{c}\times(\boldsymbol{a}+\boldsymbol{b})=\boldsymbol{c}\times\boldsymbol{a}+\boldsymbol{c}\times\boldsymbol{b}$(分配律).

其中 λ 为任意实数,$\boldsymbol{a},\boldsymbol{b},\boldsymbol{c}$ 为任意向量.

证明 (1) 因为 $|\boldsymbol{a}\times\boldsymbol{b}|=|\boldsymbol{b}\times\boldsymbol{a}|=|\boldsymbol{a}||\boldsymbol{b}|\sin(\widehat{\boldsymbol{a},\boldsymbol{b}})$,由右手法则知,$\boldsymbol{a}\times\boldsymbol{b}$ 与 $\boldsymbol{b}\times\boldsymbol{a}$ 方向相反,所以

$$\boldsymbol{a}\times\boldsymbol{b}=-\boldsymbol{b}\times\boldsymbol{a};$$

(2) $|(\lambda\boldsymbol{a})\times\boldsymbol{b}|=|\boldsymbol{a}\times(\lambda\boldsymbol{b})|=|\lambda(\boldsymbol{a}\times\boldsymbol{b})|=|\lambda||\boldsymbol{a}||\boldsymbol{b}|\sin(\widehat{\boldsymbol{a},\boldsymbol{b}})$. 且当 $\lambda>0$,向量 $(\lambda\boldsymbol{a})\times\boldsymbol{b},\boldsymbol{a}\times(\lambda\boldsymbol{b})$ 以及 $\lambda(\boldsymbol{a}\times\boldsymbol{b})$ 均与 $\boldsymbol{a}\times\boldsymbol{b}$ 同向;当 $\lambda<0$,它们均与 $\boldsymbol{a}\times\boldsymbol{b}$ 反向,因此

$$(\lambda\boldsymbol{a})\times\boldsymbol{b}=\boldsymbol{a}\times(\lambda\boldsymbol{b})=\lambda(\boldsymbol{a}\times\boldsymbol{b});$$

(3) 的证明较复杂,这里从略.

利用向量积的运算规律,可得到向量积的坐标表示式.

设 $\boldsymbol{a}=a_x\boldsymbol{i}+a_y\boldsymbol{j}+a_z\boldsymbol{k},\boldsymbol{b}=b_x\boldsymbol{i}+b_y\boldsymbol{j}+b_z\boldsymbol{k}$,则

$$\begin{aligned}\boldsymbol{a}\times\boldsymbol{b}&=(a_x\boldsymbol{i}+a_y\boldsymbol{j}+a_z\boldsymbol{k})\times(b_x\boldsymbol{i}+b_y\boldsymbol{j}+b_z\boldsymbol{k})\\&=a_xb_x\boldsymbol{i}\times\boldsymbol{i}+a_xb_y\boldsymbol{i}\times\boldsymbol{j}+a_xb_z\boldsymbol{i}\times\boldsymbol{k}\\&\quad+a_yb_x\boldsymbol{j}\times\boldsymbol{i}+a_yb_y\boldsymbol{j}\times\boldsymbol{j}+a_yb_z\boldsymbol{j}\times\boldsymbol{k}\\&\quad+a_zb_x\boldsymbol{k}\times\boldsymbol{i}+a_zb_y\boldsymbol{k}\times\boldsymbol{j}+a_zb_z\boldsymbol{k}\times\boldsymbol{k}.\end{aligned}$$

由于 $\boldsymbol{i},\boldsymbol{j},\boldsymbol{k}$ 是两两垂直的单位向量,所以

$$\boldsymbol{i}\times\boldsymbol{i}=\boldsymbol{j}\times\boldsymbol{j}=\boldsymbol{k}\times\boldsymbol{k}=\boldsymbol{0},$$

$$\boldsymbol{i}\times\boldsymbol{j}=\boldsymbol{k},\ \boldsymbol{j}\times\boldsymbol{k}=\boldsymbol{i},\ \boldsymbol{k}\times\boldsymbol{i}=\boldsymbol{j},$$

$$\boldsymbol{j}\times\boldsymbol{i}=-\boldsymbol{k},\ \boldsymbol{k}\times\boldsymbol{j}=-\boldsymbol{i},\ \boldsymbol{i}\times\boldsymbol{k}=-\boldsymbol{j}.$$

代入得向量积的坐标表示式

$$\boldsymbol{a}\times\boldsymbol{b}=(a_yb_z-a_zb_y)\boldsymbol{i}+(a_zb_x-a_xb_z)\boldsymbol{j}+(a_xb_y-a_yb_x)\boldsymbol{k}.$$

为了便于记忆,将上述公式写成三阶行列式的形式:

$$\boldsymbol{a}\times\boldsymbol{b}=\begin{vmatrix}a_y&a_z\\b_y&b_z\end{vmatrix}\boldsymbol{i}-\begin{vmatrix}a_x&a_z\\b_x&b_z\end{vmatrix}\boldsymbol{j}+\begin{vmatrix}a_x&a_y\\b_x&b_y\end{vmatrix}\boldsymbol{k}=\begin{vmatrix}\boldsymbol{i}&\boldsymbol{j}&\boldsymbol{k}\\a_x&a_y&a_z\\b_x&b_y&b_z\end{vmatrix}.$$

由向量积的坐标计算式得到:

$\boldsymbol{a}/\!/\boldsymbol{b}$ 的充要条件是 $a_yb_z-a_zb_y=0,a_zb_x-a_xb_z=0,a_xb_y-a_yb_x=0$,或

$$\frac{a_x}{b_x}=\frac{a_y}{b_y}=\frac{a_z}{b_z}\ (b_x,b_y,b_z\text{ 不同时为零}).$$

特别地，(1) 若 $b_x=0$，上式为 $\frac{a_x}{0}=\frac{a_y}{b_y}=\frac{a_z}{b_z}$，应理解为 $\begin{cases} a_x=0 \\ \frac{a_y}{b_y}=\frac{a_z}{b_z} \end{cases}$，

(2) 若 $b_x=b_y=0$，上式为 $\frac{a_x}{0}=\frac{a_y}{0}=\frac{a_z}{b_z}$，应理解为 $\begin{cases} a_x=0 \\ a_y=0 \end{cases}$.

例 3.2.4 求与向量 $\boldsymbol{a}=(1,-1,2)$，$\boldsymbol{b}=(1,-1,1)$ 都垂直的单位向量.

解 与 $\boldsymbol{a},\boldsymbol{b}$ 都垂直的向量可取为 $\boldsymbol{a}\times\boldsymbol{b}$，又

$$\boldsymbol{a}\times\boldsymbol{b}=\begin{vmatrix} \boldsymbol{i} & \boldsymbol{j} & \boldsymbol{k} \\ 1 & -1 & 2 \\ 1 & -1 & 1 \end{vmatrix}=\boldsymbol{i}+\boldsymbol{j},$$

$$|\boldsymbol{a}\times\boldsymbol{b}|=\sqrt{1^2+1^2}=\sqrt{2},$$

因此所求的单位向量为 $\pm\frac{\boldsymbol{a}\times\boldsymbol{b}}{|\boldsymbol{a}\times\boldsymbol{b}|}=\pm\left(\frac{1}{\sqrt{2}},\frac{1}{\sqrt{2}},0\right)$.

例 3.2.5 已知空间中的三点 $A(1,2,3)$，$B(2,-1,5)$，$C(3,2,-5)$，试求(1) $\triangle ABC$ 的面积 S；(2) $\triangle ABC$ 中 AB 边上的高 h.

解 (1) 由向量积的几何意义知 $S=\frac{1}{2}|\overrightarrow{AB}\times\overrightarrow{AC}|$，

因为

$$\overrightarrow{AB}=(1,-3,2),\overrightarrow{AC}=(2,0,-8),$$

$$\overrightarrow{AB}\times\overrightarrow{AC}=\begin{vmatrix} \boldsymbol{i} & \boldsymbol{j} & \boldsymbol{k} \\ 1 & -3 & 2 \\ 2 & 0 & -8 \end{vmatrix}=24\boldsymbol{i}+12\boldsymbol{j}+6\boldsymbol{k},$$

$$|\overrightarrow{AB}\times\overrightarrow{AC}|=\sqrt{24^2+12^2+6^2}=6\sqrt{21},$$

因此

$$S=\frac{1}{2}|\overrightarrow{AB}\times\overrightarrow{AC}|=3\sqrt{21}.$$

(2) 又因为 $S=\frac{1}{2}|\overrightarrow{AB}|\times h$，

所以

$$h=\frac{2S}{|\overrightarrow{AB}|}=\frac{6\sqrt{21}}{\sqrt{1^2+(-3)^2+2^2}}=3\sqrt{6}.$$

例 3.2.6 已知向量 $\boldsymbol{a}\perp\boldsymbol{b}$，且 $|\boldsymbol{a}|=3$，$|\boldsymbol{b}|=4$，计算 $|(\boldsymbol{a}+\boldsymbol{b})\times(\boldsymbol{a}-\boldsymbol{b})|$.

解 首先利用向量积的运算规律化简算式 $(\boldsymbol{a}+\boldsymbol{b})\times(\boldsymbol{a}-\boldsymbol{b})$，

$$\begin{aligned}&(\boldsymbol{a}+\boldsymbol{b})\times(\boldsymbol{a}-\boldsymbol{b})\\&=\boldsymbol{a}\times\boldsymbol{a}-\boldsymbol{a}\times\boldsymbol{b}+\boldsymbol{b}\times\boldsymbol{a}-\boldsymbol{b}\times\boldsymbol{b}\\&=-2\boldsymbol{a}\times\boldsymbol{b},\end{aligned}$$

所以

$$|(\boldsymbol{a}+\boldsymbol{b})\times(\boldsymbol{a}-\boldsymbol{b})|$$

$$=|-2\boldsymbol{a}\times\boldsymbol{b}|=2|\boldsymbol{a}\times\boldsymbol{b}|=2|\boldsymbol{a}||\boldsymbol{b}|\sin\frac{\pi}{2}=24.$$

例 3.2.7 设刚体以等角速度 $\boldsymbol{\omega}$ 绕 l 轴旋转，计算刚体上一点 P 的线速度.

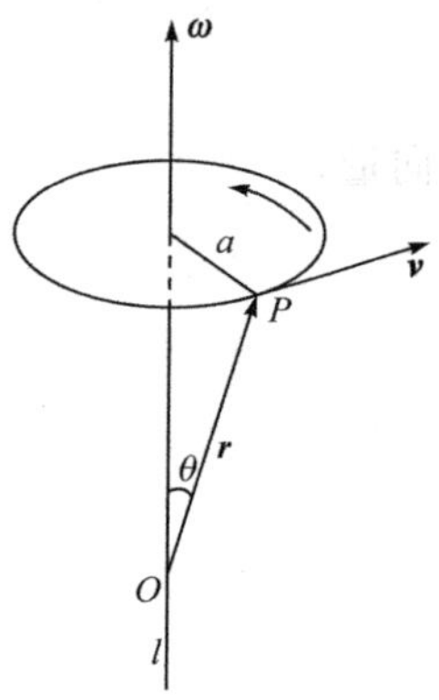

图 3.21

解 刚体绕 l 轴旋转时，我们可以用在 l 轴上的一个向量 $\boldsymbol{\omega}$ 表示角速度，它的大小等于角速度的大小；它的方向由右手规则定出：即以右手握住 l 轴，当右手的四个手指的转向与刚体的旋转方向一致时，大拇指的指向就是 $\boldsymbol{\omega}$ 的方向，如图 3.21 所示.

设点 P 到旋转轴 l 的距离为 a，在 l 轴上任取一点 O，作向量 $\boldsymbol{r}=\overrightarrow{OP}$，并以 θ 表示 $\boldsymbol{\omega}$ 与 $\boldsymbol{r}$ 的夹角，则

$$a=|\boldsymbol{r}|\sin\theta.$$

设线速度为 $\boldsymbol{v}$，则由物理学中线速度与角速度的关系知，$\boldsymbol{v}$ 的大小为

$$|\boldsymbol{v}|=|\boldsymbol{\omega}|a=|\boldsymbol{\omega}||\boldsymbol{r}|\sin\theta,$$

$\boldsymbol{v}$ 的方向垂直于通过点 P 与 l 轴的平面，即 $\boldsymbol{v}$ 垂直于 $\boldsymbol{\omega}$ 与 $\boldsymbol{r}$，又 $\boldsymbol{v}$ 的指向要使 $\boldsymbol{\omega},\boldsymbol{r},\boldsymbol{v}$ 符合右手规则，因此有

$$\boldsymbol{v}=\boldsymbol{\omega}\times\boldsymbol{r}.$$

*3.2.4 向量的混合积

定义 3.2.3 设有三个向量 $\boldsymbol{a},\boldsymbol{b},\boldsymbol{c}$，我们称数量 $(\boldsymbol{a}\times\boldsymbol{b})\cdot\boldsymbol{c}$ 为三向量的**混合积**，简记为 $[\boldsymbol{a},\boldsymbol{b},\boldsymbol{c}]$，即 $[\boldsymbol{a},\boldsymbol{b},\boldsymbol{c}]=(\boldsymbol{a}\times\boldsymbol{b})\cdot\boldsymbol{c}$.

首先研究混合积的几何意义，如图 3.22 所示，以 $\boldsymbol{a},\boldsymbol{b},\boldsymbol{c}$ 为棱作一个平行六面体，由数量积与向量在轴上的投影的关系式得到：

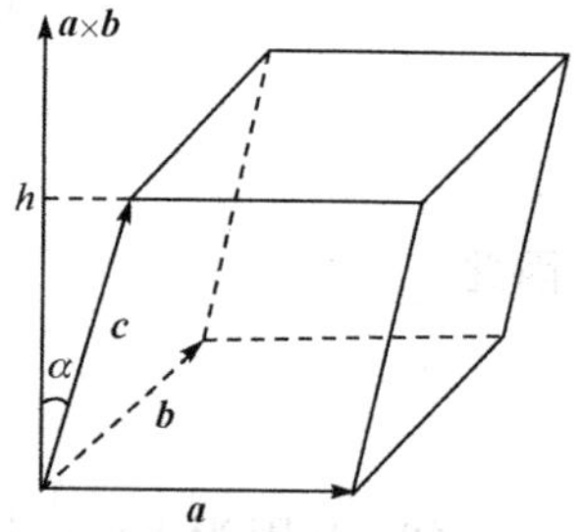

图 3.22

$$\begin{aligned}(\boldsymbol{a}\times\boldsymbol{b})\cdot\boldsymbol{c}&=|\boldsymbol{a}\times\boldsymbol{b}|\operatorname{Prj}_{\boldsymbol{a}\times\boldsymbol{b}}\boldsymbol{c}\\&=|\boldsymbol{a}\times\boldsymbol{b}|(\pm h)\\&=\pm V,\end{aligned}$$

其中 h, V 分别表示平行六面体的高与体积.

由此可见，当 $\boldsymbol{c}$ 与 $\boldsymbol{a}\times\boldsymbol{b}$ 的夹角 α 为锐角时，即 $\boldsymbol{a},\boldsymbol{b},\boldsymbol{c}$ 符合右手系时，上式取正号；当 $\boldsymbol{c}$ 与 $\boldsymbol{a}\times\boldsymbol{b}$ 的夹角 α 为钝角时，即 $\boldsymbol{a},\boldsymbol{b},\boldsymbol{c}$ 符合左手系时，上式取负号. 也就是说，混合积 $[\boldsymbol{a},\boldsymbol{b},\boldsymbol{c}]$ 表示一个“有向”平行六面体的体积.

根据混合积的几何意义，可以看出，向量 $\boldsymbol{a},\boldsymbol{b},\boldsymbol{c}$ 共面的充分必要条件是 $(\boldsymbol{a}\times\boldsymbol{b})\cdot\boldsymbol{c}=0$.

下面我们来推导向量的混合积的坐标表示式.

设 $\boldsymbol{a}=a_x\boldsymbol{i}+a_y\boldsymbol{j}+a_z\boldsymbol{k}$, $\boldsymbol{b}=b_x\boldsymbol{i}+b_y\boldsymbol{j}+b_z\boldsymbol{k}$, $\boldsymbol{c}=c_x\boldsymbol{i}+c_y\boldsymbol{j}+c_z\boldsymbol{k}$，则

$$\boldsymbol{a}\times\boldsymbol{b}=\begin{vmatrix}\boldsymbol{i}&\boldsymbol{j}&\boldsymbol{k}\\a_x&a_y&a_z\\b_x&b_y&b_z\end{vmatrix}=\begin{vmatrix}a_y&a_z\\b_y&b_z\end{vmatrix}\boldsymbol{i}-\begin{vmatrix}a_x&a_z\\b_x&b_z\end{vmatrix}\boldsymbol{j}+\begin{vmatrix}a_x&a_y\\b_x&b_y\end{vmatrix}\boldsymbol{k},$$

$$(\boldsymbol{a}\times\boldsymbol{b})\cdot\boldsymbol{c}=c_x\begin{vmatrix}a_y & a_z\\ b_y & b_z\end{vmatrix}-c_y\begin{vmatrix}a_x & a_z\\ b_x & b_z\end{vmatrix}+c_z\begin{vmatrix}a_x & a_y\\ b_x & b_y\end{vmatrix}=\begin{vmatrix}a_x & a_y & a_z\\ b_x & b_y & b_z\\ c_x & c_y & c_z\end{vmatrix},$$

于是

$$(\boldsymbol{a}\times\boldsymbol{b})\cdot\boldsymbol{c}=\begin{vmatrix}a_x & a_y & a_z\\ b_x & b_y & b_z\\ c_x & c_y & c_z\end{vmatrix}.$$

这就是三向量的混合积的坐标表示式.

由三阶行列式的性质可得,向量的混合积满足以下运算规律:

$$(\boldsymbol{a}\times\boldsymbol{b})\cdot\boldsymbol{c}=(\boldsymbol{b}\times\boldsymbol{c})\cdot\boldsymbol{a}=(\boldsymbol{c}\times\boldsymbol{a})\cdot\boldsymbol{b}\text{(轮换对称性)}.$$

例 3.2.8 已知四面体 $ABCD$ 的顶点坐标为 $A(0,0,0)$, $B(6,0,6)$, $C(4,3,0)$, $D(2,-1,3)$,求它的体积.

解 由初等几何知道,四面体 $ABCD$ 的体积 V 等于以 AB, AC, AD 为棱的平行六面体的体积的六分之一,因此

$$V=\frac{1}{6}\left|[\overrightarrow{AB},\overrightarrow{AC},\overrightarrow{AD}]\right|,$$

而

$$\overrightarrow{AB}=(6,0,6),\overrightarrow{AC}=(4,3,0),\ \overrightarrow{AD}=(2,-1,3),$$

$$[\overrightarrow{AB},\overrightarrow{AC},\overrightarrow{AD}]=\begin{vmatrix}6 & 0 & 6\\ 4 & 3 & 0\\ 2 & -1 & 3\end{vmatrix}=-6,$$

所以

$$V=\frac{1}{6}\left|[\overrightarrow{AB},\overrightarrow{AC},\overrightarrow{AD}]\right|=1.$$

例 3.2.9 已知 $(\boldsymbol{a}\times\boldsymbol{b})\cdot\boldsymbol{c}=2$,计算 $[(\boldsymbol{a}+\boldsymbol{b})\times(\boldsymbol{b}+\boldsymbol{c})]\cdot(\boldsymbol{c}+\boldsymbol{a})$.

解

$$\begin{aligned}&[(\boldsymbol{a}+\boldsymbol{b})\times(\boldsymbol{b}+\boldsymbol{c})]\cdot(\boldsymbol{c}+\boldsymbol{a})\\ =&(\boldsymbol{a}\times\boldsymbol{b}+\boldsymbol{a}\times\boldsymbol{c}+\boldsymbol{b}\times\boldsymbol{b}+\boldsymbol{b}\times\boldsymbol{c})\cdot(\boldsymbol{c}+\boldsymbol{a})\\ =&(\boldsymbol{a}\times\boldsymbol{b})\cdot\boldsymbol{c}+(\boldsymbol{a}\times\boldsymbol{c})\cdot\boldsymbol{c}+(\boldsymbol{b}\times\boldsymbol{b})\cdot\boldsymbol{c}+(\boldsymbol{b}\times\boldsymbol{c})\cdot\boldsymbol{c}\\ &+(\boldsymbol{a}\times\boldsymbol{b})\cdot\boldsymbol{a}+(\boldsymbol{a}\times\boldsymbol{c})\cdot\boldsymbol{a}+(\boldsymbol{b}\times\boldsymbol{b})\cdot\boldsymbol{a}+(\boldsymbol{b}\times\boldsymbol{c})\cdot\boldsymbol{a}\\ =&2(\boldsymbol{a}\times\boldsymbol{b})\cdot\boldsymbol{c}=4.\end{aligned}$$

习 题 3.2

1. 设向量 $\boldsymbol{a}$ 的模为 2,它与 u 轴的夹角为 $\frac{\pi}{4}$,求 $\boldsymbol{a}$ 在 u 轴上的投影.

2. 设向量 $\boldsymbol{a}$ 的终点在 $B(2,-1,7)$,它在 x 轴,y 轴,z 轴上的投影依次为 4,−4,7,求向量 $\boldsymbol{a}$ 的起点 A 的坐标.

3. 设向量 $\boldsymbol{a}=(1,-2,3)$,$\boldsymbol{b}=(2,1,-2)$,求

(1) $\boldsymbol{a}\cdot\boldsymbol{b},\boldsymbol{a}\times\boldsymbol{b}$;(2) $2\boldsymbol{a}\cdot(-\boldsymbol{b}),\boldsymbol{a}\times(3\boldsymbol{b})$;(3) $\cos(\widehat{\boldsymbol{a},\boldsymbol{b}})$.

4. 设三向量 $\boldsymbol{a},\boldsymbol{b},\boldsymbol{c}$ 两两成$\frac{\pi}{3}$角，且 $|\boldsymbol{a}|=4$，$|\boldsymbol{b}|=2$，$|\boldsymbol{c}|=6$，求 $|\boldsymbol{a}+\boldsymbol{b}+\boldsymbol{c}|$.

5. 求向量 $\boldsymbol{a}=\boldsymbol{i}-\boldsymbol{j}+2\boldsymbol{k}$ 在向量 $\boldsymbol{b}=\boldsymbol{i}+\boldsymbol{j}+\boldsymbol{k}$ 上的投影.

6. 判断下列等式或推断是否正确.

(1) $(\boldsymbol{a}\cdot\boldsymbol{b})\boldsymbol{a}=(\boldsymbol{a}\cdot\boldsymbol{a})\boldsymbol{b}$;

(2) $(\boldsymbol{a}\cdot\boldsymbol{b})^2=(\boldsymbol{a}\cdot\boldsymbol{a})(\boldsymbol{b}\cdot\boldsymbol{b})$;

(3) $(\boldsymbol{a}\cdot\boldsymbol{b})\boldsymbol{c}=(\boldsymbol{b}\cdot\boldsymbol{c})\boldsymbol{a}$;

(4) 若 $\boldsymbol{a}\cdot\boldsymbol{c}=\boldsymbol{b}\cdot\boldsymbol{c}$，且 $\boldsymbol{c}\neq\boldsymbol{0}$，则 $\boldsymbol{a}=\boldsymbol{b}$;

(5) 若 $\boldsymbol{a}\times\boldsymbol{c}=\boldsymbol{b}\times\boldsymbol{c}$，且 $\boldsymbol{c}\neq\boldsymbol{0}$，则 $\boldsymbol{a}=\boldsymbol{b}$;

*(6) 若 $|\boldsymbol{a}|\neq 0$，$|\boldsymbol{b}|\neq 0$，则 $(\boldsymbol{a}\times\boldsymbol{b})\cdot\boldsymbol{a}=0$.

7. 证明：向量 $\boldsymbol{c}$ 与向量 $(\boldsymbol{b}\cdot\boldsymbol{c})\boldsymbol{a}-(\boldsymbol{a}\cdot\boldsymbol{c})\boldsymbol{b}$ 垂直.

8. 设向量 $\boldsymbol{a}=\boldsymbol{i}-2\boldsymbol{j}+3\boldsymbol{k}$，$\boldsymbol{b}=4\boldsymbol{j}-5\boldsymbol{k}$，求同时与 $\boldsymbol{a},\boldsymbol{b}$ 垂直的单位向量.

9. 设向量 $\boldsymbol{a}=2\boldsymbol{i}-3\boldsymbol{j}+\boldsymbol{k}$，$\boldsymbol{b}=\boldsymbol{i}-2\boldsymbol{j}+3\boldsymbol{k}$，求同时与 $\boldsymbol{a},\boldsymbol{b}$ 垂直的单位向量 $\boldsymbol{c}$，使得 $\boldsymbol{c}\cdot\boldsymbol{d}=12$，其中 $\boldsymbol{d}=(2,1,-7)$.

10. 已知三点 $A(5,1,-1)$，$B(0,-4,3)$，$C(1,-3,7)$，求 $\triangle ABC$ 的面积.

11. 设 $\boldsymbol{a}=2\boldsymbol{i}-3\boldsymbol{j}+\boldsymbol{k}$，$\boldsymbol{b}=\boldsymbol{i}-\boldsymbol{j}+3\boldsymbol{k}$，$\boldsymbol{c}=\boldsymbol{i}-2\boldsymbol{j}$，计算

(1) $(\boldsymbol{a}\cdot\boldsymbol{b})\boldsymbol{c}-(\boldsymbol{a}\cdot\boldsymbol{c})\boldsymbol{b}$；(2) $(\boldsymbol{a}+\boldsymbol{b})\times(\boldsymbol{b}+\boldsymbol{c})$；(3) $(\boldsymbol{a}\times\boldsymbol{b})\cdot\boldsymbol{c}$.

12. 设 $\boldsymbol{m}=2\boldsymbol{a}+\boldsymbol{b}$，$\boldsymbol{n}=k\boldsymbol{a}+\boldsymbol{b}$，其中 $|\boldsymbol{a}|=1$，$|\boldsymbol{b}|=2$，且 $\boldsymbol{a}\perp\boldsymbol{b}$.

(1) k 为何值时，$\boldsymbol{m}\perp\boldsymbol{n}$;

(2) k 为何值时，以 $\boldsymbol{m},\boldsymbol{n}$ 为邻边的平行四边形的面积等于 6.

13. 试用向量法证明不等式

$$\sqrt{a_1^2+a_2^2+a_3^2}\,\sqrt{b_1^2+b_2^2+b_3^2}\geqslant|a_1b_1+a_2b_2+a_3b_3|,$$

其中 a_1,a_2,a_3,b_1,b_2,b_3 为任意实数，并指出等号成立的条件.

14. 已知 $\boldsymbol{a}=a_x\boldsymbol{i}+a_y\boldsymbol{j}+a_z\boldsymbol{k}$，$\boldsymbol{b}=b_x\boldsymbol{i}+b_y\boldsymbol{j}+b_z\boldsymbol{k}$，$\boldsymbol{c}=c_x\boldsymbol{i}+c_y\boldsymbol{j}+c_z\boldsymbol{k}$，试用行列式的性质证明：$(\boldsymbol{a}\times\boldsymbol{b})\cdot\boldsymbol{c}=(\boldsymbol{b}\times\boldsymbol{c})\cdot\boldsymbol{a}=(\boldsymbol{c}\times\boldsymbol{a})\cdot\boldsymbol{b}$.

*15. 已知直角坐标系下 A、B、C、D 四点的坐标，判别它们是否共面，如果不共面，求出以它们为顶点的四面体的体积.

(1) $A(1,0,1)$，$B(4,4,6)$，$C(2,2,3)$，$D(10,14,17)$;

(2) $A(2,3,1)$，$B(4,1,-2)$，$C(6,3,7)$，$D(-5,4,8)$.

3.3 平面及其方程

本节及下一节我们将以向量为工具研究空间直角坐标系中最简单的图形——平面与空间直线. 在本节中，首先建立平面方程，然后讨论平面与平面的位置关系.

3.3.1 平面的点法式方程

平面在空间中的位置是由一定的几何条件所确定的. 如果已知平面经过的一定点以及与平面垂直的非零向量，该平面就被完全确定了. 下面给出平面方程的定义.

在空间直角坐标系中，对于平面 π 及三元方程

$$f(x,y,z)=0, \tag{3.3.1}$$

如果满足:平面 π 上每一点的坐标(x,y,z)都满足方程(3.3.1),且不在平面 π 上每一点的坐标(x,y,z)都不满足方程(3.3.1),则称方程(3.3.1)为**平面 π 的方程**,π 为方程(3.3.1)表示的平面.

定义 3.3.1 垂直于平面 π 的非零向量称为该平面的**法线向量**,简称为**法向量**,记作 $\boldsymbol{n}$.

由法向量的定义,平面内的任一向量均与该平面的法向量垂直. 平面 π 的法向量不唯一.

设点 $M_0(x_0,y_0,z_0)$在平面 π 上,$\boldsymbol{n}=(A,B,C)$是 π 的法向量,下面我们来建立平面的方程.

设点 $M(x,y,z)$为平面 π 上任意一点,如图 3.23 所示,则平面 π 内的向量$\overrightarrow{M_0M}$与法向量 $\boldsymbol{n}$ 垂直,因此

$$\boldsymbol{n}\cdot\overrightarrow{M_0M}=0,$$

又

$$\overrightarrow{M_0M}=(x-x_0,y-y_0,z-z_0),$$

所以

$$A(x-x_0)+B(y-y_0)+C(z-z_0)=0. \quad (3.3.2)$$

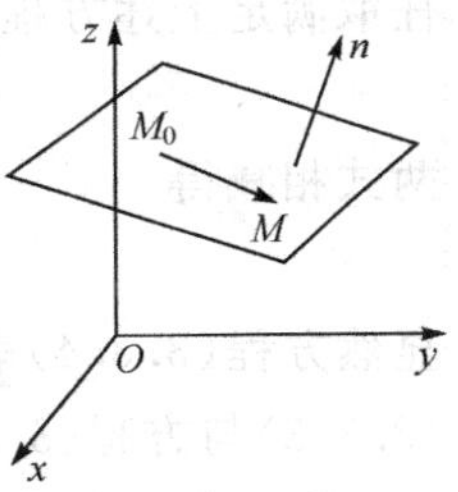

图 3.23

由点 M 的任意性知,平面 π 上任意一点都满足方程(3.3.2);反之,不在该平面内的点都不满足方程(3.3.2),因为这样的点 M 与平面内的点 M_0 构成的向量$\overrightarrow{M_0M}$与法向量法向量 $\boldsymbol{n}$ 不垂直,因此方程(3.3.2)就是平面 π 的方程,称为平面的**点法式方程**.

例 3.3.1 求过点 $A(1,2,1)$且垂直于向量 $\boldsymbol{n}=2\boldsymbol{i}+3\boldsymbol{j}+3\boldsymbol{k}$ 的平面方程.

解 根据平面的点法式方程,得

$$2(x-1)+3(y-2)+3(z-1)=0,$$

化简得

$$2x+3y+3z-11=0.$$

例 3.3.2 求过三点 $M_1(2,3,1),M_2(3,1,4),M_3(2,1,5)$的平面方程.

解 因向量$\overrightarrow{M_1M_2},\overrightarrow{M_1M_3}$都与法向量 $\boldsymbol{n}$ 垂直,而

$$\overrightarrow{M_1M_2}=(1,-2,3),\overrightarrow{M_1M_3}=(0,-2,4),$$

取它们的向量积为法向量,即

$$\boldsymbol{n}=\overrightarrow{M_1M_2}\times\overrightarrow{M_1M_3}=\begin{vmatrix}\boldsymbol{i}&\boldsymbol{j}&\boldsymbol{k}\\1&-2&3\\0&-2&4\end{vmatrix}=-2\boldsymbol{i}-4\boldsymbol{j}-2\boldsymbol{k},$$

由点法式方程得所求平面方程

$$-2(x-2)-4(y-3)-2(z-1)=0,$$

即

$$x+2y+z-9=0.$$

一般地,过不共线的三点 $M_1(x_1,y_1,z_1),M_2(x_2,y_2,z_2),M_3(x_3,y_3,z_3)$的平面方程为

$$\begin{vmatrix}x-x_1&y-y_1&z-z_1\\x_2-x_1&y_2-y_1&z_2-z_1\\x_3-x_1&y_3-y_1&z_3-z_1\end{vmatrix}=0.$$

称为平面的**三点式方程**．请读者推导．

3.3.2　平面的一般式方程

平面的点法式方程 $A(x-x_0)+B(y-y_0)+C(z-z_0)=0$ 可改写为

$$Ax+By+Cz+D=0,$$

其中 $D=-Ax_0-By_0-Cz_0$，即任一平面方程是关于 x,y,z 的一次方程；反过来，设有三元一次方程

$$Ax+By+Cz+D=0(A^2+B^2+C^2\neq 0), \tag{3.3.3}$$

任取满足上述方程的一组数 x_0,y_0,z_0，即

$$Ax_0+By_0+Cz_0+D=0,$$

两式相减得

$$A(x-x_0)+B(y-y_0)+C(z-z_0)=0, \tag{3.3.4}$$

显然方程(3.3.4)表示以 $\boldsymbol{n}=(A,B,C)$ 为法向量，过点 $M_0(x_0,y_0,z_0)$ 的平面．因方程(3.3.3)与方程(3.3.4)为同解方程，所以方程(3.3.3)表示平面．由此可得，任一关于 x,y,z 的一次方程(3.3.3)总是表示平面，我们称方程(3.3.3)为**平面的一般方程**．其中 x,y,z 的系数是该平面的法向量 $\boldsymbol{n}$ 的坐标分量，即 $\boldsymbol{n}=(A,B,C)$.

平面一般方程的几种特殊情形：

(1) 若 $D=0$，方程为 $Ax+By+Cz=0$，平面经过坐标原点 O.

(2) 若 $A=0$，方程为 $By+Cz+D=0$，法向量 $\boldsymbol{n}=(0,B,C)$，因此 $\boldsymbol{n}$ 与 x 轴垂直，平面平行于 x 轴．

同理，$B=0$ 时，方程 $Ax+Cz+D=0$ 表示的平面平行于 y 轴；$C=0$ 时，方程 $Ax+By+D=0$ 表示的平面平行于 z 轴．

特别地，$A=D=0$ 时，方程 $By+Cz=0$ 表示的平面过 x 轴．

(3) 若 $A=B=0$，方程为 $Cz+D=0$，法向量为 $\boldsymbol{n}=(0,0,C)$，因此平面垂直于 z 轴，或平面平行于 xOy 面；

同理，$B=C=0$ 时，平面平行于 yOz 面；$A=C=0$ 时，平面平行于 zOx 面．

注　在平面解析几何中，$x=1$ 表示一条直线；在空间解析几何中，$x=1$ 表示一个平面．

特别地，当 A,B,C,D 全不为 0 时，方程 $Ax+By+Cz+D=0$ 可化为

$$\frac{x}{a}+\frac{y}{b}+\frac{z}{c}=1,$$

其中 $a=-\dfrac{D}{A},b=-\dfrac{D}{B},c=-\dfrac{D}{C}$，此方程称为平面的**截距式方程**．它表示的平面过$(a,0,0)$，$(0,b,0)$，$(0,0,c)$三点，而 a,b,c 依次称为平面在 x,y,z 轴上的**截距**．

例 3.3.3　求通过 y 轴和点$(2,-5,1)$的平面方程．

解　由于平面通过 y 轴，所以可设该平面方程为

$$Ax+Cz=0,$$

又因为该平面通过点$(2,-5,1)$，所以有

$$2A+C=0,$$

可得所求平面方程为

$$x-2z=0.$$

3.3.3 两平面的夹角

两平面的法向量之间的夹角(通常指锐角)称为**两平面的夹角**.

设平面 π_1 及 π_2 的法向量分别为 $\boldsymbol{n}_1=(A_1,B_1,C_1)$,$\boldsymbol{n}_2=(A_2,B_2,C_2)$,则两平面的夹角 θ 为 $(\widehat{\boldsymbol{n}_1,\boldsymbol{n}_2})$ 与 $\pi-(\widehat{\boldsymbol{n}_1,\boldsymbol{n}_2})$ 中的锐角,如图 3.24 所示,因此,两平面夹角的余弦为

$$\cos\theta=|\cos(\widehat{\boldsymbol{n}_1,\boldsymbol{n}_2})|=\frac{|\boldsymbol{n}_1\cdot\boldsymbol{n}_2|}{|\boldsymbol{n}_1||\boldsymbol{n}_1|}=\frac{|A_1A_2+B_1B_2+C_1C_2|}{\sqrt{A_1^2+B_1^2+C_1^2}\cdot\sqrt{A_2^2+B_2^2+C_2^2}}.$$

由两向量垂直、平行的充要条件可得:

(1) $\pi_1\perp\pi_2$ 的充要条件是 $A_1A_2+B_1B_2+C_1C_2=0$;

(2) $\pi_1/\!/\pi_2$ 的充要条件是 $\frac{A_1}{A_2}=\frac{B_1}{B_2}=\frac{C_1}{C_2}\neq\frac{D_1}{D_2}$;

(3) π_1 与 π_2 重合的充要条件是 $\frac{A_1}{A_2}=\frac{B_1}{B_2}=\frac{C_1}{C_2}=\frac{D_1}{D_2}$.

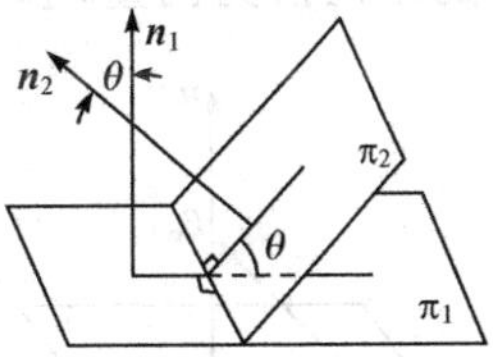

图 3.24

例 3.3.4 求平面 $x-y+2z=0$ 和 $2x+y+z-5=0$ 的夹角.

解 设夹角为 θ,由公式得

$$\cos\theta=\frac{|1\times2+(-1)\times1+2\times1|}{\sqrt{1^2+(-1)^2+2^2}\cdot\sqrt{2^2+1^2+1^2}}=\frac{1}{2},$$

所以

$$\theta=\frac{\pi}{3}.$$

因此两平面的夹角为 $\frac{\pi}{3}$.

例 3.3.5 设平面 π 过原点 O 及点 $M(6,-3,2)$,且与平面 π_1:$4x-y+2z=8$ 垂直,求平面 π 的方程.

解 方法 1. 所求平面 π 的法向量 $\boldsymbol{n}$ 垂直于向量 $\overrightarrow{OM}$ 及平面 π_1 的法向量 $\boldsymbol{n}_1$,因此 $\boldsymbol{n}$ 可取为

$$\boldsymbol{n}=\overrightarrow{OM}\times\boldsymbol{n}_1=\begin{vmatrix}\boldsymbol{i}&\boldsymbol{j}&\boldsymbol{k}\\6&-3&2\\4&-1&2\end{vmatrix}=-4\boldsymbol{i}-4\boldsymbol{j}+6\boldsymbol{k},$$

由平面的点法式方程得所求平面方程为 $2x+2y-3z=0$.

方法 2. 设平面 π 的方程为 $Ax+By+Cz=0$,由平面过点 $(6,-3,2)$ 知

$$6A-3B+2C=0,$$

又平面 π 与平面 π_1 垂直,所以法向量 (A,B,C) 与向量 $(4,-1,2)$ 垂直,于是

$$4A-B+2C=0,$$

联立两方程解得 $A=B=-\frac{2}{3}C$,代入得所求平面方程

$$2x+2y-3z=0.$$

3.3.4 点到平面的距离

设点 $P_0(x_0,y_0,z_0)$ 是平面 $\pi: Ax+By+Cz+D=0$ 外的一点，则点 P_0 到平面 π 的距离为

$$d=\frac{|Ax_0+By_0+Cz_0+D|}{\sqrt{A^2+B^2+C^2}}.$$

这就是**点到平面的距离公式**.

下面我们来推导这个公式.

如图 3.25 所示，在平面 π 上任取一点 $P_1(x_1,y_1,z_1)$，作向量 $\overrightarrow{P_1P_0}$，易见 P_0 到平面 π 的距离恰为向量 $\overrightarrow{P_1P_0}$ 在平面的法向量 $\boldsymbol{n}$ 上的投影的绝对值，即

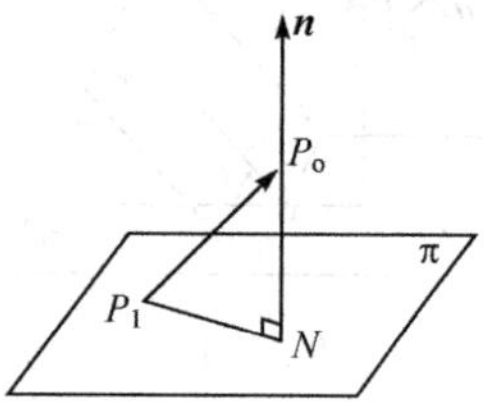

图 3.25

$$\begin{aligned}d&=\left|\mathrm{Prj}_{\boldsymbol{n}}\overrightarrow{P_1P_0}\right|\\&=\left|\frac{\overrightarrow{P_1P_0}\cdot\boldsymbol{n}}{|\boldsymbol{n}|}\right|\\&=\frac{|A(x_0-x_1)+B(y_0-y_1)+C(z_0-z_1)|}{\sqrt{A^2+B^2+C^2}}\\&=\frac{|Ax_0+By_0+Cz_0-(Ax_1+By_1+Cz_1)|}{\sqrt{A^2+B^2+C^2}}.\end{aligned}$$

由于 $Ax_1+By_1+Cz_1+D=0$，所以

$$d=\frac{|Ax_0+By_0+Cz_0+D|}{\sqrt{A^2+B^2+C^2}}.$$

例 3.3.6　求点(1,2,1)到平面 $2x+y+2z-10=0$ 的距离.

解 由公式得

$$d=\frac{|2\times1+1\times2+2\times1-10|}{\sqrt{2^2+1^2+2^2}}=\frac{4}{3},$$

所求的距离为 $\frac{4}{3}$.

习　题　3.3

1. 平面 π 平行于 zOx 坐标面，且过点(1,−4,2)，求平面 π 的方程.
2. 求平面 $2x-2y+z+5=0$ 与 yOz 坐标面夹角的余弦.
3. 判断下列各对平面的位置关系：

(1) $2x+y-3z-1=0, \frac{x}{3}+\frac{y}{6}-\frac{z}{2}+2=0$;

(2) $x-2y+z-1=0, 3x+y-2z-1=0$;

(3) $3x+9y-6z+2=0, x+3y-2z+\frac{2}{3}=0$.

4. 求点 $A(-1,2,4)$ 与 $B(3,6,-2)$ 连线的垂直平分面的方程.

5. 一平面通过两点 $M_1(1,1,1)$ 和 $M_2(0,1,-1)$ 且垂直于平面 $x+y+z=0$,求它的方程.

6. 分别按下列条件求平面的方程.

(1) 平面通过点 $A(3,-5,1)$,且平行于平面 $\pi_1: x-2y+4z=0$.

(2) 平面通过点 $A(3,5,-7)$,且在三个坐标轴上有相同的非零截距.

(3) 平面平行于平面 $\pi_1: 2x-y+2z+4=0$,且与平面 π_1 的距离为 2.

(4) 平面过三点 $M_1(1,1,2)$,$M_2(3,2,3)$,$M_3(2,0,3)$.

(5) 平面过点 $M(5,4,-2)$ 及 z 轴.

7. 平面 π 通过点 $A(0,4,0)$,平行于 x 轴,且原点到平面 π 的距离为 2,求平面 π 的方程.

8. 求两平面 $x-y+z+10=0$ 与 $2x+y+z-2=0$ 的夹角.

9. 设原点到平面 $\pi: \dfrac{x}{a}+\dfrac{y}{b}+\dfrac{z}{c}=1$ 的距离为 p,证明:$\dfrac{1}{a^2}+\dfrac{1}{b^2}+\dfrac{1}{c^2}=\dfrac{1}{p^2}$.

3.4 空间直线及其方程

3.4.1 空间直线的对称式方程与参数方程

由立体几何知,如果知道直线经过的一定点以及与直线平行的非零向量,该直线就被完全确定了.下面按这样的思路建立直线的方程.

定义 3.4.1 平行于一条已知直线的非零向量称为这条直线的**方向向量**.

注意,直线上任一向量都平行于该直线的方向向量,直线的方向向量不唯一.

设 $M_0(x_0,y_0,z_0)$ 是直线 l 上的一个定点,$\boldsymbol{s}=(m,n,p)$ 是它的一个方向向量,如图 3.26 所示,求直线 l 的方程.

任取直线 l 上一点 $M(x,y,z)$,则 $\overrightarrow{M_0M}$ 与 $\boldsymbol{s}$ 平行,由于

$$\overrightarrow{M_0M}=(x-x_0,y-y_0,z-z_0),$$

所以

$$\frac{x-x_0}{m}=\frac{y-y_0}{n}=\frac{z-z_0}{p}. \tag{3.4.1}$$

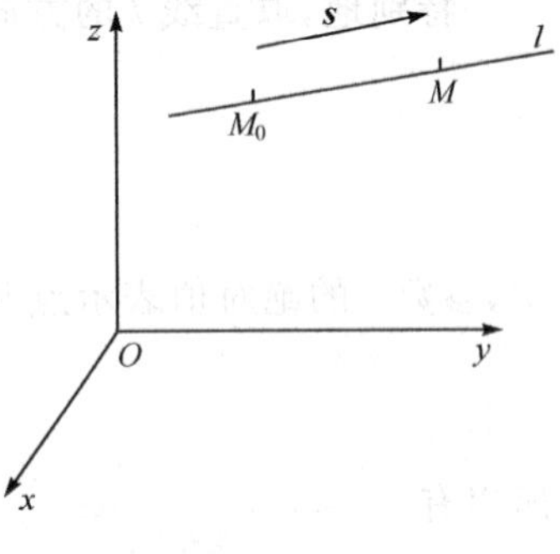

图 3.26

由点 M 的任意性知,直线 l 上任意一点的坐标都满足方程(3.4.1);反之,设点 M 不在该直线上,则 $\overrightarrow{M_0M}$ 与方向向量 $\boldsymbol{s}$ 不平行,点 M 的坐标不满足方程(3.4.1),因此方程(3.4.1)就是直线 l 的方程,称为直线的**对称式方程**(或**点向式方程**).

直线的任一方向向量 $\boldsymbol{s}$ 的坐标 m,n,p 称为该直线的一组**方向数**,向量 $\boldsymbol{s}$ 的方向余弦称为该直线的**方向余弦**.

特殊位置的直线方程:

当 m,n,p 中有一个为零时,例如,$m=0$,而 $n\neq0$,$p\neq0$ 时,$\dfrac{x-x_0}{0}=\dfrac{y-y_0}{n}=\dfrac{z-z_0}{p}$ 应理解为

$$\begin{cases} x-x_0=0 \\ \dfrac{y-y_0}{n}=\dfrac{z-z_0}{p} \end{cases},$$

此时直线垂直于 x 轴.

当 m,n,p 中有两个为零时,例如,$m\neq 0$,而 $n=p=0$ 时,$\dfrac{x-x_0}{m}=\dfrac{y-y_0}{0}=\dfrac{z-z_0}{0}$ 应理解为

$$\begin{cases} y-y_0=0 \\ z-z_0=0 \end{cases},$$

此时直线过点(x_0,y_0,z_0)且垂直于 yOz 坐标面.

令

$$\frac{x-x_0}{m}=\frac{y-y_0}{n}=\frac{z-z_0}{p}=t, \tag{3.4.2}$$

方程(3.4.1)化为

$$\begin{cases} x=x_0+mt \\ y=y_0+nt \\ z=z_0+pt \end{cases}, \tag{3.4.3}$$

称为直线的**参数方程**,其中 t 为参数.

特别地,取直线 l 的方向向量为 $\boldsymbol{s}^0=(\cos\alpha,\cos\beta,\cos\gamma)$时,直线 l 的参数方程

$$\begin{cases} x=x_0+t\cos\alpha \\ x=y_0+t\cos\beta, \\ x=z_0+t\cos\gamma \end{cases}$$

中,参数 t 的绝对值表示点 M 与 M_0 的之间的距离,即$|t|=|M_0M|$. 这是因为此时

$$\frac{x-x_0}{\cos\alpha}=\frac{y-y_0}{\cos\beta}=\frac{z-z_0}{\cos\gamma}=t,$$

所以有

$$\overrightarrow{M_0M}=t\boldsymbol{s}^0,\ |M_0M|=|t|.$$

例 3.4.1 求过点 $M_0(1,0,-5)$且与向量 $\boldsymbol{v}=(7,-2,1)$平行的直线的对称式方程和参数方程.

解 取方向向量 $\boldsymbol{s}=\boldsymbol{v}$,则所求直线的对称式方程为

$$\frac{x-1}{7}=\frac{y}{-2}=\frac{z+5}{1},$$

参数方程为

$$\begin{cases} x=1+7t \\ y=-2t \\ z=-5+t \end{cases}.$$

例 3.4.2 求通过两点 $A(1,-1,2)$和 $B(-1,0,2)$的直线方程.

解 取方向向量

$$\boldsymbol{s}=\overrightarrow{AB}=(-2,1,0),$$

直线过点 $A(1,-1,2)$，因此直线的对称式方程为

$$\frac{x-1}{-2}=\frac{y+1}{1}=\frac{z-2}{0}.$$

一般地，过两点 $M_1(x_1,y_1,z_1)$，$M_2(x_2,y_2,z_2)$ 的直线方程为

$$\frac{x-x_1}{x_2-x_1}=\frac{y-y_1}{y_2-y_1}=\frac{z-z_1}{z_2-z_1}.$$

称为空间直线的**两点式方程**.

3.4.2 空间直线的一般方程

我们知道，任何一条空间直线 l 可以看作两个相交平面 π_1 和 π_2 的交线，如图 3.27 所示. 如果两个相交平面方程为

$$\pi_1: A_1x+B_1y+C_1z+D_1=0,$$
$$\pi_2: A_2x+B_2y+C_2z+D_2=0,$$

那么交线 l 既在平面 π_1 上，又在平面 π_2 上，因此直线 l 上任一点的坐标均满足这两个平面的方程，即满足方程组

$$\begin{cases}A_1x+B_1y+C_1z+D_1=0\\ A_2x+B_2y+C_2z+D_2=0\end{cases},\qquad(3.4.4)$$

反之，不在直线 l 上的点不能同时在平面 π_1 和 π_2 上，因此不能满足方程组(3.4.4)，所以方程组(3.4.4)为直线 l 的方程，称为空间直线的**一般方程**.

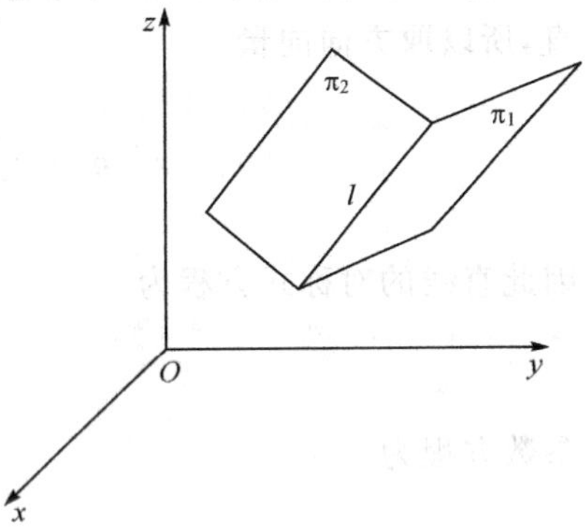

图 3.27

注 直线的一般方程中，因平面 π_1 和 π_2 相交，所以 $\frac{A_1}{A_2},\frac{B_1}{B_2},\frac{C_1}{C_2}$ 不全相等.

由于通过同一条直线的平面有无穷多个，因此直线的一般方程不是唯一的.

例 3.4.3 求过点 $(1,-1,2)$ 且与两平面

$$\pi_1: x+y+z-3=0,\ \pi_2: 3x-3y+5z-5=0$$

的交线平行的直线 l 的方程.

解 设平面 π_1,π_2 的法向量分别为 $\boldsymbol{n}_1,\boldsymbol{n}_2$，由题意直线 l 方向向量可取为

$$\boldsymbol{s}=\boldsymbol{n}_1\times\boldsymbol{n}_2=\begin{vmatrix}\boldsymbol{i} & \boldsymbol{j} & \boldsymbol{k}\\ 1 & 1 & 1\\ 3 & -3 & 5\end{vmatrix}=2(4\boldsymbol{i}-\boldsymbol{j}-3\boldsymbol{k}),$$

又直线过点 $(1,-1,2)$，于是直线 l 的方程为

$$\frac{x-1}{4}=\frac{y+1}{-1}=\frac{z-2}{-3}.$$

直线的三种方程在应用上各有方便之处，因此需要掌握它们相互转化的方法. 我们知道，直线的对称式方程与参数方程的相互转化很容易，要把对称式方程转化为一般方程也很简单，这只要把对称式方程(3.4.1)中的连等号写成两个方程，例如

$$\begin{cases}\dfrac{x-x_0}{m}=\dfrac{y-y_0}{n}\\[2mm] \dfrac{y-y_0}{n}=\dfrac{z-z_0}{p}\end{cases},$$

就是直线的一般方程．

把直线的一般方程转化对称式方程稍为麻烦，通过举例说明这一转化方法．

例 3.4.4 利用对称式方程及参数方程表示直线$\begin{cases}2x-y-3z-2=0\\x+2y-z-6=0\end{cases}$.

解 先找出直线上的一点(x_0,y_0,z_0)，不妨取 $z_0=0$，得方程组

$$\begin{cases}2x_0-y_0-2=0\\x_0+2y_0-6=0\end{cases},$$

解得

$$x_0=2,y_0=2,$$

即直线过点(2,2,0).

再找方向向量 $\boldsymbol{s}$，因直线与这两平面的法向量 $\boldsymbol{n}_1=(2,-1,-3)$，$\boldsymbol{n}_2=(1,2,-1)$都垂直，所以取方向向量

$$\boldsymbol{s}=\boldsymbol{n}_1\times\boldsymbol{n}_2=\begin{vmatrix}\boldsymbol{i}&\boldsymbol{j}&\boldsymbol{k}\\2&-1&-3\\1&2&-1\end{vmatrix}=7\boldsymbol{i}-\boldsymbol{j}+5\boldsymbol{k},$$

因此直线的对称式方程为

$$\frac{x-2}{7}=\frac{y-2}{-1}=\frac{z}{5}.$$

参数方程为

$$\begin{cases}x=2+7t\\y=2-t\\z=5t\end{cases}.$$

3.4.3 两直线的夹角

两直线的方向向量的夹角(通常指锐角)称为**两直线的夹角**．

设两直线 l_1 和 l_2 的方向向量分别为 $\boldsymbol{s}_1=(m_1,n_1,p_1)$和 $\boldsymbol{s}_2=(m_2,n_2,p_2)$，则两直线 l_1 和 l_2 的夹角 θ 为$(\widehat{\boldsymbol{s}_1,\boldsymbol{s}_2})$与 $\pi-(\widehat{\boldsymbol{s}_1,\boldsymbol{s}_2})$中的锐角，因此两直线夹角的余弦为

$$\cos\theta=|\cos(\widehat{\boldsymbol{s}_1,\boldsymbol{s}_2})|=\frac{|\boldsymbol{s}_1\cdot\boldsymbol{s}_2|}{|\boldsymbol{s}_1||\boldsymbol{s}_1|}=\frac{|m_1m_2+n_1n_2+p_1p_2|}{\sqrt{m_1^2+n_1^2+p_1^2}\cdot\sqrt{m_2^2+n_2^2+p_2^2}}.$$

由两向量垂直、平行的充要条件可得：

(1) $l_1\perp l_2$ 的充要条件是 $m_1m_2+n_1n_2+p_1p_2=0$；

(2) $l_1/\!/l_2$ 的充要条件是 $\dfrac{m_1}{m_2}=\dfrac{n_1}{n_2}=\dfrac{p_1}{p_2}$.

例 3.4.5 求两直线$\begin{cases}x=1+2t\\y=2-t\\z=t\end{cases}$与$\dfrac{x}{-1}=\dfrac{y+5}{3}=\dfrac{z-4}{0}$的夹角．

解　两直线的方向向量分别为 $\boldsymbol{s}_1=(2,-1,1)$，$\boldsymbol{s}_2=(-1,3,0)$，由夹角公式得

$$\cos\theta=\frac{|2\cdot(-1)+(-1)\cdot 3+1\cdot 0|}{\sqrt{2^2+(-1)^2+1^2}\cdot\sqrt{(-1)^2+3^2+0^2}}=\frac{5}{\sqrt{60}}=\frac{\sqrt{15}}{6},$$

所以，夹角 $\theta=\arccos\frac{\sqrt{15}}{6}$.

3.4.4　直线与平面的夹角

当直线 l 与平面 π 不垂直时，直线 l 与它在平面 π 上的投影直线的夹角 $\varphi\left(0\leqslant\varphi<\frac{\pi}{2}\right)$ 称为**直线与平面的夹角**，如图 3.28 所示，当直线与平面垂直时，规定直线与平面的夹角为 $\frac{\pi}{2}$.

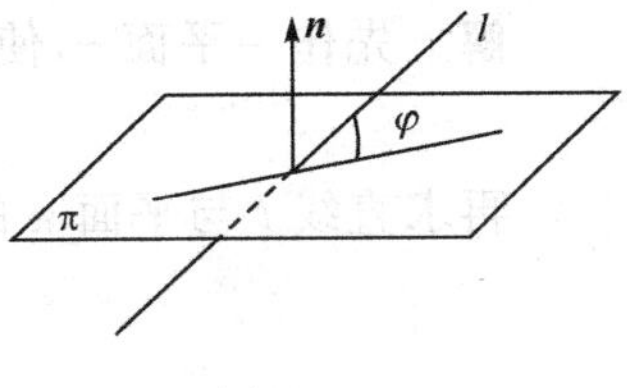

图 3.28

设直线 l 的方向向量为 $\boldsymbol{s}=(m,n,p)$，平面 π 的法向量为 $\boldsymbol{n}=(A,B,C)$，直线与平面的夹角为 φ，那么 $\varphi=\left|\frac{\pi}{2}-(\widehat{\boldsymbol{s},\boldsymbol{n}})\right|$，

因此

$$\sin\varphi=|\cos(\widehat{\boldsymbol{s},\boldsymbol{n}})|=\frac{|\boldsymbol{s}\cdot\boldsymbol{n}|}{|\boldsymbol{s}|\,|\boldsymbol{n}|}=\frac{|Am+Bn+Cp|}{\sqrt{A^2+B^2+C^2}\cdot\sqrt{m^2+n^2+p^2}}.$$

由两向量垂直、平行的充要条件可得：

(1) $l\perp\pi$ 的充要条件是 $\boldsymbol{s}/\!/\boldsymbol{n}$，即 $\frac{A}{m}=\frac{B}{n}=\frac{C}{p}$；

(2) $l/\!/\pi$ 的充要条件是 $\boldsymbol{s}\perp\boldsymbol{n}$，即 $Am+Bn+Cp=0$.

例 3.4.6　求过点 $A(1,-2,3)$，且垂直于平面 $x+3y-4z+3=0$ 的直线方程.

解　直线的方向向量可取为平面的法向量，即 $\boldsymbol{s}=(1,3,-4)$，
因此所求直线的方程为

$$\frac{x-1}{1}=\frac{y+2}{3}=\frac{z-3}{-4}.$$

例 3.4.7　求直线 $\frac{x-1}{1}=\frac{y-4}{-1}=\frac{z-7}{2}$ 与平面 $2x+y-z+3=0$ 的交点 M 及夹角 φ.

解　所给直线的参数方程为

$$\begin{cases}x=1+t\\ y=4-t\\ z=7+2t\end{cases},$$

将参数方程代入平面方程，得

$$2(1+t)+(4-t)-(7+2t)+3=0,$$

解得 $t=2$，将 t 的值代入直线的参数方程，即得所求交点的坐标为 $M(3,2,11)$.

平面的法向量为 $\boldsymbol{n}=(2,1,-1)$，直线的方向向量为 $\boldsymbol{s}=(1,-1,2)$，从而

$$\sin\varphi=\frac{|\boldsymbol{n}\cdot\boldsymbol{s}|}{|\boldsymbol{n}||\boldsymbol{s}|}=\frac{1}{6},$$

即直线与平面的夹角为 $\varphi=\arcsin\dfrac{1}{6}$.

例 3.4.8 已知点 $M(2,2,5)$，直线 l：$\dfrac{x-1}{3}=\dfrac{y}{-1}=\dfrac{z+1}{3}$，求过点 M 且与直线 l 垂直相交的直线方程．

解 先作一平面 π，使得 π 过点 $M(2,2,5)$ 且垂直于直线 l，则平面 π 的方程为

$$3(x-2)-(y-2)+3(z-5)=0;$$

再求直线 l 与平面 π 的交点．直线 l 的参数方程为

$$\begin{cases}x=1+3t\\ y=-t\\ z=-1+3t\end{cases},$$

代入平面 π 的方程，得 $t=1$，从而求得直线 l 与平面 π 的交点为 $N(4,-1,2)$.

所求直线通过 M、N 两点，因此方向向量可取为

$$\boldsymbol{s}=\overrightarrow{MN}=(2,-3,-3),$$

于是所求直线的方程为

$$\frac{x-2}{2}=\frac{y-2}{-3}=\frac{z-5}{-3}.$$

例 3.4.9 设点 M 及直线 l 同例 3.4.8，求点 M 到直线 l 的距离．

解 方法 1. 因点 M 到直线 l 的距离 d 就是点 M 到直线 l 的垂线段的长度，由例 3.4.8 知点 N 为垂足，所以

$$d=|MN|=\sqrt{2^2+(-3)^2+(-3)^2}=\sqrt{22}.$$

方法 2. 点 M 到直线 l 的距离就是点 M 与直线 l 上任一点的距离的最小值．

直线 l 的参数方程为

$$\begin{cases}x=1+3t\\ y=-t\\ z=-1+3t\end{cases},$$

点 M 与直线 l 上的点 $Q(1+3t,-t,-1+3t)$ 的距离为

$$\begin{aligned}|MQ|&=\sqrt{(1+3t-2)^2+(-t-2)^2+(-1+3t-5)^2}\\&=\sqrt{19t^2-38t+41}\\&=\sqrt{19(t-1)^2+22}.\end{aligned}$$

因此，$|MQ|$ 的最小值为 $\sqrt{22}$，从而点 M 到直线 l 的距离为 $\sqrt{22}$.

3.4.5　平面束

我们知道，通过一条空间直线可作无穷多个平面，通过同一直线 l 的所有平面组成的集合称为**平面束**，直线 l 称为**平面束的轴**．

设直线 l 的方程为

$$\begin{cases}A_1x+B_1y+C_1z+D_1=0\\A_2x+B_2y+C_2z+D_2=0\end{cases},$$

容易验证，方程

$$\lambda(A_1x+B_1y+C_1z+D_1)+\mu(A_2x+B_2y+C_2z+D_2)=0$$

是以 l 为轴的平面束方程，其中 λ,μ 是不全为零的任意实数．

注 上述平面束方程中，λ 与 μ 的每一个比值都对应于过 l 的一个平面，而且该平面束方程包含了所有过 l 的平面方程．

例 3.4.10 求直线 $l:\begin{cases}2x+y-2z+1=0\\x+y+z-1=0\end{cases}$ 在平面 $\pi_1:x+2y-z=0$ 上的投影直线的方程．

解 需要求出通过 l 且与平面 π_1 垂直的平面 π 的方程，为此我们利用平面束方程求解．

设通过直线 l 的平面方程为

$$\lambda(2x+y-2z+1)+\mu(x+y+z-1)=0,$$

即

$$(2\lambda+\mu)x+(\lambda+\mu)y+(-2\lambda+\mu)z+\lambda-\mu=0,$$

该平面与已知平面 $\pi_1:x+2y-z=0$ 垂直的条件是

$$(2\lambda+\mu)\cdot 1+(\lambda+\mu)\cdot 2+(-2\lambda+\mu)\cdot(-1)=0,$$

解之得 $\mu=-3\lambda$. 代入平面束方程中，并整理得

$$x+2y+5z-4=0,$$

这就是通过 l 且与已知平面 π_1 垂直的平面 π 的方程．

所求的投影直线是两平面 π 与 π_1 的交线，因此投影直线的方程为

$$\begin{cases}x+2y-z=0\\x+2y+5z-4=0\end{cases}.$$

习　题　3.4

1. 求过点 $M(1,2,-1)$ 且与直线 $\begin{cases}2x-3y+z-5=0\\3x+y-2z-4=0\end{cases}$ 垂直的平面方程．

2. 求通过点 $(1,2,-1)$ 和直线 $\begin{cases}x+2y-z-3=0\\-2x+y+z-7=0\end{cases}$ 的平面的方程．

3. 把直线 l 的一般方程

$$\begin{cases}2x-4y+z-1=0\\x+3y+5=0\end{cases}$$

化为对称式方程和参数方程．

4. 化直线的对称式方程 $\frac{x-1}{2}=\frac{y+2}{-5}=\frac{z-4}{7}$ 为一般方程．

5. 判断下列各组中的直线和平面间的位置关系：

(1) $\frac{x-2}{2}=\frac{y}{7}=\frac{z+1}{-3}$, $4x-2y-2z=3$；

(2) $\frac{x}{4}=\frac{y}{-2}=\frac{z}{5}$，$4x-2y+5z=8$；

(3) $\frac{x-2}{3}=\frac{y+2}{2}=\frac{z-1}{-5}$，$x+y+z=1$.

6. 一直线过点 $A(1,-2,3)$ 且与 z 轴垂直相交，求其方程.

7. 求过点 $(1,2,1)$ 且平行于直线 $\begin{cases}x+2y-z+1=0\\x-y+z-1=0\end{cases}$ 的直线方程.

8. 求两直线 $\frac{x-1}{3}=\frac{y+2}{6}=\frac{z-5}{2}$ 和 $\frac{x}{2}=\frac{y-3}{9}=\frac{z+1}{6}$ 的夹角.

9. 求过点 $P(2,-1,3)$ 且与直线 l：$\frac{x-1}{-1}=\frac{y}{0}=\frac{z-2}{2}$ 垂直相交的直线方程，并求点 P 到直线 l 的距离.

10. 已知直线 l：$\begin{cases}x+2y-z-6=0\\2x-y+z+1=0\end{cases}$，平面 π：$x+y+z=9$，

(1) 求 l 与 π 的夹角；

(2) 求 l 在 yOz 坐标面上的投影直线方程；

(3) l 在 π 上的投影直线的方程.

11. 证明：直线 l_1：$\begin{cases}x-2y+2z=0\\3x+2y-6=0\end{cases}$ 与直线 l_2：$\begin{cases}x+2y-z-11=0\\2x+z-14=0\end{cases}$ 平行，并求出它们所在的平面方程.

12. 求通过直线 $\frac{x-2}{1}=\frac{y+3}{-5}=\frac{z+1}{-1}$，且与直线 $\begin{cases}2x-y+z-3=0\\x+2y-z-9=0\end{cases}$ 平行的平面方程.

13. 已知直线 l_1：$\frac{x}{1}=\frac{y-1}{2}=\frac{z+2}{-1}$ 与 l_2：$\frac{x-1}{4}=\frac{y-4}{7}=\frac{z+2}{-5}$ 相交，求交点的坐标.

14. 求通过点 $P(1,0,-2)$，与平面 $3x-y+2z-1=0$ 平行，且与直线 $\frac{x-1}{4}=\frac{y-3}{-2}=\frac{z}{1}$ 相交的直线方程.

15. 设 M_0 是直线 l 外的一点，M 是直线 l 上任意一点，直线 l 的方向向量为 $\boldsymbol{s}$，证明：点 M_0 到直线 l 的距离为

$$d=\frac{|\overrightarrow{M_0M}\times\boldsymbol{s}|}{|\boldsymbol{s}|}.$$

3.5 n 维向量与向量组的线性相关性

3.5.1 n 维向量的概念及其线性运算

1. n 维向量的概念

在空间直角坐标系中，空间向量 $\boldsymbol{a}$ 可以用三元有序数组 (a_x,a_y,a_z) 表示. 在实际问题中，会遇到所研究的对象需用更多个数构成的有序数组来描述，为此我们将三元有序数组推广到 n 元有序数组，由此得到 n 维向量的定义.

定义 3.5.1 由 n 个数 $a_1,a_2,\cdots,a_n$ 所组成的有序数组称为 n **维向量**，记作

$$(a_1,a_2,\cdots,a_n)\text{或}\begin{pmatrix}a_1\\a_2\\\vdots\\a_n\end{pmatrix},$$

其中 a_i 称为向量的**第 i 个分量(坐标)**，$i=1,2,\cdots,n$，向量所含分量的个数 n 称为向量的**维数**．第一个表示式称为**行向量**，后者称为**列向量**，向量一般用黑体小写字母 $\boldsymbol{a},\boldsymbol{b},\boldsymbol{c}$ 或希腊字母 $\boldsymbol{\alpha},\boldsymbol{\beta},\boldsymbol{\gamma}$ 等表示．一个向量用行向量还是列向量表示，需根据实际情况来定．为方便起见，下面所述 n 维向量的有关概念及运算都用列向量表示．

分量全为实数的向量称为**实向量**，分量为复数的向量称为**复向量**．若无特别说明，本书中所指的向量均为实向量．

分量全为 0 的向量称为**零向量**，记作 $\mathbf{0}$，即 $\mathbf{0}=(0,0,\cdots,0)^{\mathrm{T}}$.

设向量 $\boldsymbol{\alpha}=(a_1,a_2,\cdots,a_n)^{\mathrm{T}}$，称 $(-a_1,-a_2,\cdots,-a_n)^{\mathrm{T}}$ 为向量 $\boldsymbol{\alpha}$ 的**负向量**，记作 $-\boldsymbol{\alpha}$.

设向量 $\boldsymbol{\alpha}=(a_1,a_2,\cdots,a_n)^{\mathrm{T}}$，$\boldsymbol{\beta}=(b_1,b_2,\cdots,b_n)^{\mathrm{T}}$，当它们的对应分量全相等，即 $a_i=b_i$ $(i=1,2,\cdots,n)$ 时，称**向量 $\boldsymbol{\alpha}$ 与 $\boldsymbol{\beta}$ 相等**，记为 $\boldsymbol{\alpha}=\boldsymbol{\beta}$.

2. n 维向量的线性运算

在空间直角坐标系中，向量的线性运算可转化为坐标的线性运算，现在我们将这种线性运算推广到 n 维向量中去．

定义 3.5.2 设 $\boldsymbol{\alpha}=(a_1,a_2,\cdots,a_n)^{\mathrm{T}}$，$\boldsymbol{\beta}=(b_1,b_2,\cdots,b_n)^{\mathrm{T}}$，称

$$(a_1+b_1,a_2+b_2,\cdots,a_n+b_n)^{\mathrm{T}}$$

为**向量 $\boldsymbol{\alpha}$ 与 $\boldsymbol{\beta}$ 的和**，记作 $\boldsymbol{\alpha}+\boldsymbol{\beta}$，

即
$$\boldsymbol{\alpha}+\boldsymbol{\beta}=(a_1+b_1,a_2+b_2,\cdots,a_n+b_n)^{\mathrm{T}},$$

这种运算称为**向量的加法**．

对于 $\lambda\in\mathbf{R}$，称向量 $(\lambda a_1,\lambda a_2,\cdots,\lambda a_n)^{\mathrm{T}}$ 为**数 λ 与向量 $\boldsymbol{\alpha}$ 的乘积**(简称数乘)，记作 $\lambda\boldsymbol{\alpha}$，即 $\lambda\boldsymbol{\alpha}=(\lambda a_1,\lambda a_2,\cdots,\lambda a_n)^{\mathrm{T}}$.

向量的加法与数乘统称为向量的**线性运算**．

向量的线性运算满足下述八条性质：

(1) $\boldsymbol{\alpha}+\boldsymbol{\beta}=\boldsymbol{\beta}+\boldsymbol{\alpha}$；

(2) $(\boldsymbol{\alpha}+\boldsymbol{\beta})+\boldsymbol{\gamma}=\boldsymbol{\alpha}+(\boldsymbol{\beta}+\boldsymbol{\gamma})$；

(3) $\boldsymbol{\alpha}+\mathbf{0}=\boldsymbol{\alpha}$；

(4) $\boldsymbol{\alpha}+(-\boldsymbol{\alpha})=\mathbf{0}$；

(5) $1\boldsymbol{\alpha}=\boldsymbol{\alpha}$；

(6) $\lambda(\mu\boldsymbol{\alpha})=(\lambda\mu)\boldsymbol{\alpha}$；

(7) $\lambda(\boldsymbol{\alpha}+\boldsymbol{\beta})=\lambda\boldsymbol{\alpha}+\lambda\boldsymbol{\beta}$；

(8) $(\lambda+\mu)\boldsymbol{\alpha}=\lambda\boldsymbol{\alpha}+\mu\boldsymbol{\alpha}$.

其中 $\boldsymbol{\alpha},\boldsymbol{\beta},\boldsymbol{\gamma}$ 是 n 维向量，λ,μ 是任意实数．

3.5.2 向量组的线性相关性

在空间解析几何中，任一向量 $\boldsymbol{a}$ 可由基本向量 $\boldsymbol{i},\boldsymbol{j},\boldsymbol{k}$ 表示出来，即 $\boldsymbol{a}=a_x\boldsymbol{i}+a_y\boldsymbol{j}+$

$a_z\boldsymbol{k}$，为了把向量间的这种关系推广到 n 维向量中，我们引入很重要的概念：线性相关与线性无关，并给出线性相关性的有关定理，首先介绍线性组合的概念.

1. 线性组合

由若干个同维数的列向量(或同维数的行向量)所构成的集合称为**向量组**.

例如，$\boldsymbol{\alpha}_1=(1,1,2)^{\mathrm{T}}$，$\boldsymbol{\alpha}_2=(4,0,3)^{\mathrm{T}}$，$\boldsymbol{\alpha}_3=(2,-1,5)^{\mathrm{T}}$，$\boldsymbol{\alpha}_4=(0,3,2)^{\mathrm{T}}$ 这四个向量就构成一个向量组.

又如，由所有 n 维实向量构成的集合是一个向量组，记作 $\mathbf{R}^n$，即

$$\mathbf{R}^n=\{(a_1,a_2,\cdots,a_n)^{\mathrm{T}}\mid a_i\in\mathbf{R},i=1,2,\cdots,n\}.$$

定义 3.5.3　给定向量组 $\boldsymbol{\beta},\boldsymbol{\alpha}_1,\boldsymbol{\alpha}_2,\cdots,\boldsymbol{\alpha}_m(m\geqslant1)$，如果存在一组数 $\lambda_1,\lambda_2,\cdots,\lambda_m$，使得

$$\boldsymbol{\beta}=\lambda_1\boldsymbol{\alpha}_1+\lambda_2\boldsymbol{\alpha}_2+\cdots+\lambda_m\boldsymbol{\alpha}_m,$$

称向量 $\boldsymbol{\beta}$ 是向量组 $\boldsymbol{\alpha}_1,\boldsymbol{\alpha}_2,\cdots,\boldsymbol{\alpha}_m$ 的**线性组合**，或者说向量 $\boldsymbol{\beta}$ 可由向量组 $\boldsymbol{\alpha}_1,\boldsymbol{\alpha}_2,\cdots,\boldsymbol{\alpha}_m$ **线性表示**.

例如，设 $\boldsymbol{\beta}=\begin{pmatrix}7\\2\\-2\end{pmatrix}$，$\boldsymbol{\alpha}_1=\begin{pmatrix}1\\4\\-2\end{pmatrix}$，$\boldsymbol{\alpha}_2=\begin{pmatrix}3\\-1\\0\end{pmatrix}$，可以验证 $\boldsymbol{\beta}=\boldsymbol{\alpha}_1+2\boldsymbol{\alpha}_2$，因此 $\boldsymbol{\beta}$ 是向量组 $\boldsymbol{\alpha}_1,\boldsymbol{\alpha}_2$ 的线性组合.

又如，任意的 n 维向量 $\boldsymbol{\alpha}=\begin{pmatrix}a_1\\a_2\\\vdots\\a_n\end{pmatrix}$ 可由向量组 $\boldsymbol{\varepsilon}_1=\begin{pmatrix}1\\0\\\vdots\\0\end{pmatrix}$，$\boldsymbol{\varepsilon}_2=\begin{pmatrix}0\\1\\\vdots\\0\end{pmatrix}$，$\cdots$，$\boldsymbol{\varepsilon}_n=\begin{pmatrix}0\\0\\\vdots\\1\end{pmatrix}$ 线性表示，这是因为 $\begin{pmatrix}a_1\\a_2\\\vdots\\a_n\end{pmatrix}=a_1\begin{pmatrix}1\\0\\\vdots\\0\end{pmatrix}+a_2\begin{pmatrix}0\\1\\\vdots\\0\end{pmatrix}+\cdots+a_n\begin{pmatrix}0\\0\\\vdots\\1\end{pmatrix}$，

即

$$\boldsymbol{\alpha}=a_1\boldsymbol{\varepsilon}_1+a_2\boldsymbol{\varepsilon}_2+\cdots+a_n\boldsymbol{\varepsilon}_n.$$

称 $\boldsymbol{\varepsilon}_1,\boldsymbol{\varepsilon}_2,\cdots,\boldsymbol{\varepsilon}_n$ 为 n **维单位向量组**(**或标准向量组**)，也就是说，任一 n 维向量均可由 n 维单位向量组线性表示.

由线性组合的定义，容易证明

(1) 向量组 $\boldsymbol{\alpha}_1,\boldsymbol{\alpha}_2,\cdots,\boldsymbol{\alpha}_m$ 中的每个向量均可由此向量组线性表示；

(2) 零向量可由任一向量组线性表示(取表示系数全为零即可).

定义 3.5.4　设有两个 n 维向量组

$$\boldsymbol{A}:\boldsymbol{\alpha}_1,\boldsymbol{\alpha}_2,\cdots,\boldsymbol{\alpha}_s;\quad \boldsymbol{B}:\boldsymbol{\beta}_1,\boldsymbol{\beta}_2,\cdots,\boldsymbol{\beta}_t$$

如果向量组 $\boldsymbol{A}$ 中的每一个向量都可由向量组 $\boldsymbol{B}$ 线性表示，则称**向量组 $\boldsymbol{A}$ 可由向量组 $\boldsymbol{B}$ 线性表示**，如果向量组 $\boldsymbol{A}$ 和 $\boldsymbol{B}$ 可以相互线性表示，则称这两个**向量组等价**.

例如，向量组 $\boldsymbol{A}:\boldsymbol{\varepsilon}_1=\begin{pmatrix}1\\0\end{pmatrix}$，$\boldsymbol{\varepsilon}_2=\begin{pmatrix}0\\1\end{pmatrix}$ 与 $\boldsymbol{B}:\boldsymbol{\alpha}_1=\begin{pmatrix}1\\1\end{pmatrix}$，$\boldsymbol{\alpha}_2=\begin{pmatrix}1\\-1\end{pmatrix}$ 等价，这是因为

$\boldsymbol{A}$ 可由 $\boldsymbol{B}$ 线性表示，$\boldsymbol{\varepsilon}_1=\frac{1}{2}\boldsymbol{\alpha}_1+\frac{1}{2}\boldsymbol{\alpha}_2,\boldsymbol{\varepsilon}_2=\frac{1}{2}\boldsymbol{\alpha}_1-\frac{1}{2}\boldsymbol{\alpha}_2$；

$\boldsymbol{B}$ 可由 $\boldsymbol{A}$ 线性表示，$\boldsymbol{\alpha}_1=\boldsymbol{\varepsilon}_1+\boldsymbol{\varepsilon}_2,\boldsymbol{\alpha}_2=\boldsymbol{\varepsilon}_1-\boldsymbol{\varepsilon}_2$.

又如，向量组 $\boldsymbol{A}:\boldsymbol{\alpha}_1=\begin{pmatrix}1\\2\\0\end{pmatrix},\boldsymbol{\alpha}_2=\begin{pmatrix}-1\\3\\0\end{pmatrix}$ 与 $\boldsymbol{B}:\boldsymbol{\beta}_1=\begin{pmatrix}-2\\0\\1\end{pmatrix},\boldsymbol{\beta}_2=\begin{pmatrix}3\\4\\0\end{pmatrix}$ 不等价，因为向量组 $\boldsymbol{B}$ 中的向量 $\boldsymbol{\beta}_1$ 不能由向量组 $\boldsymbol{A}$ 线性表示.

关于向量组的等价，有以下三条性质：

(1) **反身性** 向量组 $\boldsymbol{A}$ 与其自身等价；

(2) **对称性** 若向量组 $\boldsymbol{A}$ 与向量组 $\boldsymbol{B}$ 等价，则向量组 $\boldsymbol{B}$ 与向量组 $\boldsymbol{A}$ 等价；

(3) **传递性** 若向量组 $\boldsymbol{A}$ 与向量组 $\boldsymbol{B}$ 等价，向量组 $\boldsymbol{B}$ 与向量组 $\boldsymbol{C}$ 等价，则向量组 $\boldsymbol{A}$ 与向量组 $\boldsymbol{C}$ 等价.

证明 (1)(2)显然成立，下面证明(3).

由于向量组 $\boldsymbol{A}$ 与向量组 $\boldsymbol{B}$ 等价，所以 $\boldsymbol{A}$ 可以由 $\boldsymbol{B}$ 线性表示，而向量组 $\boldsymbol{B}$ 与向量组 $\boldsymbol{C}$ 等价，所以 $\boldsymbol{B}$ 可以由 $\boldsymbol{C}$ 线性表示，从而 $\boldsymbol{A}$ 可以由 $\boldsymbol{C}$ 线性表示，反之亦然，因此向量组 $\boldsymbol{A}$ 与向量组 $\boldsymbol{C}$ 等价.

2. 线性相关与线性无关的概念

定义 3.5.5 设 $\boldsymbol{\alpha}_1,\boldsymbol{\alpha}_2,\cdots,\boldsymbol{\alpha}_m$ 为 n 维向量组，若存在不全为零的实数 $\lambda_1,\lambda_2,\cdots,\lambda_m$，使

$$\lambda_1\boldsymbol{\alpha}_1+\lambda_2\boldsymbol{\alpha}_2+\cdots+\lambda_m\boldsymbol{\alpha}_m=\boldsymbol{0},$$

则称向量组 $\boldsymbol{\alpha}_1,\boldsymbol{\alpha}_2,\cdots,\boldsymbol{\alpha}_m$ **线性相关**，否则称 $\boldsymbol{\alpha}_1,\boldsymbol{\alpha}_2,\cdots,\boldsymbol{\alpha}_m$ **线性无关**.

由定义知，若等式

$$\lambda_1\boldsymbol{\alpha}_1+\lambda_2\boldsymbol{\alpha}_2+\cdots+\lambda_m\boldsymbol{\alpha}_m=\boldsymbol{0}$$

当且仅当 $\lambda_1=\lambda_2=\cdots=\lambda_m=0$ 时才成立，则向量组 $\boldsymbol{\alpha}_1,\boldsymbol{\alpha}_2,\cdots,\boldsymbol{\alpha}_m$ 线性无关.

例如，向量组 $\boldsymbol{\alpha}_1=(1,-1,2)^{\mathrm{T}},\boldsymbol{\alpha}_2=(-2,3,1)^{\mathrm{T}},\boldsymbol{\alpha}_3=(-3,5,4)^{\mathrm{T}}$ 是线性相关的，因为存在不全为零的实数 $1,2,-1$，使

$$\boldsymbol{\alpha}_1+2\boldsymbol{\alpha}_2-\boldsymbol{\alpha}_3=\boldsymbol{0}.$$

又如，n 维单位向量组 $\boldsymbol{\varepsilon}_1,\boldsymbol{\varepsilon}_2,\cdots,\boldsymbol{\varepsilon}_n$ 是线性无关的，因为当且仅当 $\lambda_1=\lambda_2=\cdots=\lambda_m=0$ 时才有

$$\lambda_1\boldsymbol{\varepsilon}_1+\lambda_2\boldsymbol{\varepsilon}_2+\cdots+\lambda_n\boldsymbol{\varepsilon}_n=\boldsymbol{0}.$$

由线性相关与线性无关的定义可得以下结论：

(1) 任何一个含有零向量的向量组都线性相关.

(2) 单个零向量一定线性相关，而单个非零向量一定线性无关.

(3) 由两个非零向量 $\boldsymbol{\alpha}_1,\boldsymbol{\alpha}_2$ 构成的向量组线性相关的充要条件是 $\boldsymbol{\alpha}_1$ 与 $\boldsymbol{\alpha}_2$ 对应的分量成比例.

例 3.5.1 已知向量组 $\boldsymbol{\alpha}_1,\boldsymbol{\alpha}_2,\boldsymbol{\alpha}_3$ 线性无关，且 $\boldsymbol{\beta}_1=\boldsymbol{\alpha}_1-\boldsymbol{\alpha}_2,\boldsymbol{\beta}_2=\boldsymbol{\alpha}_2-\boldsymbol{\alpha}_3,\boldsymbol{\beta}_3=\boldsymbol{\alpha}_3$，证明向量组 $\boldsymbol{\beta}_1,\boldsymbol{\beta}_2,\boldsymbol{\beta}_3$ 线性无关.

证 设有一组数 $\lambda_1,\lambda_2,\lambda_3$，使

$$\lambda_1\boldsymbol{\beta}_1+\lambda_2\boldsymbol{\beta}_2+\lambda_3\boldsymbol{\beta}_3=\mathbf{0},$$

即
$$\lambda_1(\boldsymbol{\alpha}_1-\boldsymbol{\alpha}_2)+\lambda_2(\boldsymbol{\alpha}_2-\boldsymbol{\alpha}_3)+\lambda_3\boldsymbol{\alpha}_3=\mathbf{0},$$

整理得
$$\lambda_1\boldsymbol{\alpha}_1+(\lambda_2-\lambda_1)\boldsymbol{\alpha}_2+(\lambda_3-\lambda_2)\boldsymbol{\alpha}_3=\mathbf{0},$$

由题设条件 $\boldsymbol{\alpha}_1,\boldsymbol{\alpha}_2,\boldsymbol{\alpha}_3$ 线性无关知

$$\begin{cases}\lambda_1=0\\ \lambda_2-\lambda_1=0\\ \lambda_3-\lambda_2=0\end{cases},$$

解得 $\lambda_1=\lambda_2=\lambda_3=0$，因此向量组 $\boldsymbol{\beta}_1,\boldsymbol{\beta}_2,\boldsymbol{\beta}_3$ 线性无关．

3. 线性相关性的有关定理

定理 3.5.1 向量组 $\boldsymbol{\alpha}_1,\boldsymbol{\alpha}_2,\cdots,\boldsymbol{\alpha}_m(m\geqslant 2)$ 线性相关的充要条件是 $\boldsymbol{\alpha}_1,\boldsymbol{\alpha}_2,\cdots,\boldsymbol{\alpha}_m$ 中至少有一个向量可以由其余的 $m-1$ 个向量线性表示．

证 充分性．设 $\boldsymbol{\alpha}_1,\boldsymbol{\alpha}_2,\cdots,\boldsymbol{\alpha}_m$ 中至少有一个向量可以由其余的 $m-1$ 个向量线性表示，不妨设 $\boldsymbol{\alpha}_1$ 可由 $\boldsymbol{\alpha}_2,\boldsymbol{\alpha}_3,\cdots,\boldsymbol{\alpha}_m$ 线性表示，即存在一组数 $\lambda_2,\lambda_3,\cdots,\lambda_m$，使

$$\boldsymbol{\alpha}_1=\lambda_2\boldsymbol{\alpha}_2+\lambda_3\boldsymbol{\alpha}_3+\cdots+\lambda_m\boldsymbol{\alpha}_m,$$

即
$$(-1)\boldsymbol{\alpha}_1+\lambda_2\boldsymbol{\alpha}_2+\lambda_3\boldsymbol{\alpha}_3+\cdots+\lambda_m\boldsymbol{\alpha}_m=\mathbf{0},$$

而系数 $-1,\lambda_2,\lambda_3,\cdots,\lambda_m$ 不全为零，所以向量组 $\boldsymbol{\alpha}_1,\boldsymbol{\alpha}_2,\cdots,\boldsymbol{\alpha}_m$ 线性相关．

必要性．设 $\boldsymbol{\alpha}_1,\boldsymbol{\alpha}_2,\cdots,\boldsymbol{\alpha}_m$ 线性相关，即存在不全为零的数 $\lambda_1,\lambda_2,\cdots,\lambda_m$，使

$$\lambda_1\boldsymbol{\alpha}_1+\lambda_2\boldsymbol{\alpha}_2+\cdots+\lambda_m\boldsymbol{\alpha}_m=\mathbf{0},$$

不妨设 $\lambda_m\neq 0$，则有

$$\boldsymbol{\alpha}_m=-\frac{\lambda_1}{\lambda_m}\boldsymbol{\alpha}_1-\frac{\lambda_2}{\lambda_m}\boldsymbol{\alpha}_2-\cdots-\frac{\lambda_{m-1}}{\lambda_m}\boldsymbol{\alpha}_{m-1},$$

即 $\boldsymbol{\alpha}_m$ 可由其余的 $m-1$ 个向量 $\boldsymbol{\alpha}_1,\boldsymbol{\alpha}_2,\cdots,\boldsymbol{\alpha}_{m-1}$ 线性表示．

此定理说明了线性相关与线性表示之间的关系，即可以利用线性表示来刻画线性相关．

推论 3.5.1 向量组 $\boldsymbol{\alpha}_1,\boldsymbol{\alpha}_2,\cdots,\boldsymbol{\alpha}_m(m\geqslant 2)$ 线性无关的充要条件是 $\boldsymbol{\alpha}_1,\boldsymbol{\alpha}_2,\cdots,\boldsymbol{\alpha}_m$ 中任何一个向量都不能由其余的 $m-1$ 个向量线性表示．

定理 3.5.2 设向量组 $\boldsymbol{\alpha}_1,\boldsymbol{\alpha}_2,\cdots,\boldsymbol{\alpha}_m$ 线性无关，而向量组 $\boldsymbol{\alpha}_1,\boldsymbol{\alpha}_2,\cdots,\boldsymbol{\alpha}_m,\boldsymbol{\beta}$ 线性相关，则向量 $\boldsymbol{\beta}$ 可由 $\boldsymbol{\alpha}_1,\boldsymbol{\alpha}_2,\cdots,\boldsymbol{\alpha}_m$ 线性表示且表示唯一．

证 因向量组 $\boldsymbol{\alpha}_1,\boldsymbol{\alpha}_2,\cdots,\boldsymbol{\alpha}_m,\boldsymbol{\beta}$ 线性相关，所以存在不全为零的数 $\lambda_1,\lambda_2,\cdots,\lambda_m,\lambda$，使

$$\lambda_1\boldsymbol{\alpha}_1+\lambda_2\boldsymbol{\alpha}_2+\cdots+\lambda_m\boldsymbol{\alpha}_m+\lambda\boldsymbol{\beta}=\mathbf{0},$$

则必有 $\lambda\neq 0$. 这是因为若 $\lambda=0$，则存在不全为零的数 $\lambda_1,\lambda_2,\cdots,\lambda_m$，使

$$\lambda_1\boldsymbol{\alpha}_1+\lambda_2\boldsymbol{\alpha}_2+\cdots+\lambda_m\boldsymbol{\alpha}_m=\mathbf{0},$$

这与 $\boldsymbol{\alpha}_1,\boldsymbol{\alpha}_2,\cdots,\boldsymbol{\alpha}_m$ 线性无关矛盾，所以 $\lambda\neq 0$. 于是

$$\boldsymbol{\beta}=-\frac{\lambda_1}{\lambda}\boldsymbol{\alpha}_1-\frac{\lambda_2}{\lambda}\boldsymbol{\alpha}_2-\cdots-\frac{\lambda_m}{\lambda}\boldsymbol{\alpha}_m,$$

即向量 $\boldsymbol{\beta}$ 可由 $\boldsymbol{\alpha}_1,\boldsymbol{\alpha}_2,\cdots,\boldsymbol{\alpha}_m$ 线性表示．

再证表示唯一．设有两个表示式：

$$\boldsymbol{\beta}=\lambda_1\boldsymbol{\alpha}_1+\lambda_2\boldsymbol{\alpha}_2+\cdots+\lambda_m\boldsymbol{\alpha}_m,$$

$$\boldsymbol{\beta}=\mu_1\boldsymbol{\alpha}_1+\mu_2\boldsymbol{\alpha}_2+\cdots+\mu_m\boldsymbol{\alpha}_m,$$

两式相减得，$\mathbf{0}=(\lambda_1-\mu_1)\boldsymbol{\alpha}_1+(\lambda_2-\mu_2)\boldsymbol{\alpha}_2+\cdots+(\lambda_m-\mu_m)\boldsymbol{\alpha}_m$，

因为 $\boldsymbol{\alpha}_1,\boldsymbol{\alpha}_2,\cdots,\boldsymbol{\alpha}_m$ 线性无关，所以有

$$\lambda_1-\mu_1=\lambda_2-\mu_2=\cdots=\lambda_m-\mu_m=0,$$

从而 $\lambda_1=\mu_1,\lambda_2=\mu_2,\cdots,\lambda_m=\mu_m$，即表示唯一．

由线性相关性的定义，容易验证向量组与它的**部分向量组**（由向量组的一部分向量构成的向量组）之间有以下关系：

定理 3.5.3 若向量组 $\boldsymbol{\alpha}_1,\boldsymbol{\alpha}_2,\cdots,\boldsymbol{\alpha}_r$ 线性相关，则添加 $m-r$ 个同维数的向量 $\boldsymbol{\alpha}_{r+1},\boldsymbol{\alpha}_{r+2},\cdots,\boldsymbol{\alpha}_m$ 之后所得到的向量组 $\boldsymbol{\alpha}_1,\boldsymbol{\alpha}_2,\cdots,\boldsymbol{\alpha}_r,\boldsymbol{\alpha}_{r+1},\boldsymbol{\alpha}_{r+2},\cdots,\boldsymbol{\alpha}_m$ 仍线性相关．

推论 3.5.2 若向量组 $\boldsymbol{\alpha}_1,\boldsymbol{\alpha}_2,\cdots,\boldsymbol{\alpha}_m$ 线性无关，则任意去掉 $k(1\leqslant k<m)$ 个向量之后所得到的向量组仍线性无关．

例 3.5.2 设向量组 $\boldsymbol{\alpha}_1,\boldsymbol{\alpha}_2,\boldsymbol{\alpha}_3$ 线性相关，而 $\boldsymbol{\alpha}_2,\boldsymbol{\alpha}_3,\boldsymbol{\alpha}_4$ 线性无关．证明：

(1) $\boldsymbol{\alpha}_1$ 可由 $\boldsymbol{\alpha}_2,\boldsymbol{\alpha}_3$ 线性表示；

(2) $\boldsymbol{\alpha}_4$ 不能由 $\boldsymbol{\alpha}_1,\boldsymbol{\alpha}_2,\boldsymbol{\alpha}_3$ 线性表示．

证 (1) 已知 $\boldsymbol{\alpha}_2,\boldsymbol{\alpha}_3,\boldsymbol{\alpha}_4$ 线性无关，由推论 3.5.2 知 $\boldsymbol{\alpha}_2,\boldsymbol{\alpha}_3$ 线性无关，而 $\boldsymbol{\alpha}_1,\boldsymbol{\alpha}_2,\boldsymbol{\alpha}_3$ 线性相关，故由定理 3.5.2 得，$\boldsymbol{\alpha}_1$ 可由 $\boldsymbol{\alpha}_2,\boldsymbol{\alpha}_3$ 线性表示．

(2) 用反证法．设 $\boldsymbol{\alpha}_4$ 可以由 $\boldsymbol{\alpha}_1,\boldsymbol{\alpha}_2,\boldsymbol{\alpha}_3$ 线性表示，即存在数 $\lambda_1,\lambda_2,\lambda_3$，使

$$\boldsymbol{\alpha}_4=\lambda_1\boldsymbol{\alpha}_1+\lambda_2\boldsymbol{\alpha}_2+\lambda_3\boldsymbol{\alpha}_3,$$

由(1)知 $\boldsymbol{\alpha}_1$ 可由 $\boldsymbol{\alpha}_2,\boldsymbol{\alpha}_3$ 线性表示，即存在数 μ_2,μ_3，使 $\boldsymbol{\alpha}_1=\mu_2\boldsymbol{\alpha}_2+\mu_3\boldsymbol{\alpha}_3$，代入上式得

$$\boldsymbol{\alpha}_4=(\lambda_2+\lambda_1\mu_2)\boldsymbol{\alpha}_2+(\lambda_3+\lambda_1\mu_3)\boldsymbol{\alpha}_3,$$

即 $\boldsymbol{\alpha}_4$ 可由 $\boldsymbol{\alpha}_2,\boldsymbol{\alpha}_3$ 线性表示，这与题设 $\boldsymbol{\alpha}_2,\boldsymbol{\alpha}_3,\boldsymbol{\alpha}_4$ 线性无关矛盾，所以 $\boldsymbol{\alpha}_4$ 不能由 $\boldsymbol{\alpha}_1,\boldsymbol{\alpha}_2,\boldsymbol{\alpha}_3$ 线性表示．

定理 3.5.4 设 $\boldsymbol{\alpha}_j=(a_{1j},a_{2j},\cdots,a_{mj})^{\mathrm{T}},\boldsymbol{\beta}_j=(a_{1j},a_{2j},\cdots,a_{mj},a_{m+1j})^{\mathrm{T}},j=1,2,\cdots,r$. 若 $\boldsymbol{\alpha}_1,\boldsymbol{\alpha}_2,\cdots,\boldsymbol{\alpha}_r$ 线性无关，则 $\boldsymbol{\beta}_1,\boldsymbol{\beta}_2,\cdots,\boldsymbol{\beta}_r$ 也线性无关．

证 设有一组数 $\lambda_1,\lambda_2,\cdots,\lambda_r$，使

$$\lambda_1\boldsymbol{\beta}_1+\lambda_2\boldsymbol{\beta}_2+\cdots+\lambda_r\boldsymbol{\beta}_r=\mathbf{0},$$

得到方程组

$$\begin{cases}a_{11}\lambda_1+a_{12}\lambda_2+\cdots+a_{1r}\lambda_r=0\\a_{21}\lambda_1+a_{22}\lambda_2+\cdots+a_{2r}\lambda_r=0\\\quad\vdots\qquad\quad\vdots\qquad\qquad\vdots\\a_{m1}\lambda_1+a_{m2}\lambda_2+\cdots+a_{mr}\lambda_r=0\\a_{m+11}\lambda_1+a_{m+12}\lambda_2+\cdots+a_{m+1r}\lambda_r=0\end{cases},\tag{3.5.1}$$

而由 $\lambda_1\boldsymbol{\alpha}_1+\lambda_2\boldsymbol{\alpha}_2+\cdots+\lambda_r\boldsymbol{\alpha}_r=\mathbf{0}$ 得到的方程组

$$\begin{cases}a_{11}\lambda_1+a_{12}\lambda_2+\cdots+a_{1r}\lambda_r=0\\a_{21}\lambda_1+a_{22}\lambda_2+\cdots+a_{2r}\lambda_r=0\\\quad\vdots\qquad\quad\vdots\qquad\qquad\vdots\\a_{m1}\lambda_1+a_{m2}\lambda_2+\cdots+a_{mr}\lambda_r=0\end{cases}\tag{3.5.2}$$

是由方程组(3.5.1)中的前 m 个方程构成的,因此方程组(3.5.1)的解均为方程组(3.5.2)的解.由 $\boldsymbol{\alpha}_1,\boldsymbol{\alpha}_2,\cdots,\boldsymbol{\alpha}_r$ 线性无关可得,方程组(3.5.2)只有零解,从而方程组(3.5.1)只有零解,所以 $\boldsymbol{\beta}_1,\boldsymbol{\beta}_2,\cdots,\boldsymbol{\beta}_r$ 线性无关.

进一步,由定理的证明可得到:

推论 3.5.3　若 m 维向量构成的向量组 $\boldsymbol{\alpha}_1,\boldsymbol{\alpha}_2,\cdots,\boldsymbol{\alpha}_r$ 线性无关,在每个向量的 $n-m$ 个相同位置上增加 $n-m$ 个分量得到 n 维向量组 $\boldsymbol{\beta}_1,\boldsymbol{\beta}_2,\cdots,\boldsymbol{\beta}_r$,则向量组 $\boldsymbol{\beta}_1,\boldsymbol{\beta}_2,\cdots,\boldsymbol{\beta}_r$ 仍线性无关.

推论 3.5.4　若 n 维向量构成的向量组 $\boldsymbol{\alpha}_1,\boldsymbol{\alpha}_2,\cdots,\boldsymbol{\alpha}_r$ 线性相关,则在向量组的每个向量的相同位置上去掉 $k(1\leqslant k<n)$ 个分量所得到的 $n-k$ 维向量组 $\boldsymbol{\beta}_1,\boldsymbol{\beta}_2,\cdots,\boldsymbol{\beta}_r$ 仍线性相关.

由线性无关的定义和克莱姆法则的推论,可得以下结论:

定理 3.5.5　设 $\boldsymbol{\alpha}_1,\boldsymbol{\alpha}_2,\cdots,\boldsymbol{\alpha}_n$ 是 n 个 n 维列向量,$\boldsymbol{\alpha}_j=(a_{1j},a_{2j},\cdots,a_{nj})^{\mathrm{T}},j=1,2,\cdots,n$. 那么向量组 $\boldsymbol{\alpha}_1,\boldsymbol{\alpha}_2,\cdots,\boldsymbol{\alpha}_n$ 线性无关的充要条件是以 $\boldsymbol{\alpha}_1,\boldsymbol{\alpha}_2,\cdots,\boldsymbol{\alpha}_n$ 为列做成的行列式

$$D=\begin{vmatrix} a_{11} & a_{12} & \cdots & a_{1n} \\ a_{21} & a_{22} & \cdots & a_{2n} \\ \vdots & \vdots & & \vdots \\ a_{n1} & a_{n2} & \cdots & a_{nn} \end{vmatrix}\neq 0.$$

等价地讲,由 n 个 n 维列向量构成的向量组线性相关的充要条件是以它们为列做成的行列式等于零.

利用推论 3.5.4 及定理 3.5.5,容易证明以下推论:

推论 3.5.5　当 $m>n$ 时,m 个 n 维向量构成的向量组必然线性相关.

进一步,向量组 $\mathbf{R}^n$ 中,存在且最多存在 n 个线性无关的向量.

定理 3.5.6　设 $\boldsymbol{\alpha}_j=(a_{1j},\cdots,a_{sj},\cdots,a_{tj},\cdots,a_{mj})^{\mathrm{T}},\boldsymbol{\beta}_j=(a_{1j},\cdots,a_{tj},\cdots,a_{sj},\cdots,a_{mj})^{\mathrm{T}},j=1,2,\cdots,r$,即 $\boldsymbol{\beta}_j$ 是由 $\boldsymbol{\alpha}_j$ 交换第 s 个与第 t 个分量得到的,则向量组 $\boldsymbol{\alpha}_1,\boldsymbol{\alpha}_2,\cdots,\boldsymbol{\alpha}_r$ 与向量组 $\boldsymbol{\beta}_1,\boldsymbol{\beta}_2,\cdots,\boldsymbol{\beta}_r$ 有相同的线性相关性.

本定理的推导过程与定理 3.5.4 类似,这里不再给出证明.

推论 3.5.6　同时交换一个向量组的多个相同位置的分量,向量组的线性相关性不变.

习　题　3.5

1. 设 $\boldsymbol{\alpha}_1=(2,5,1,3)^{\mathrm{T}},\boldsymbol{\alpha}_2=(10,1,5,10)^{\mathrm{T}},\boldsymbol{\alpha}_3=(4,1,-1,1)^{\mathrm{T}}$.

(1) 求 $4\boldsymbol{\alpha}_1+\boldsymbol{\alpha}_2-3\boldsymbol{\alpha}_3$;

(2) 若 $3(\boldsymbol{\alpha}_1-\boldsymbol{\alpha})+2(\boldsymbol{\alpha}_2+\boldsymbol{\alpha})=5(\boldsymbol{\alpha}_3+\boldsymbol{\alpha})$,求 $\boldsymbol{\alpha}$.

2. (1) 设 $\boldsymbol{\beta}_1=\boldsymbol{\alpha}_1+\boldsymbol{\alpha}_2,\boldsymbol{\beta}_2=\boldsymbol{\alpha}_2+\boldsymbol{\alpha}_3,\boldsymbol{\beta}_3=\boldsymbol{\alpha}_3+\boldsymbol{\alpha}_4,\boldsymbol{\beta}_4=\boldsymbol{\alpha}_4+\boldsymbol{\alpha}_1$,证明:$\boldsymbol{\beta}_1,\boldsymbol{\beta}_2,\boldsymbol{\beta}_3,\boldsymbol{\beta}_4$ 线性相关.

(2) 设 $\boldsymbol{\beta}_1=\boldsymbol{\alpha}_1+\boldsymbol{\alpha}_3,\boldsymbol{\beta}_2=\boldsymbol{\alpha}_2-\boldsymbol{\alpha}_1,\boldsymbol{\beta}_3=\boldsymbol{\alpha}_2+\boldsymbol{\alpha}_3$,证明:$\boldsymbol{\beta}_1,\boldsymbol{\beta}_2,\boldsymbol{\beta}_3$ 线性相关.

3. 若向量组 $\boldsymbol{\alpha}_1,\boldsymbol{\alpha}_2,\boldsymbol{\alpha}_3$ 线性无关,$\boldsymbol{\beta}_1=\boldsymbol{\alpha}_1+\boldsymbol{\alpha}_2+\boldsymbol{\alpha}_3,\boldsymbol{\beta}_2=\boldsymbol{\alpha}_1+\boldsymbol{\alpha}_2+2\boldsymbol{\alpha}_3,\boldsymbol{\beta}_3=\boldsymbol{\alpha}_1+2\boldsymbol{\alpha}_2+3\boldsymbol{\alpha}_3$,证明:$\boldsymbol{\beta}_1,\boldsymbol{\beta}_2,\boldsymbol{\beta}_3$ 线性无关.

4. 判断下列命题是否正确,若不正确,举出反例.

(1) 如果向量组 $\boldsymbol{\alpha}_1,\boldsymbol{\alpha}_2,\cdots,\boldsymbol{\alpha}_s$ 线性相关，则它的任一部分组也线性相关．

(2) 如果向量组 $\boldsymbol{\alpha}_1,\boldsymbol{\alpha}_2,\cdots,\boldsymbol{\alpha}_s$ 线性相关，则它的任一向量均可由其余向量线性表示．

(3) 如果向量组 $\boldsymbol{\alpha}_1,\boldsymbol{\alpha}_2,\cdots,\boldsymbol{\alpha}_m$ 线性无关，则对于任一组不全为零的数 $\lambda_1,\lambda_2,\cdots,\lambda_m$，都有 $\lambda_1\boldsymbol{\alpha}_1+\lambda_2\boldsymbol{\alpha}_2+\cdots+\lambda_m\boldsymbol{\alpha}_m\neq\mathbf{0}$ 成立．

(4) 向量组 $\boldsymbol{\alpha}_1,\boldsymbol{\alpha}_2,\cdots,\boldsymbol{\alpha}_m(m>2)$ 线性无关的充要条件是任意两个向量都线性无关．

(5) 设 $\boldsymbol{\alpha}_1,\boldsymbol{\alpha}_2$ 线性相关，$\boldsymbol{\beta}_1,\boldsymbol{\beta}_2$ 也线性相关，则 $\boldsymbol{\alpha}_1+\boldsymbol{\beta}_1,\boldsymbol{\alpha}_2+\boldsymbol{\beta}_2$ 也线性相关．

(6) 设 $\boldsymbol{\alpha}_1,\boldsymbol{\alpha}_2$ 线性无关，$\boldsymbol{\beta}_1,\boldsymbol{\beta}_2$ 也线性无关，则 $\boldsymbol{\alpha}_1+\boldsymbol{\beta}_1,\boldsymbol{\alpha}_2+\boldsymbol{\beta}_2$ 也线性无关．

5. 举例说明下列各命题是错误的．

(1) 若有不全为零的数 $\lambda_1,\lambda_2,\cdots,\lambda_m$，使

$$\lambda_1\boldsymbol{\alpha}_1+\lambda_2\boldsymbol{\alpha}_2+\cdots+\lambda_m\boldsymbol{\alpha}_m+\lambda_1\boldsymbol{\beta}_1+\lambda_2\boldsymbol{\beta}_2+\cdots+\lambda_m\boldsymbol{\beta}_m=\mathbf{0}$$

成立，则 $\boldsymbol{\alpha}_1,\boldsymbol{\alpha}_2,\cdots,\boldsymbol{\alpha}_m$ 线性相关，$\boldsymbol{\beta}_1,\boldsymbol{\beta}_2,\cdots,\boldsymbol{\beta}_m$ 也线性相关．

(2) 若只有当 $\lambda_1,\lambda_2,\cdots,\lambda_m$ 全为零时，等式

$$\lambda_1\boldsymbol{\alpha}_1+\lambda_2\boldsymbol{\alpha}_2+\cdots+\lambda_m\boldsymbol{\alpha}_m+\lambda_1\boldsymbol{\beta}_1+\lambda_2\boldsymbol{\beta}_2+\cdots+\lambda_m\boldsymbol{\beta}_m=\mathbf{0}$$

才能成立，则 $\boldsymbol{\alpha}_1,\boldsymbol{\alpha}_2,\cdots,\boldsymbol{\alpha}_m$ 线性无关，$\boldsymbol{\beta}_1,\boldsymbol{\beta}_2,\cdots,\boldsymbol{\beta}_m$ 也线性无关．

(3) 若 $\boldsymbol{\alpha}_1,\boldsymbol{\alpha}_2,\cdots,\boldsymbol{\alpha}_m$ 线性相关，$\boldsymbol{\beta}_1,\boldsymbol{\beta}_2,\cdots,\boldsymbol{\beta}_m$ 也线性相关，则有不全为零的数 $\lambda_1,\lambda_2,\cdots,\lambda_m$，使

$$\lambda_1\boldsymbol{\alpha}_1+\lambda_2\boldsymbol{\alpha}_2+\cdots+\lambda_m\boldsymbol{\alpha}_m=\mathbf{0},$$

$$\lambda_1\boldsymbol{\beta}_1+\lambda_2\boldsymbol{\beta}_2+\cdots+\lambda_m\boldsymbol{\beta}_m=\mathbf{0}$$

同时成立．

6. 设向量 $\boldsymbol{\beta}$ 可由向量组 $\boldsymbol{\alpha}_1,\boldsymbol{\alpha}_2,\cdots,\boldsymbol{\alpha}_m$ 线性表示，但不能由 $\boldsymbol{\alpha}_1,\boldsymbol{\alpha}_2,\cdots,\boldsymbol{\alpha}_{m-1}$ 线性表示，则向量组 $\boldsymbol{\alpha}_1,\boldsymbol{\alpha}_2,\cdots,\boldsymbol{\alpha}_m$ 与向量组 $\boldsymbol{\alpha}_1,\boldsymbol{\alpha}_2,\cdots,\boldsymbol{\alpha}_{m-1},\boldsymbol{\beta}$ 等价．

7. 已知向量组 $\boldsymbol{\alpha}_1,\boldsymbol{\alpha}_2,\cdots,\boldsymbol{\alpha}_m$ 线性无关，设 $\boldsymbol{\beta}_1=\boldsymbol{\alpha}_1+\boldsymbol{\alpha}_2,\boldsymbol{\beta}_2=\boldsymbol{\alpha}_2+\boldsymbol{\alpha}_3,\cdots,\boldsymbol{\beta}_m=\boldsymbol{\alpha}_m+\boldsymbol{\alpha}_1$，讨论向量组 $\boldsymbol{\beta}_1,\boldsymbol{\beta}_2,\cdots,\boldsymbol{\beta}_m$ 的线性相关性，并证明你的结论．

3.6 向量组的极大无关组和秩

前面我们讨论了在向量组 $\mathbf{R}^n$ 中，存在且最多存在 n 个线性无关的向量．那么对于任一个向量组，它的线性无关的部分组中最多含有多少个向量，以及如何求出这样的线性无关的部分组？本节引入向量组的极大无关组和秩的概念，并讨论向量组的秩与矩阵的秩的关系，这为寻找上述线性无关的部分组提供了有效的方法，同时也是研究线性方程组解的理论基础．

3.6.1 向量组的极大无关组

我们知道，任给一个向量组不一定是线性无关的．例如，向量组

$$\boldsymbol{\alpha}_1=\begin{pmatrix}0\\2\\0\end{pmatrix},\boldsymbol{\alpha}_2=\begin{pmatrix}1\\-1\\0\end{pmatrix},\boldsymbol{\alpha}_3=\begin{pmatrix}-3\\3\\0\end{pmatrix},\boldsymbol{\alpha}_4=\begin{pmatrix}1\\1\\0\end{pmatrix},$$

线性相关，并且任意含三个向量的部分向量组也是线性相关的，但是含两个向量的向量组中，$\boldsymbol{\alpha}_1,\boldsymbol{\alpha}_2$；$\boldsymbol{\alpha}_1,\boldsymbol{\alpha}_3$；$\boldsymbol{\alpha}_1,\boldsymbol{\alpha}_4$；$\boldsymbol{\alpha}_2,\boldsymbol{\alpha}_4$；$\boldsymbol{\alpha}_3,\boldsymbol{\alpha}_4$ 均为线性无关的向量组，并且，这样的线性无关组具有以下特点：

(1) 向量组自身线性无关；

(2) 原向量组 $\boldsymbol{\alpha}_1,\boldsymbol{\alpha}_2,\boldsymbol{\alpha}_3,\boldsymbol{\alpha}_4$ 中的任一向量均可由该向量组线性表示．

我们称具有这两个特点的向量组为原向量组 $\boldsymbol{\alpha}_1,\boldsymbol{\alpha}_2,\boldsymbol{\alpha}_3,\boldsymbol{\alpha}_4$ 的一个极大线性无关组．一般我们可以如下定义：

定义 3.6.1　设有向量组 $\boldsymbol{A}$，如果在 $\boldsymbol{A}$ 中能选出 r 个向量 $\boldsymbol{\alpha}_1,\boldsymbol{\alpha}_2,\cdots,\boldsymbol{\alpha}_r$，满足

(1) 向量组 $\boldsymbol{\alpha}_1,\boldsymbol{\alpha}_2,\cdots,\boldsymbol{\alpha}_r$ 线性无关，

(2) 任取 $\boldsymbol{\alpha}\in\mathbf{A}$，$\boldsymbol{\alpha}$ 均可由 $\boldsymbol{\alpha}_1,\boldsymbol{\alpha}_2,\cdots,\boldsymbol{\alpha}_r$ 线性表示，

则称向量组 $\boldsymbol{\alpha}_1,\boldsymbol{\alpha}_2,\cdots,\boldsymbol{\alpha}_r$ 为向量组 $\boldsymbol{A}$ 的一个**极大(最大)线性无关组**，简称**极大(最大)无关组**．

一般地，一个向量组的极大无关组不是唯一的，如前述的向量组中，具有 5 个极大无关组．

由极大无关组的定义可得：

一个向量组与它的任意一个极大无关组等价．进而，一个向量组的任意两个极大无关组等价．

线性无关向量组的极大无关组是它自身．

3.6.2　向量组的秩

为讨论向量组的秩及相关性等内容，不加证明地给出下述比较两向量组中所含向量个数的重要定理．

定理 3.6.1　设有两个向量组

$$\boldsymbol{A}: \boldsymbol{\alpha}_1,\boldsymbol{\alpha}_2,\cdots,\boldsymbol{\alpha}_r;\quad \boldsymbol{B}: \boldsymbol{\beta}_1,\boldsymbol{\beta}_2,\cdots,\boldsymbol{\beta}_s.$$

如果 $\boldsymbol{A}$ 可由 $\boldsymbol{B}$ 线性表示，且 $\boldsymbol{A}$ 是线性无关组，则 $r\leqslant s$.

此定理说明，若线性无关的向量组 $\boldsymbol{A}$ 可由另一向量组 $\boldsymbol{B}$ 线性表示，则 $\boldsymbol{A}$ 所含向量的个数不超过另一向量组 $\boldsymbol{B}$ 所含向量的个数．

推论 3.6.1　设向量组 $\boldsymbol{A}:\boldsymbol{\alpha}_1,\boldsymbol{\alpha}_2,\cdots,\boldsymbol{\alpha}_r$ 与 $\boldsymbol{B}:\boldsymbol{\beta}_1,\boldsymbol{\beta}_2,\cdots,\boldsymbol{\beta}_s$ 如果 $\boldsymbol{A}$ 可由 $\boldsymbol{B}$ 线性表示，且 $r>s$，则向量组 $\boldsymbol{A}$ 是线性相关的．

推论 3.6.2　设向量组 $\boldsymbol{A}:\boldsymbol{\alpha}_1,\boldsymbol{\alpha}_2,\cdots,\boldsymbol{\alpha}_r$ 与 $\boldsymbol{B}:\boldsymbol{\beta}_1,\boldsymbol{\beta}_2,\cdots,\boldsymbol{\beta}_s$ 均为线性无关组，如果向量组 $\boldsymbol{A}$ 与向量组 $\boldsymbol{B}$ 等价，则 $r=s$.

由于一个向量组的任意两个极大无关组是等价的，所以它们所含向量的个数相等，即向量组的极大无关组所含向量的个数是由该向量组唯一确定的．

定义 3.6.2　向量组的极大无关组所含向量的个数，称为该向量组的**秩**．

注　只含有零向量的向量组没有极大无关组，规定它的秩为零．

由向量组秩的定义可得以下性质：

性质 3.6.1　向量组 $\boldsymbol{\alpha}_1,\boldsymbol{\alpha}_2,\cdots,\boldsymbol{\alpha}_m$ 线性无关的充要条件是它的秩等于它所含向量的个数 m.

性质 3.6.2　如果一个向量组的秩为 r，则该向量组中任意含有 r 个向量的线性无关部分组都是它的一个极大无关组．

性质 3.6.3　如果向量组 $\boldsymbol{A}$ 可由向量组 $\boldsymbol{B}$ 线性表示，则 $\boldsymbol{A}$ 的秩不超过 $\boldsymbol{B}$ 的秩．

证　如果向量组 $\boldsymbol{A}$ 可由向量组 $\boldsymbol{B}$ 线性表示，不妨设 $\boldsymbol{A}$ 的秩为 r，$\boldsymbol{B}$ 的秩为 s，那么 $\boldsymbol{A}$ 的

极大无关组 $A_1:\boldsymbol{\alpha}_1,\boldsymbol{\alpha}_2,\cdots,\boldsymbol{\alpha}_r$ 也可由 $\boldsymbol{B}$ 的极大无关组 $\boldsymbol{B}_1:\boldsymbol{\beta}_1,\boldsymbol{\beta}_2,\cdots,\boldsymbol{\beta}_s$ 线性表示，因此 $r\leqslant s$，即向量组 $\boldsymbol{A}$ 的秩不超过 $\boldsymbol{B}$ 的秩．

推论 3.6.3 等价的向量组有相同的秩．

一般情况下，此推论的逆命题不成立，即等秩的向量组未必等价．请读者举出反例．

例 3.6.1 设向量组 $\boldsymbol{\alpha}_1,\boldsymbol{\alpha}_2,\boldsymbol{\alpha}_3$ 线性无关，证明：向量组

$$\boldsymbol{\beta}_1=\boldsymbol{\alpha}_1,\quad \boldsymbol{\beta}_2=\boldsymbol{\alpha}_1+\boldsymbol{\alpha}_2,\quad \boldsymbol{\beta}_3=\boldsymbol{\alpha}_1+\boldsymbol{\alpha}_2+\boldsymbol{\alpha}_3$$

也是线性无关的．

证 因为 $\boldsymbol{\alpha}_1=\boldsymbol{\beta}_1,\boldsymbol{\alpha}_2=\boldsymbol{\beta}_2-\boldsymbol{\beta}_1,\boldsymbol{\alpha}_3=\boldsymbol{\beta}_3-\boldsymbol{\beta}_2$，即向量组 $\boldsymbol{\alpha}_1,\boldsymbol{\alpha}_2,\boldsymbol{\alpha}_3$ 可由向量组 $\boldsymbol{\beta}_1,\boldsymbol{\beta}_2,\boldsymbol{\beta}_3$ 线性表示，由于 $\boldsymbol{\alpha}_1,\boldsymbol{\alpha}_2,\boldsymbol{\alpha}_3$ 线性无关，由向量组秩的性质 3.6.3 得

$$3=\text{向量组 }\boldsymbol{\alpha}_1,\boldsymbol{\alpha}_2,\boldsymbol{\alpha}_3\text{ 的秩}\leqslant\text{向量组 }\boldsymbol{\beta}_1,\boldsymbol{\beta}_2,\boldsymbol{\beta}_3\text{ 的秩}\leqslant 3,$$

从而，向量组 $\boldsymbol{\beta}_1,\boldsymbol{\beta}_2,\boldsymbol{\beta}_3$ 的秩$=3$，因此 $\boldsymbol{\beta}_1,\boldsymbol{\beta}_2,\boldsymbol{\beta}_3$ 线性无关．

3.6.3 向量组的秩与矩阵的秩

一般地，给定一个向量组，利用定义很难求出它的秩及一个极大无关组，但可借助矩阵解决这一问题．

首先，向量组与矩阵有以下关系：

含有有限个向量的有序向量组与矩阵一一对应．

这是因为，一方面，给定一个矩阵 $\boldsymbol{A}$，可以唯一地确定一个列向量组．不妨设矩阵

$$\boldsymbol{A}=\begin{pmatrix} a_{11} & a_{12} & \cdots & a_{1m}\\ a_{21} & a_{22} & \cdots & a_{2m}\\ \vdots & \vdots & & \vdots\\ a_{n1} & a_{n2} & \cdots & a_{nm}\end{pmatrix},$$

则 $\boldsymbol{A}$ 的每一列均是一个 n 维列向量，从而 $\boldsymbol{A}$ 的所有列构成一个含有 m 个向量的 n 维列向量组．

另一方面，给定一个含有 m 个向量的 n 维列向量组

$$\boldsymbol{\alpha}_1=\begin{pmatrix} a_{11}\\ a_{21}\\ \vdots\\ a_{n1}\end{pmatrix},\boldsymbol{\alpha}_2=\begin{pmatrix} a_{12}\\ a_{22}\\ \vdots\\ a_{n2}\end{pmatrix},\cdots,\boldsymbol{\alpha}_m=\begin{pmatrix} a_{1m}\\ a_{2m}\\ \vdots\\ a_{nm}\end{pmatrix},$$

可得到一个矩阵

$$\boldsymbol{A}=\begin{pmatrix} a_{11} & a_{12} & \cdots & a_{1m}\\ a_{21} & a_{22} & \cdots & a_{2m}\\ \vdots & \vdots & & \vdots\\ a_{n1} & a_{n2} & \cdots & a_{nm}\end{pmatrix}\triangleq(\boldsymbol{\alpha}_1,\boldsymbol{\alpha}_2,\cdots,\boldsymbol{\alpha}_m).$$

类似地，给定一个矩阵 $\boldsymbol{A}=(a_{ij})_{n\times m}$，可以唯一地确定一个行向量组．例如，

$$\boldsymbol{\beta}_1=(a_{11},a_{12},\cdots,a_{1m}),\boldsymbol{\beta}_2=(a_{21},a_{22},\cdots,a_{2m}),\cdots,\boldsymbol{\beta}_n=(a_{n1},a_{n2},\cdots,a_{nm}),$$

可得到一个矩阵

$$A=\begin{pmatrix} a_{11} & a_{12} & \cdots & a_{1m} \\ a_{21} & a_{22} & \cdots & a_{2m} \\ \vdots & \vdots & & \vdots \\ a_{n1} & a_{n2} & \cdots & a_{nm} \end{pmatrix} \triangleq \begin{pmatrix} \boldsymbol{\beta}_1 \\ \boldsymbol{\beta}_2 \\ \vdots \\ \boldsymbol{\beta}_n \end{pmatrix}.$$

其次，若向量 $\boldsymbol{\alpha}$ 由向量组 $\boldsymbol{B}:\boldsymbol{\beta}_1,\boldsymbol{\beta}_2,\cdots,\boldsymbol{\beta}_t$ 线性表示式，即

$$\boldsymbol{\alpha}=\lambda_1\boldsymbol{\beta}_1+\lambda_2\boldsymbol{\beta}_2+\cdots+\lambda_t\boldsymbol{\beta}_t$$

可写成矩阵的形式

$$\boldsymbol{\alpha}=(\boldsymbol{\beta}_1,\boldsymbol{\beta}_2,\cdots,\boldsymbol{\beta}_t)\begin{pmatrix} \lambda_1 \\ \lambda_2 \\ \vdots \\ \lambda_t \end{pmatrix}.$$

进而，如果列向量组 $\boldsymbol{A}:\boldsymbol{\alpha}_1,\boldsymbol{\alpha}_2,\cdots,\boldsymbol{\alpha}_s$ 可由列向量组 $\boldsymbol{B}:\boldsymbol{\beta}_1,\boldsymbol{\beta}_2,\cdots,\boldsymbol{\beta}_t$ 线性表示，则表示式可写成矩阵的形式．设表示式为

$$\boldsymbol{\alpha}_j=\lambda_{1j}\boldsymbol{\beta}_1+\lambda_{2j}\boldsymbol{\beta}_2+\cdots+\lambda_{tj}\boldsymbol{\beta}_t=(\boldsymbol{\beta}_1,\boldsymbol{\beta}_2,\cdots,\boldsymbol{\beta}_t)\begin{pmatrix} \lambda_{1j} \\ \lambda_{2j} \\ \vdots \\ \lambda_{tj} \end{pmatrix},j=1,2,\cdots,s.$$

利用分块矩阵的乘法，该式可用矩阵

$$(\boldsymbol{\alpha}_1,\boldsymbol{\alpha}_2,\cdots,\boldsymbol{\alpha}_s)=(\boldsymbol{\beta}_1,\boldsymbol{\beta}_2,\cdots,\boldsymbol{\beta}_t)\begin{pmatrix} \lambda_{11} & \lambda_{12} & \cdots & \lambda_{1s} \\ \lambda_{21} & \lambda_{22} & \cdots & \lambda_{2s} \\ \vdots & \vdots & & \vdots \\ \lambda_{t1} & \lambda_{t2} & \cdots & \lambda_{ts} \end{pmatrix} \tag{3.6.1}$$

表示，即

$$\boldsymbol{A}=\boldsymbol{BC},$$

其中

$$\boldsymbol{C}=\begin{pmatrix} \lambda_{11} & \lambda_{12} & \cdots & \lambda_{1s} \\ \lambda_{21} & \lambda_{22} & \cdots & \lambda_{2s} \\ \vdots & \vdots & & \vdots \\ \lambda_{t1} & \lambda_{t2} & \cdots & \lambda_{ts} \end{pmatrix}_{t\times s}.$$

反之，若存在矩阵 $\boldsymbol{C}$，使得式(3.6.1)成立，则向量组 $\boldsymbol{A}$ 可由向量组 $\boldsymbol{B}$ 线性表示．

由上述讨论可得以下结论：

定理 3.6.2 列向量组 $\boldsymbol{A}$：$\boldsymbol{\alpha}_1,\boldsymbol{\alpha}_2,\cdots,\boldsymbol{\alpha}_s$ 可由列向量组 $\boldsymbol{B}$：$\boldsymbol{\beta}_1,\boldsymbol{\beta}_2,\cdots,\boldsymbol{\beta}_t$ 线性表示的充要条件是存在矩阵 $\boldsymbol{C}=(\lambda_{ij})_{t\times s}$，使得 $\boldsymbol{A}=\boldsymbol{BC}$，其中 $\boldsymbol{A}=(\boldsymbol{\alpha}_1,\boldsymbol{\alpha}_2,\cdots,\boldsymbol{\alpha}_s)$，$\boldsymbol{B}=(\boldsymbol{\beta}_1,\boldsymbol{\beta}_2,\cdots,\boldsymbol{\beta}_t)$．

类似地，行向量组 $\boldsymbol{A}:\boldsymbol{\alpha}_1,\boldsymbol{\alpha}_2,\cdots,\boldsymbol{\alpha}_s$ 可由行向量组 $\boldsymbol{B}:\boldsymbol{\beta}_1,\boldsymbol{\beta}_2,\cdots,\boldsymbol{\beta}_t$ 线性表示的充要条件是存在矩阵 $\boldsymbol{C}=(\lambda_{ij})_{s\times t}$ 使得 $\boldsymbol{A}=\boldsymbol{CB}$，其中 $\boldsymbol{A}=\begin{pmatrix} \boldsymbol{\alpha}_1 \\ \boldsymbol{\alpha}_2 \\ \vdots \\ \boldsymbol{\alpha}_s \end{pmatrix}$，$\boldsymbol{B}=\begin{pmatrix} \boldsymbol{\beta}_1 \\ \boldsymbol{\beta}_2 \\ \vdots \\ \boldsymbol{\beta}_t \end{pmatrix}$．

推论 3.6.4 若矩阵 $\boldsymbol{A}$ 经过有限次的初等列(行)变换化为矩阵 $\boldsymbol{B}$,则矩阵 $\boldsymbol{A}$ 的列(行)向量组与矩阵 $\boldsymbol{B}$ 的列(行)向量组等价.

定理 3.6.3 设矩阵 $\boldsymbol{A}=(a_{ij})_{n\times m}$,则 $\boldsymbol{A}$ 的列向量组

$$\boldsymbol{\alpha}_1=\begin{pmatrix}a_{11}\\a_{21}\\\vdots\\a_{n1}\end{pmatrix},\boldsymbol{\alpha}_2=\begin{pmatrix}a_{12}\\a_{22}\\\vdots\\a_{n2}\end{pmatrix},\cdots,\boldsymbol{\alpha}_m=\begin{pmatrix}a_{1m}\\a_{2m}\\\vdots\\a_{nm}\end{pmatrix}$$

线性无关的充要条件是 $R(\boldsymbol{A})=m$,即矩阵 $\boldsymbol{A}$ 的秩等于 $\boldsymbol{A}$ 的列向量的个数.

证 充分性. 用反证法. 已知 $R(\boldsymbol{A})=m$,假设向量组 $\boldsymbol{\alpha}_1,\boldsymbol{\alpha}_2,\cdots,\boldsymbol{\alpha}_m$ 线性相关.

若 $m=1$,即已知 $R(\boldsymbol{A})=1$,假设向量组 $\boldsymbol{\alpha}_1$ 线性相关,则 $\boldsymbol{\alpha}_1=\boldsymbol{0},\boldsymbol{A}=\boldsymbol{O}$,所以 $R(\boldsymbol{A})=0$,这与 $R(\boldsymbol{A})=1$ 矛盾,因此向量组 $\boldsymbol{\alpha}_1$ 线性无关.

若 $m>1$,假设向量组 $\boldsymbol{\alpha}_1,\boldsymbol{\alpha}_2,\cdots,\boldsymbol{\alpha}_m$ 线性相关,由定理 3.5.1 知,$\boldsymbol{\alpha}_1,\boldsymbol{\alpha}_2,\cdots,\boldsymbol{\alpha}_m$ 中至少有一个向量可由其余的 $m-1$ 个向量线性表示,不妨设 $\boldsymbol{\alpha}_1$ 可由 $\boldsymbol{\alpha}_2,\cdots,\boldsymbol{\alpha}_m$ 线性表示,即存在一组数 $\lambda_2,\cdots,\lambda_m$,使

$$\boldsymbol{\alpha}_1=\lambda_2\boldsymbol{\alpha}_2+\cdots+\lambda_m\boldsymbol{\alpha}_m,$$

则矩阵 $\boldsymbol{A}=(\boldsymbol{\alpha}_1,\boldsymbol{\alpha}_2,\cdots,\boldsymbol{\alpha}_m)=(\lambda_2\boldsymbol{\alpha}_2+\cdots+\lambda_m\boldsymbol{\alpha}_m,\boldsymbol{\alpha}_2,\cdots,\boldsymbol{\alpha}_m)$,对 $\boldsymbol{A}$ 进行初等列变换得

$$\boldsymbol{A}=(\lambda_2\boldsymbol{\alpha}_2+\cdots+\lambda_m\boldsymbol{\alpha}_m,\boldsymbol{\alpha}_2,\cdots,\boldsymbol{\alpha}_m)\xrightarrow{c_1-\lambda_2c_2-\cdots-\lambda_mc_m}(\boldsymbol{0},\boldsymbol{\alpha}_2,\cdots,\boldsymbol{\alpha}_m)\triangleq\boldsymbol{B},$$

因此 $R(\boldsymbol{A})=R(\boldsymbol{B})\leqslant m-1$,这与 $R(\boldsymbol{A})=m$ 矛盾,所以向量组 $\boldsymbol{\alpha}_1,\boldsymbol{\alpha}_2,\cdots,\boldsymbol{\alpha}_m$ 线性无关.

必要性. 用反证法. 已知向量组 $\boldsymbol{\alpha}_1,\boldsymbol{\alpha}_2,\cdots,\boldsymbol{\alpha}_m$ 线性无关,假设 $R(\boldsymbol{A})<m$.

令 $R(\boldsymbol{A})=r<m$,则存在可逆矩阵 $\boldsymbol{P}_{n\times n},\boldsymbol{Q}_{m\times m}$,使

$$\boldsymbol{PAQ}=\begin{pmatrix}\boldsymbol{E}_r & \boldsymbol{O}_{r\times(m-r)}\\ \boldsymbol{O}_{(n-r)\times r} & \boldsymbol{O}_{(n-r)\times(m-r)}\end{pmatrix},$$

令 $\boldsymbol{\alpha}=(0,0,\cdots,0,1)^{\mathrm{T}}$ 是一个 m 维向量,则

$$\boldsymbol{PAQ}\,\boldsymbol{\alpha}=\begin{pmatrix}\boldsymbol{E}_r & \boldsymbol{O}_{r\times(m-r)}\\ \boldsymbol{O}_{(n-r)\times r} & \boldsymbol{O}_{(n-r)\times(m-r)}\end{pmatrix}\begin{pmatrix}\boldsymbol{O}_{r\times1}\\ \boldsymbol{B}_1\end{pmatrix}=\begin{pmatrix}0\\0\\\vdots\\0\end{pmatrix},$$

其中 $\boldsymbol{B}_1=(0,0,\cdots,0,1)^{\mathrm{T}}$ 表示 $m-r$ 维向量. 于是,

$$\boldsymbol{AQ\alpha}=\boldsymbol{P}^{-1}\begin{pmatrix}\boldsymbol{E}_r & \boldsymbol{O}_{r\times(m-r)}\\ \boldsymbol{O}_{(n-r)\times r} & \boldsymbol{O}_{(n-r)\times(m-r)}\end{pmatrix}\begin{pmatrix}\boldsymbol{O}_{r\times1}\\ \boldsymbol{B}_1\end{pmatrix}=\boldsymbol{P}^{-1}\begin{pmatrix}0\\0\\\vdots\\0\end{pmatrix}=\begin{pmatrix}0\\0\\\vdots\\0\end{pmatrix},$$

设 $\boldsymbol{Q}\,\boldsymbol{\alpha}=\begin{pmatrix}\lambda_1\\\lambda_2\\\vdots\\\lambda_m\end{pmatrix}$,则 $\begin{pmatrix}\lambda_1\\\lambda_2\\\vdots\\\lambda_m\end{pmatrix}\neq\boldsymbol{0}$,即 $\lambda_1,\lambda_2,\cdots,\lambda_m$ 不全为零. 事实上,若 $\lambda_1=\lambda_2=\cdots=\lambda_m=0$,则 $\boldsymbol{Q\alpha}=\boldsymbol{0}$,两边左乘 $\boldsymbol{Q}^{-1}$ 得 $\boldsymbol{\alpha}=\boldsymbol{0}$,产生矛盾,因此 $\lambda_1,\lambda_2,\cdots,\lambda_m$ 不全为零. 于是有

$$AQ\boldsymbol{\alpha}=A\begin{pmatrix}\lambda_1\\\lambda_2\\\vdots\\\lambda_m\end{pmatrix}=(\boldsymbol{\alpha}_1,\boldsymbol{\alpha}_2,\cdots,\boldsymbol{\alpha}_m)\begin{pmatrix}\lambda_1\\\lambda_2\\\vdots\\\lambda_m\end{pmatrix}=\begin{pmatrix}0\\0\\\vdots\\0\end{pmatrix},$$

即

$$\lambda_1\boldsymbol{\alpha}_1+\lambda_2\boldsymbol{\alpha}_2+\cdots+\lambda_m\boldsymbol{\alpha}_m=\boldsymbol{0},$$

从而 $\boldsymbol{\alpha}_1,\boldsymbol{\alpha}_2,\cdots,\boldsymbol{\alpha}_m$ 线性相关,这与题设条件矛盾,因此 $R(\boldsymbol{A})=m$.

推论 3.6.5 设矩阵 $\boldsymbol{A}=(\boldsymbol{\alpha}_1,\boldsymbol{\alpha}_2,\cdots,\boldsymbol{\alpha}_m)$,则向量组 $\boldsymbol{\alpha}_1,\boldsymbol{\alpha}_2,\cdots,\boldsymbol{\alpha}_m$ 线性相关的充要条件是$R(\boldsymbol{A})<m$,即矩阵 $\boldsymbol{A}$ 的秩小于 $\boldsymbol{A}$ 的列向量的个数.

因此,判别列向量组的线性相关性的问题,可转化为由该向量组所构成矩阵的秩是否等于其列数的讨论.

推论 3.6.6 设有矩阵 $\boldsymbol{A}_{n\times m}=(\boldsymbol{\alpha}_1,\boldsymbol{\alpha}_2,\cdots,\boldsymbol{\alpha}_m)$,$\boldsymbol{B}_{n\times m}=(\boldsymbol{\beta}_1,\boldsymbol{\beta}_2,\cdots,\boldsymbol{\beta}_m)$,且 $R(\boldsymbol{A})=R(\boldsymbol{B})$,则向量组 $\boldsymbol{\alpha}_1,\boldsymbol{\alpha}_2,\cdots,\boldsymbol{\alpha}_m$ 与向量组 $\boldsymbol{\beta}_1,\boldsymbol{\beta}_2,\cdots,\boldsymbol{\beta}_m$ 有相同的线性相关性. 其中两向量组有相同的线性相关性是指:若 $\boldsymbol{\alpha}_1,\boldsymbol{\alpha}_2,\cdots,\boldsymbol{\alpha}_m$ 线性相关(或线性无关),则 $\boldsymbol{\beta}_1,\boldsymbol{\beta}_2,\cdots,\boldsymbol{\beta}_m$ 线性相关(或线性无关),反之亦然.

由推论 3.6.6,可进一步得到:

推论 3.6.7 若矩阵 $\boldsymbol{A}$ 经过有限次的初等行(列)变换化为矩阵 $\boldsymbol{B}$,则 $\boldsymbol{A}$ 和 $\boldsymbol{B}$ 中对应的列(行)向量组有相同的线性相关性.

事实上,设矩阵 $\boldsymbol{A}_{n\times m}$经过有限次的初等行变换化为矩阵 $\boldsymbol{B}_{n\times m}$,则存在 n 阶可逆矩阵 $\boldsymbol{P}$,使得 $\boldsymbol{B}=\boldsymbol{PA}$,即

$$(\boldsymbol{\beta}_1,\boldsymbol{\beta}_2,\cdots,\boldsymbol{\beta}_m)=\boldsymbol{P}(\boldsymbol{\alpha}_1,\boldsymbol{\alpha}_2,\cdots,\boldsymbol{\alpha}_m)=(\boldsymbol{P\alpha}_1,\boldsymbol{P\alpha}_2,\cdots,\boldsymbol{P\alpha}_m),$$

因此

$$\boldsymbol{\beta}_j=\boldsymbol{P\alpha}_j,j=1,2,\cdots,m.$$

记 $\boldsymbol{A}_1=(\boldsymbol{\alpha}_{j_1},\boldsymbol{\alpha}_{j_2},\cdots,\boldsymbol{\alpha}_{j_r})$,$\boldsymbol{B}_1=(\boldsymbol{\beta}_{j_1},\boldsymbol{\beta}_{j_2},\cdots,\boldsymbol{\beta}_{j_r})$,其中 $\boldsymbol{\alpha}_{j_1},\boldsymbol{\alpha}_{j_2},\cdots,\boldsymbol{\alpha}_{j_r}$ 与 $\boldsymbol{\beta}_{j_1},\boldsymbol{\beta}_{j_2},\cdots,\boldsymbol{\beta}_{j_r}$ $(1\leqslant j_1<j_2<\cdots<j_r\leqslant m)$分别为矩阵 $\boldsymbol{A}$ 与 $\boldsymbol{B}$ 中 r 个列向量.

于是

$$\boldsymbol{B}_1=(\boldsymbol{\beta}_{j_1},\boldsymbol{\beta}_{j_2},\cdots,\boldsymbol{\beta}_{j_r})=(\boldsymbol{P\alpha}_{j_1},\boldsymbol{P\alpha}_{j_2},\cdots,\boldsymbol{P\alpha}_{j_r})=\boldsymbol{P}(\boldsymbol{\alpha}_{j_1},\boldsymbol{\alpha}_{j_2},\cdots,\boldsymbol{\alpha}_{j_r})=\boldsymbol{PA}_1,$$

所以 $R(\boldsymbol{A}_1)=R(\boldsymbol{B}_1)$,从而 $\boldsymbol{\alpha}_{j_1},\boldsymbol{\alpha}_{j_2},\cdots,\boldsymbol{\alpha}_{j_r}$ 与 $\boldsymbol{\beta}_{j_1},\boldsymbol{\beta}_{j_2},\cdots,\boldsymbol{\beta}_{j_r}$ 有相同的线性相关性.

例 3.6.2 判别向量组

$\boldsymbol{\alpha}_1=(1,1,0,0)^{\mathrm{T}}$,$\boldsymbol{\alpha}_2=(1,0,1,1)^{\mathrm{T}}$,$\boldsymbol{\alpha}_3=(2,-1,3,3)^{\mathrm{T}}$,$\boldsymbol{\alpha}_4=(0,1,-1,-1)^{\mathrm{T}}$

的线性相关性.

解 设 $\boldsymbol{A}=(\boldsymbol{\alpha}_1,\boldsymbol{\alpha}_2,\boldsymbol{\alpha}_3,\boldsymbol{\alpha}_4)=\begin{pmatrix}1&1&2&0\\1&0&-1&1\\0&1&3&-1\\0&1&3&-1\end{pmatrix}$,

对 $\boldsymbol{A}$ 进行初等行变换得

$$A \longrightarrow \begin{pmatrix} 1 & 1 & 2 & 0 \\ 0 & -1 & -3 & 1 \\ 0 & 0 & 0 & 0 \\ 0 & 0 & 0 & 0 \end{pmatrix},$$

$R(\boldsymbol{A})=2<4$,因此,向量组 $\boldsymbol{\alpha}_1,\boldsymbol{\alpha}_2,\boldsymbol{\alpha}_3,\boldsymbol{\alpha}_4$ 线性相关.

定理 3.6.4 矩阵 $\boldsymbol{A}$ 的秩 $R(\boldsymbol{A})=\boldsymbol{A}$ 的列向量组的秩 $=\boldsymbol{A}$ 的行向量组的秩.

证* 设矩阵 $\boldsymbol{A}=(\boldsymbol{\alpha}_1,\boldsymbol{\alpha}_2,\cdots,\boldsymbol{\alpha}_m)$,$\boldsymbol{A}$ 为 $n\times m$ 矩阵,$R(\boldsymbol{A})=r$,则 $\boldsymbol{A}$ 中至少有一个 r 阶子式 $D_r\neq0$,设 D_r 位于 $\boldsymbol{A}$ 的第 $k_1,k_2,\cdots,k_r$ 列上,这里 $k_1<k_2<\cdots<k_r$. 下面证明 $\boldsymbol{\alpha}_{k_1},\boldsymbol{\alpha}_{k_2},\cdots,\boldsymbol{\alpha}_{k_r}$ 是 $\boldsymbol{A}$ 的列向量组 $\boldsymbol{\alpha}_1,\boldsymbol{\alpha}_2,\cdots,\boldsymbol{\alpha}_m$ 的一个极大无关组.

一方面,记 $\boldsymbol{A}_1=(\boldsymbol{\alpha}_{k_1},\boldsymbol{\alpha}_{k_2},\cdots,\boldsymbol{\alpha}_{k_r})$,则 $R(\boldsymbol{A}_1)=r$,由定理 3.6.3 知,向量组 $\boldsymbol{\alpha}_{k_1},\boldsymbol{\alpha}_{k_2},\cdots,\boldsymbol{\alpha}_{k_r}$ 是线性无关的.

另一方面,任取 $\boldsymbol{A}$ 的一个列向量 $\boldsymbol{\alpha}_j$,分两种情况讨论:

(1) 若 $k_1,k_2,\cdots,k_r$ 中有某个 $k_i=j$,显然,$\boldsymbol{\alpha}_j$ 可由 $\boldsymbol{\alpha}_{k_1},\boldsymbol{\alpha}_{k_2},\cdots,\boldsymbol{\alpha}_{k_r}$ 线性表示;

(2) 若 $k_1,k_2,\cdots,k_r$ 中任一个 k_i 都满足 $k_i\neq j$,不妨设

$$k_1<\cdots<k_i<j<k_{i+1}<\cdots<k_r,\ 1\leqslant i\leqslant r,$$

记 $\boldsymbol{A}_2=(\boldsymbol{\alpha}_{k_1},\cdots,\boldsymbol{\alpha}_{k_i},\boldsymbol{\alpha}_j,\boldsymbol{\alpha}_{k_{i+1}},\cdots,\boldsymbol{\alpha}_{k_r})$,因 $\boldsymbol{A}_2$ 为矩阵 $\boldsymbol{A}$ 的子矩阵,所以

$$R(\boldsymbol{A}_2)\leqslant R(\boldsymbol{A})=r<r+1,$$

从而,$\boldsymbol{A}_2$ 的列向量组 $\boldsymbol{\alpha}_{k_1},\cdots,\boldsymbol{\alpha}_{k_i},\boldsymbol{\alpha}_j,\boldsymbol{\alpha}_{k_{i+1}},\cdots,\boldsymbol{\alpha}_{k_r}$ 线性相关,由定理 3.5.2 知,$\boldsymbol{\alpha}_j$ 可由 $\boldsymbol{\alpha}_{k_1},\boldsymbol{\alpha}_{k_2},\cdots,\boldsymbol{\alpha}_{k_r}$ 线性表示.

综上可知,$\boldsymbol{\alpha}_{k_1},\boldsymbol{\alpha}_{k_2},\cdots,\boldsymbol{\alpha}_{k_r}$ 是 $\boldsymbol{A}$ 的列向量组 $\boldsymbol{\alpha}_1,\boldsymbol{\alpha}_2,\cdots,\boldsymbol{\alpha}_m$ 的一个极大无关组. 从而 $\boldsymbol{\alpha}_1,\boldsymbol{\alpha}_2,\cdots,\boldsymbol{\alpha}_m$ 的秩为 r,矩阵 $\boldsymbol{A}$ 的秩 $R(\boldsymbol{A})=\boldsymbol{A}$ 的列向量组的秩. 所以

$$R(\boldsymbol{A})=R(\boldsymbol{A}^{\mathrm{T}})=\boldsymbol{A}^{\mathrm{T}}\text{ 的列向量组的秩}=\boldsymbol{A}\text{ 的行向量组的秩}.$$

于是,矩阵 $\boldsymbol{A}$ 的秩 $R(\boldsymbol{A})=\boldsymbol{A}$ 的列向量组的秩 $=\boldsymbol{A}$ 的行向量组的秩.

此定理说明:若 $R(\boldsymbol{A})=r$,D_r 是 $\boldsymbol{A}$ 的一个 r 阶非零子式,则 D_r 所在的 r 个列(行)向量就是 $\boldsymbol{A}$ 的列(行)向量组的一个极大无关组.

由推论 3.6.7 知,若矩阵 $\boldsymbol{A}$ 经过初等行变换化为矩阵 $\boldsymbol{B}$,则 $\boldsymbol{A}$ 和 $\boldsymbol{B}$ 中任何对应的列向量组有相同的线性相关性,于是 $\boldsymbol{B}$ 的列向量组的极大无关组与 $\boldsymbol{A}$ 的列向量组的极大无关组相对应. 容易证明:若 $\boldsymbol{B}$ 为行阶梯形矩阵,则 $\boldsymbol{B}$ 的所有首非零元所在的列恰为 $\boldsymbol{B}$ 的列向量组的一个极大无关组. 进而就得到了求矩阵 $\boldsymbol{A}$ 的列向量组的一个极大无关组的方法.

求向量组 $\boldsymbol{\alpha}_1,\boldsymbol{\alpha}_2,\cdots,\boldsymbol{\alpha}_m$ 的一个极大无关组的步骤:

(1) 以 $\boldsymbol{\alpha}_1,\boldsymbol{\alpha}_2,\cdots,\boldsymbol{\alpha}_m$ 为列构造矩阵 $\boldsymbol{A}=(\boldsymbol{\alpha}_1,\boldsymbol{\alpha}_2,\cdots,\boldsymbol{\alpha}_m)$;

(2) 对矩阵 $\boldsymbol{A}$ 进行初等行变换,将 $\boldsymbol{A}$ 化为行阶梯形矩阵 $\boldsymbol{B}$;

(3) 与 $\boldsymbol{B}$ 的所有首非零元所在的列对应的 $\boldsymbol{A}$ 的列向量就是 $\boldsymbol{A}$ 的列向量组的一个极大无关组.

例 3.6.3 求向量组

$$\boldsymbol{\alpha}_1=(1,0,2,1)^{\mathrm{T}},\boldsymbol{\alpha}_2=(1,2,0,1)^{\mathrm{T}},\boldsymbol{\alpha}_3=(2,1,3,0)^{\mathrm{T}},\boldsymbol{\alpha}_4=(2,5,-1,4)^{\mathrm{T}}$$

的秩和一个极大无关组.

解　设 $\boldsymbol{A}=(\boldsymbol{\alpha}_1,\boldsymbol{\alpha}_2,\boldsymbol{\alpha}_3,\boldsymbol{\alpha}_4)=\begin{pmatrix}1&1&2&2\\0&2&1&5\\2&0&3&-1\\1&1&0&4\end{pmatrix}$,对 $\boldsymbol{A}$ 进行初等行变换,得

$$\boldsymbol{A}\longrightarrow\begin{pmatrix}1&1&2&2\\0&2&1&5\\0&-2&-1&-5\\0&0&-2&2\end{pmatrix}\longrightarrow\begin{pmatrix}1&1&2&2\\0&2&1&5\\0&0&-2&2\\0&0&0&0\end{pmatrix},$$

因此,$\boldsymbol{\alpha}_1,\boldsymbol{\alpha}_2,\boldsymbol{\alpha}_3,\boldsymbol{\alpha}_4$ 的秩为 3,$\boldsymbol{\alpha}_1,\boldsymbol{\alpha}_2,\boldsymbol{\alpha}_3$ 是它的一个极大无关组.

例 3.6.4　设 $\boldsymbol{A}=(a_{ij})_{m\times s},\boldsymbol{B}=(b_{ij})_{s\times n}$,证明:$R(\boldsymbol{AB})\leqslant\min\{R(\boldsymbol{A}),R(\boldsymbol{B})\}$.

证　记 $\boldsymbol{A}=(\boldsymbol{\alpha}_1,\boldsymbol{\alpha}_2,\cdots,\boldsymbol{\alpha}_s),\boldsymbol{AB}=(\boldsymbol{\gamma}_1,\boldsymbol{\gamma}_2,\cdots,\boldsymbol{\gamma}_n)$,则

$$\boldsymbol{AB}=(\boldsymbol{\gamma}_1,\boldsymbol{\gamma}_2,\cdots,\boldsymbol{\gamma}_n)=(\boldsymbol{\alpha}_1,\boldsymbol{\alpha}_2,\cdots,\boldsymbol{\alpha}_s)\boldsymbol{B},$$

由定理 3.6.2 得,矩阵 $\boldsymbol{AB}$ 的列向量组可由矩阵 $\boldsymbol{A}$ 的列向量组线性表示,由向量组秩的性质 3.6.3 知

$$\boldsymbol{\gamma}_1,\boldsymbol{\gamma}_2,\cdots,\boldsymbol{\gamma}_n \text{ 的秩}\leqslant\boldsymbol{\alpha}_1,\boldsymbol{\alpha}_2,\cdots,\boldsymbol{\alpha}_s \text{ 的秩},$$

因此

$$R(\boldsymbol{AB})\leqslant R(\boldsymbol{A}),$$

又

$$R(\boldsymbol{AB})=R((\boldsymbol{AB})^{\mathrm{T}})=R(\boldsymbol{B}^{\mathrm{T}}\boldsymbol{A}^{\mathrm{T}})\leqslant R(\boldsymbol{B}^{\mathrm{T}})=R(\boldsymbol{B}),$$

所以

$$R(\boldsymbol{AB})\leqslant\min\{R(\boldsymbol{A}),R(\boldsymbol{B})\}.$$

习　题　3.6

1. 设 $\boldsymbol{\alpha}_1=(1,k,0)^{\mathrm{T}},\boldsymbol{\alpha}_2=(0,1,k)^{\mathrm{T}},\boldsymbol{\alpha}_3=(k,0,1)^{\mathrm{T}}$,如果向量组 $\boldsymbol{\alpha}_1,\boldsymbol{\alpha}_2,\boldsymbol{\alpha}_3$ 线性无关,求 k 的取值范围.

2. 判别下列向量组的线性相关性.

(1) $\boldsymbol{\alpha}_1=(1,-1,2,4)^{\mathrm{T}}$, $\boldsymbol{\alpha}_2=(0,3,1,2)^{\mathrm{T}}$, $\boldsymbol{\alpha}_3=(3,0,7,14)^{\mathrm{T}}$, $\boldsymbol{\alpha}_4=(1,2,3,-4)^{\mathrm{T}}$;

(2) $\boldsymbol{\alpha}_1=(1,a,a^2,a^3)^{\mathrm{T}}$, $\boldsymbol{\alpha}_2=(1,b,b^2,b^3)^{\mathrm{T}}$, $\boldsymbol{\alpha}_3=(1,c,c^2,c^3)^{\mathrm{T}}$, $\boldsymbol{\alpha}_4=(1,d,d^2,d^3)^{\mathrm{T}}$.

其中 a,b,c,d 各不相同.

3. 设 $\boldsymbol{\beta}_1=\boldsymbol{\alpha}_1,\boldsymbol{\beta}_2=\boldsymbol{\alpha}_1+\boldsymbol{\alpha}_2,\cdots,\boldsymbol{\beta}_m=\boldsymbol{\alpha}_1+\boldsymbol{\alpha}_2+\cdots+\boldsymbol{\alpha}_m$,证明:向量组 $\boldsymbol{A}:\boldsymbol{\alpha}_1,\boldsymbol{\alpha}_2,\cdots,\boldsymbol{\alpha}_m$ 与向量组 $\boldsymbol{B}:\boldsymbol{\beta}_1,\boldsymbol{\beta}_2,\cdots,\boldsymbol{\beta}_m$ 有相同的秩.

4. 已知向量组 $\boldsymbol{\alpha}_1,\boldsymbol{\alpha}_2,\cdots,\boldsymbol{\alpha}_m$ 线性相关,设 $\boldsymbol{\beta}_1=\boldsymbol{\alpha}_1+\boldsymbol{\alpha}_2,\boldsymbol{\beta}_2=\boldsymbol{\alpha}_2+\boldsymbol{\alpha}_3,\cdots,\boldsymbol{\beta}_m=\boldsymbol{\alpha}_m+\boldsymbol{\alpha}_1$,证明:向量组 $\boldsymbol{\beta}_1,\boldsymbol{\beta}_2,\cdots,\boldsymbol{\beta}_m$ 线性相关.

5. 求下列向量组的秩和一个极大无关组.

(1) $\boldsymbol{\alpha}_1=(1,-3,2,0)^{\mathrm{T}}$, $\boldsymbol{\alpha}_2=(2,3,4,-1)^{\mathrm{T}}$, $\boldsymbol{\alpha}_3=(4,2,5,-2)^{\mathrm{T}}$.

(2) $\boldsymbol{\alpha}_1=(1,-1,0,0)^{\mathrm{T}}$, $\boldsymbol{\alpha}_2=(1,-2,-1,1)^{\mathrm{T}}$, $\boldsymbol{\alpha}_3=(0,-1,-1,1)^{\mathrm{T}}$, $\boldsymbol{\alpha}_4=(1,-3,-2,1)^{\mathrm{T}}$.

6. 求 t 的值,使向量组 $\boldsymbol{\alpha}_1=(1,2,-1,1)^{\mathrm{T}}$, $\boldsymbol{\alpha}_2=(2,0,t,0)^{\mathrm{T}}$, $\boldsymbol{\alpha}_3=(0,-4,5,-2)^{\mathrm{T}}$ 的秩为 2.

7. 设 $\boldsymbol{\alpha}_1,\boldsymbol{\alpha}_2,\cdots,\boldsymbol{\alpha}_n$ 是 n 维向量组,证明:它线性无关的充要条件是任一 n 维向量都可由它线性表示.

8. 设向量组 $\boldsymbol{A}:\boldsymbol{\alpha}_1,\boldsymbol{\alpha}_2,\cdots,\boldsymbol{\alpha}_r$ 与向量组 $\boldsymbol{B}:\boldsymbol{\alpha}_1,\boldsymbol{\alpha}_2,\cdots,\boldsymbol{\alpha}_r,\boldsymbol{\alpha}_{r+1},\cdots,\boldsymbol{\alpha}_s(s>r)$ 有相同的秩,证明:这两个向量组等价.

3.7 向量空间

前面讨论的向量组(除 $\mathbf{R}^n$ 外)是包含有限个向量的情形,但在很多问题中,需要研究由无穷多个向量构成的向量组. 例如,由有限个向量的所有线性组合构成的向量组包含无穷多个向量.

3.7.1 向量空间的概念

定义 3.7.1 设 V 是由 n 维向量构成的非空集合,如果 V 对向量的加法和数与向量的乘法这两种运算封闭,即

(1) 对任意 $\boldsymbol{\alpha}\in V,\boldsymbol{\beta}\in V$,有 $\boldsymbol{\alpha}+\boldsymbol{\beta}\in V$;

(2) 对任意 $\boldsymbol{\alpha}\in V,\lambda\in\mathbf{R}$,有 $\lambda\boldsymbol{\alpha}\in V$.

则称集合 V 是一个**向量空间**. 若向量空间 V 的子集 V_1 按 V 中定义的线性运算也构成向量空间,称 **V_1 是 V 的子空间**,记作 $V_1\subset V$.

例如,由所有 n 维实向量构成的集合 $\mathbf{R}^n=\{(a_1,a_2,\cdots,a_n)^{\mathrm{T}}\mid a_i\in\mathbf{R},i=1,2,\cdots,n\}$ 是一个向量空间.

例 3.7.1 集合

$$V=\{(0,x_2,\cdots,x_n)^{\mathrm{T}}\mid x_i\in\mathbf{R},i=2,3,\cdots,n\}$$

是一个向量空间. 因为任取 $\boldsymbol{\alpha}=(0,a_2,\cdots,a_n)^{\mathrm{T}}\in V,\boldsymbol{\beta}=(0,b_2,\cdots,b_n)^{\mathrm{T}}\in V,\lambda\in\mathbf{R}$,则有

$$\boldsymbol{\alpha}+\boldsymbol{\beta}=(0,a_2+b_2,\cdots,a_n+b_n)^{\mathrm{T}}\in V,\quad \lambda\boldsymbol{\alpha}=(0,\lambda a_2,\cdots,\lambda a_n)^{\mathrm{T}}\in V.$$

显然 $V\subset\mathbf{R}^n$.

例 3.7.2 集合

$$V=\{(1,x_2,\cdots,x_n)^{\mathrm{T}}\mid x_i\in\mathbf{R},i=2,3,\cdots,n\}$$

不是一个向量空间. 这是因为任取 $\boldsymbol{\alpha}=(1,a_2,\cdots,a_n)^{\mathrm{T}}\in V,\boldsymbol{\beta}=(1,b_2,\cdots,b_n)^{\mathrm{T}}\in V$,总有

$$\boldsymbol{\alpha}+\boldsymbol{\beta}=(2,a_2+b_2,\cdots,a_n+b_n)^{\mathrm{T}}\notin V.$$

例 3.7.3 设 $\boldsymbol{\alpha},\boldsymbol{\beta}$ 是两个已知的 n 维向量,集合

$$V=\{\boldsymbol{\gamma}=\lambda\boldsymbol{\alpha}+\mu\boldsymbol{\beta}\mid\lambda,\mu\in\mathbf{R}\}$$

是一个向量空间,这是因为任取

$$\boldsymbol{\gamma}_1=\lambda_1\boldsymbol{\alpha}+\mu_1\boldsymbol{\beta}\in V,\boldsymbol{\gamma}_2=\lambda_2\boldsymbol{\alpha}+\mu_2\boldsymbol{\beta}\in V,$$

则

$$\boldsymbol{\gamma}_1+\boldsymbol{\gamma}_2=(\lambda_1+\lambda_2)\boldsymbol{\alpha}+(\mu_1+\mu_2)\boldsymbol{\beta}\in V,$$

$$\lambda\boldsymbol{\gamma}_1=(\lambda\lambda_1)\boldsymbol{\alpha}+(\lambda\mu_1)\boldsymbol{\beta}\in V.$$

此向量空间称为**由向量 $\boldsymbol{\alpha},\boldsymbol{\beta}$ 所生成的向量空间**,记为 $L(\boldsymbol{\alpha},\boldsymbol{\beta})$.

一般地,由向量 $\boldsymbol{\alpha}_1,\boldsymbol{\alpha}_2,\cdots,\boldsymbol{\alpha}_m$ 所生成的向量空间为

$$V=\{\boldsymbol{\gamma}=\lambda_1\boldsymbol{\alpha}_1+\lambda_2\boldsymbol{\alpha}_2+\cdots+\lambda_m\boldsymbol{\alpha}_m\mid\lambda_1,\lambda_2,\cdots,\lambda_m\in\mathbf{R}\}\triangleq L(\boldsymbol{\alpha}_1,\boldsymbol{\alpha}_2,\cdots,\boldsymbol{\alpha}_m).$$

例 3.7.4 设向量组 $\boldsymbol{\alpha}_1,\boldsymbol{\alpha}_2,\cdots,\boldsymbol{\alpha}_r$ 与向量组 $\boldsymbol{\beta}_1,\boldsymbol{\beta}_2,\cdots,\boldsymbol{\beta}_s$ 等价,记

$$V_1=\{\boldsymbol{\gamma}=\lambda_1\boldsymbol{\alpha}_1+\lambda_2\boldsymbol{\alpha}_2+\cdots+\lambda_r\boldsymbol{\alpha}_r\mid\lambda_1,\lambda_2,\cdots,\lambda_r\in\mathbf{R}\},$$

$$V_2=\{\boldsymbol{\gamma}=\mu_1\boldsymbol{\beta}_1+\mu_2\boldsymbol{\beta}_2+\cdots+\mu_s\boldsymbol{\beta}_s\mid\mu_1,\mu_2,\cdots,\mu_s\in\mathbf{R}\}.$$

则 $V_1=V_2$.

证　任取 $\boldsymbol{\gamma}\in V_1$，则 $\boldsymbol{\gamma}$ 可由 $\boldsymbol{\alpha}_1,\boldsymbol{\alpha}_2,\cdots,\boldsymbol{\alpha}_r$ 线性表示，又因为向量组 $\boldsymbol{\alpha}_1,\boldsymbol{\alpha}_2,\cdots,\boldsymbol{\alpha}_r$ 可由 $\boldsymbol{\beta}_1,\boldsymbol{\beta}_2,\cdots,\boldsymbol{\beta}_s$ 线性表示，所以 $\boldsymbol{\gamma}$ 可由 $\boldsymbol{\beta}_1,\boldsymbol{\beta}_2,\cdots,\boldsymbol{\beta}_s$ 线性表示，从而 $\boldsymbol{\gamma}\in V_2$，即 $V_1\subset V_2$；同理，$V_2\subset V_1$，因此 $V_1=V_2$.

3.7.2　向量空间的基与维数*

定义 3.7.2　设 V 是向量空间，若存在 r 个向量 $\boldsymbol{\alpha}_1,\boldsymbol{\alpha}_2,\cdots,\boldsymbol{\alpha}_r\in V$，满足

(1) $\boldsymbol{\alpha}_1,\boldsymbol{\alpha}_2,\cdots,\boldsymbol{\alpha}_r$ 线性无关；

(2) V 中任一向量均可由 $\boldsymbol{\alpha}_1,\boldsymbol{\alpha}_2,\cdots,\boldsymbol{\alpha}_r$ 线性表示，

则称向量组 $\boldsymbol{\alpha}_1,\boldsymbol{\alpha}_2,\cdots,\boldsymbol{\alpha}_r$ 是向量空间 V 的一个**基底**（简称为**基**），数 r 称为向量空间 V 的**维数**，记作 $\dim V=r$，并称 V 是 **r 维向量空间**.

注　r 维向量空间 V 与 r 维向量 $\boldsymbol{\alpha}$ 的区别：前者 r 是指向量空间 V 的基底所含向量的个数，后者 r 是指向量 $\boldsymbol{\alpha}$ 所含分量的个数.

特别地，只含有一个零向量的集合称为 0 维向量空间，该向量空间没有基.

由基的定义，设 $\boldsymbol{\alpha}_1,\boldsymbol{\alpha}_2,\cdots,\boldsymbol{\alpha}_r$ 是向量空间 V 的一个基，则 V 是由 $\boldsymbol{\alpha}_1,\boldsymbol{\alpha}_2,\cdots,\boldsymbol{\alpha}_r$ 生成的向量空间，即

$$V=\{\boldsymbol{\gamma}=\lambda_1\boldsymbol{\alpha}_1+\lambda_2\boldsymbol{\alpha}_2+\cdots+\lambda_r\boldsymbol{\alpha}_r\mid\lambda_1,\lambda_2,\cdots,\lambda_r\in\mathbf{R}\}=L(\boldsymbol{\alpha}_1,\boldsymbol{\alpha}_2,\cdots,\boldsymbol{\alpha}_r).$$

若将向量空间 V 视为向量组，由极大无关组的定义可得，V 的基就是向量组 V 的极大无关组，V 的维数就是向量组 V 的秩.

例如，对于向量空间 $\mathbf{R}^n$，显然 n 维单位向量组

$$\boldsymbol{\varepsilon}_1=(1,0,\cdots,0)^{\mathrm{T}},\boldsymbol{\varepsilon}_2=(0,1,\cdots,0)^{\mathrm{T}},\cdots,\boldsymbol{\varepsilon}_n=(0,0,\cdots,1)^{\mathrm{T}}$$

是它的一个基，从而 $\dim\mathbf{R}^n=n$，$\mathbf{R}^n$ 是 n 维向量空间.

又如，向量空间 $V=\{(x_1,\cdots,x_{n-1},0)^{\mathrm{T}}\mid x_i\in\mathbf{R},i=1,2,\cdots,n-1\}$ 的一个基可取为

$$\boldsymbol{\varepsilon}_1=(1,0,\cdots,0)^{\mathrm{T}},\boldsymbol{\varepsilon}_2=(0,1,\cdots,0)^{\mathrm{T}},\cdots,\boldsymbol{\varepsilon}_{n-1}=(0,0,\cdots,1,0)^{\mathrm{T}}.$$

因此，V 是 $n-1$ 维向量空间.

由向量组秩的性质 3.6.2 可得：

性质 3.7.1　设 V 是 r 维向量空间，则 V 中任意含 r 个向量的线性无关组都是 V 的一个基，所以向量空间的基不是唯一的.

定义 3.7.3　设 $\boldsymbol{\alpha}_1,\boldsymbol{\alpha}_2,\cdots,\boldsymbol{\alpha}_r$ 是向量空间 V 的一个基，则 V 中任一向量 $\boldsymbol{\alpha}$ 可由 $\boldsymbol{\alpha}_1,\boldsymbol{\alpha}_2,\cdots,\boldsymbol{\alpha}_r$ 线性表示，且表示式唯一，即有

$$\boldsymbol{\alpha}=x_1\boldsymbol{\alpha}_1+x_2\boldsymbol{\alpha}_2+\cdots+x_r\boldsymbol{\alpha}_r,$$

称数组 $x_1,x_2,\cdots,x_r$ 为**向量 $\boldsymbol{\alpha}$ 在基 $\boldsymbol{\alpha}_1,\boldsymbol{\alpha}_2,\cdots,\boldsymbol{\alpha}_r$ 下的坐标**，记为 $(x_1,x_2,\cdots,x_r)^{\mathrm{T}}$.

例 3.7.5　设 $\boldsymbol{A}=(\boldsymbol{\alpha}_1,\boldsymbol{\alpha}_2,\boldsymbol{\alpha}_3)=\begin{pmatrix}1&1&1\\1&0&0\\1&-1&1\end{pmatrix}$，$\boldsymbol{B}=(\boldsymbol{\beta}_1,\boldsymbol{\beta}_2)=\begin{pmatrix}1&2\\2&3\\1&4\end{pmatrix}$，验证 $\boldsymbol{\alpha}_1,\boldsymbol{\alpha}_2,\boldsymbol{\alpha}_3$ 为 $\mathbf{R}^3$ 的一个基，并求 $\boldsymbol{\beta}_1$ 和 $\boldsymbol{\beta}_2$ 在这个基下的坐标.

解　由于 $|\boldsymbol{A}|=\begin{vmatrix}1&1&1\\1&0&0\\1&-1&1\end{vmatrix}=-2\neq0$，由定理 3.5.5 知 $\boldsymbol{\alpha}_1,\boldsymbol{\alpha}_2,\boldsymbol{\alpha}_3$ 线性无关，因此

$\boldsymbol{\alpha}_1,\boldsymbol{\alpha}_2,\boldsymbol{\alpha}_3$ 为 $\mathbf{R}^3$ 的一个基．

将 $\boldsymbol{\beta}_1$ 和 $\boldsymbol{\beta}_2$ 用 $\boldsymbol{\alpha}_1,\boldsymbol{\alpha}_2,\boldsymbol{\alpha}_3$ 线性表示，

即

$$\boldsymbol{\beta}_1=x_{11}\boldsymbol{\alpha}_1+x_{21}\boldsymbol{\alpha}_2+x_{31}\boldsymbol{\alpha}_3=(\boldsymbol{\alpha}_1,\boldsymbol{\alpha}_2,\boldsymbol{\alpha}_3)\begin{pmatrix}x_{11}\\x_{21}\\x_{31}\end{pmatrix},$$

$$\boldsymbol{\beta}_2=x_{12}\boldsymbol{\alpha}_1+x_{22}\boldsymbol{\alpha}_2+x_{32}\boldsymbol{\alpha}_3=(\boldsymbol{\alpha}_1,\boldsymbol{\alpha}_2,\boldsymbol{\alpha}_3)\begin{pmatrix}x_{12}\\x_{22}\\x_{32}\end{pmatrix}.$$

写成矩阵的形式

$$(\boldsymbol{\beta}_1,\boldsymbol{\beta}_2)=(\boldsymbol{\alpha}_1,\boldsymbol{\alpha}_2,\boldsymbol{\alpha}_3)\begin{pmatrix}x_{11}&x_{12}\\x_{21}&x_{22}\\x_{31}&x_{32}\end{pmatrix},$$

即

$$\boldsymbol{B}=\boldsymbol{A}\boldsymbol{X},$$

而

$$\boldsymbol{A}^{-1}=\begin{pmatrix}0&1&0\\\frac{1}{2}&0&-\frac{1}{2}\\\frac{1}{2}&-1&\frac{1}{2}\end{pmatrix},$$

代入得

$$\boldsymbol{X}=\boldsymbol{A}^{-1}\boldsymbol{B}=\begin{pmatrix}2&3\\0&-1\\-1&0\end{pmatrix},$$

所以 $\boldsymbol{\beta}_1=2\boldsymbol{\alpha}_1-\boldsymbol{\alpha}_3$，$\boldsymbol{\beta}_2=3\boldsymbol{\alpha}_1-\boldsymbol{\alpha}_2$，即 $\boldsymbol{\beta}_1$ 和 $\boldsymbol{\beta}_2$ 在这个基下的坐标分别为

$$(2,0,-1)^{\mathrm{T}} \text{ 和 } (3,-1,0)^{\mathrm{T}}.$$

习　题　3.7

1. 下列集合中哪些构成 $\mathbf{R}^n$ 的子空间．

(1) $V_1=\{(x_1,x_2,\cdots,x_n)\mid x_1+x_2+\cdots+x_n=0.\ x_i\in\mathbf{R},i=1,2,\cdots,n\}$；

(2) $V_2=\{(x_1,x_2,\cdots,x_n)\mid x_1+x_2+\cdots+x_n=2.\ x_i\in\mathbf{R},i=1,2,\cdots,n\}$；

(3) $V_3=\{(x_1,x_2,0,\cdots,0)\mid x_1,x_2\in\mathbf{R}\}$；

(4) $V_4=\{(x_1,x_2,\cdots,x_n)\mid x_i\in\mathbf{Z},i=1,2,\cdots,n\}$，其中 $\mathbf{Z}$ 表示整数集．

2. (1) 设 $\boldsymbol{\alpha}_1,\boldsymbol{\alpha}_2$ 为 $\mathbf{R}^2$ 的一个基，则 $\boldsymbol{\alpha}_1,\boldsymbol{\alpha}_2$ 在几何上有怎样的位置关系？

(2) 设 $\boldsymbol{\beta}_1,\boldsymbol{\beta}_2,\boldsymbol{\beta}_3$ 为 $\mathbf{R}^3$ 的一个基，则 $\boldsymbol{\beta}_1,\boldsymbol{\beta}_2,\boldsymbol{\beta}_3$ 在几何上有怎样的位置关系？

3. 证明：向量组 $\boldsymbol{\alpha}_1=(1,0,1)^{\mathrm{T}}$，$\boldsymbol{\alpha}_2=(1,-1,0)^{\mathrm{T}}$，$\boldsymbol{\alpha}_3=(2,1,1)^{\mathrm{T}}$ 是 $\mathbf{R}^3$ 的一个基，并求向量 $\boldsymbol{\beta}=(3,2,1)^{\mathrm{T}}$ 在这个基下的坐标．

4. 求下列向量子空间的基和维数．

(1) $V_1=\{(a,a,b,b)^{\mathrm{T}}\mid a,b\in\mathbf{R}\}$；

(2) $V_2=\{(a,0,b,c)^{\mathrm{T}}\mid a,b,c\in\mathbf{R}\}$；

(3) $V_3=\{\lambda_1\boldsymbol{\alpha}_1+\lambda_2\boldsymbol{\alpha}_2+\lambda_3\boldsymbol{\alpha}_3\mid\lambda_1,\lambda_2,\lambda_3\in\mathbf{R}\}$，

其中，$\boldsymbol{\alpha}_1=(1,1,1,0)^{\mathrm{T}}$，$\boldsymbol{\alpha}_2=(1,2,0,-1)^{\mathrm{T}}$，$\boldsymbol{\alpha}_3=(1,0,2,1)^{\mathrm{T}}$.

综合习题 3

1. 填空题

(1) 设空间向量 $\boldsymbol{a},\boldsymbol{b}$ 满足：存在不全为零的数 λ_1,λ_2，使 $\lambda_1\boldsymbol{a}+\lambda_2\boldsymbol{b}=\mathbf{0}$，则 $\boldsymbol{a},\boldsymbol{b}$ 的位置关系是__________.

(2) 设空间向量 $\boldsymbol{a},\boldsymbol{b},\boldsymbol{c}$ 满足：存在不全为零的数 $\lambda_1,\lambda_2,\lambda_3$，使 $\lambda_1\boldsymbol{a}+\lambda_2\boldsymbol{b}+\lambda_3\boldsymbol{c}=\mathbf{0}$，则向量 $\boldsymbol{a},\boldsymbol{b},\boldsymbol{c}$ 的位置关系是__________.

(3) 设 $|\boldsymbol{a}|=1$，$|\boldsymbol{b}|=2$，$|\boldsymbol{c}|=3$，且满足 $\boldsymbol{a}+\boldsymbol{b}+\boldsymbol{c}=\mathbf{0}$，则 $\boldsymbol{a}\cdot\boldsymbol{b}+\boldsymbol{b}\cdot\boldsymbol{c}+\boldsymbol{a}\cdot\boldsymbol{c}=$__________.

(4) 在 yOz 面上，与三点 $A(3,1,2)$，$B(4,-2,-2)$，$C(0,5,1)$ 等距离的点是__________.

(5) 已知 $|\boldsymbol{a}|=\sqrt{3}$，$|\boldsymbol{b}|=1$，$(\widehat{\boldsymbol{a},\boldsymbol{b}})=\dfrac{\pi}{6}$，则 $\boldsymbol{a}+\boldsymbol{b}$ 与 $\boldsymbol{a}-\boldsymbol{b}$ 的夹角是__________.

(6) 设向量组 $\boldsymbol{\alpha}_1,\boldsymbol{\alpha}_2,\cdots,\boldsymbol{\alpha}_s$ 的秩为 r，且向量 $\boldsymbol{\beta}$ 可由向量组 $\boldsymbol{\alpha}_1,\boldsymbol{\alpha}_2,\cdots,\boldsymbol{\alpha}_s$ 线性表示，则向量组 $\boldsymbol{\alpha}_1,\boldsymbol{\alpha}_2,\cdots,\boldsymbol{\alpha}_s,\boldsymbol{\beta}$ 的秩为__________.

(7) 设向量组 $\{\boldsymbol{\alpha}_1,\boldsymbol{\alpha}_2\}$，$\{\boldsymbol{\alpha}_1,\boldsymbol{\alpha}_2,\boldsymbol{\alpha}_3\}$，$\{\boldsymbol{\alpha}_1,\boldsymbol{\alpha}_2,\boldsymbol{\alpha}_4\}$ 的秩分别为 2,2,3，则向量组 $\{\boldsymbol{\alpha}_1,\boldsymbol{\alpha}_2,\boldsymbol{\alpha}_3-\boldsymbol{\alpha}_4\}$ 的秩为__________.

(8) 已知向量组 $\boldsymbol{\alpha}_1=(a,a,-b)^{\mathrm{T}}$，$\boldsymbol{\alpha}_2=(-a,b,a)^{\mathrm{T}}$，$\boldsymbol{\alpha}_3=(b,-a,b)^{\mathrm{T}}$ 线性相关，则 a,b 满足的条件是__________.

(9) 如果向量组 $\boldsymbol{\alpha}_1=(1,1,1,1)^{\mathrm{T}}$，$\boldsymbol{\alpha}_2=(0,1,2,3)^{\mathrm{T}}$，$\boldsymbol{\alpha}_3=(1,2,3,k)^{\mathrm{T}}$ 生成的子空间的维数是 2，则 $k=$__________.

2. 选择题

(1) 设 n 维向量组 $\boldsymbol{\alpha}_1,\boldsymbol{\alpha}_2,\cdots,\boldsymbol{\alpha}_s$ 线性相关，但 $\boldsymbol{\alpha}_2,\cdots,\boldsymbol{\alpha}_s$ 线性无关，其中 $\boldsymbol{\alpha}_1\neq\mathbf{0}$，又设有不全为零的一组数 $\lambda_1,\lambda_2,\cdots,\lambda_s$，使 $\lambda_1\boldsymbol{\alpha}_1+\lambda_2\boldsymbol{\alpha}_2+\cdots+\lambda_s\boldsymbol{\alpha}_s=\mathbf{0}$，则(　　).

(A) $\lambda_1\neq0,\lambda_2,\cdots,\lambda_s$ 全为零；　　(B) $\lambda_1\neq0,\lambda_2,\cdots,\lambda_s$ 不全为零；

(C) $\lambda_1=0,\lambda_2,\cdots,\lambda_s$ 不全为零；　　(D) $s=n$.

(2) 向量组 $\boldsymbol{\alpha}_1,\boldsymbol{\alpha}_2,\cdots,\boldsymbol{\alpha}_m(m\geqslant2)$ 线性相关的充要条件是(　　).

(A) $\boldsymbol{\alpha}_1,\boldsymbol{\alpha}_2,\cdots,\boldsymbol{\alpha}_m$ 中至少有一个零向量；

(B) $\boldsymbol{\alpha}_1,\boldsymbol{\alpha}_2,\cdots,\boldsymbol{\alpha}_m$ 中至少有一个向量可以由其余的向量线性表示；

(C) $\boldsymbol{\alpha}_1,\boldsymbol{\alpha}_2,\cdots,\boldsymbol{\alpha}_m$ 中有两个向量的分量对应成比例；

(D) $\boldsymbol{\alpha}_1,\boldsymbol{\alpha}_2,\cdots,\boldsymbol{\alpha}_m$ 中任何一个部分向量组都线性相关.

(3) 设 $\boldsymbol{A}$ 为 n 阶方阵，且 $|\boldsymbol{A}|=0$，则(　　).

(A) $\boldsymbol{A}$ 中一定有两列(行)对应元素成比例；

(B) $\boldsymbol{A}$ 中任意一个列(行)向量都是其余列(行)向量的线性组合；

(C) $\boldsymbol{A}$ 中有一个列(行)向量是其余列(行)向量的线性组合；

(D) $\boldsymbol{A}$ 中至少有一列(行)的元素全为零.

(4) 设 $\boldsymbol{A}$ 为 n 阶方阵，$R(\boldsymbol{A})=r<n$，则在 $\boldsymbol{A}$ 的 n 个列向量中(　　).

(A) 必有 r 个列向量线性无关；

(B) 任意 r 个列向量都线性无关；

(C) 任意 r 个列向量都构成列向量组的一个极大无关组；

(D) 任何一个列向量都可以由其他 r 个列向量线性表示．

(5) 设 $\boldsymbol{\alpha}_1,\boldsymbol{\alpha}_2,\cdots,\boldsymbol{\alpha}_m$ 为 n 维列向量组，则下列结论中正确的是(　　)．

(A) 若 $k_1\boldsymbol{\alpha}_1+k_2\boldsymbol{\alpha}_2+\cdots+k_m\boldsymbol{\alpha}_m=\mathbf{0}$，则 $\boldsymbol{\alpha}_1,\boldsymbol{\alpha}_2,\cdots,\boldsymbol{\alpha}_m$ 线性相关；

(B) 若对任意一组不全为零的数 $k_1,k_2,\cdots,k_m$，都有 $k_1\boldsymbol{\alpha}_1+k_2\boldsymbol{\alpha}_2+\cdots+k_m\boldsymbol{\alpha}_m\neq\mathbf{0}$，则 $\boldsymbol{\alpha}_1,\boldsymbol{\alpha}_2,\cdots,\boldsymbol{\alpha}_m$ 线性相无关；

(C) 若 $\boldsymbol{\alpha}_1,\boldsymbol{\alpha}_2,\cdots,\boldsymbol{\alpha}_m$ 线性相关，则对任一组不全为零的数 $k_1,k_2,\cdots,k_m$，都有 $k_1\boldsymbol{\alpha}_1+k_2\boldsymbol{\alpha}_2+\cdots+k_m\boldsymbol{\alpha}_m=\mathbf{0}$；

(D) 若 $0\boldsymbol{\alpha}_1+0\boldsymbol{\alpha}_2+\cdots+0\boldsymbol{\alpha}_m=\mathbf{0}$，则 $\boldsymbol{\alpha}_1,\boldsymbol{\alpha}_2,\cdots,\boldsymbol{\alpha}_m$ 线性无关．

(6) 设向量组 $\boldsymbol{A}:\boldsymbol{\alpha}_1,\boldsymbol{\alpha}_2,\cdots,\boldsymbol{\alpha}_r$ 可由向量组 $\boldsymbol{B}:\boldsymbol{\beta}_1,\boldsymbol{\beta}_2,\cdots,\boldsymbol{\beta}_s$ 线性表示，则(　　)．

(A) 当 $r<s$ 时，向量组 $\boldsymbol{B}$ 线性相关；

(B) 当 $r>s$ 时，向量组 $\boldsymbol{B}$ 线性相关；

(C) 当 $r<s$ 时，向量组 $\boldsymbol{A}$ 线性相关；

(D) 当 $r>s$ 时，向量组 $\boldsymbol{A}$ 线性相关．

3. 试用向量法证明三角形余弦定理．

4. 设 $\boldsymbol{a}=2\boldsymbol{i}-3\boldsymbol{j}+\boldsymbol{k},\boldsymbol{b}=\boldsymbol{i}-2\boldsymbol{j}+3\boldsymbol{k},\boldsymbol{c}=2\boldsymbol{i}+\boldsymbol{j}+2\boldsymbol{k}$，向量 $\boldsymbol{r}\perp\boldsymbol{a},\boldsymbol{r}\perp\boldsymbol{b},\mathrm{Prj}_{\boldsymbol{c}}\boldsymbol{r}=14$，求向量 $\boldsymbol{r}$．

5. 设向量 $\boldsymbol{a}=(1,2,-4),\boldsymbol{b}=(2,1,8)$，若 $\lambda\boldsymbol{a}+\boldsymbol{b}$ 与 z 轴垂直，求 λ 的值．

6. 设 $|\boldsymbol{a}|=4,|\boldsymbol{b}|=3,(\widehat{\boldsymbol{a},\boldsymbol{b}})=\dfrac{\pi}{6}$，求以 $\boldsymbol{a}+2\boldsymbol{b},\boldsymbol{a}-3\boldsymbol{b}$ 为边的平行四边形的面积．

7. 设一平面垂直于平面 $z=0$，并通过点 $(1,-1,1)$ 到直线 $\begin{cases}y-z+1=0\\x=0\end{cases}$ 的垂线，求平面的方程．

8. 求过平面 $x+5y+z=0$ 和 $x-z+2=0$ 的交线且与平面 $x-4y-8z+12=0$ 成 $\dfrac{\pi}{4}$ 角的平面方程．

9. 求两条直线 $l_1:\dfrac{x}{0}=\dfrac{y}{1}=\dfrac{z}{1}$，　$l_2:\dfrac{x}{1}=\dfrac{y}{0}=\dfrac{z}{1}$ 的交角的平分线方程．

10. 证明：直线 $l_1:\dfrac{x}{1}=\dfrac{y-1}{2}=\dfrac{z+2}{-1}$ 与直线 $l_2:\dfrac{x-1}{4}=\dfrac{y-4}{7}=\dfrac{z+2}{-5}$ 相交．

11. 设向量组 $\boldsymbol{\alpha}_1,\boldsymbol{\alpha}_2,\boldsymbol{\alpha}_3$ 满足 $\lambda_1\boldsymbol{\alpha}_1+\lambda_2\boldsymbol{\alpha}_2+\lambda_3\boldsymbol{\alpha}_3=\mathbf{0}$，且 $\lambda_1\lambda_2\neq0$，证明：向量组 $\boldsymbol{\alpha}_1,\boldsymbol{\alpha}_2$ 与向量组 $\boldsymbol{\alpha}_2,\boldsymbol{\alpha}_3$ 等价．

12. 设向量组 $\boldsymbol{\alpha}_1,\boldsymbol{\alpha}_2,\cdots,\boldsymbol{\alpha}_m$ 线性相关，且 $\boldsymbol{\alpha}_1\neq\mathbf{0}$，证明：存在某个向量 $\boldsymbol{\alpha}_k(2\leqslant k\leqslant m)$，使 $\boldsymbol{\alpha}_k$ 能由 $\boldsymbol{\alpha}_1,\boldsymbol{\alpha}_2,\cdots,\boldsymbol{\alpha}_{k-1}$ 线性表示．

13. 设 n 维向量组 $\boldsymbol{\alpha}_1,\boldsymbol{\alpha}_2,\cdots,\boldsymbol{\alpha}_m$ 线性无关，且 n 维向量 $\boldsymbol{\alpha}_{m+1}$ 不能由向量组 $\boldsymbol{\alpha}_1,\boldsymbol{\alpha}_2,\cdots,\boldsymbol{\alpha}_m$ 线性表示，证明：向量组 $\boldsymbol{\alpha}_1,\boldsymbol{\alpha}_2,\cdots,\boldsymbol{\alpha}_m,\boldsymbol{\alpha}_{m+1}$ 线性无关．

14. 设

$$\begin{cases}\boldsymbol{\beta}_1=\boldsymbol{\alpha}_2+\boldsymbol{\alpha}_3+\cdots+\boldsymbol{\alpha}_{n-1}+\boldsymbol{\alpha}_n\\\boldsymbol{\beta}_2=\boldsymbol{\alpha}_1+\boldsymbol{\alpha}_3+\cdots+\boldsymbol{\alpha}_{n-1}+\boldsymbol{\alpha}_n\\\qquad\cdots\\\boldsymbol{\beta}_{n-1}=\boldsymbol{\alpha}_1+\boldsymbol{\alpha}_2+\boldsymbol{\alpha}_3+\cdots+\boldsymbol{\alpha}_n\\\boldsymbol{\beta}_n=\boldsymbol{\alpha}_1+\boldsymbol{\alpha}_2+\boldsymbol{\alpha}_3+\cdots+\boldsymbol{\alpha}_{n-1}\end{cases},$$

证明：列向量组 $\boldsymbol{\alpha}_1,\boldsymbol{\alpha}_2,\cdots,\boldsymbol{\alpha}_n$ 与列向量组 $\boldsymbol{\beta}_1,\boldsymbol{\beta}_2,\cdots,\boldsymbol{\beta}_n$ 等价．

15. 设向量组 $\boldsymbol{A}:\boldsymbol{\alpha}_1,\boldsymbol{\alpha}_2,\cdots,\boldsymbol{\alpha}_s$ 的秩为 r_1，向量组 $\boldsymbol{B}:\boldsymbol{\beta}_1,\boldsymbol{\beta}_2,\cdots,\boldsymbol{\beta}_t$ 的秩为 r_2，向量组 $\boldsymbol{C}:\boldsymbol{\alpha}_1,\boldsymbol{\alpha}_2,\cdots,\boldsymbol{\alpha}_s,\boldsymbol{\beta}_1,\boldsymbol{\beta}_2,\cdots,\boldsymbol{\beta}_t$ 的秩为 r_3. 证明:

$$\max\{r_1,r_2\}\leqslant r_3\leqslant r_1+r_2.$$

拓展阅读

向量与向量空间的历史

向量又称矢量，最早的向量概念源于物理学．大约在公元前350年，古希腊著名学者亚里士多德(Aristotle，公元前384～前322年)就知道了力可以表示成向量，两个力的组合可用著名的平行四边形法则来表示，这也是最早提出的向量加法．尽管如此，当时的人们并没有因此而大规模地研究向量．直到19世纪，随着欧洲工业革命的开展与深化，“力”、“速度”、“加速度”等这些既有大小又有方向的量的使用频率越来越高，先前的理论远不能满足当时科技发展的需要，这时对向量理论的数学探讨才提上日程．

向量进入数学，首先应从复数的几何表示谈起．1797年，挪威测量学家、数学家维塞尔(Caspar Wessel，1745～1818年)首次利用坐标平面上的点来表示复数 $a+bi$. 然而，遗憾的是，维塞尔的文章直到1897年用法文翻译重新发表后才被欧洲数学家所注意．自维塞尔在复数几何表示方面打了一个前哨仗之后，瑞士数学家琴·罗伯特·阿尔冈(Jean Robert Argand，1768～1822年)，德国数学家卡尔·弗里德里希·高斯(Carl Friedrich Gauss，1777～1855年)也对此做出了研究．1831年，高斯将其发展到了顶峰，他不仅将复数表示为复平面上的一点，还阐述了复数的几何加法与乘法．

英国数学家、物理学家威廉·哈密顿(Willian Hamilton，1805～1865年)认为数系属于代数学的研究领域，反对依靠坐标系的几何表示，对把复数表示成 $a+bi$ 的形式也很不满．1835年，他从代数角度把复数 $a+bi$ 定义成有序实数对(a,b)，并定义了它们的四则运算．哈密顿自幼聪慧过人，8岁时就懂5种语言，12岁时懂12种语言，13岁时遇到美国计算神童，激起了他对数学的兴趣，自学了艾萨克·牛顿(Isaac Newton，1643～1727年)、皮埃尔·西蒙·拉普拉斯(Pierre Simon Laplace，1749～1827年)等人的著作．1823年，他考入都柏林三一学院，由于在古典文学以及数学方面表现突出，多次荣获金牌，在还没毕业时就被任命为都伯林大学天文学教授以及邓辛克天文台台长．哈密顿一生硕果累累，他的光学及动力学思想，大大促进了当时物理学的发展，在100年后推动了量子力学的诞生．在代数方面，他首先提出：能否找到类似于(a,b)的三元数组(a,b,c)，使其具有实数和复数的基本性质．遗憾的是，他发现这种“3维复数”必须有4个分量，1843年创造出著名的“四元数”$a+bi+cj+dk$，其中 a,b,c,d 为实数，i,j,k 为四元数单位．

哈密顿证明，这种四元数除了乘法交换律外，很多性质都与复数类似．他相信这种数必然在物理学方面大有用武之地，然而很多学者都对此持消极态度．数学家、物理学家麦克斯韦(James Clark Maxwell，1831～1879年)使人们燃起了希望．他把四元数中的数量部分 a 与向量部分 $bi+cj+dk$ 作为独立的对象处理，而向量部分则发展成为更符合物理学需要的便捷的数学工具，这就是3维向量．

19世纪40年代初，阿瑟·凯莱(Arthur Cayley，1821～1895年)和赫尔曼·甘特·格拉斯曼(Hermann Gunther Grassmann，1809～1877年)独立提出将三维空间推广到高

维空间，这种观念对向量空间理论的发展至关重要．哈密顿将三维空间到四维空间的推广称为“想象力的一次飞跃”．1843 年，凯莱发表“n 维解析几何的几章”(Chapters of Analytic Geometry of n-dimensions)，给出了维数思想．

1844 年，为了构造 n 维空间中不依赖坐标的代数，格拉斯曼出版了一部杰出的著作《线性扩张理论》(Doctrine of Linear Extension)，详尽阐述了上述先驱性思想，将线性代数的许多基本概念都纳入其中：n 维向量空间、子空间、生成集、线性无关、基、维数与线性变换．他把向量空间定义成线性组合 $\sum_{i=1}^{n} a_i e_i (i=1,2,\cdots,n)$ 的集合，其中 a_i 是实数，e_i 是彼此线性无关的“单位”，并按通常方式定义了 $\sum_{i=1}^{n} a_i e_i$ 的加法、减法以及与实数的乘法，它们遵循下列“基本性质”：加法交换律和结合律、减法法则 $a+b-b=a$ 与 $a-b+b=a$，以及几条标量积法则．由此，格拉斯曼宣称它们满足加法、减法以及标量积的所有通常法则．另外，他还证明了关于向量空间的许多结果，如对于一个向量空间的两个子空间 V 和 W，有重要关系式 $\dim V+\dim W=\dim (V+W)-\dim (V\cap W)$．

《线性扩张理论》中的许多新思想都是用哲学语言表述的，因此很难理解，没有引起当时数学界的重视，1862 年再版后才得到更多人的认可．意大利数学家皮亚诺(Giuseppe Peano，1858～1932 年)就是其中之一，1888 年，他在《几何演算》(Geometric Calculus)中抽象阐述了格拉斯曼的某些思想．《几何演算》的最后一章是“线性系的变换”，皮亚诺给出了实数域上向量空间的公理化定义，他称之为“线性系”，这多少体现了现代公理化思想．皮亚诺也给出线性代数中的维数、线性变换等概念，并证明了许多定理．例如他把向量空间的维数定义成彼此线性无关的元素的最多个数(但没有证明维数与元素的选取无关)，证明了 n 维向量空间中任意 n 个线性无关的元素都构成一组基．他注意到如果一元多项式集合中多项式的次数至多为 n 次，那么得到的向量空间的维数是 $n+1$ 维，但如果没有次数限制，得到的向量空间就是无穷维．同样，皮亚诺的工作在很大程度上并没有引起别人的注意，这可能因为公理化方法当时才刚刚起步，也可能因为他的工作与几何学联系得过于紧密．

1918 年，德国数学家赫尔曼·外尔(Hermann Weyl，1885～1955 年)发表一部关于广义相对论的著作《空间、时间、物质》(Space, Time, Matter)，在第一章“仿射几何的基础”中，他给出有限维实向量空间的公理化定义(外尔并不知道皮亚诺的工作)．和皮亚诺一样，他给出的定义也不是真正的现代定义，还有待进一步完善．之后波兰数学家斯特凡·巴拿赫(Stefan Banach，1892～1945 年)、澳大利亚数学家汉斯·哈恩(Hans Hahn，1879～1934 年)和美国数学家诺伯特·维纳(Norbert Wiener，1894～1964 年)各自独立地给出了向量空间的公理化体系，他们的工作标志着向量空间的公理化向前迈出了关键性的一步．

随着 1930～1931 年间荷兰数学家范德瓦尔登(Bartel Leendert van der Waerden，1903～1996 年)的两卷本《近世代数》(Modern Algebra)的问世，向量空间的位置变得越来越重要，线性空间理论逐渐成为数学中的一个核心理论，它的理论和方法在自然科学的各领域中得到了广泛应用．

第4章 线性方程组

在第1章里我们已经研究了线性方程组的一种特殊情形，即线性方程组所含方程的个数等于未知量的个数，且方程组的系数行列式不等于零的情形．而求解线性方程组是线性代数的主要内容之一，此类问题在科学技术与经济管理领域有着相当广泛的应用，因而有必要从更普遍的角度来讨论线性方程组的一般理论．

本章主要讨论一般线性方程组的解法，线性方程组解的存在性和线性方程组解的结构等内容．

4.1 齐次线性方程组

4.1.1 线性方程组的一般形式

设有线性方程组

$$\begin{cases} a_{11}x_1+a_{12}x_2+\cdots+a_{1n}x_n=b_1 \\ a_{21}x_1+a_{22}x_2+\cdots+a_{2n}x_n=b_2 \\ \quad\vdots \qquad\quad \vdots \qquad\qquad\quad \vdots \quad\ \ \vdots \\ a_{m1}x_1+a_{m2}x_2+\cdots+a_{mn}x_n=b_m \end{cases} \tag{4.1.1}$$

其中 $x_1,x_2,\cdots,x_n$ 表示 n 个未知量，m 表示方程个数，$a_{ij}(i=1,2,\cdots,m;j=1,2,\cdots,n)$ 表示第 i 个方程中第 j 个未知量的系数，$b_i(i=1,2,\cdots,m)$ 表示常数项，方程个数不一定等于未知量个数．

当 $b_i=0(i=1,2,\cdots,m)$ 时，有：

$$\begin{cases} a_{11}x_1+a_{12}x_2+\cdots+a_{1n}x_n=0 \\ a_{21}x_1+a_{22}x_2+\cdots+a_{2n}x_n=0 \\ \quad\vdots \qquad\quad \vdots \qquad\qquad\quad \vdots \quad\ \ \vdots \\ a_{m1}x_1+a_{m2}x_2+\cdots+a_{mn}x_n=0 \end{cases} \tag{4.1.2}$$

线性方程组(4.1.2)称为**齐次线性方程组**；当 $b_i(i=1,2,\cdots,n)$ 不全为零时，方程组(4.1.1)称为**非齐次线性方程组**．

记

$$\boldsymbol{A}=\begin{pmatrix} a_{11} & a_{12} & \cdots & a_{1n} \\ a_{21} & a_{22} & \cdots & a_{2n} \\ \vdots & \vdots & & \vdots \\ a_{m1} & a_{m2} & \cdots & a_{mn} \end{pmatrix}, \quad \boldsymbol{X}=\begin{pmatrix} x_1 \\ x_2 \\ \vdots \\ x_n \end{pmatrix}, \quad \boldsymbol{b}=\begin{pmatrix} b_1 \\ b_2 \\ \vdots \\ b_m \end{pmatrix},$$

则线性方程组(4.1.1)可表示为矩阵方程

$$\boldsymbol{AX}=\boldsymbol{b}. \tag{4.1.3}$$

其中 $\boldsymbol{A}$ 称为方程组的系数矩阵，$\boldsymbol{b}$ 为常数项矩阵，$\boldsymbol{X}$ 为未知向量，$(\boldsymbol{A}\ \vdots\ b)$ 为增广矩阵，线性

方程组(4.1.2)可表示为

$$AX=0 \tag{4.1.4}$$

称为齐次线性方程组(4.1.2)的矩阵形式.

若令

$$\boldsymbol{\alpha}_j=\begin{pmatrix}a_{1j}\\a_{2j}\\\vdots\\a_{mj}\end{pmatrix}(j=1,2,\cdots,n),\boldsymbol{b}=\begin{pmatrix}b_1\\b_2\\\vdots\\b_m\end{pmatrix}$$

则线性方程组(4.1.1)可表示为如下向量形式

$$x_1\boldsymbol{\alpha}_1+x_2\boldsymbol{\alpha}_2+\cdots+x_n\boldsymbol{\alpha}_n=\boldsymbol{b}, \tag{4.1.5}$$

称为线性方程组(4.1.1)的向量表示式.线性方程组(4.1.2)可表示为

$$x_1\boldsymbol{\alpha}_1+x_2\boldsymbol{\alpha}_2+\cdots+x_n\boldsymbol{\alpha}_n=\boldsymbol{0} \tag{4.1.6}$$

称为齐次线性方程组(4.1.2)的向量表示式.

显然线性方程组(4.1.1),矩阵方程(4.1.3),向量表示式(4.1.5)为线性方程组的三种表示形式,利用不同形式我们可以从多种角度来讨论和理解线性方程组的问题以及线性方程组的应用.

4.1.2 Gauss 消元法

下面讨论一般线性方程组的解法.

通过下面的例子介绍如何用消元法求解一般线性方程组.

引例 求解非齐次线性方程组

$$\begin{cases}2x_1+x_2+2x_3-2x_4=2\\3x_1-x_2+5x_3-3x_4=3.\\x_1-2x_2+3x_3-x_4=1\end{cases} \tag{4.1.7}$$

解 将方程组(4.1.7)的第一、第三个方程交换位置,得

$$\begin{cases}x_1-2x_2+3x_3-x_4=1\\3x_1-x_2+5x_3-3x_4=3,\\2x_1+x_2+2x_3-2x_4=2\end{cases} \tag{4.1.8}$$

将方程组(4.1.8)的第一个方程分别乘以-3,-2加到第二、三个方程,得

$$\begin{cases}x_1-2x_2+3x_3-x_4=1\\5x_2-4x_3=0,\\5x_2-4x_3=0\end{cases} \tag{4.1.9}$$

将方程组(4.1.9)的第二个方程乘以-1加到第三个方程,得

$$\begin{cases}x_1-2x_2+3x_3-x_4=1\\5x_2-4x_3=0\end{cases}, \tag{4.1.10}$$

将方程组(4.1.10)的第一个方程加上第二个方程的$\frac{2}{5}$,得

$$\begin{cases} x_1+\dfrac{7}{5}x_3-x_4=1 \\ 5x_2-4x_3\qquad=0 \end{cases}, \tag{4.1.11}$$

将方程组(4.1.11)的第二个方程乘以$\dfrac{1}{5}$,得

$$\begin{cases} x_1+\dfrac{7}{5}x_3-x_4=1 \\ x_2-\dfrac{4}{5}x_3\qquad=0 \end{cases}, \tag{4.1.12}$$

方程组(4.1.7)可化简整理得

$$\begin{cases} x_1=-\dfrac{7}{5}x_3+x_4+1 \\ x_2=\quad\dfrac{4}{5}x_3 \end{cases}, \tag{4.1.13}$$

所以方程组的解为

$$\begin{pmatrix} x_1 \\ x_2 \\ x_3 \\ x_4 \end{pmatrix}=\begin{pmatrix} -\dfrac{7}{5}x_3+x_4+1 \\ \dfrac{4}{5}x_3 \\ x_3 \\ x_4 \end{pmatrix}, \tag{4.1.14}$$

这里 x_3,x_4 可以取任意实数.

从上述解题过程可以看出,用消元法求解线性方程组的具体作法就是对方程组反复实施以下三种变换:

(1) 交换某两个方程的位置;

(2) 用一个非零数乘某一个方程的两边;

(3) 将一个方程的倍数加到另一个方程上去.

以上这三种变换称为**线性方程组的初等变换**. 而消元法的目的就是利用方程组的初等变换将原方程组化为阶梯形方程组，显然这个阶梯形方程组与原线性方程组同解，解这个阶梯形方程组得原方程组的解. 如果用矩阵表示其系数及常数项，则将原方程组化为行阶梯形方程组的过程就是将对应矩阵化为行阶梯形矩阵的过程.

将一个方程组化为行阶梯形方程组的步骤并不是唯一的，所以,同一个方程组的行阶梯形方程组也不是唯一的. 特别地,我们还可以将一个一般的行阶梯形方程组化为行最简形方程组，从而使我们能直接“读”出该线性方程组的解.

通常把过程(4.1.11)～(4.1.13)称为**回代过程**.

从引例我们可得到如下启示：用消元法解线性方程组的过程，相当于对该线性方程组的增广矩阵做初等行变换.

引例的解题过程可以写成如下形式

$$\left(\begin{array}{cccc:c}2 & 1 & 2 & -2 & 2\\ 3 & -1 & 5 & -3 & 3\\ 1 & -2 & 3 & -1 & 1\end{array}\right)\longrightarrow\left(\begin{array}{cccc:c}1 & -2 & 3 & -1 & 1\\ 3 & -1 & 5 & -3 & 3\\ 2 & 1 & 2 & -2 & 2\end{array}\right)\longrightarrow\left(\begin{array}{cccc:c}1 & -2 & 3 & -1 & 1\\ 0 & 5 & -4 & 0 & 0\\ 0 & 5 & -4 & 0 & 0\end{array}\right)$$

$$\longrightarrow\left(\begin{array}{cccc:c}1 & -2 & 3 & -1 & 1\\ 0 & 5 & -4 & 0 & 0\\ 0 & 0 & 0 & 0 & 0\end{array}\right)\longrightarrow\left(\begin{array}{cccc:c}1 & 0 & \frac{7}{5} & -1 & 1\\ 0 & 5 & -4 & 0 & 0\\ 0 & 0 & 0 & 0 & 0\end{array}\right)\longrightarrow\left(\begin{array}{cccc:c}1 & 0 & \frac{7}{5} & -1 & 1\\ 0 & 1 & -\frac{4}{5} & 0 & 0\\ 0 & 0 & 0 & 0 & 0\\ 0 & 0 & 0 & 0 & 0\end{array}\right),$$

所以方程组的解为

$$\begin{pmatrix}x_1\\ x_2\\ x_3\\ x_4\end{pmatrix}=\begin{pmatrix}-\frac{7}{5}x_3+x_4+1\\ \frac{4}{5}x_3\\ x_3\\ x_4\end{pmatrix}.$$

以后具体解一般的线性方程组可以直接对增广矩阵作初等行变换，为了解决理论应用问题，下面我们分别就齐次线性方程组和非齐次线性方程组讨论有解条件和解的结构问题．

4.1.3 齐次线性方程组有非零解的条件

由于齐次线性方程组(4.1.2)可表为如下向量形式

$$x_1\boldsymbol{\alpha}_1+x_2\boldsymbol{\alpha}_2+\cdots+x_n\boldsymbol{\alpha}_n=\mathbf{0}$$

则 n 元齐次线性方程组仅有零解的充要条件是向量组 $\boldsymbol{\alpha}_1,\boldsymbol{\alpha}_2,\cdots,\boldsymbol{\alpha}_n$ 线性无关；有非零解的充要条件是向量组 $\boldsymbol{\alpha}_1,\boldsymbol{\alpha}_2,\cdots,\boldsymbol{\alpha}_n$ 线性相关．因此有：

n 元齐次线性方程组 $\boldsymbol{AX}=\mathbf{0}$ 仅有零解的充要条件是系数矩阵的秩 $R(\boldsymbol{A})=n$；n 元齐次线性方程组 $\boldsymbol{AX}=\mathbf{0}$ 有非零解的充要条件是系数矩阵的秩 $R(\boldsymbol{A})<n$.

设齐次线性方程组 $\boldsymbol{AX}=\mathbf{0}$ 的系数矩阵的秩 $R(\boldsymbol{A})<n$，即 $\boldsymbol{AX}=\mathbf{0}$ 有非零解，则它的每一个解可以用一个 n 维向量表示，于是 $\boldsymbol{AX}=\mathbf{0}$ 的解集是 $\boldsymbol{R}^n$ 的子集，称为**齐次线性方程组的解集**．

4.1.4 齐次线性方程组解的结构

性质 4.1.1 若 $\boldsymbol{\xi}_1,\boldsymbol{\xi}_2$ 为方程组(4.1.2)的解，则 $\boldsymbol{\xi}_1+\boldsymbol{\xi}_2$ 也是方程组(4.1.2)的解．

证 因为 $\boldsymbol{A\xi}_1=\mathbf{0},\boldsymbol{A\xi}_2=\mathbf{0}$，所以

$$\boldsymbol{A}(\boldsymbol{\xi}_1+\boldsymbol{\xi}_2)=\boldsymbol{A\xi}_1+\boldsymbol{A\xi}_2=\mathbf{0}+\mathbf{0}=\mathbf{0}.$$

性质 4.1.2 若 $\boldsymbol{\xi}$ 为方程组(4.1.2)的解，k 为任意实数，则 $k\boldsymbol{\xi}$ 也是方程组(4.1.2)的解．

证 因为 $\boldsymbol{A\xi}=0$，所以

$$\boldsymbol{A}(k\boldsymbol{\xi})=k(\boldsymbol{A\xi})=k\,\mathbf{0}=\mathbf{0}.$$

由性质4.1.1和性质4.1.2知方程组(4.1.2)的所有解构成的集合为向量空间,称为方程组的**解空间**,用S表示.称S的基为方程组(4.1.2)的**基础解系**.基础解系的线性组合称为**通解**.求方程组的通解归结为求一个基础解系.显然当$R(\boldsymbol{A})=n$时,方程组没有基础解系;当$R(\boldsymbol{A})<n$时,方程组才有基础解系.下面给出当$R(\boldsymbol{A})<n$时,求一个基础解系的方法.

不妨设$R(\boldsymbol{A})=r<n$,$\boldsymbol{A}$的左上角r阶子式不等于零(否则可通过行或列的初等变换将$\boldsymbol{A}$化成之.注意进行列变换时,未知量的位置也同时改变).由于齐次线性方程组与系数矩阵$\boldsymbol{A}$一一对应,其初等变换与$\boldsymbol{A}$的初等行变换一一对应,所以只要用初等行变换把$\boldsymbol{A}$化为行最简形$\boldsymbol{B}$,写出$\boldsymbol{B}$对应的齐次线性方程组,它是与方程组(4.1.2)同解的最简方程组,求方程组(4.1.2)的解只要求其最简方程组的解即可.$\boldsymbol{A}$的行最简形为

$$\boldsymbol{B}=\begin{pmatrix} 1 & 0 & \cdots & 0 & b_{11} & b_{12} & \cdots & b_{1n-r} \\ 0 & 1 & \cdots & 0 & b_{21} & b_{22} & \cdots & b_{2n-r} \\ \vdots & \vdots & & \vdots & \vdots & \vdots & & \vdots \\ 0 & 0 & \cdots & 1 & b_{r1} & b_{r2} & \cdots & b_{rn-r} \\ 0 & 0 & \cdots & 0 & 0 & 0 & \cdots & 0 \\ \vdots & \vdots & & \vdots & \vdots & \vdots & & \vdots \\ 0 & 0 & \cdots & 0 & 0 & 0 & \cdots & 0 \end{pmatrix},$$

$\boldsymbol{B}$对应的方程组为

$$\begin{cases} x_1=-b_{11}x_{r+1}-b_{12}x_{r+2}-\cdots-b_{1,n-r}x_n \\ x_2=-b_{21}x_{r+1}-b_{22}x_{r+2}-\cdots-b_{2,n-r}x_n \\ \quad\vdots \qquad\qquad \vdots \qquad\qquad \vdots \qquad\qquad\qquad \vdots \\ x_r=-b_{r1}x_{r+1}-b_{r2}x_{r+2}-\cdots-b_{r,n-r}x_n \end{cases} \tag{4.1.15}$$

由于$x_{r+1},x_{r+2},\cdots,x_n$任取一组值即可解出$x_1,x_2,\cdots,x_r$,将它们合在一起得

$$\boldsymbol{X}=\begin{pmatrix} x_1 \\ \vdots \\ x_r \\ x_{r+1} \\ \vdots \\ x_n \end{pmatrix}.$$

它是方程组(4.1.2)的解.所以称$x_{r+1},x_{r+2},\cdots,x_n$为自由未知数,而$x_1,x_2,\cdots,x_r$由$x_{r+1},x_{r+2},\cdots,x_n$唯一确定.令$x_{r+1},x_{r+2},\cdots,x_n$取下列$n-r$组值

$$\begin{pmatrix} x_{r+1} \\ x_{r+2} \\ \vdots \\ x_n \end{pmatrix}=\begin{pmatrix} 1 \\ 0 \\ \vdots \\ 0 \end{pmatrix},\begin{pmatrix} 0 \\ 1 \\ \vdots \\ 0 \end{pmatrix},\cdots,\begin{pmatrix} 0 \\ 0 \\ \vdots \\ 1 \end{pmatrix},$$

代入方程组(4.1.15)求出$x_1,x_2,\cdots,x_r$,再与$x_{r+1},x_{r+2},\cdots,x_n$合在一起得到方程组(4.1.2)的$n-r$个解

$$\boldsymbol{\xi}_1=\begin{pmatrix}-b_{11}\\ \vdots\\ -b_{r1}\\ 1\\ 0\\ \vdots\\ 0\end{pmatrix},\boldsymbol{\xi}_2=\begin{pmatrix}-b_{12}\\ \vdots\\ -b_{r2}\\ 0\\ 1\\ \vdots\\ 0\end{pmatrix},\cdots,\boldsymbol{\xi}_{n-r}=\begin{pmatrix}-b_{1,n-r}\\ \vdots\\ -b_{r,n-r}\\ 0\\ 0\\ \vdots\\ 1\end{pmatrix}.$$

显然 $\boldsymbol{\xi}_1,\boldsymbol{\xi}_2,\cdots,\boldsymbol{\xi}_{n-r}$ 线性无关.

设

$$\boldsymbol{X}=\begin{pmatrix}x_1\\ \vdots\\ x_r\\ k_1\\ \vdots\\ k_{n-r}\end{pmatrix}$$

为方程组(4.1.2)的任一解,则由方程组(4.1.15)有

$$\begin{cases}x_1=-b_{11}k_1-b_{12}k_2-\cdots-b_{1,n-r}k_{n-r}\\ x_2=-b_{21}k_1-b_{22}k_2-\cdots-b_{2,n-r}k_{n-r}\\ \vdots\qquad\vdots\qquad\vdots\qquad\qquad\vdots\\ x_r=-b_{r1}k_1-b_{r2}k_2-\cdots-b_{r,n-r}k_{n-r}\end{cases},$$

即

$$\boldsymbol{X}=\begin{pmatrix}-b_{11}k_1-b_{12}k_2-\cdots-b_{1,n-r}k_{n-r}\\ -b_{21}k_1-b_{22}k_2-\cdots-b_{2,n-r}k_{n-r}\\ \vdots\\ -b_{r1}k_1-b_{r2}k_2-\cdots-b_{r,n-r}k_{n-r}\\ k_1\\ k_2\\ \vdots\\ k_{n-r}\end{pmatrix}$$

$$=k_1\begin{pmatrix}-b_{11}\\ -b_{21}\\ \vdots\\ -b_{r1}\\ 1\\ 0\\ \vdots\\ 0\end{pmatrix}+k_2\begin{pmatrix}-b_{12}\\ -b_{22}\\ \vdots\\ -b_{r2}\\ 0\\ 1\\ \vdots\\ 0\end{pmatrix}+\cdots+k_{n-r}\begin{pmatrix}-b_{1,n-r}\\ -b_{2,n-r}\\ \vdots\\ -b_{r,n-r}\\ 0\\ 0\\ \vdots\\ 1\end{pmatrix}$$

$$=k_1\boldsymbol{\xi}_1+k_2\boldsymbol{\xi}_2+\cdots+k_{n-r}\boldsymbol{\xi}_{n-r}.$$

所以方程组(4.1.2)的任一解可由 $\boldsymbol{\xi}_1,\boldsymbol{\xi}_2,\cdots,\boldsymbol{\xi}_{n-r}$ 线性表示，因此 $\boldsymbol{\xi}_1,\boldsymbol{\xi}_2,\cdots,\boldsymbol{\xi}_{n-r}$ 为一个基础解系．通解为 $\boldsymbol{X}=k_1\boldsymbol{\xi}_1+k_2\boldsymbol{\xi}_2+\cdots+k_{n-r}\boldsymbol{\xi}_{n-r}$，$k_1,k_2,\cdots,k_{n-r}$ 为任意实数．由上面我们还看到方程组的通解还可由最简方程组(4.1.15)直接写出，只要令自由未知数 x_{r+1}，$x_{r+2},\cdots,x_n$ 取任意常数 $k_1,k_2,\cdots,k_{n-r}$ 代入方程组(4.1.15)解出 $x_1,x_2,\cdots,x_r$，再与 x_{r+1}，$x_{r+2},\cdots,x_n$ 合在一起即可．

方程组(4.1.2)的任意 $n-r$ 个线性无关的解都是一个基础解系，上面只给出了求一个基础解系的方法．由上述内容可得如下定理．

定理 4.1.1 齐次线性方程组(4.1.2)只有零解的充分必要条件是 $R(\boldsymbol{A})=n$，有非零解的充分必要条件是 $R(\boldsymbol{A})=r<n$. 当 $R(\boldsymbol{A})=r<n$ 时，方程组的任一基础解系中含 $n-r$ 个解向量．

推论 4.1.1 含 n 个未知数 n 个方程的方程组

$$\begin{cases}a_{11}x_1+a_{12}x_2+\cdots+a_{1n}x_n=0\\a_{21}x_1+a_{22}x_2+\cdots+a_{2n}x_n=0\\\quad\vdots\qquad\quad\vdots\qquad\qquad\vdots\qquad\vdots\\a_{n1}x_1+a_{n2}x_2+\cdots+a_{nn}x_n=0\end{cases}$$

有非零解的充要条件是系数矩阵 $\boldsymbol{A}$ 的行列式 $|\boldsymbol{A}|=0$.

例 4.1.1 解方程组

$$\begin{cases}x_1+x_2+x_3=0\\x_1+2x_2+x_3=0\\x_1+x_2+2x_3=0\\3x_1+4x_2+4x_3=0\end{cases}.$$

解 用初等行变换把系数矩阵 $\boldsymbol{A}$ 化为行阶梯形

$$\boldsymbol{A}=\begin{pmatrix}1&1&1\\1&2&1\\1&1&2\\3&4&4\end{pmatrix}\xrightarrow[r_4-3r_1]{\substack{r_2-r_1\\r_3-r_1}}\begin{pmatrix}1&1&1\\0&1&0\\0&0&1\\0&1&1\end{pmatrix}\xrightarrow[r_4-r_3]{r_4-r_2}\begin{pmatrix}1&1&1\\0&1&0\\0&0&1\\0&0&0\end{pmatrix},$$

由于 $R(\boldsymbol{A})=3$，所以方程组只有零解．

例 4.1.2 求下列齐次线性方程组的一个基础解系及通解

$$\begin{cases}2x_1+x_2-2x_3+3x_4=0\\3x_1+2x_2-x_3+2x_4=0\\x_1+x_2+x_3-x_4=0\end{cases}.$$

解 对此方程组的系数矩阵做如下初等行变换

$$\boldsymbol{A}=\begin{pmatrix}2&1&-2&3\\3&2&-1&2\\1&1&1&-1\end{pmatrix}\xrightarrow[r_2-3r_3]{r_1-2r_3}\begin{pmatrix}0&-1&-4&5\\0&-1&-4&5\\1&1&1&-1\end{pmatrix}\xrightarrow{r_1-r_2}\begin{pmatrix}0&0&0&0\\0&-1&-4&5\\1&1&1&-1\end{pmatrix}$$

$$\xrightarrow{r_1\leftrightarrow r_3}\begin{pmatrix}1&1&1&-1\\0&-1&-4&5\\0&0&0&0\end{pmatrix}\xrightarrow{r_1+r_2}\begin{pmatrix}1&0&-3&4\\0&-1&-4&5\\0&0&0&0\end{pmatrix}\xrightarrow{(-1)r_2}\begin{pmatrix}1&0&-3&4\\0&1&4&-5\\0&0&0&0\end{pmatrix}.$$

于是与原方程组可同解的最简方程组为

$$\begin{cases} x_1 = \quad 3x_3 - 4x_4 \\ x_2 = -4x_3 + 5x_4 \end{cases},$$

所以原方程组一个基础解系为

$$\boldsymbol{\xi}_1 = \begin{pmatrix} 3 \\ -4 \\ 1 \\ 0 \end{pmatrix}, \boldsymbol{\xi}_2 = \begin{pmatrix} -4 \\ 5 \\ 0 \\ 1 \end{pmatrix};$$

通解为

$$\begin{pmatrix} x_1 \\ x_2 \\ x_3 \\ x_4 \end{pmatrix} = k_1 \begin{pmatrix} 3 \\ -4 \\ 1 \\ 0 \end{pmatrix} + k_2 \begin{pmatrix} -4 \\ 5 \\ 0 \\ 1 \end{pmatrix}, \text{(其中 } k_1, k_2 \text{ 为任意实数)}.$$

例 4.1.3 解齐次线性方程组

$$\begin{cases} x_1 + x_2 - x_3 - x_4 = 0 \\ 2x_1 - 5x_2 + 3x_3 + 2x_4 = 0 \\ 7x_1 - 7x_2 + 3x_3 + x_4 = 0 \end{cases}.$$

解 对系数矩阵 $\boldsymbol{A}$ 作初等行变换,化为行最简矩阵

$$\boldsymbol{A} = \begin{pmatrix} 1 & 1 & -1 & -1 \\ 2 & -5 & 3 & 2 \\ 7 & -7 & 3 & 1 \end{pmatrix} \xrightarrow[r_3 - 7r_1]{r_2 - 2r_1} \begin{pmatrix} 1 & 1 & -1 & -1 \\ 0 & -7 & 5 & 4 \\ 0 & -14 & 10 & 8 \end{pmatrix}$$

$$\xrightarrow{r_3 - 2r_2} \begin{pmatrix} 1 & 1 & -1 & -1 \\ 0 & -7 & 5 & 4 \\ 0 & 0 & 0 & 0 \end{pmatrix} \xrightarrow[r_1 + \frac{1}{7}r_2]{\left(-\frac{1}{7}\right)r_2} \begin{pmatrix} 1 & 0 & -\frac{2}{7} & -\frac{3}{7} \\ 0 & 1 & -\frac{5}{7} & -\frac{4}{7} \\ 0 & 0 & 0 & 0 \end{pmatrix},$$

于是与原方程组可同解的最简方程组为

$$\begin{cases} x_1 = \frac{2}{7}x_3 + \frac{3}{7}x_4 \\ x_2 = \frac{5}{7}x_3 + \frac{4}{7}x_4 \end{cases},$$

所以原方程组的通解为

$$\begin{pmatrix} x_1 \\ x_2 \\ x_3 \\ x_4 \end{pmatrix} = k_1 \begin{pmatrix} \frac{2}{7} \\ \frac{5}{7} \\ 1 \\ 0 \end{pmatrix} + k_2 \begin{pmatrix} \frac{3}{7} \\ \frac{4}{7} \\ 0 \\ 1 \end{pmatrix} \text{(其中 } k_1, k_2 \text{ 为任意实数)}.$$

例 4.1.4　λ 为何值时方程组

$$\begin{cases}\lambda x_1+x_2+x_3=0\\ x_1+\lambda x_2+x_3=0\\ x_1+x_2+\lambda x_3=0\end{cases}$$

只有零解？有非零解？并求解．

解　方程组的系数行列式为

$$D=\begin{vmatrix}\lambda & 1 & 1\\ 1 & \lambda & 1\\ 1 & 1 & \lambda\end{vmatrix}=(\lambda+2)(\lambda-1)^2.$$

(1) 当 $D\neq 0$，即 $\lambda\neq -2$ 且 $\lambda\neq 1$ 时，方程组只有零解；

(2) 当 $D=0$，即 $\lambda=-2$ 或 $\lambda=1$ 时，方程组有非零解．

(i) 当 $\lambda=-2$ 时，方程组为

$$\begin{cases}-2x_1+x_2+x_3=0\\ x_1-2x_2+x_3=0\\ x_1+x_2-2x_3=0\end{cases},$$

$$\boldsymbol{A}=\begin{pmatrix}-2 & 1 & 1\\ 1 & -2 & 1\\ 1 & 1 & -2\end{pmatrix}\xrightarrow{r_1\leftrightarrow r_2}\begin{pmatrix}1 & -2 & 1\\ -2 & 1 & 1\\ 1 & 1 & -2\end{pmatrix}\xrightarrow[\substack{r_3+r_1\\ r_3+r_2}]{r_2\leftrightarrow r_3}\begin{pmatrix}1 & -2 & 1\\ 1 & 1 & -2\\ 0 & 0 & 0\end{pmatrix}$$

$$\xrightarrow{r_2-r_1}\begin{pmatrix}1 & -2 & 1\\ 0 & 3 & -3\\ 0 & 0 & 0\end{pmatrix}\xrightarrow{\frac{1}{3}r_2}\begin{pmatrix}1 & -2 & 1\\ 0 & 1 & -1\\ 0 & 0 & 0\end{pmatrix}\xrightarrow{r_1+2r_2}\begin{pmatrix}1 & 0 & -1\\ 0 & 1 & -1\\ 0 & 0 & 0\end{pmatrix}.$$

同解方程组

$$\begin{cases}x_1-x_3=0\\ x_2-x_3=0\end{cases},$$

得

$$\begin{cases}x_1=x_3\\ x_2=x_3\end{cases}.$$

通解为

$$\begin{pmatrix}x_1\\ x_2\\ x_3\end{pmatrix}=\begin{pmatrix}k\\ k\\ k\end{pmatrix}=k\begin{pmatrix}1\\ 1\\ 1\end{pmatrix}\ (k\text{ 为任意实数}).$$

(ii) 当 $\lambda=1$ 时，方程组为

$$x_1+x_2+x_3=0,$$

或

$$x_1=-x_2-x_3.$$

通解为

$$\begin{pmatrix}x_1\\x_2\\x_3\end{pmatrix}=\begin{pmatrix}-k_1-k_2\\k_1\\k_2\end{pmatrix}=k_1\begin{pmatrix}-1\\1\\0\end{pmatrix}+k_2\begin{pmatrix}-1\\0\\1\end{pmatrix}\quad(k_1,k_2\text{ 为任意实数}).$$

习 题 4.1

1. 求解齐次线性方程组

(1) $\begin{cases}x_1+2x_2+2x_3+x_4=0\\2x_1+x_2-2x_3-2x_4=0;\\x_1-x_2-4x_3-3x_4=0\end{cases}$ (2) $\begin{cases}x_1+x_2-x_3+2x_4+x_5=0\\x_3+3x_4-x_5=0\\2x_3+x_4-2x_5=0\end{cases};$

(3) $\begin{cases}x_1+2x_2+x_4-2x_5=0\\2x_1+4x_2+2x_3+2x_4+5x_5=0\\-x_1-2x_2+x_3+3x_4+8x_5=0\\3x_1+6x_2+x_4-2x_5=0\end{cases}.$

2. 求出一个齐次线性方程组，使它的基础解系由下列向量组成

$$\boldsymbol{\xi}_1=\begin{pmatrix}1\\2\\3\\4\end{pmatrix},\quad\boldsymbol{\xi}_2=\begin{pmatrix}4\\3\\2\\1\end{pmatrix}.$$

3. 证明：设 A 为实矩阵 $R(\boldsymbol{A}^{\mathrm{T}}\boldsymbol{A})=R(\boldsymbol{A})$.

4.2 非齐次线性方程组

4.2.1 非齐次线性方程组解的判定定理

线性方程组

$$\begin{cases}a_{11}x_1+a_{12}x_2+\cdots+a_{1n}x_n=b_1\\a_{21}x_1+a_{22}x_2+\cdots+a_{2n}x_n=b_2\\\quad\vdots\qquad\qquad\qquad\quad\vdots\qquad\vdots\\a_{m1}x_1+a_{m2}x_2+\cdots+a_{mn}x_n=b_m\end{cases}\tag{4.2.1}$$

称为**非齐次线性方程组**($b_1,b_2,\cdots,b_m$ 不全为零).

记

$$\boldsymbol{A}=\begin{pmatrix}a_{11}&a_{12}&\cdots&a_{1n}\\a_{21}&a_{22}&\cdots&a_{2n}\\\vdots&\vdots&&\vdots\\a_{m1}&a_{m2}&\cdots&a_{mn}\end{pmatrix},\quad\boldsymbol{X}=\begin{pmatrix}x_1\\x_2\\\vdots\\x_n\end{pmatrix},\quad\boldsymbol{b}=\begin{pmatrix}b_1\\b_2\\\vdots\\b_m\end{pmatrix},\boldsymbol{\alpha}_j=\begin{pmatrix}a_{1j}\\a_{2j}\\\vdots\\a_{mj}\end{pmatrix},j=1,2,\cdots,n.$$

则方程组(4.2.1)可表示为

$$\boldsymbol{AX}=\boldsymbol{b}\tag{4.2.2}$$

或

$$x_1\boldsymbol{\alpha}_1+x_2\boldsymbol{\alpha}_2+\cdots+x_n\boldsymbol{\alpha}_n=\boldsymbol{b}.\tag{4.2.3}$$

称

$$\overline{\mathbf{A}}=(\mathbf{A} \vdots \boldsymbol{b})=(\boldsymbol{\alpha}_1,\boldsymbol{\alpha}_2,\cdots,\boldsymbol{\alpha}_n \vdots \boldsymbol{b})$$

为**增广矩阵**.

定理 4.2.1　方程组(4.2.1)有解的充要条件为 $R(\mathbf{A})=R(\overline{\mathbf{A}})$.

证 充分性. 因 $R(\mathbf{A})=R(\overline{\mathbf{A}})$,所以 $\mathbf{A}$ 的列向量组 $\boldsymbol{\alpha}_1,\boldsymbol{\alpha}_2,\cdots,\boldsymbol{\alpha}_n$ 的秩等于$\overline{\mathbf{A}}$的列向量组 $\boldsymbol{\alpha}_1,\boldsymbol{\alpha}_2,\cdots,\boldsymbol{\alpha}_n,\boldsymbol{b}$ 的秩,$\mathbf{A}$ 的列向量组的最大无关组也是$\overline{\mathbf{A}}$的列向量组的最大无关组,因此 $\boldsymbol{b}$ 可由 $\boldsymbol{\alpha}_1,\boldsymbol{\alpha}_2,\cdots,\boldsymbol{\alpha}_n$ 线性表示,所以式(4.2.3)有解,即式(4.2.1)有解.

必要性. 因式(4.2.1)有解,所以式(4.2.3)有解,因此 $\boldsymbol{b}$ 可由 $\boldsymbol{\alpha}_1,\boldsymbol{\alpha}_2,\cdots,\boldsymbol{\alpha}_n$ 线性表示,$\boldsymbol{\alpha}_1,\boldsymbol{\alpha}_2,\cdots,\boldsymbol{\alpha}_n$ 与 $\boldsymbol{\alpha}_1,\boldsymbol{\alpha}_2,\cdots,\boldsymbol{\alpha}_n,\boldsymbol{b}$ 等价. 因此 $R(\mathbf{A})=R(\overline{\mathbf{A}})$.

例 4.2.1　求解非齐次线性方程组

$$\begin{cases}x_1-2x_2+3x_3-x_4=1\\3x_1-x_2+5x_3-3x_4=2\\2x_1+x_2+2x_3-2x_4=3\end{cases}.$$

解

$$\overline{\mathbf{A}}=\left(\begin{array}{cccc:c}1&-2&3&-1&1\\3&-1&5&-3&2\\2&1&2&-2&3\end{array}\right)\xrightarrow[r_3-2r_1]{r_2-3r_1}\left(\begin{array}{cccc:c}1&-2&3&-1&1\\0&5&-4&0&-1\\0&5&-4&0&1\end{array}\right)\xrightarrow{r_3-r_2}$$

$$\left(\begin{array}{cccc:c}1&-2&3&-1&1\\0&5&-4&0&-1\\0&0&0&0&2\end{array}\right),$$

因为 $R(\mathbf{A})\neq R(\overline{\mathbf{A}})$,所以方程组无解.

4.2.2　非齐次线性方程组的解结构

性质 4.2.1　若 $\boldsymbol{\eta}_1,\boldsymbol{\eta}_2$ 为式(4.2.2)的两个解,则 $\boldsymbol{\eta}_1-\boldsymbol{\eta}_2$ 是齐次线性方程组 $\mathbf{AX}=\mathbf{0}$ 的解.

证　因为 $\mathbf{A}\boldsymbol{\eta}_1=\boldsymbol{b},\mathbf{A}\boldsymbol{\eta}_2=\boldsymbol{b}$,所以

$$\mathbf{A}(\boldsymbol{\eta}_1-\boldsymbol{\eta}_2)=\mathbf{A}\boldsymbol{\eta}_1-\mathbf{A}\boldsymbol{\eta}_2=\boldsymbol{b}-\boldsymbol{b}=\mathbf{0}.$$

性质 4.2.2　若 $\boldsymbol{\xi}$ 为 $\mathbf{AX}=\mathbf{0}$的解,$\boldsymbol{\eta}$ 为 $\mathbf{AX}=\boldsymbol{b}$ 的解,则 $\boldsymbol{\xi}+\boldsymbol{\eta}$ 为 $\mathbf{AX}=\boldsymbol{b}$ 的解.

证　因为 $\mathbf{A}\boldsymbol{\xi}=\mathbf{0},\mathbf{A}\boldsymbol{\eta}=\boldsymbol{b}$,所以

$$\mathbf{A}(\boldsymbol{\xi}+\boldsymbol{\eta})=\mathbf{A}\boldsymbol{\xi}+\mathbf{A}\boldsymbol{\eta}=\mathbf{0}+\boldsymbol{b}=\boldsymbol{b}.$$

由性质 4.2.2 可知,若 $\boldsymbol{\xi}$ 为 $\mathbf{AX}=\mathbf{0}$ 的解,$\boldsymbol{\eta}$ 为 $\mathbf{AX}=\boldsymbol{b}$ 的一个解,则 $\boldsymbol{\xi}+\boldsymbol{\eta}$ 为 $\mathbf{AX}=\boldsymbol{b}$ 的一个解. 再由性质 4.2.1 知,若 $\mathbf{X}$ 为 $\mathbf{AX}=\boldsymbol{b}$ 的任一解,$\boldsymbol{\eta}$ 为 $\mathbf{AX}=\boldsymbol{b}$ 的一个解,则 $\boldsymbol{\xi}_1=\mathbf{X}-\boldsymbol{\eta}$ 为$\mathbf{AX}=\mathbf{0}$ 的解,所以 $\mathbf{X}=\boldsymbol{\xi}_1+\boldsymbol{\eta}$,因此 $\mathbf{AX}=\boldsymbol{b}$ 的通解为 $\mathbf{X}=\boldsymbol{\xi}+\boldsymbol{\eta}$,其中 $\boldsymbol{\xi}$ 为 $\mathbf{AX}=\mathbf{0}$ 的通解. 因当 $R(\mathbf{A})=R(\overline{\mathbf{A}})=n$ 时,$\mathbf{AX}=\mathbf{0}$ 只有零解,所以当 $R(\mathbf{A})=R(\overline{\mathbf{A}})=n$ 时,$\mathbf{AX}=\boldsymbol{b}$ 有唯一解. 当 $R(\mathbf{A})=R(\overline{\mathbf{A}})=r<n$ 时,$\mathbf{AX}=\mathbf{0}$ 有无穷多解,所以 $\mathbf{AX}=\boldsymbol{b}$ 有无穷多解,若 $\boldsymbol{\xi}_1,\boldsymbol{\xi}_2,\cdots,\boldsymbol{\xi}_{n-r}$为 $\mathbf{AX}=\mathbf{0}$ 的基础解系,$\boldsymbol{\eta}$ 是 $\mathbf{AX}=\boldsymbol{b}$ 的一个解,则 $\mathbf{AX}=\boldsymbol{b}$ 的通解为

$$\mathbf{X}=k_1\boldsymbol{\xi}_1+k_2\boldsymbol{\xi}_2+\cdots+k_{n-r}\boldsymbol{\xi}_{n-r}+\boldsymbol{\eta}.$$

定理 4.2.2　当 $R(\mathbf{A})=R(\overline{\mathbf{A}})=n$ 时,非齐次线性方程组(4.2.1)有唯一解,当

$R(\boldsymbol{A})=R(\overline{\boldsymbol{A}})=r<n$ 时，方程组(4.2.1)有无穷多解，若 $\boldsymbol{\xi}_1,\boldsymbol{\xi}_2,\cdots,\boldsymbol{\xi}_{n-r}$ 为 $\boldsymbol{AX}=\boldsymbol{0}$ 的基础解系，η 为方程组(4.2.2)的一个解，则 $\boldsymbol{AX}=\boldsymbol{b}$ 的通解为

$$\boldsymbol{X}=k_1\boldsymbol{\xi}_1+k_2\boldsymbol{\xi}_2+\cdots+k_{n-r}\boldsymbol{\xi}_{n-r}+\boldsymbol{\eta}.$$

非齐次线性方程组(4.2.1)与增广矩阵 $\overline{\boldsymbol{A}}=(\boldsymbol{A}\vdots\boldsymbol{b})$ 一一对应，方程组(4.2.1)的初等变换与 $\overline{\boldsymbol{A}}=(\boldsymbol{A}\vdots\boldsymbol{b})$ 初等行变换一一对应，所以在解非齐次线性方程组时，首先写出增广矩阵 $\overline{\boldsymbol{A}}$，用初等行变换化为行阶梯形矩阵，判别 $R(\boldsymbol{A})$ 是否等于 $R(\overline{\boldsymbol{A}})$. 若 $R(\boldsymbol{A})\neq R(\overline{\boldsymbol{A}})$，则方程组无解；若 $R(\boldsymbol{A})=R(\overline{\boldsymbol{A}})$，再把行阶梯形矩阵用初等行变换化为行最简形，写出行最简形对应的非齐次线性方程组. 若 $R(\boldsymbol{A})=R(\overline{\boldsymbol{A}})=n$，则最简方程组给出唯一解；若 $R(\boldsymbol{A})=R(\overline{\boldsymbol{A}})=r<n$，令自由未知数取任意实数，由最简方程组可直接写出通解.

例 4.2.2 解方程组

$$\begin{cases} x_1+x_2+x_3+x_4=4 \\ x_1+2x_2+x_3+x_4=5 \\ 2x_3+x_4=3 \\ x_3+x_4=2 \end{cases}.$$

解 方程组的增广矩阵为

$$\overline{\boldsymbol{A}}=\left(\begin{array}{cccc:c} 1 & 1 & 1 & 1 & 4 \\ 1 & 2 & 1 & 1 & 5 \\ 0 & 0 & 2 & 1 & 3 \\ 0 & 0 & 1 & 1 & 2 \end{array}\right) \xrightarrow[r_3\leftrightarrow r_4]{r_2-r_1} \left(\begin{array}{cccc:c} 1 & 1 & 1 & 1 & 4 \\ 0 & 1 & 0 & 0 & 1 \\ 0 & 0 & 1 & 1 & 2 \\ 0 & 0 & 2 & 1 & 3 \end{array}\right)$$

$$\xrightarrow{r_4-2r_3} \left(\begin{array}{cccc:c} 1 & 1 & 1 & 1 & 4 \\ 0 & 1 & 0 & 0 & 1 \\ 0 & 0 & 1 & 1 & 2 \\ 0 & 0 & 0 & -1 & -1 \end{array}\right) \xrightarrow[r_1+r_4]{r_3+r_4} \left(\begin{array}{cccc:c} 1 & 1 & 1 & 0 & 3 \\ 0 & 1 & 0 & 0 & 1 \\ 0 & 0 & 1 & 0 & 1 \\ 0 & 0 & 0 & -1 & -1 \end{array}\right)$$

$$\xrightarrow[(-1)r_4]{\substack{r_1-r_3 \\ r_1-r_2}} \left(\begin{array}{cccc:c} 1 & 0 & 0 & 0 & 1 \\ 0 & 1 & 0 & 0 & 1 \\ 0 & 0 & 1 & 0 & 1 \\ 0 & 0 & 0 & 1 & 1 \end{array}\right).$$

原方程组有唯一解 $x_1=1,x_2=1,x_3=1,x_4=1$.

例 4.2.3 求下列非齐次线性方程组的通解

$$\begin{cases} x_1+x_2-3x_3-x_4=1 \\ 3x_1-x_2-3x_3+4x_4=4 \\ x_1+5x_2-9x_3-8x_4=0 \end{cases}.$$

解 对方程组的增广矩阵作如下初等行变换

$$\overline{\boldsymbol{A}}=(\boldsymbol{A}\vdots\boldsymbol{b})=\left(\begin{array}{cccc:c} 1 & 1 & -3 & -1 & 1 \\ 3 & -1 & -3 & 4 & 4 \\ 1 & 5 & -9 & -8 & 0 \end{array}\right) \xrightarrow[r_3-r_1]{r_2-3r_1} \left(\begin{array}{cccc:c} 1 & 1 & -3 & -1 & 1 \\ 0 & -4 & 6 & 7 & 1 \\ 0 & 4 & -6 & -7 & -1 \end{array}\right)$$

$$\xrightarrow{r_3+r_2}\left(\begin{array}{cccc|c}1&1&-3&-1&1\\0&-4&6&7&1\\0&0&0&0&0\end{array}\right)\xrightarrow{\left(-\frac{1}{4}\right)r_2}\left(\begin{array}{cccc|c}1&1&-3&-1&1\\0&1&-\frac{3}{2}&-\frac{7}{4}&-\frac{1}{4}\\0&0&0&0&0\end{array}\right)$$

$$\xrightarrow{r_1-r_2}\left(\begin{array}{cccc|c}1&0&-\frac{3}{2}&\frac{3}{4}&\frac{5}{4}\\0&1&-\frac{3}{2}&-\frac{7}{4}&-\frac{1}{4}\\0&0&0&0&0\end{array}\right).$$

因此求出特解 $\boldsymbol{\gamma}$ 和对应齐次线性方程组的基础解系为

$$\boldsymbol{\gamma}=\begin{pmatrix}\frac{5}{4}\\-\frac{1}{4}\\0\\0\end{pmatrix},\quad \boldsymbol{\eta}_1=\begin{pmatrix}\frac{3}{2}\\\frac{3}{2}\\1\\0\end{pmatrix},\quad \boldsymbol{\eta}_2=\begin{pmatrix}\frac{-3}{4}\\\frac{7}{4}\\0\\1\end{pmatrix}.$$

原方程组的解为 $\boldsymbol{X}=\boldsymbol{\gamma}+k_1\boldsymbol{\eta}_1+k_2\boldsymbol{\eta}_2$，其中 k_1,k_2 为任意实数．

例 4.2.4　求下列方程组的通解

$$\begin{cases}x_1+x_2+x_3+x_4+x_5=7\\3x_1+x_2+2x_3+x_4-3x_5=-2\\2x_2+x_3+2x_4+6x_5=23\end{cases}.$$

解　$$\overline{\boldsymbol{A}}=\left(\begin{array}{ccccc|c}1&1&1&1&1&7\\3&1&2&1&-3&-2\\0&2&1&2&6&23\end{array}\right)\longrightarrow\left(\begin{array}{ccccc|c}1&0&1/2&0&-2&-9/2\\0&1&1/2&1&3&23/2\\0&0&0&0&0&0\end{array}\right).$$

由 $R(\boldsymbol{A})=R(\overline{\boldsymbol{A}})$ 知方程组有解．

又 $R(\boldsymbol{A})=2$，$n-r=3$，所以方程组有无穷多解．且原方程组等价于方程组

$$\begin{cases}x_1=-\dfrac{x_3}{2}+2x_5-\dfrac{9}{2}\\x_2=-\dfrac{x_3}{2}-x_4-3x_5+\dfrac{23}{2}\end{cases}$$

令

$$\begin{pmatrix}x_3\\x_4\\x_5\end{pmatrix}=\begin{pmatrix}1\\0\\0\end{pmatrix},\begin{pmatrix}0\\1\\0\end{pmatrix},\begin{pmatrix}0\\0\\1\end{pmatrix}.$$

分别代入等价方程组对应的齐次方程组中求得基础解系

$$\boldsymbol{\xi}_1=\begin{pmatrix}-\frac{1}{2}\\-\frac{1}{2}\\1\\0\\0\end{pmatrix},\quad \boldsymbol{\xi}_2=\begin{pmatrix}0\\-1\\0\\1\\0\end{pmatrix},\quad \boldsymbol{\xi}_3=\begin{pmatrix}2\\-3\\0\\0\\1\end{pmatrix}.$$

为求特解，令 $x_3=x_4=x_5=0$，得 $x_1=-\frac{9}{2}$，$x_2=\frac{23}{2}$.

故所求通解为

$$\boldsymbol{X}=k_1\begin{pmatrix}-\frac{1}{2}\\-\frac{1}{2}\\1\\0\\0\end{pmatrix}+k_2\begin{pmatrix}0\\-1\\0\\1\\0\end{pmatrix}+k_3\begin{pmatrix}2\\-3\\0\\0\\1\end{pmatrix}+\begin{pmatrix}-\frac{9}{2}\\\frac{23}{2}\\0\\0\\0\end{pmatrix},$$

其中 k_1,k_2,k_3 为任意实数.

例 4.2.5 设四元非齐次线性方程组 $\boldsymbol{AX}=\boldsymbol{b}$ 的系数矩阵 $\boldsymbol{A}$ 的秩为 3，已知它的三个解向量为 $\boldsymbol{\eta}_1,\boldsymbol{\eta}_2,\boldsymbol{\eta}_3$，其中

$$\boldsymbol{\eta}_1=\begin{pmatrix}3\\-4\\1\\2\end{pmatrix},\quad \boldsymbol{\eta}_2+\boldsymbol{\eta}_3=\begin{pmatrix}4\\6\\8\\0\end{pmatrix},$$

求该方程组的通解.

解 依题意，方程组 $\boldsymbol{AX}=\boldsymbol{b}$ 的对应的齐次线性方程组的基础解系含 $4-3=1$ 个向量，于是对应的齐次线性方程组的任何一个非零解都可作为其基础解系. 显然

$$\boldsymbol{\eta}_1-\frac{1}{2}(\boldsymbol{\eta}_2+\boldsymbol{\eta}_3)=\begin{pmatrix}1\\-7\\-3\\2\end{pmatrix}\neq\boldsymbol{0}$$

是对应的齐次线性方程组的非零解，可作为其基础解系. 故方程组 $\boldsymbol{AX}=\boldsymbol{b}$ 的通解为

$$\boldsymbol{X}=\boldsymbol{\eta}_1+k\left[\boldsymbol{\eta}_1-\frac{1}{2}(\boldsymbol{\eta}_2+\boldsymbol{\eta}_3)\right]=\begin{pmatrix}3\\-4\\1\\2\end{pmatrix}+k\begin{pmatrix}1\\-7\\-3\\2\end{pmatrix}\ (k\text{ 为任意实数}).$$

例 4.2.6 问当 λ 为何值时，非齐次线性方程组

$$\begin{cases}\lambda x_1+\lambda x_2+2x_3=1\\ \lambda x_1+(2\lambda-1)x_2+3x_3=1\\ \lambda x_1+\lambda x_2+(\lambda+3)x_3=2\lambda+3\end{cases}$$

有唯一解？无解？有无穷多解？有解时求出解．

解　方法 1

$$\overline{\boldsymbol{A}}=\begin{pmatrix}\lambda & \lambda & 2 & 1\\ \lambda & 2\lambda-1 & 3 & 1\\ \lambda & \lambda & \lambda+3 & 2\lambda+3\end{pmatrix}\xrightarrow[r_3-r_1]{r_2-r_1}\begin{pmatrix}\lambda & \lambda & 2 & 1\\ 0 & \lambda-1 & 1 & 0\\ 0 & 0 & \lambda+1 & 2\lambda+2\end{pmatrix}.$$

(1) 当 $\lambda\neq-1,0,1$ 时，$R(\boldsymbol{A})=R(\overline{\boldsymbol{A}})=3$，方程组有唯一解．

$$\overline{\boldsymbol{A}}\longrightarrow\begin{pmatrix}\lambda & \lambda & 2 & 1\\ 0 & \lambda-1 & 1 & 0\\ 0 & 0 & \lambda+1 & 2\lambda+2\end{pmatrix}\xrightarrow[\frac{1}{\lambda+1}r_3]{\frac{1}{\lambda}r_1,\ \frac{1}{\lambda-1}r_2}\begin{pmatrix}1 & 1 & \frac{2}{\lambda} & \frac{1}{\lambda}\\ 0 & 1 & \frac{1}{\lambda-1} & 0\\ 0 & 0 & 1 & 2\end{pmatrix}$$

$$\xrightarrow{r_2-\frac{1}{\lambda-1}r_3}\begin{pmatrix}1 & 1 & \frac{2}{\lambda} & \frac{1}{\lambda}\\ 0 & 1 & 0 & -\frac{2}{\lambda-1}\\ 0 & 0 & 1 & 2\end{pmatrix}\xrightarrow{r_1-r_2}\begin{pmatrix}1 & 0 & \frac{2}{\lambda} & \frac{1}{\lambda}+\frac{2}{\lambda-1}\\ 0 & 1 & 0 & -\frac{2}{\lambda-1}\\ 0 & 0 & 1 & 2\end{pmatrix}$$

$$\xrightarrow{r_1-\frac{2}{\lambda}r_3}\begin{pmatrix}1 & 0 & 0 & \frac{3-\lambda}{\lambda^2-\lambda}\\ 0 & 1 & 0 & \frac{2}{1-\lambda}\\ 0 & 0 & 1 & 2\end{pmatrix}.$$

方程组唯一解为

$$\begin{pmatrix}x_1\\ x_2\\ x_3\end{pmatrix}=\begin{pmatrix}\frac{3-\lambda}{\lambda^2-\lambda}\\ \frac{2}{1-\lambda}\\ 2\end{pmatrix}.$$

(2) 当 $\lambda=-1$ 时，

$$\overline{\boldsymbol{A}}\longrightarrow\left(\begin{array}{ccc:c}-1 & -1 & 2 & 1\\ 0 & -2 & 1 & 0\\ 0 & 0 & 0 & 0\end{array}\right)\xrightarrow{-\frac{1}{2}r_2}\left(\begin{array}{ccc:c}-1 & -1 & 2 & 1\\ 0 & 1 & -\frac{1}{2} & 0\\ 0 & 0 & 0 & 0\end{array}\right)$$

$$\xrightarrow{r_1+r_2}\left(\begin{array}{ccc:c}-1 & 0 & \frac{3}{2} & 1\\ 0 & 1 & -\frac{1}{2} & 0\\ 0 & 0 & 0 & 0\end{array}\right)\xrightarrow{(-1)r_1}\left(\begin{array}{ccc:c}1 & 0 & -\frac{3}{2} & -1\\ 0 & 1 & -\frac{1}{2} & 0\\ 0 & 0 & 0 & 0\end{array}\right).$$

同解方程组

$$\begin{cases}x_1-\frac{3}{2}x_3=-1\\ x_2-\frac{1}{2}x_3=0\end{cases}$$

或

$$\begin{cases}x_1=\frac{3}{2}x_3-1\\ x_2=\frac{1}{2}x_3\end{cases}.$$

通解为

$$\begin{pmatrix}x_1\\x_2\\x_3\end{pmatrix}=\begin{pmatrix}\frac{3}{2}k-1\\ \frac{1}{2}k\\ k\end{pmatrix}=k\begin{pmatrix}\frac{3}{2}\\ \frac{1}{2}\\ 1\end{pmatrix}+\begin{pmatrix}-1\\0\\0\end{pmatrix}\ (k\text{ 为任意实数}).$$

所以当 $\lambda=-1$ 时，方程组有无穷多解．

(3) 当 $\lambda=0$ 时，

$$\overline{\boldsymbol{A}}\longrightarrow\left(\begin{array}{ccc:c}0 & 0 & 2 & 1\\ 0 & -1 & 1 & 0\\ 0 & 0 & 1 & 2\end{array}\right)\xrightarrow{r_1\leftrightarrow r_2}\left(\begin{array}{ccc:c}0 & -1 & 1 & 0\\ 0 & 0 & 2 & 1\\ 0 & 0 & 1 & 2\end{array}\right)$$

$$\xrightarrow{r_3-\frac{1}{2}r_2}\left(\begin{array}{ccc:c}0 & -1 & 1 & 0\\ 0 & 0 & 2 & 1\\ 0 & 0 & 0 & \frac{3}{2}\end{array}\right).$$

$R(\boldsymbol{A})=2, R(\overline{\boldsymbol{A}})=3$，方程组无解．

(4) 当 $\lambda=1$ 时，

$$\overline{\boldsymbol{A}}\longrightarrow\left(\begin{array}{ccc:c}1 & 1 & 2 & 1\\ 0 & 0 & 1 & 0\\ 0 & 0 & 2 & 4\end{array}\right)\xrightarrow{r_3-2r_2}\left(\begin{array}{ccc:c}1 & 1 & 2 & 1\\ 0 & 0 & 1 & 0\\ 0 & 0 & 0 & 4\end{array}\right).$$

$R(\boldsymbol{A})=2, R(\overline{\boldsymbol{A}})=3$，方程组无解．

方法 2　由于方程组含三个方程三个未知数，所以也可考虑系数行列式

$$D=\begin{vmatrix}\lambda & \lambda & 2\\ \lambda & 2\lambda-1 & 3\\ \lambda & \lambda & \lambda+3\end{vmatrix}=\begin{vmatrix}\lambda & \lambda & 2\\ 0 & \lambda-1 & 1\\ 0 & 0 & \lambda+1\end{vmatrix}$$

$$=\lambda(\lambda-1)(\lambda+1).$$

(1) 当 $D\neq0$,即 $\lambda\neq0,1,-1$ 时,方程组有唯一解．用克莱姆法则或初等行变换求得唯一解为

$$\begin{pmatrix}x_1\\x_2\\x_3\end{pmatrix}=\begin{pmatrix}\dfrac{3-\lambda}{\lambda^2-1}\\ \dfrac{2}{1-\lambda}\\ 2\end{pmatrix}.$$

(2) $\lambda=-1$ 时,方程组为

$$\begin{cases}-x_1-x_2+2x_3=1\\ -x_1-3x_2+3x_3=1,\\ -x_1-x_2+2x_3=1\end{cases}$$

$$\overline{\mathbf{A}}=\left(\begin{array}{ccc:c}-1 & -1 & 2 & 1\\ -1 & -3 & 3 & 1\\ -1 & -1 & 2 & 1\end{array}\right)\longrightarrow\left(\begin{array}{ccc:c}1 & 0 & -\dfrac{3}{2} & -1\\ 0 & 1 & -\dfrac{1}{2} & 0\\ 0 & 0 & 0 & 0\end{array}\right).$$

$R(\mathbf{A})=R(\overline{\mathbf{A}})=2<3$,方程组有无穷多解．通解为

$$\begin{pmatrix}x_1\\x_2\\x_3\end{pmatrix}=k\begin{pmatrix}\dfrac{3}{2}\\ \dfrac{1}{2}\\ 1\end{pmatrix}+\begin{pmatrix}-1\\0\\0\end{pmatrix}\ (k\text{ 为任意实数}).$$

(3) $\lambda=0$ 时,方程组为

$$\begin{cases}2x_3=1\\ -x_2+3x_3=1,\\ 3x_3=3\end{cases}$$

即

$$\begin{cases}x_3=\dfrac{1}{2}\\ -x_2+3x_3=1,\\ x_3=1\end{cases}$$

方程组无解．

(4) $\lambda=1$ 时,方程组为

$$\begin{cases} x_1+x_2+2x_3=1 \\ x_1+x_2+3x_3=1, \\ x_1+x_2+4x_3=5 \end{cases}$$

即

$$\begin{cases} x_1+x_2+x_3=1 \\ x_3=0 \\ x_3=2 \end{cases},$$

方程组无解．

习　题　4.2

1．求下列线性方程组的通解．

(1) $\begin{cases} x_1+x_2+2x_3+3x_4=1 \\ x_2+x_3-4x_4=1 \\ x_1+2x_2+3x_3-x_4=4 \\ 2x_1+3x_2-x_3-x_4=-6 \end{cases}$；　(2) $\begin{cases} x_1+5x_2-x_3-x_4=-1 \\ x_1-2x_2+x_3+3x_4=3 \\ 3x_1+8x_2-x_3+x_4=1 \\ x_1-9x_2+3x_3+7x_4=7 \end{cases}$；

(3) $\begin{cases} x_1-x_2-x_3+x_4=0 \\ x_1-x_2+x_3-3x_4=1 \\ x_1-x_2-2x_3+3x_4=-1/2 \end{cases}$；　(4) $\begin{cases} 3x_1+x_2-x_3-2x_4=2 \\ x_1-5x_2+2x_3+x_4=-1 \\ 2x_1+6x_2-3x_3-3x_4=3 \\ -x_1-11x_2+5x_3+4x_4=-4 \end{cases}$．

2．λ 取怎样的数值时，线性方程组

$$\begin{cases} \lambda x_1+x_2+x_3=1 \\ x_1+\lambda x_2+x_3=\lambda \\ x_1+x_2+\lambda x_3=\lambda^2 \end{cases}$$

有唯一解？没有解？有无穷多解？

3．设有线性方程组

$$\begin{cases} (1+\lambda)x_1+x_2+x_3=0 \\ x_1+(1+\lambda)x_2+x_3=3, \\ x_1+x_2+(1+\lambda)x_3=\lambda \end{cases}$$

问 λ 取何值时，此方程组有唯一解？无解？有无穷多解？并在有无穷多解时求其通解．

4．证明：方程组

$$\begin{cases} x_1-x_2=a_1 \\ x_2-x_3=a_2 \\ x_3-x_4=a_3 \\ x_4-x_5=a_4 \\ x_5-x_1=a_5 \end{cases}$$

有解的充要条件是 $a_1+a_2+a_3+a_4+a_5=0$．在有解的情况下，求出它的全部解．

5. 讨论线性方程组

$$\begin{cases} x_1+x_2+2x_3+3x_4=1 \\ x_1+3x_2+6x_3+x_4=3 \\ 3x_1-x_2-px_3+15x_4=3 \\ x_1-5x_2-10x_3+12x_4=t \end{cases},$$

当 p,t 取何值时，方程组无解？有唯一解？有无穷多解？在方程组有无穷多解的情况下.

综合习题 4

1. 填空题

(1) 设有齐次线性方程组 $\boldsymbol{A}_{m\times n}\boldsymbol{X}=\boldsymbol{0}$，若 $R(\boldsymbol{A})=r$，且 $\boldsymbol{\xi}_1,\boldsymbol{\xi}_2,\cdots,\boldsymbol{\xi}_k$ 是它的一个基础解系，则 $k=$________；当 $r=$________时，此方程组只有零解.

(2) 若 n 元线性方程组 $Ax=b$ 有解，且系数矩阵的秩为 r，则当________时，方程组有唯一解；当________时，方程组有无穷多解.

(3) 设 $\boldsymbol{A}$ 为四阶方阵，且 $R(\boldsymbol{A})=3$，则齐次线性方程组 $\boldsymbol{A}^*\boldsymbol{X}=\boldsymbol{0}$($\boldsymbol{A}^*$ 是 $\boldsymbol{A}$ 的伴随矩阵)的基础解系中解向量的个数为________.

(4) 设 $\boldsymbol{\xi}_1,\boldsymbol{\xi}_2,\cdots,\boldsymbol{\xi}_s$ 为非齐次线性方程组 $\boldsymbol{AX}=\boldsymbol{b}$ 的解，若 $c_1\boldsymbol{\xi}_1+c_2\boldsymbol{\xi}_2+\cdots+c_s\boldsymbol{\xi}_s$ 也是 $\boldsymbol{AX}=\boldsymbol{b}$ 的解，则 $c_1+c_2+\cdots+c_s=$________.

(5) 设 $\boldsymbol{AX}=\boldsymbol{b}$，其中 $\boldsymbol{A}=\begin{pmatrix}1&2&3\\0&1&2\\2&-1&1\end{pmatrix}$，则使方程组有解的所有 $\boldsymbol{b}$ 是________.

(6) 已知 $\boldsymbol{A},\boldsymbol{B}$ 为三阶方阵，其中 $\boldsymbol{A}=\begin{pmatrix}1&2&1\\1&2&1\\0&1&1\end{pmatrix}$，$\boldsymbol{B}=\begin{pmatrix}1&0&2\\1&k&-k\\1&-1&1\end{pmatrix}$，且已知存在三阶方阵 $\boldsymbol{X}$，使 $\boldsymbol{AX}=\boldsymbol{B}$，则 $k=$________.

(7) 设矩阵 $\boldsymbol{A}=\begin{pmatrix}a&1&2\\2&3&1\\8&b&4\end{pmatrix}$，且 $R(\boldsymbol{A})=2$，则 $a=$________或，$b=$________.

(8) 设 $|\boldsymbol{A}|\neq 0$，且 $\boldsymbol{A}$ 经过若干次初等倍加变换化为 $\begin{pmatrix}1&0&\cdots&0&0\\0&1&\cdots&0&0\\\vdots&\vdots&&\vdots&\vdots\\0&0&\cdots&1&0\\0&0&\cdots&0&d\end{pmatrix}$，则 $|\boldsymbol{A}|=$________.

2. 选择题

(1) 设方程组 $\boldsymbol{AX}=\boldsymbol{0}$ 的基础解系为 $\boldsymbol{\xi}_1=(1,0,2)^{\mathrm{T}}$，$\boldsymbol{\xi}_2=(0,1,-1)^{\mathrm{T}}$，则方程组的系数矩阵为(　　).

(A)$\boldsymbol{A}=\begin{pmatrix}1&2&3\\0&1&2\\2&-1&1\end{pmatrix}$；　　(B)$\boldsymbol{A}=\begin{pmatrix}-1&0&1\\2&1&2\end{pmatrix}$；

(C)$\boldsymbol{A}=\begin{pmatrix}0&1&0\\0&3&0\\3&1&1\end{pmatrix}$；　　(D)$\boldsymbol{A}=\begin{pmatrix}-2&1&1\\2&-1&-1\\0&0&0\end{pmatrix}$.

(2) n 阶方阵 $\boldsymbol{A}$ 可逆的充要条件是(　　).

(A)任一列向量都是非零向量；　　(B) 任一行向量都是非零向量；

(C)$\boldsymbol{AX}=\boldsymbol{0}$仅有零解；　　(D)$\boldsymbol{AX}=\boldsymbol{b}$有解.

(3) 设方程组 $\boldsymbol{AX}=\boldsymbol{0}$ 的基础解系为 $\boldsymbol{\xi}_1,\boldsymbol{\xi}_2,\boldsymbol{\xi}_3$，则下列哪个向量组也可以作为方程组$\boldsymbol{AX}=\boldsymbol{0}$ 的基础解系(　　).

(A)与 $\boldsymbol{\xi}_1,\boldsymbol{\xi}_2,\boldsymbol{\xi}_3$ 等价的向量组；　　(B)与 $\boldsymbol{\xi}_1,\boldsymbol{\xi}_2,\boldsymbol{\xi}_3$ 等秩的向量组；

(C)$\boldsymbol{\xi}_1,\boldsymbol{\xi}_1+\boldsymbol{\xi}_2,\boldsymbol{\xi}_1+\boldsymbol{\xi}_2+\boldsymbol{\xi}_3$；　　(D) $\boldsymbol{\xi}_1-\boldsymbol{\xi}_2,\boldsymbol{\xi}_2-\boldsymbol{\xi}_3,\boldsymbol{\xi}_3-\boldsymbol{\xi}_1$.

(4) 已知方程组$\begin{cases}x_1+x_3=\lambda\\4x_1+x_2+2x_3=\lambda+2\\6x_1+x_2+4x_3=2\lambda+3\end{cases}$ 有解，则 $\lambda=$(　　).

(A) $\lambda=0$；　　(B) $\lambda=1$；　　(C) $\lambda=-2$；　　(D) $\lambda=-\dfrac{3}{2}$.

(5) 设齐次线性方程组$\begin{cases}\lambda x_1+x_2+\lambda^2x_3=0\\x_1+\lambda x_2+x_3=0\\x_1+x_2+\lambda x_3=0\end{cases}$，若存在三阶矩阵 $\boldsymbol{B}\neq\boldsymbol{O}$，使系数矩阵 $\boldsymbol{A}$ 满足 $\boldsymbol{AB}=\boldsymbol{O}$，则(　　).

(A)$\lambda=1$ 且 $|\boldsymbol{B}|=0$；　　(B)$\lambda\neq1$ 且 $|\boldsymbol{B}|=0$；

(C)$\lambda=1$ 且 $|\boldsymbol{B}|\neq0$；　　(D)$\lambda\neq1$ 且 $|\boldsymbol{B}|\neq0$.

3. 求下列方程组的通解：

(1) $\begin{cases}3x_1+x_2-6x_3-4x_4=0\\2x_1+2x_2-3x_3-5x_4=0\\x_1-5x_2-6x_3+8x_4=0\end{cases}$；　　(2) $\begin{cases}x_1+3x_2-2x_3+x_4=3\\2x_1+6x_2-3x_3=2\\x_1+3x_2-x_3-x_4=-1\\3x_1+9x_2-5x_3+x_4=5\end{cases}$.

4. 设线性方程组$\begin{cases}x_1+3x_2+x_3=0\\3x_1+2x_2+3x_3=-1\\-x_1+4x_2+ax_3=b\end{cases}$，问 a，b 为何值时，方程组有唯一解？有无穷多解？有无穷多解时，求出一般解.

5. 设线性方程组$\begin{cases}x_1+x_2-x_3=1\\2x_1+(a+2)x_2+(b+2)x_3=3\\-3ax_2+(a+2b)x_3=-3\end{cases}$，问 a，b 为何值时，方程组无解？有唯一解？有无穷解？并分别求解.

6. 已知方程组(I)、(II)，其中

(I)$\begin{cases}x_1+x_2-2\quad x_4=-6\\4x_1-x_2-x_3-x_4=1\\3x_1-x_2-x_3=3\end{cases}$；　　($II$)$\begin{cases}x_1+mx_2-x_3-x_4=-5\\nx_2-x_3-2x_4=-11\\x_3-2x_4=-t+1\end{cases}$.

(1)求方程组(I)的通解；

(2)当方程组(II)中的参数 m，n，t 为何值时，方程组(I)与(II)同解.

7. 设 $\boldsymbol{A}$ 是 n 阶方阵，且 $\boldsymbol{A}\neq\boldsymbol{O}$，证明：存在一个 n 阶非零矩阵 $\boldsymbol{B}$，使 $\boldsymbol{AB}=\boldsymbol{O}$的充要条件是 $|\boldsymbol{A}|=O$.

8. 设 $\boldsymbol{A}$ 为 $m\times n$ 矩阵，若任一个 n 维向量都是 $\boldsymbol{AX}=\boldsymbol{O}$ 的解，则 $A=\boldsymbol{O}$.

9. 设 $\boldsymbol{A}$ 为 $m\times n$ 矩阵，$\boldsymbol{B}$ 是 $n\times s$ 矩阵，若 $\boldsymbol{AB}=\boldsymbol{O}$，则 $R(\boldsymbol{A})+R(\boldsymbol{B})\leqslant n$.

10. 设 $\boldsymbol{A},\boldsymbol{B}$ 为 n 阶方阵，则 $R(\boldsymbol{A}+\boldsymbol{B})\leqslant R(\boldsymbol{A})+R(\boldsymbol{B})$.

11. 设 $\boldsymbol{A}$ 是 n 阶幂等矩阵，即 $\boldsymbol{A}^2=\boldsymbol{A}$，则 $R(\boldsymbol{A})+R(\boldsymbol{A}-\boldsymbol{E})=n$.

12. 设 $\boldsymbol{A}^*$ 是 n 阶方阵 $\boldsymbol{A}$ 的伴随矩阵，证明：

$$R(\boldsymbol{A}^*)=\begin{cases} n & \text{当 } R(\boldsymbol{A})=n \\ 1 & \text{当 } R(\boldsymbol{A})=n-1 \\ 0 & \text{当 } R(\boldsymbol{A})<n-1 \end{cases}.$$

13. 设 $\boldsymbol{\eta}^*$ 是非齐次方程组 $\boldsymbol{AX}=\boldsymbol{b}$ 的一个解，$\boldsymbol{\xi}_1,\boldsymbol{\xi}_2,\cdots,\boldsymbol{\xi}_{n-r}$ 是对应的齐次线性方程组的一个基础解系，令

$$\boldsymbol{\eta}_1=\boldsymbol{\eta}^*,\boldsymbol{\eta}_2=\boldsymbol{\xi}_1+\boldsymbol{\eta}^*,\cdots,\boldsymbol{\eta}_{n-r+1}=\boldsymbol{\xi}_{n-r}+\boldsymbol{\eta}^*,$$

证明：

(1) $\boldsymbol{\eta}_1,\boldsymbol{\eta}_2,\cdots,\boldsymbol{\eta}_{n-r+1}$ 线性无关；

(2) 非齐次线性方程组 $\boldsymbol{AX}=\boldsymbol{b}$ 的任一个解都可表示为

$$\boldsymbol{\eta}=k_1\boldsymbol{\eta}_1+k_2\boldsymbol{\eta}_2+\cdots+k_{n-r+1}\boldsymbol{\eta}_{n-r+1},$$

其中 $k_1+k_2+\cdots+k_{n-r+1}=1$.

拓展阅读

高斯的数学成就

卡尔·弗里德里希·高斯(Carl Friedrich Gauss，1777～1855 年)是德国著名数学家、物理学家、天文学家和大地测量学家，在历史上的影响之大堪与阿基米德(Archimedes，公元前 287～前 212 年)、艾萨克·牛顿(Isaac Newton，1643～1727 年)和莱昂哈德·欧拉(Leonhard Euler，1707～1783 年)相提并论．在数学上，高斯是近代数学的伟大奠基者之一，其成就遍及各个领域，有数学王子的美誉．

卡尔·弗里德里希·高斯

高斯幼时家境贫寒，但他聪慧过人，3 岁时就能纠正出父亲计算中的错误，8 岁时就能迅速、准确地算出 1+2+3+…+100 的和，表现出非凡的数学才能．他研究算术—几何平均(1791 年)，发现了它与其他许多幂级数的联系(1794 年)；考虑了几何基础问题，即平行公设在欧几里得几何中的地位(1792 年)；研究素数分布，猜想出素数定理(1792 年)；发现最小二乘法(1794 年)，等．1795 年他进入格丁根大学学习，第二年便发现正十七边形的尺规作图法，并给出可用尺规做出正多边形的条件，解决了欧几里得以来悬而未决的问题．除此，在大学期间，他还重新发现并证明二次互反律，得出分圆域的概念以及二次型的许多算术结果．1798 年他转入海尔姆斯台德大学，翌年因证明代数学基本定理(每一个 n 次的代数方程必有 n 个实数或者复数解)获博士学位，它的存在性证明开创了数学研究的新途径．

自 1796 年解决正十七边形到 1801 年，是高斯创造力最旺盛的一段时间．在这 6 年里，高斯每年提出的猜想、定理、证明、概念、假设和理论平均每年不少于 25 项．其中最辉煌的成就是 1801 年问世的《算术研究》(Disquisitiones Arithmeticae)，这本书奠定了近代数学的基础，不仅是数论方面的划时代之作，由此产生出现代数论的几大分支——初等数

论、代数数论及解析数论，它也是数学史上为数不多的经典著作之一，被欧洲数学界誉为继牛顿 1687 年出版的《自然哲学的数学原理》之后“人类智慧的最大表现”．在以后 100 年左右的时间里，这个领域的任何成果几乎都能直接追溯到这部著作中去．

同样也是在 1801 年，高斯利用自己 1794 年创立的最小二乘法，根据观测数据准确地预报了小行星“谷神星”的运行轨道．天文学是当时科学界关注的课题，高斯的这项预报引起轰动，他在科学界也一举成名．

他还深入研究复变函数，1811 年建立了一些基本概念并发现了著名的柯西积分定理，1812 年发表关于超几何级数的定理．另外，他还发现椭圆函数的双周期性，但这些工作在他生前都没有发表出来．1822 年，丹麦哥本哈根科学院设奖征答地图制作中的难题，高斯 1823 年的论文解法获头奖．此文在数学史上首次对保形映射作了一般性的论述，建立了等距映射的雏形．1828 年，高斯出版了《关于曲面的一般研究》，全面系统地阐述了空间曲面的微分几何学，他证明：曲面的高斯曲率只与弧度要素有关．这是微分几何学中的基本定理，他称之为“韦达定理”．此外，他还提出内蕴曲面理论．

高斯一生共发表 155 篇论文，他对待学问十分严谨，只是把自己认为是十分成熟的作品发表出来，不愿意因不被理解而引起争议，以致有许多结果在他发现后几年、十几年甚至几十年让别人优先发表．如高斯是真正预见到非欧几何的第一人．1792 年当他 15 岁时已经有了非欧几何的思想，以后相继得到许多这方面的重要结果，但他动摇徘徊了 25 年之久，直到 1817 年才牢固树立起坚定信念．不幸的是，由于康德的唯心主义空间学说和在数学界占统治地位的所谓现实空间只能是欧氏空间这一旧传统观念，高斯产生很大的精神压力，毕其一生关于此问题也没有发表什么见解．在他逝世之后，人们才从他与朋友的来往信函中得知了他关于非欧几何的研究结果和看法．

高斯的工作绝不仅限于数学领域，他被誉为“能从九霄云外的高度掌握星空和深奥数学的天才”．去世后，他的工作收录到《高斯全集》中，历时 67 年(1863～1929 年)，由众多著名数学家共同完成，共 12 卷，涉及数论、分析、概率论和几何、数学物理、天文、测地学等各个领域．

第5章　相似矩阵、二次型及二次曲面

在许多数学理论研究及工程与经济问题的应用中，会遇到特征值与特征向量问题，如微分方程组及结构震动等，并且特征值与特征向量也是研究矩阵对角化的一个重要工具，因此特征值与特征向量的概念在许多领域有广泛的应用．二次型源于空间解析几何中的二次曲线与二次曲面的化简问题，并且二次型在物理力学中有着广泛的应用．

本章主要介绍向量组的正交化、特征值与特征向量、相似矩阵、矩阵的对角化方法、二次型的标准形及正定二次型的判定、二次曲线与二次曲面．

5.1　向量的内积、长度与正交

本节把三维向量的内积、长度、夹角的概念推广到 n 维向量空间，在此基础上介绍正交向量组和欧几里得空间的概念以及把线性无关向量组化为正交向量组的一种方法．

5.1.1　内积及性质

1. 内积

定义 5.1.1　设有 n 维向量

$$\boldsymbol{\alpha}=\begin{pmatrix}a_1\\a_2\\\vdots\\a_n\end{pmatrix},\quad \boldsymbol{\beta}=\begin{pmatrix}b_1\\b_2\\\vdots\\b_n\end{pmatrix},$$

称 $\boldsymbol{\alpha}^{\mathrm{T}}\boldsymbol{\beta}=a_1b_1+a_2b_2+\cdots a_nb_n$ 为 $\boldsymbol{\alpha}$ 与 $\boldsymbol{\beta}$ 的内积，记为 $\langle\boldsymbol{\alpha},\boldsymbol{\beta}\rangle$，即

$$\langle\boldsymbol{\alpha},\boldsymbol{\beta}\rangle=\boldsymbol{\alpha}^{\mathrm{T}}\boldsymbol{\beta}=a_1b_1+a_2b_2+\cdots+a_nb_n.$$

内积是两个向量之间的一种运算，其结果是一个实数，当 $n=3$ 时，$\langle\boldsymbol{\alpha},\boldsymbol{\beta}\rangle$ 就是两个空间三维向量的数量积，所以 n 维向量的内积是空间向量数量积的推广．

2. 性质

设 $\boldsymbol{\alpha},\boldsymbol{\beta},\boldsymbol{\gamma}$ 为任意三个 n 维向量，$k\in\boldsymbol{R}$，则

(1) $\langle\boldsymbol{\alpha},\boldsymbol{\beta}\rangle=\langle\boldsymbol{\beta},\boldsymbol{\alpha}\rangle$；

(2) $\langle k\boldsymbol{\alpha},\boldsymbol{\beta}\rangle=k\langle\boldsymbol{\alpha},\boldsymbol{\beta}\rangle$；

(3) $\langle\boldsymbol{\alpha}+\boldsymbol{\beta},\boldsymbol{\gamma}\rangle=\langle\boldsymbol{\alpha},\boldsymbol{\gamma}\rangle+\langle\boldsymbol{\beta},\boldsymbol{\gamma}\rangle$；

(4) $\langle\boldsymbol{\alpha},\boldsymbol{\alpha}\rangle\geqslant 0$，当且仅当 $\boldsymbol{\alpha}=\boldsymbol{0}$ 时，$\langle\boldsymbol{\alpha},\boldsymbol{\alpha}\rangle=0$；

(5) $\langle\boldsymbol{\alpha},\boldsymbol{\beta}\rangle^2\leqslant\langle\boldsymbol{\alpha},\boldsymbol{\alpha}\rangle\langle\boldsymbol{\beta},\boldsymbol{\beta}\rangle$.

用内积的定义易证(1)(2)(3)(4).

(5) 称为**许瓦兹不等式**,证明如下.

证 由(4)有$\langle\lambda\boldsymbol{\alpha}+\boldsymbol{\beta},\lambda\boldsymbol{\alpha}+\boldsymbol{\beta}\rangle\geqslant 0$对任意实数$\lambda$成立,即

$$\langle\lambda\boldsymbol{\alpha}+\boldsymbol{\beta},\lambda\boldsymbol{\alpha}+\boldsymbol{\beta}\rangle=\lambda^2\langle\boldsymbol{\alpha},\boldsymbol{\alpha}\rangle+2\lambda\langle\boldsymbol{\alpha},\boldsymbol{\beta}\rangle+\langle\boldsymbol{\beta},\boldsymbol{\beta}\rangle\geqslant 0$$

所以判别式

$$\Delta=4\langle\boldsymbol{\alpha},\boldsymbol{\beta}\rangle^2-4\langle\boldsymbol{\alpha},\boldsymbol{\alpha}\rangle\langle\boldsymbol{\beta},\boldsymbol{\beta}\rangle\leqslant 0$$

即

$$\langle\boldsymbol{\alpha},\boldsymbol{\beta}\rangle^2\leqslant\langle\boldsymbol{\alpha},\boldsymbol{\alpha}\rangle\langle\boldsymbol{\beta},\boldsymbol{\beta}\rangle.$$

5.1.2 向量的长度及性质

定义 5.1.2 设有n维向量

$$\boldsymbol{\alpha}=\begin{pmatrix}a_1\\a_2\\\vdots\\a_n\end{pmatrix},$$

令$\|\boldsymbol{\alpha}\|=\sqrt{\langle\boldsymbol{\alpha},\boldsymbol{\alpha}\rangle}=\sqrt{a_1^2+a_2^2+\cdots+a_n^2}$,称$\|\boldsymbol{\alpha}\|$为$n$维向量$\boldsymbol{\alpha}$的**长度(模或范数)**.

向量的长度具有下述性质:

(1) 非负性 $\|\boldsymbol{\alpha}\|\geqslant 0$;当且仅当$\boldsymbol{\alpha}=\mathbf{0}$时,$\|\boldsymbol{\alpha}\|=0$;

(2) 齐次性 $\|\lambda\boldsymbol{\alpha}\|=|\lambda|\,\|\boldsymbol{\alpha}\|$;

(3) 三角不等式 $\|\boldsymbol{\alpha}+\boldsymbol{\beta}\|\leqslant\|\boldsymbol{\alpha}\|+\|\boldsymbol{\beta}\|$.

其中$\boldsymbol{\alpha},\boldsymbol{\beta}$是任意$n$维向量,$\lambda$为任意实数.

当$\|\boldsymbol{\alpha}\|=1$时,称$\boldsymbol{\alpha}$为单位向量.

对$\mathbf{R}^n$中的任一非零向量$\boldsymbol{\alpha}$,向量$\dfrac{\boldsymbol{\alpha}}{\|\boldsymbol{\alpha}\|}$是一个单位向量,因为

$$\left\|\frac{\boldsymbol{\alpha}}{\|\boldsymbol{\alpha}\|}\right\|=\frac{1}{\|\boldsymbol{\alpha}\|}\|\boldsymbol{\alpha}\|=1.$$

用非零向量$\boldsymbol{\alpha}$的长度去除向量$\boldsymbol{\alpha}$,得到一个单位向量,这一过程通常称为**把向量$\boldsymbol{\alpha}$单位化**.

例 5.1.1 求$\mathbf{R}^3$中向量$\boldsymbol{\alpha}=(4,0,3)^{\mathrm{T}},\boldsymbol{\beta}=(-1,3,2)^{\mathrm{T}}$的长度与内积.

解 由定义$\|\boldsymbol{\alpha}\|=\sqrt{4^2+0^2+3^2}=5$, $\|\boldsymbol{\beta}\|=\sqrt{(1)^2+3^2+2^2}=\sqrt{14}$,

$\langle\boldsymbol{\alpha},\boldsymbol{\beta}\rangle=4\cdot(-1)+0\times 3+3\times 2=2.$

5.1.3 正交向量组及正交化过程

1. 向量的夹角及正交

定义 5.1.3 若$\|\boldsymbol{\alpha}\|\neq 0$, $\|\boldsymbol{\beta}\|\neq 0$,则称

$$\theta=\arccos\frac{\langle\boldsymbol{\alpha},\boldsymbol{\beta}\rangle}{\|\boldsymbol{\alpha}\|\cdot\|\boldsymbol{\beta}\|}\ (0\leqslant\theta\leqslant\pi).$$

为n维向量$\boldsymbol{\alpha}$与$\boldsymbol{\beta}$的夹角.定义零向量和任何向量的夹角为任意角.

若两向量 $\boldsymbol{\alpha}$ 与 $\boldsymbol{\beta}$ 的内积等于零，即

$$\langle\boldsymbol{\alpha},\boldsymbol{\beta}\rangle=0,$$

则称向量 $\boldsymbol{\alpha}$ 与 $\boldsymbol{\beta}$ 相互正交. 记作 $\boldsymbol{\alpha}\perp\boldsymbol{\beta}$.

注 显然，若 $\boldsymbol{\alpha}=\mathbf{0}$，则 $\boldsymbol{\alpha}$ 与任何向量都正交.

2. 正交向量组及性质

定义 5.1.4 若 n 维向量组 $\boldsymbol{\alpha}_1,\boldsymbol{\alpha}_2,\cdots,\boldsymbol{\alpha}_r$ 每一个都是非零向量，且 $\boldsymbol{\alpha}_1,\boldsymbol{\alpha}_2,\cdots,\boldsymbol{\alpha}_r$ 中的向量两两正交，则称该向量组为**正交向量组**.

定理 5.1.1 若 n 维向量 $\boldsymbol{\alpha}_1,\boldsymbol{\alpha}_2,\cdots,\boldsymbol{\alpha}_r$ 是一组正交向量组，则 $\boldsymbol{\alpha}_1,\cdots,\boldsymbol{\alpha}_r$ 线性无关.

证 设有一组数 $\lambda_1,\lambda_2,\cdots,\lambda_r$ 使得

$$\lambda_1\boldsymbol{\alpha}_1+\lambda_2\boldsymbol{\alpha}_2+\cdots+\lambda_r\boldsymbol{\alpha}_r=\mathbf{0},$$

两边与 $\boldsymbol{\alpha}_i$ 作内积，由内积的性质及正交向量组的定义有

$$\lambda_i\langle\boldsymbol{\alpha}_i,\boldsymbol{\alpha}_i\rangle=0,\quad i=1,2,\cdots,r.$$

因为 $\langle\boldsymbol{\alpha}_i,\boldsymbol{\alpha}_i\rangle=\|\boldsymbol{\alpha}_i\|^2>0,i=1,2,\cdots,r$. 所以 $\lambda_i=0,i=1,2,\cdots,r$. 因此 $\boldsymbol{\alpha}_1,\boldsymbol{\alpha}_2,\cdots,\boldsymbol{\alpha}_r$ 线性无关.

例 5.1.2 已知三维向量空间中两个向量 $\boldsymbol{\alpha}_1=\begin{pmatrix}1\\1\\1\end{pmatrix},\boldsymbol{\alpha}_2=\begin{pmatrix}1\\-2\\1\end{pmatrix}$ 正交，试求 $\boldsymbol{\alpha}_3$ 使 $\boldsymbol{\alpha}_1,\boldsymbol{\alpha}_2,\boldsymbol{\alpha}_3$ 构成一个正交向量组.

解 设 $\boldsymbol{\alpha}_3=(x_1,x_2,x_3)^{\mathrm{T}}\neq 0$，且分别与 $\boldsymbol{\alpha}_1,\boldsymbol{\alpha}_2$ 正交. 则 $\langle\boldsymbol{\alpha}_1,\boldsymbol{\alpha}_3\rangle=\langle\boldsymbol{\alpha}_2,\boldsymbol{\alpha}_3\rangle=0$，

即
$$\begin{cases}\langle\boldsymbol{\alpha}_1,\boldsymbol{\alpha}_3\rangle=x_1+x_2+x_3=0\\ \langle\boldsymbol{\alpha}_2,\boldsymbol{\alpha}_3\rangle=x_1-2x_2+x_3=0\end{cases},$$

解之得 $x_1=-x_3,\quad x_2=0$.

令 $x_3=1$，得 $\boldsymbol{\alpha}_3=\begin{pmatrix}x_1\\x_2\\x_3\end{pmatrix}=\begin{pmatrix}-1\\0\\1\end{pmatrix}$，由上可知 $\boldsymbol{\alpha}_1,\boldsymbol{\alpha}_2,\boldsymbol{\alpha}_3$ 构成一个正交向量组.

3. 施密特(Schmidt)正交化过程

若已知 $\mathbf{R}^n$ 中的任一组线性无关的向量组 $\boldsymbol{\alpha}_1,\boldsymbol{\alpha}_2,\cdots,\boldsymbol{\alpha}_m$，能否找到正交向量组 $\boldsymbol{\beta}_1,\cdots,\boldsymbol{\beta}_m$ 与之等价？下面的定理解决了这个问题.

定理 5.1.2 设 $\boldsymbol{\alpha}_1,\boldsymbol{\alpha}_2,\cdots,\boldsymbol{\alpha}_m$ 为线性无关的向量组，令

$\boldsymbol{\beta}_1=\boldsymbol{\alpha}_1$；

$$\boldsymbol{\beta}_2=\boldsymbol{\alpha}_2-\frac{\langle\boldsymbol{\beta}_1,\boldsymbol{\alpha}_2\rangle}{\langle\boldsymbol{\beta}_1,\boldsymbol{\beta}_1\rangle}\boldsymbol{\beta}_1;$$

……

$$\boldsymbol{\beta}_m=\boldsymbol{\alpha}_m-\frac{\langle\boldsymbol{\beta}_1,\boldsymbol{\alpha}_m\rangle}{\langle\boldsymbol{\beta}_1,\boldsymbol{\beta}_1\rangle}\boldsymbol{\beta}_1-\frac{\langle\boldsymbol{\beta}_2,\boldsymbol{\alpha}_m\rangle}{\langle\boldsymbol{\beta}_2,\boldsymbol{\beta}_2\rangle}\boldsymbol{\beta}_2-\cdots-\frac{\langle\boldsymbol{\beta}_{m-1},\boldsymbol{\alpha}_m\rangle}{\langle\boldsymbol{\beta}_{m-1},\boldsymbol{\beta}_{m-1}\rangle}\boldsymbol{\beta}_{m-1}.$$

容易验证 $\boldsymbol{\beta}_1,\boldsymbol{\beta}_2,\cdots,\boldsymbol{\beta}_m$ 两两正交，且对任意的 $k(1\leqslant k\leqslant m)$，$\boldsymbol{\beta}_1,\boldsymbol{\beta}_2,\cdots,\boldsymbol{\beta}_k$ 与 $\boldsymbol{\alpha}_1,\boldsymbol{\alpha}_2,\cdots,\boldsymbol{\alpha}_k$ 等价.

注 由内积性质及 $\boldsymbol{\beta}_1,\cdots,\boldsymbol{\beta}_m$ 的表达式容易证明上述定理. 称定理中由线性无关组求与其等价正交组的过程为**施密特(Schmidt)正交化过程**.

例 5.1.3 设 $\boldsymbol{\alpha}_1=\begin{pmatrix}1\\2\\-1\end{pmatrix},\boldsymbol{\alpha}_2=\begin{pmatrix}-1\\3\\1\end{pmatrix},\boldsymbol{\alpha}_3=\begin{pmatrix}4\\-1\\0\end{pmatrix}$,试用施密特正交化方法,将向量组正交化.

解 不难证明 $\boldsymbol{\alpha}_1,\boldsymbol{\alpha}_2,\boldsymbol{\alpha}_3$ 是线性无关的.

取 $\boldsymbol{\beta}_1=\boldsymbol{\alpha}_1$,

$$\boldsymbol{\beta}_2=\boldsymbol{\alpha}_2-\frac{\langle\boldsymbol{\alpha}_2,\boldsymbol{\beta}_1\rangle}{\|\boldsymbol{\beta}_1\|^2}\boldsymbol{\beta}_1=\begin{pmatrix}-1\\3\\1\end{pmatrix}-\frac{4}{6}\begin{pmatrix}1\\2\\-1\end{pmatrix}=\frac{5}{3}\begin{pmatrix}-1\\1\\1\end{pmatrix},$$

$$\boldsymbol{\beta}_3=\boldsymbol{\alpha}_3-\frac{\langle\boldsymbol{\alpha}_3,\boldsymbol{\beta}_1\rangle}{\|\boldsymbol{\beta}_1\|^2}\boldsymbol{\beta}_1-\frac{\langle\boldsymbol{\alpha}_3,\boldsymbol{\beta}_2\rangle}{\|\boldsymbol{\beta}_2\|^2}\boldsymbol{\beta}_2=\begin{pmatrix}4\\-1\\0\end{pmatrix}-\frac{1}{3}\begin{pmatrix}1\\2\\-1\end{pmatrix}+\frac{5}{3}\begin{pmatrix}-1\\1\\1\end{pmatrix}=2\begin{pmatrix}1\\0\\1\end{pmatrix},$$

则 $\boldsymbol{\beta}_1,\boldsymbol{\beta}_2,\boldsymbol{\beta}_3$ 即为所求.

例 5.1.4 已知 $\boldsymbol{\alpha}_1=\begin{pmatrix}1\\1\\1\end{pmatrix}$,求一组非零向量 $\boldsymbol{\alpha}_2,\boldsymbol{\alpha}_3$,使 $\boldsymbol{\alpha}_1,\boldsymbol{\alpha}_2,\boldsymbol{\alpha}_3$ 为正交向量组.

解 首先求出与 $\boldsymbol{\alpha}_1$ 正交的向量 $\boldsymbol{\xi}_1,\boldsymbol{\xi}_2$. 为此设 $\boldsymbol{\xi}_i=(x_1,x_2,x_3)^{\mathrm{T}}\neq\mathbf{0}$,使得 $\langle\boldsymbol{\alpha}_1,\boldsymbol{\xi}_i\rangle=0$,即

$$x_1+x_2+x_3=0,$$

解之得

$$\boldsymbol{\xi}_1=\begin{pmatrix}1\\0\\-1\end{pmatrix},\quad\boldsymbol{\xi}_2=\begin{pmatrix}0\\1\\-1\end{pmatrix}.$$

再将 $\boldsymbol{\xi}_1,\boldsymbol{\xi}_2$ 正交化.

令

$$\boldsymbol{\alpha}_2=\boldsymbol{\xi}_1=\begin{pmatrix}1\\0\\-1\end{pmatrix},$$

$$\boldsymbol{\alpha}_3=\boldsymbol{\xi}_2-\frac{\langle\boldsymbol{\xi}_2,\boldsymbol{\alpha}_2\rangle}{\langle\boldsymbol{\alpha}_2,\boldsymbol{\alpha}_2\rangle}\boldsymbol{\alpha}_2=\begin{pmatrix}0\\1\\-1\end{pmatrix}-\frac{1}{2}\begin{pmatrix}1\\0\\-1\end{pmatrix}=\begin{pmatrix}-\frac{1}{2}\\1\\-\frac{1}{2}\end{pmatrix}.$$

则 $\boldsymbol{\alpha}_1,\boldsymbol{\alpha}_2,\boldsymbol{\alpha}_3$ 为正交向量组.

5.1.4 欧几里得(Euclid)空间

定义 5.1.5 设 $V\subset\mathbf{R}^n$ 是一个向量空间,引入内积的向量空间称为**欧几里得空间**.

(1) 若 $\boldsymbol{\alpha}_1,\boldsymbol{\alpha}_2,\cdots,\boldsymbol{\alpha}_r$ 是向量空间 V 的一个基,且是两两正交的向量组,则称 $\boldsymbol{\alpha}_1,\boldsymbol{\alpha}_2,\cdots,\boldsymbol{\alpha}_r$ 是向量空间 V 的**正交基**.

(2) 若 $e_1,e_2,\cdots,e_r$ 是向量空间 V 的一个基，$e_1,e_2,\cdots,e_r$ 两两正交，且都是单位向量，则称 $e_1,e_2,\cdots,e_r$ 是向量空间 V 的一个**正交规范基**.

注　设 $\boldsymbol{\alpha}_1,\boldsymbol{\alpha}_2,\cdots,\boldsymbol{\alpha}_r$ 是向量空间 V 的一个基，欲求 V 的一个正交规范基，也就是要找一组两两正交的单位向量 $e_1,e_2,\cdots,e_r$，使 $e_1,e_2,\cdots,e_r$ 与 $\boldsymbol{\alpha}_1,\boldsymbol{\alpha}_2,\cdots,\boldsymbol{\alpha}_r$ 等价，这样的问题，称为把 $\boldsymbol{\alpha}_1,\boldsymbol{\alpha}_2,\cdots,\boldsymbol{\alpha}_r$ 这个基正交规范化.

例 5.1.5　证明：

$$e_1=\left(\frac{1}{\sqrt{2}},0,\frac{1}{\sqrt{2}}\right)^{\mathrm{T}},e_2=\left(\frac{1}{\sqrt{6}},\frac{2}{\sqrt{6}},\frac{-1}{\sqrt{6}}\right)^{\mathrm{T}},e_3=\left(\frac{-1}{\sqrt{3}},\frac{1}{\sqrt{3}},\frac{1}{\sqrt{3}}\right)^{\mathrm{T}},$$

为 $\mathbf{R}^3$ 的正交基规范.

证　$$\|e_1\|=\sqrt{\left(\frac{1}{\sqrt{2}}\right)^2+(0)^2+\left(\frac{1}{\sqrt{2}}\right)^2}=1,\quad \|e_2\|=\sqrt{\left(\frac{1}{\sqrt{6}}\right)^2+\left(\frac{2}{\sqrt{6}}\right)^2+\left(\frac{1}{\sqrt{6}}\right)^2}=1,$$

$$\|e_3\|=\sqrt{\left(\frac{-1}{\sqrt{3}}\right)^2+\left(\frac{1}{\sqrt{3}}\right)^2+\left(\frac{1}{\sqrt{3}}\right)^2}=1,$$

且 $\langle e_1,e_2\rangle=0,\langle e_1,e_3\rangle=0,\langle e_3,e_2\rangle=0$.

例 5.1.6　若 $e_1,e_2,\cdots,e_r$ 是 V 的一个正交规范基，$\boldsymbol{\alpha}$ 为 V 中任一向量，证明：

$$\boldsymbol{\alpha}=k_1e_1+k_2e_2+\cdots+k_re_r,$$

其中 $k_i=\langle\boldsymbol{\alpha},e_i\rangle,i=1,2,\cdots,r$.

证　因为 $e_1,e_2,\cdots,e_r$ 是 V 的一个正交规范基，则 V 中任一向量 $\boldsymbol{\alpha}$ 能由 $e_1,e_2,\cdots,e_r$ 线性表示，设表示式为

$$\boldsymbol{\alpha}=k_1e_1+k_2e_2+\cdots+k_re_r,$$

为求其中的系数 $k_i(i=1,2,\cdots,r)$，可用 e_i 与上式做内积，有

$$\langle e_i,\boldsymbol{\alpha}\rangle=k_i\langle e_i,e_i\rangle=k_i,$$

即

$$k_i=\langle e_i,\boldsymbol{\alpha}\rangle.$$

由例 5.1.6 可以得到向量在正交规范基中的坐标的计算公式. 利用这个公式能方便地求得向量 $\boldsymbol{\alpha}$ 在正交规范基 $e_1,e_2,\cdots,e_r$ 下的坐标为：$(k_1,k_2,\cdots,k_r)$. 因此，我们在给出向量空间的基时常取正交规范基.

5.1.5　正交矩阵及正交变换

定义 5.1.6　若 n 阶方阵 $\boldsymbol{P}$ 满足

$$\boldsymbol{P}^{\mathrm{T}}\boldsymbol{P}=\boldsymbol{E}\quad(\text{即 } \boldsymbol{P}^{-1}=\boldsymbol{P}^{\mathrm{T}}),$$

则称 $\boldsymbol{P}$ 为**正交矩阵**. 若 $\boldsymbol{P}$ 为正交矩阵，则线性变换 $\boldsymbol{Y}=\boldsymbol{PX}$ 称为**正交线性变换**.

定理 5.1.3　矩阵 $\boldsymbol{P}$ 为正交阵的主要条件是：$\boldsymbol{P}$ 的行(列)向量为两两正交的标准向量.

例 5.1.7　证明下列矩阵为正交矩阵.

$$\boldsymbol{P}=\begin{pmatrix}1/9 & -8/9 & -4/9\\ -8/9 & 1/9 & -4/9\\ -4/9 & -4/9 & 7/9\end{pmatrix}.$$

证 由正交矩阵的定义,

$$PP^{\mathrm{T}}=\begin{pmatrix}1/9 & -8/9 & -4/9\\ -8/9 & 1/9 & -4/9\\ -4/9 & -4/9 & 7/9\end{pmatrix}\begin{pmatrix}1/9 & -8/9 & -4/9\\ -8/9 & 1/9 & -4/9\\ -4/9 & -4/9 & 7/9\end{pmatrix}^{\mathrm{T}}=\begin{pmatrix}1&0&0\\0&1&0\\0&0&1\end{pmatrix},$$

因此 P 是正交矩阵.

习 题 5.1

1. 设向量 $\boldsymbol{\alpha}=(1,2,2)^{\mathrm{T}},\boldsymbol{\beta}=(2,-2,1)^{\mathrm{T}}$,

(1) 求 $\boldsymbol{\alpha},\boldsymbol{\beta}$ 的长度;(2)求内积 $\langle\boldsymbol{\alpha}+\boldsymbol{\beta},\boldsymbol{\alpha}-\boldsymbol{\beta}\rangle$;(3)求长度 $\|3\boldsymbol{\alpha}-2\boldsymbol{\beta}\|$.

2. 已知向量组 $\boldsymbol{\alpha}_1=\begin{pmatrix}1\\0\\1\end{pmatrix},\boldsymbol{\alpha}_2=\begin{pmatrix}1\\1\\0\end{pmatrix},\boldsymbol{\alpha}_3=\begin{pmatrix}1\\1\\1\end{pmatrix}$,用施密特正交化方法,将向量组正交化.

3. 已知向量组 $\boldsymbol{\alpha}_1=(1,1,1,1)^{\mathrm{T}},\boldsymbol{\alpha}_2=(1,-1,0,4)^{\mathrm{T}},\boldsymbol{\alpha}_3=(3,5,1,-1)^{\mathrm{T}}$.用施密特正交化方法,将向量组正交规范化.

4. 判别下列矩形是否为正交阵.

(1) $\begin{pmatrix}1 & -1/2 & 1/3\\ -1/2 & 1 & 1/2\\ 1/3 & 1/2 & -1\end{pmatrix}$; (2) $\begin{pmatrix}1/\sqrt{2} & -1/\sqrt{3} & 1/\sqrt{6}\\ 0 & 1/\sqrt{3} & 2/\sqrt{6}\\ 1/\sqrt{2} & 1/\sqrt{3} & -1/\sqrt{6}\end{pmatrix}$.

5.2 方阵的特征值与特征向量

在工程和经济领域中有许多问题归结为对某个 n 阶方阵 $\boldsymbol{A}$ 求数 λ 及 n 维非零向量 $\boldsymbol{X}$ 使 $\boldsymbol{AX}=\lambda\boldsymbol{X}$ 成立的问题.为此引入特征值和特征向量的概念.

5.2.1 特征值及特征向量的概念及求法

定义 5.2.1 设 $\boldsymbol{A}$ 是 n 阶方阵, 如果存在数 λ 和 n 维非零向量 $\boldsymbol{X}$ 使

$$\boldsymbol{AX}=\lambda\boldsymbol{X}$$

成立, 则称数 λ 为方阵 $\boldsymbol{A}$ 的**特征值**, 非零向量 $\boldsymbol{X}$ 称为 $\boldsymbol{A}$ 的对应于特征值 λ 的**特征向量**.

例如 $\boldsymbol{A}=\begin{pmatrix}1&-1\\0&2\end{pmatrix},\lambda=1,\boldsymbol{X}=\begin{pmatrix}1\\0\end{pmatrix}$,满足 $\boldsymbol{AX}=\lambda\boldsymbol{X}$,所以 1 是 $\boldsymbol{A}$ 的特征值,$\boldsymbol{X}=\begin{pmatrix}1\\0\end{pmatrix}$为 $\boldsymbol{A}$ 的对应于 1 的特征向量,易见 $\boldsymbol{X}=\begin{pmatrix}2\\0\end{pmatrix}$也是 $\boldsymbol{A}$ 的对应于 1 的特征向量;又因为,$\boldsymbol{A}=\begin{pmatrix}1&-1\\0&2\end{pmatrix}\begin{pmatrix}1\\-1\end{pmatrix}=2\begin{pmatrix}1\\-1\end{pmatrix}$故 2 也是 $\boldsymbol{A}$ 的特征值,$\boldsymbol{X}=\begin{pmatrix}1\\-1\end{pmatrix}$为 $\boldsymbol{A}$ 的对应于 2 的特征向量.由此可见

(1) 对应于同一特征值的特征向量不唯一;

(2) 一个特征向量不能对应于不同的特征值.

对于一般的矩阵,如何求特征值和特征向量呢? 下面通过定义分析特征值和特征向

量的求法.

设

$$A=\begin{pmatrix} a_{11} & a_{12} & \cdots & a_{1n} \\ a_{21} & a_{22} & \cdots & a_{2n} \\ \vdots & \vdots & & \vdots \\ a_{n1} & a_{n2} & \cdots & a_{nn} \end{pmatrix}$$

则 λ 是方阵 $\boldsymbol{A}$ 的特征值，$\boldsymbol{X}$ 为 $\boldsymbol{A}$ 的对应于特征值 λ 的特征向量. 当且仅当 $\boldsymbol{AX}=\lambda\boldsymbol{X}$ 即 $(\boldsymbol{A}-\lambda\boldsymbol{E})\boldsymbol{X}=\boldsymbol{0}$，当且仅当 $\boldsymbol{X}$ 为齐次线性方程组 $(\boldsymbol{A}-\lambda\boldsymbol{E})\boldsymbol{X}=\boldsymbol{0}$ 的非零解，当且仅当 λ 满足方程

$$|\boldsymbol{A}-\lambda\boldsymbol{E}|=0,$$

即
$$|\boldsymbol{A}-\lambda\boldsymbol{E}|=\begin{vmatrix} a_{11}-\lambda & a_{12} & \cdots & a_{1n} \\ a_{21} & a_{22}-\lambda & \cdots & a_{2n} \\ \vdots & \vdots & & \vdots \\ a_{n1} & a_{n2} & \cdots & a_{nn}-\lambda \end{vmatrix}=0$$

令
$$f(\lambda)=|\boldsymbol{A}-\lambda\boldsymbol{E}|=\begin{vmatrix} a_{11}-\lambda & a_{12} & \cdots & a_{1n} \\ a_{21} & a_{22}-\lambda & \cdots & a_{2n} \\ \vdots & \vdots & & \vdots \\ a_{n1} & a_{n2} & \cdots & a_{nn}-\lambda \end{vmatrix}$$

称 $f(\lambda)$ 为 $\boldsymbol{A}$ 的**特征多项式**，称关于 λ 的一元 n 次方程 $|\boldsymbol{A}-\lambda\boldsymbol{E}|=0$ 为矩阵 $\boldsymbol{A}$ 的**特征方程**.

根据上述分析得出如下结论：λ 为方阵 $\boldsymbol{A}$ 的特征值，非零向量 $\boldsymbol{X}$ 为 $\boldsymbol{A}$ 的对应于特征值 λ 的特征向量的充要条件是 λ 为方程 $|\boldsymbol{A}-\lambda\boldsymbol{E}|=0$ 的根，$\boldsymbol{X}$ 为齐次线性方程组 $(\boldsymbol{A}-\lambda\boldsymbol{E})\boldsymbol{X}=\boldsymbol{0}$ 的非零解. 若重根按重数计算，则一元 n 次方程 $|\boldsymbol{A}-\lambda\boldsymbol{E}|=0$ 在复数范围内有 n 个根，由此可得求方阵 $\boldsymbol{A}$ 的特征值和特征向量的方法：

(1) 计算特征多项式 $f(\lambda)=|\boldsymbol{A}-\lambda\boldsymbol{E}|$，解特征方程 $|\boldsymbol{A}-\lambda\boldsymbol{E}|=0$，得 $\boldsymbol{A}$ 的所有特征值 $\lambda_1,\lambda_2,\cdots,\lambda_s$，其中 λ_i 为 k_i 重，$i=1,2,\cdots,s$；$k_1+k_2+\cdots+k_s=n$.

(2) 对于特征值 $\lambda=\lambda_i(i=1,2,\cdots,s)$，由齐次线性方程组

$$(\boldsymbol{A}-\lambda_i\boldsymbol{E})\boldsymbol{X}=\boldsymbol{0}$$

可求得非零解 $\boldsymbol{p}_i$，那么 $\boldsymbol{p}_i$ 就是 $\boldsymbol{A}$ 的对应于特征值 λ_i 的特征向量，且 $\boldsymbol{A}$ 的对应于特征值 λ_i 的特征向量的全体是方程组 $(\boldsymbol{A}-\lambda_i\boldsymbol{E})\boldsymbol{X}=\boldsymbol{0}$ 的所有非零解.

设 $\boldsymbol{p}_1,\boldsymbol{p}_2,\cdots,\boldsymbol{p}_t$ 为 $(\boldsymbol{A}-\lambda_i\boldsymbol{E})\boldsymbol{X}=\boldsymbol{0}$ 的基础解系，则 $\boldsymbol{A}$ 的对应于特征值 λ_i 的特征向量的全体是：

$$\boldsymbol{p}=k_1\boldsymbol{p}_1+k_2\boldsymbol{p}_2+\cdots+k_t\boldsymbol{p}_t\ (k_1,\cdots,k_t \text{ 不同时为 } 0).$$

例 5.2.1　设 $\boldsymbol{A}=\begin{pmatrix} 1 & -2 & 2 \\ -2 & -2 & 4 \\ 2 & 4 & -2 \end{pmatrix}$，求 $\boldsymbol{A}$ 的特征值与特征向量.

解　$$|\boldsymbol{A}-\lambda\boldsymbol{E}|=\begin{vmatrix} 1-\lambda & -2 & 2 \\ -2 & -2-\lambda & 4 \\ 2 & 4 & -2-\lambda \end{vmatrix}=\begin{vmatrix} 1-\lambda & 4 & 2 \\ 0 & 2-\lambda & 2-\lambda \\ 2 & \lambda+6 & -2-\lambda \end{vmatrix}=-(\lambda+7)(\lambda-2)^2,$$

所以 $\boldsymbol{A}$ 的特征值为 $\lambda_1=-7$，$\lambda_2=\lambda_3=2$.

当 $\lambda_1=-7$ 时，解方程 $(\boldsymbol{A}+7\boldsymbol{E})\boldsymbol{X}=\boldsymbol{0}$

$$\boldsymbol{A}+7\boldsymbol{E}=\begin{pmatrix}8&-2&2\\-2&5&4\\2&4&5\end{pmatrix}\to\begin{pmatrix}2&0&1\\0&1&1\\0&0&0\end{pmatrix},$$

基础解系

$$\boldsymbol{p}_1=\begin{pmatrix}1\\2\\-2\end{pmatrix},$$

故对应于 $\lambda_1=-7$ 的全体特征向量为 $k_1\boldsymbol{p}_1(k_1\neq 0)$.

当 $\lambda_2=\lambda_3=2$ 时，解方程 $(\boldsymbol{A}-2\boldsymbol{E})\boldsymbol{X}=\boldsymbol{0}$.

$$\boldsymbol{A}-2\boldsymbol{E}=\begin{pmatrix}-1&-2&2\\-2&-4&4\\2&4&-4\end{pmatrix}\to\begin{pmatrix}-1&-2&2\\0&0&0\\0&0&0\end{pmatrix},$$

基础解系

$$\boldsymbol{p}_2=\begin{pmatrix}-2\\1\\0\end{pmatrix},\boldsymbol{p}_3=\begin{pmatrix}2\\0\\1\end{pmatrix},$$

故对应于 $\lambda_2=\lambda_3=2$ 的全部特征向量为 $k_2\boldsymbol{p}_2+k_3\boldsymbol{p}_3$（$k_2,k_3$ 不同时为 0）.

例 5.2.2 设 $\boldsymbol{A}=\begin{pmatrix}1&-1&0\\4&-3&0\\-1&0&-2\end{pmatrix}$，求 $\boldsymbol{A}$ 的特征值与特征向量.

解 $$|\boldsymbol{A}-\lambda\boldsymbol{E}|=\begin{vmatrix}1-\lambda&-1&0\\4&-3-\lambda&0\\-1&0&-2-\lambda\end{vmatrix}=-(\lambda+1)^2(\lambda+2),$$

所以 $\boldsymbol{A}$ 的特征值为 $\lambda_1=\lambda_2=-1,\lambda_3=-2$.

当 $\lambda_1=-1$ 时，解方程 $(\boldsymbol{A}+\boldsymbol{E})\boldsymbol{X}=\boldsymbol{0}$.

$$\text{由 }\boldsymbol{A}+\boldsymbol{E}=\begin{pmatrix}2&-1&0\\4&-2&0\\-1&0&-1\end{pmatrix}\to\begin{pmatrix}2&-1&0\\-1&0&-1\\0&0&0\end{pmatrix}\to\begin{pmatrix}1&0&1\\0&1&2\\0&0&0\end{pmatrix},$$

基础解系

$$\boldsymbol{p}_1=\begin{pmatrix}1\\2\\-1\end{pmatrix}$$

故对应于 $\lambda_1=-1$ 的全部特征向量为 $k_1\boldsymbol{p}_1(k_1\neq 0)$.

当 $\lambda_3=-2$ 时，解方程 $(\boldsymbol{A}+2\boldsymbol{E})\boldsymbol{X}=\boldsymbol{0}$.

$$\text{由 }\boldsymbol{A}+2\boldsymbol{E}=\begin{pmatrix}3&-1&0\\4&-1&0\\-1&0&0\end{pmatrix}\to\begin{pmatrix}1&0&0\\0&1&0\\0&0&0\end{pmatrix},$$

基础解系

$$\boldsymbol{p}_2=\begin{pmatrix}0\\0\\1\end{pmatrix},$$

故对应于 $\lambda_2=2$ 的全部特征向量为 $k_2\boldsymbol{p}_2(k_2\neq0)$.

例 5.2.3　求 n 阶数量矩阵 $\boldsymbol{A}=\begin{pmatrix}a&0&\cdots&0\\0&a&\cdots&0\\\vdots&\vdots&&\vdots\\0&0&\cdots&a\end{pmatrix}$ 的特征值与特征向量.

解　$|\boldsymbol{A}-\lambda\boldsymbol{E}|=\begin{vmatrix}a-\lambda&0&\cdots&0\\0&a-\lambda&\cdots&0\\\vdots&\vdots&&\vdots\\0&0&\cdots&a-\lambda\end{vmatrix}=(a-\lambda)^n=0,$

故 $\boldsymbol{A}$ 的特征值为 $\lambda_1=\lambda_2=\cdots=\lambda_n=a$.

把 $\lambda=a$ 代入 $(\boldsymbol{A}-\lambda\boldsymbol{E})\boldsymbol{X}=\boldsymbol{0}$ 得

$$0\cdot x_1=0,0\cdot x_2=0,\cdots,0\cdot x_n=0.$$

这个方程组的系数矩阵是零矩阵，所以任意 n 个线性无关的向量都是它的基础解系，取单位向量组

$$\boldsymbol{\varepsilon}_1=\begin{pmatrix}1\\0\\\vdots\\0\end{pmatrix},\boldsymbol{\varepsilon}_2=\begin{pmatrix}0\\1\\\vdots\\0\end{pmatrix},\cdots,\boldsymbol{\varepsilon}_n=\begin{pmatrix}0\\0\\\vdots\\1\end{pmatrix}$$

作为基础解系，于是，$\boldsymbol{A}$ 的全部特征向量为

$$k_1\boldsymbol{\varepsilon}_1+k_2\boldsymbol{\varepsilon}_2+\cdots+k_n\boldsymbol{\varepsilon}_n\quad(k_1,k_2,\cdots,k_n\text{ 不全为零}).$$

例 5.2.4　试求上三角阵 $\boldsymbol{A}=\begin{pmatrix}a_{11}&a_{12}&\cdots&a_{1n}\\0&a_{22}&\cdots&a_{2n}\\\vdots&\vdots&&\vdots\\0&0&\cdots&a_{nn}\end{pmatrix}$ 的特征值.

解　$|\boldsymbol{A}-\lambda\boldsymbol{E}|=\begin{vmatrix}a_{11}-\lambda&a_{12}&\cdots&a_{1n}\\0&a_{22}-\lambda&\cdots&a_{2n}\\\vdots&\vdots&&\vdots\\0&0&\cdots&a_{nn}-\lambda\end{vmatrix},$

这是一个上三角行列式，因此，

$$|\boldsymbol{A}-\lambda\boldsymbol{E}|=(a_{11}-\lambda)(a_{22}-\lambda)\cdots(a_{nn}-\lambda).$$

因此 $\boldsymbol{A}$ 的特征值等于 $a_{11},a_{22},\cdots,a_{nn}$.

5.2.2　特征值与特征向量的性质

性质 5.2.1　n 阶矩阵 $\boldsymbol{A}$ 与它的转置矩阵 $\boldsymbol{A}^{\mathrm{T}}$ 有相同的特征值.

性质 5.2.2　设 $\boldsymbol{A}=(a_{ij})$ 是 n 阶矩阵，$\lambda_1,\lambda_2,\cdots,\lambda_n$ 是 $\boldsymbol{A}$ 的 n 个特征值，则

(1) $\lambda_1+\lambda_2+\cdots+\lambda_n=a_{11}+a_{22}+\cdots+a_{nn}$；

(2) $\lambda_1\lambda_2\cdots\lambda_n=|\boldsymbol{A}|$.

其中 $\boldsymbol{A}$ 的全体特征值的和 $a_{11}+a_{22}+\cdots+a_{nn}$ 称为矩阵 $\boldsymbol{A}$ 的**迹**，记为 $tr(\boldsymbol{A})$.

性质 5.2.3 设 λ 是方阵 $\boldsymbol{A}$ 的特征值，则

(1) λ^k 是 $\boldsymbol{A}^k$ 的特征值；

(2) $a\lambda$ 是 $a\boldsymbol{A}$ 的特征值；

(3) 当 $\boldsymbol{A}$ 可逆时，$\dfrac{1}{\lambda}$是 $\boldsymbol{A}^{-1}$ 的特征值.

证 (1)因 λ 是方阵 $\boldsymbol{A}$ 的特征值，所以存在向量 $\boldsymbol{p}\neq\boldsymbol{0}$ 使 $\boldsymbol{Ap}=\lambda\boldsymbol{p}$，因此

$$\boldsymbol{A}^2\boldsymbol{p}=\boldsymbol{A}(\boldsymbol{Ap})=\lambda\boldsymbol{A}\boldsymbol{p}=\lambda^2\boldsymbol{p},$$

$$\cdots\cdots$$

$$\boldsymbol{A}^k\boldsymbol{p}=\boldsymbol{A}(\boldsymbol{A}^{k-1}\boldsymbol{p})=\lambda\boldsymbol{A}^{k-1}\boldsymbol{p}=\cdots=\lambda^{k-1}\boldsymbol{Ap}=\lambda^k\boldsymbol{p},$$

所以 λ^k 是 $\boldsymbol{A}^k$ 的特征值；

(2) 因 λ 是 $\boldsymbol{A}$ 的特征值，故有 $\boldsymbol{p}\neq\boldsymbol{0}$ 使 $\boldsymbol{Ap}=\lambda\boldsymbol{p}$，从而$(a\boldsymbol{A})\boldsymbol{p}=a(\boldsymbol{Ap})=(a\lambda)\boldsymbol{p}$，所以 $a\lambda$ 是 $a\boldsymbol{A}$ 的特征值；

(3) 因 λ 是 $\boldsymbol{A}$ 的特征值，故有 $\boldsymbol{p}\neq\boldsymbol{0}$ 使 $\boldsymbol{Ap}=\lambda\boldsymbol{p}$，有 $\boldsymbol{p}=\lambda\boldsymbol{A}^{-1}\boldsymbol{p}$，因 $\boldsymbol{p}\neq\boldsymbol{0}$ 知 $\lambda\neq 0$，故 $\boldsymbol{A}^{-1}\boldsymbol{p}=\dfrac{1}{\lambda}\boldsymbol{p}$，即$\dfrac{1}{\lambda}$是 $\boldsymbol{A}^{-1}$ 的特征值.

由(1)(2)进一步证明：若 $\varphi(x)=a_0x^n+a_1x^{n-1}+\cdots+a_{n-1}x+a_n$，则 $\varphi(\lambda)$是 $\varphi(\boldsymbol{A})$的特征值.

性质 5.2.4 $\boldsymbol{A}$ 的对应于不同特征值的特征向量线性无关.

证 设 $\lambda_1,\lambda_2,\cdots,\lambda_m$ 为 $\boldsymbol{A}$ 的 m 个不同的特征值，$\boldsymbol{p}_1,\boldsymbol{p}_2\cdots\boldsymbol{p}_m$ 分别为对应于 $\lambda_1,\lambda_2,\cdots,\lambda_m$ 的特征向量. 设存在一组数 $x_1,x_2,\cdots,x_m$，使

$$x_1\boldsymbol{p}_1+x_2\boldsymbol{p}_2+\cdots+x_m\boldsymbol{p}_m=\boldsymbol{0} \tag{1}$$

将(1)式两边左乘 $\boldsymbol{A}$，并利用 $\boldsymbol{Ap}_i=\lambda_i\boldsymbol{p}_i$，$i=1,2,\cdots,m$，得

$$x_1\lambda_1\boldsymbol{p}_1+x_2\lambda_2\boldsymbol{p}_2+\cdots+x_m\lambda_m\boldsymbol{p}_m=\boldsymbol{0} \tag{2}$$

将(2)式两边左乘 $\boldsymbol{A}$，并利用 $\boldsymbol{Ap}_i=\lambda_i\boldsymbol{p}_i$，$i=1,2,\cdots,m$，得

$$x_1\lambda_1^2\boldsymbol{p}_1+x_2\lambda_2^2\boldsymbol{p}_2+\cdots+x_m\lambda_m^2\boldsymbol{p}_m=\boldsymbol{0} \tag{3}$$

$$\cdots\cdots$$

同理，得

$$x_1\lambda_1^{m-1}\boldsymbol{p}_1+x_2\lambda_2^{m-1}\boldsymbol{p}_2+\cdots x_m\lambda_m^{m-1}\boldsymbol{p}_m=\boldsymbol{0} \tag{m}$$

将(1)～(m)式改写成矩阵形式，得

$$(x_1\boldsymbol{p}_1,x_2\boldsymbol{p}_2,\cdots,x_m\boldsymbol{p}_m)\begin{pmatrix}1 & \lambda_1 & \cdots & \lambda_1^{m-1}\\ 1 & \lambda_2 & \cdots & \lambda_2^{m-1}\\ \vdots & \vdots & & \vdots\\ 1 & \lambda_m & \cdots & \lambda_m^{m-1}\end{pmatrix}=(\boldsymbol{0},\boldsymbol{0},\cdots,\boldsymbol{0})$$

因 $\lambda_1,\lambda_2,\cdots,\lambda_m$ 为 m 个互异的特征值，所以由范德蒙行列式，得

$$\begin{vmatrix}1 & \lambda_1 & \cdots & \lambda_1^{m-1}\\ 1 & \lambda_2 & \cdots & \lambda_2^{m-1}\\ \vdots & \vdots & & \vdots\\ 1 & \lambda_m & \cdots & \lambda_m^{m-1}\end{vmatrix}=\prod_{1\leqslant i<j\leqslant m}(\lambda_i-\lambda_j)\neq 0$$

所以

$$\begin{pmatrix} 1 & \lambda_1 & \cdots & \lambda_1^{m-1} \\ 1 & \lambda_2 & \cdots & \lambda_2^{m-1} \\ \vdots & \vdots & & \vdots \\ 1 & \lambda_m & \cdots & \lambda_m^{m-1} \end{pmatrix}$$

为可逆矩阵，所以

$$(x_1\boldsymbol{p}_1, x_2\boldsymbol{p}_2, \cdots, x_m\boldsymbol{p}_m) = (\boldsymbol{0}, \boldsymbol{0}, \cdots, \boldsymbol{0})$$

或

$$x_i\boldsymbol{p}_i = \boldsymbol{0}, i = 1, 2, \cdots, m.$$

因为 $\boldsymbol{p}_i \neq \boldsymbol{0}$，所以 $x_i = 0, i = 1, 2, \cdots, m$，所以 $\boldsymbol{p}_1, \boldsymbol{p}_2, \cdots, \boldsymbol{p}_m$ 线性无关.

例 5.2.5　设 3 阶矩阵 $\boldsymbol{A}$ 的特征值为 $1, -1, 2$，求：

(1) $3\boldsymbol{A}$ 的特征值；(2) $|\boldsymbol{A}|, tr(\boldsymbol{A})$；(3) $\boldsymbol{A}^*$ 的特征值；(4) $|\boldsymbol{A}^* + 3\boldsymbol{A} - 2\boldsymbol{E}|$.

解　(1)由性质 5.2.3 得，$3\boldsymbol{A}$ 的特征值为 $3, -3, 6$；

(2) $|\boldsymbol{A}| = \lambda_1\lambda_2\lambda_3 = -2$，　$tr(\boldsymbol{A}) = \lambda_1 + \lambda_2 + \lambda_3 = 2$；

(3) 由 $\boldsymbol{A}$ 的特征值全不为 0 知 $\boldsymbol{A}$ 可逆，故 $\boldsymbol{A}^* = |\boldsymbol{A}|\boldsymbol{A}^{-1}$. 而 $|\boldsymbol{A}| = -2$，所以 $\boldsymbol{A}^*$ 的特征值为 $-2, 2, -1$；

(4) 由(3) $\boldsymbol{A}^* + 3\boldsymbol{A} - 2\boldsymbol{E} = -2\boldsymbol{A}^{-1} + 3\boldsymbol{A} - 2\boldsymbol{E}$.

把上式记作 $\varphi(\boldsymbol{A})$，有 $\varphi(\lambda) = -\dfrac{2}{\lambda} + 3\lambda - 2$，故 $\varphi(\boldsymbol{A})$ 的特征值为

$$\varphi(1) = -1, \varphi(-1) = -3, \varphi(2) = 3.$$

于是

$$|\boldsymbol{A}^* + 3\boldsymbol{A} - 2\boldsymbol{E}| = (-1) \cdot (-3) \cdot 3 = 9.$$

习　题　5.2

1. 求下列矩阵的特征值和特征向量

(1) $\boldsymbol{A} = \begin{pmatrix} 3 & 1 \\ 5 & -1 \end{pmatrix}$；　(2) $\boldsymbol{A} = \begin{pmatrix} -2 & 1 & 1 \\ 0 & 2 & 0 \\ -4 & 1 & 3 \end{pmatrix}$；　(3) $\boldsymbol{A} = \begin{pmatrix} 1 & -1 & 1 \\ 1 & 3 & -1 \\ 1 & 1 & 1 \end{pmatrix}$.

2. 证明：n 阶矩阵 $\boldsymbol{A}$ 可逆的充要条件是它的任一特征值不为零.

3. 设 λ_1 和 λ_2 是矩阵 $\boldsymbol{A}$ 的两个不同的特征值，对应的特征向量依次为 $\boldsymbol{p}_1$ 和 $\boldsymbol{p}_2$，证明：$\boldsymbol{p}_1 + \boldsymbol{p}_2$ 不是 $\boldsymbol{A}$ 的特征向量.

5.3　相似矩阵

5.3.1　相似矩阵的概念及性质

定义 5.3.1　设 $\boldsymbol{A}, \boldsymbol{B}$ 都是 n 阶矩阵，若存在可逆矩阵 $\boldsymbol{P}$，使

$$\boldsymbol{P}^{-1}\boldsymbol{A}\boldsymbol{P} = \boldsymbol{B}$$

成立，则称 $\boldsymbol{B}$ **是** $\boldsymbol{A}$ **的相似矩阵**，并称矩阵 $\boldsymbol{A}$ 与 $\boldsymbol{B}$ **相似**. 对 $\boldsymbol{A}$ 进行运算 $\boldsymbol{P}^{-1}\boldsymbol{AP}$ 称为对 $\boldsymbol{A}$ 进行**相似变换**，称可逆矩阵 $\boldsymbol{P}$ 为把 $\boldsymbol{A}$ 变成 $\boldsymbol{B}$ 的**相似变换矩阵**.

由定义 5.3.1 可知，若 $\boldsymbol{B}$ 是 $\boldsymbol{A}$ 的相似矩阵，$\boldsymbol{P}$ 为把 $\boldsymbol{A}$ 变成 $\boldsymbol{B}$ 的相似变换矩阵，则 $\boldsymbol{A}$ 也是 $\boldsymbol{B}$ 的相似矩阵，$\boldsymbol{P}^{-1}$ 为把 $\boldsymbol{B}$ 变成 $\boldsymbol{A}$ 的相似变换矩阵.

定理 5.3.1 若 n 阶矩阵 $\boldsymbol{B}$ 是 $\boldsymbol{A}$ 的相似矩阵，则

(1) $\boldsymbol{A}$ 与 $\boldsymbol{B}$ 有相同的行列式；

(2) $\boldsymbol{A}$ 与 $\boldsymbol{B}$ 有相等的特征多项式，从而 $\boldsymbol{A}$ 与 $\boldsymbol{B}$ 有相同的特征值；

(3) $\boldsymbol{B}^k$ 为 $\boldsymbol{A}^k$ 的相似矩阵，k 为自然数.

证 因为 $\boldsymbol{B}$ 是 $\boldsymbol{A}$ 的相似矩阵，所以存在可逆矩阵 $\boldsymbol{P}$，使 $\boldsymbol{P}^{-1}\boldsymbol{AP}=\boldsymbol{B}$ 成立，所以有

(1) $|\boldsymbol{B}|=|\boldsymbol{P}^{-1}\boldsymbol{AP}|=|\boldsymbol{P}^{-1}||\boldsymbol{A}||\boldsymbol{P}|=|\boldsymbol{A}|$；

(2) $|\boldsymbol{B}-\lambda\boldsymbol{E}|=|\boldsymbol{P}^{-1}\boldsymbol{AP}-\lambda\boldsymbol{E}|=|\boldsymbol{P}^{-1}(\boldsymbol{A}-\lambda\boldsymbol{E})\boldsymbol{P}|=|\boldsymbol{P}^{-1}||(\boldsymbol{A}-\lambda\boldsymbol{E})||\boldsymbol{P}|=|\boldsymbol{A}-\lambda\boldsymbol{E}|$；

(3) $\boldsymbol{B}^k=(\boldsymbol{P}^{-1}\boldsymbol{AP})^k=\boldsymbol{P}^{-1}\boldsymbol{A}^k\boldsymbol{P}$.

注 定理 5.3.1 的条件只是充分条件，例如 $\boldsymbol{A}=\begin{pmatrix}1 & 0\\ 0 & 1\end{pmatrix}$，$\boldsymbol{B}=\begin{pmatrix}1 & 1\\ 0 & 1\end{pmatrix}$，容易算出 $\boldsymbol{A}$ 与 $\boldsymbol{B}$ 的特征多项式均为 $(\lambda-1)^2$，但可以证明 $\boldsymbol{A}$ 与 $\boldsymbol{B}$ 不相似. 事实上，$\boldsymbol{A}$ 是一个单位阵，对任意的可逆矩阵 $\boldsymbol{P}$ 有 $\boldsymbol{P}^{-1}\boldsymbol{AP}=\boldsymbol{P}^{-1}\boldsymbol{EP}=\boldsymbol{P}^{-1}\boldsymbol{P}=\boldsymbol{E}$. 因此若 $\boldsymbol{B}$ 与 $\boldsymbol{A}$ 相似，$\boldsymbol{B}$ 也必须是单位矩阵，而现在 $\boldsymbol{B}$ 不是单位矩阵. 所以 $\boldsymbol{A}$ 与 $\boldsymbol{B}$ 不相似.

推论 5.3.1 若 n 阶矩阵 $\boldsymbol{A}$ 与对角矩阵

$$\boldsymbol{\Lambda}=\begin{pmatrix}\lambda_1 & & & \\ & \lambda_2 & & \\ & & \ddots & \\ & & & \lambda_n\end{pmatrix}$$

相似，则 $\lambda_1,\lambda_2,\cdots,\lambda_n$ 为矩阵 $\boldsymbol{A}$ 的特征值.

5.3.2 矩阵可对角化的条件

若一个 n 阶方阵 $\boldsymbol{A}$ 与对角矩阵相似，则称矩阵 $\boldsymbol{A}$ **可对角化**. 那么 n 阶方阵 $\boldsymbol{A}$ 满足什么条件才可以对角化呢？为解决这个问题，引入如下定理.

定理 5.3.2 n 阶方阵 $\boldsymbol{A}$ 与对角矩阵 $\boldsymbol{\Lambda}=\begin{pmatrix}\lambda_1 & & & \\ & \lambda_2 & & \\ & & \ddots & \\ & & & \lambda_n\end{pmatrix}$ 相似的充分必要条件是矩阵 $\boldsymbol{A}$ 有 n 个线性无关的特征向量. 当条件成立时，对角矩阵的对角线元素为 $\boldsymbol{A}$ 的特征值，相似变换矩阵的第 i 个列向量为对角矩阵第 i 行第 i 列上的特征值对应的特征向量.

证 n 阶方阵 $\boldsymbol{A}$ 与对角矩阵 $\boldsymbol{\Lambda}=\begin{pmatrix}\lambda_1 & & & \\ & \lambda_2 & & \\ & & \ddots & \\ & & & \lambda_n\end{pmatrix}$ 相似，$\boldsymbol{P}=(\boldsymbol{p}_1,\boldsymbol{p}_2,\cdots,\boldsymbol{p}_m)$ 为相似变换矩阵，当且仅当 $\boldsymbol{P}^{-1}\boldsymbol{AP}=\boldsymbol{\Lambda}$，当且仅当 $\boldsymbol{AP}=\boldsymbol{P\Lambda}$，$\boldsymbol{P}$ 为可逆矩阵，当且仅当 $(\boldsymbol{Ap}_1,\boldsymbol{Ap}_2,\cdots,$

$A\boldsymbol{p}_n)=(\lambda_1\boldsymbol{p}_1,\lambda_2\boldsymbol{p}_2,\cdots,\lambda_n\boldsymbol{p}_n)$，$\boldsymbol{p}_1,\boldsymbol{p}_2,\cdots,\boldsymbol{p}_n$ 线性无关，当且仅当 $\boldsymbol{A}\boldsymbol{p}_i=\lambda_i\boldsymbol{p}_i(i=1,2,\cdots,n)$，$\boldsymbol{p}_1,\boldsymbol{p}_2,\cdots,\boldsymbol{p}_n$ 线性无关，当且仅当 λ_i 是方阵 $\boldsymbol{A}$ 的特征值，$\boldsymbol{p}_i$ 为对应 λ_i 的特征向量，$i=1,2,\cdots,n$，$\boldsymbol{p}_1,\boldsymbol{p}_2,\cdots,\boldsymbol{p}_n$ 线性无关.

推论 5.3.2 若 n 阶矩阵 $\boldsymbol{A}$ 有 n 个互异的特征值 $\lambda_1,\lambda_2,\cdots,\lambda_n$，则 $\boldsymbol{A}$ 与对角矩阵相似.

定理 5.3.2 的证明过程给出了把方阵对角化的方法：

(1) 求出 $\boldsymbol{A}$ 的全部特征值 $\lambda_1,\lambda_2,\cdots,\lambda_s$；

(2) 对每一个特征值 λ_i，由 $(\boldsymbol{A}-\lambda_i\boldsymbol{E})\boldsymbol{X}=\boldsymbol{0}$ 求出基础解系(特征向量)；

(3) 以这些向量作为列向量构成一个可逆矩阵 $\boldsymbol{P}$，使

$$\boldsymbol{P}^{-1}\boldsymbol{A}\boldsymbol{P}=\boldsymbol{\Lambda}.$$

注 $\boldsymbol{P}$ 中列向量的次序与矩阵 $\boldsymbol{\Lambda}$ 对角线上的特征值的次序相对应.

例 5.3.1 试对矩阵 $\boldsymbol{A}=\begin{pmatrix}4&6&0\\-3&-5&0\\-3&-6&1\end{pmatrix}$ 验证定理 5.3.2 的结论.

解 $$|\boldsymbol{A}-\lambda\boldsymbol{E}|=\begin{vmatrix}4-\lambda&6&0\\-3&-5-\lambda&0\\-3&-6&1-\lambda\end{vmatrix}=-(\lambda-1)^2(\lambda+2),$$

则矩阵 $\boldsymbol{A}$ 的特征值为 $\lambda_1=-2$， $\lambda_2=\lambda_3=1$.

当 $\lambda_1=-2$ 时，解方程 $(\boldsymbol{A}+2\boldsymbol{E})\boldsymbol{X}=\boldsymbol{0}$.

$$\begin{pmatrix}6&6&0\\-3&-3&0\\-3&-6&3\end{pmatrix}\to\begin{pmatrix}1&1&0\\0&1&-1\\0&0&0\end{pmatrix}，得基础解系\ \boldsymbol{p}_1=\begin{pmatrix}-1\\1\\1\end{pmatrix},$$

当 $\lambda_2=\lambda_3=1$ 时，解方程 $(\boldsymbol{A}-\boldsymbol{E})\boldsymbol{X}=\boldsymbol{0}$.

$$\begin{pmatrix}3&6&0\\-3&-6&0\\-3&-6&0\end{pmatrix}\to\begin{pmatrix}1&2&0\\0&0&0\\0&0&0\end{pmatrix}，得基础解系\ \boldsymbol{p}_2=\begin{pmatrix}-2\\1\\0\end{pmatrix},\boldsymbol{p}_3=\begin{pmatrix}0\\0\\1\end{pmatrix}.$$

容易验证 $\boldsymbol{p}_1,\boldsymbol{p}_2,\boldsymbol{p}_2$ 线性无关，若取

$$\boldsymbol{P}=(\boldsymbol{p}_1,\boldsymbol{p}_2,\boldsymbol{p}_3)=\begin{pmatrix}-1&-2&0\\1&1&0\\1&0&1\end{pmatrix},$$

则
$$\boldsymbol{P}^{-1}=\begin{pmatrix}1&2&0\\-1&-1&0\\-1&-2&1\end{pmatrix},$$

有
$$\boldsymbol{P}^{-1}\boldsymbol{A}\boldsymbol{P}=\begin{pmatrix}-2&0&0\\0&1&0\\0&0&1\end{pmatrix}.$$

什么样的矩阵才有 n 个线性无关的特征向量？这是个很复杂的问题，下节只研究实对称矩阵.

习 题 5.3

1. 求下列矩阵的特征值与特征向量,并问那个矩阵可以对角化?为什么?

(1) $\boldsymbol{A}=\begin{pmatrix}1 & -3 & 3\\ 3 & -5 & 3\\ 6 & -6 & 4\end{pmatrix}$; (2) $\boldsymbol{B}=\begin{pmatrix}-3 & 1 & -1\\ -7 & 5 & -1\\ -6 & 6 & -2\end{pmatrix}$

2. 设方阵 $\boldsymbol{A}=\begin{pmatrix}1 & -2 & -4\\ -2 & x & -2\\ -4 & -2 & 1\end{pmatrix}$ 与 $\boldsymbol{\Lambda}=\begin{pmatrix}5 & & \\ & y & \\ & & -4\end{pmatrix}$ 相似,求 x,y.

3. 设 3 阶方阵 $\boldsymbol{A}$ 的特征值为 $\lambda_1=1,\lambda_2=0,\lambda_3=-1$,对应的特征向量分别为

$$\boldsymbol{p}_1=(1,2,2)^{\mathrm{T}},\boldsymbol{p}_2=(2,-2,1)^{\mathrm{T}},\boldsymbol{p}_3=(-2,-1,2)^{\mathrm{T}}$$

求 $\boldsymbol{A}$.

5.4 实对称矩阵的对角化

由上节内容可知,矩阵的对角化问题很复杂,本节讨论实对称矩阵,一方面是因为实对称矩阵在许多领域应用广泛;另一方面实对称矩阵有很多一般矩阵没有的特殊性质.

定义 5.4.1 元素均为实数的对称矩阵称为**实对称矩阵**.

例如

$$\boldsymbol{A}=\begin{pmatrix}0 & -1\\ -1 & 0\end{pmatrix}\text{及 }\boldsymbol{A}=\begin{pmatrix}2 & 2 & 1\\ 2 & 0 & -1\\ 1 & -1 & 1\end{pmatrix}\text{均为实对称矩阵.}$$

下面讨论实对称矩阵的性质,为此首先介绍矩阵的一个运算性质.

定义 5.4.2 设 $\boldsymbol{A}=(a_{ij})$ 为复(数)矩阵,记

$$\overline{\boldsymbol{A}}=(\overline{a_{ij}})$$

其中 $\overline{a_{ij}}$ 表示 a_{ij} 的共轭复数,称 $\overline{\boldsymbol{A}}$ 为 $\boldsymbol{A}$ 的**共轭矩阵**.

共轭矩阵满足以下运算规律(设 $\boldsymbol{A},\boldsymbol{B}$ 为复矩阵,λ 为复数,且运算都是可行的):

(1) $\overline{\boldsymbol{A}+\boldsymbol{B}}=\overline{\boldsymbol{A}}+\overline{\boldsymbol{B}}$;

(2) $\overline{\lambda\boldsymbol{A}}=\overline{\lambda}\,\overline{\boldsymbol{A}}$;

(3) $\overline{\boldsymbol{AB}}=\overline{\boldsymbol{A}}\,\overline{\boldsymbol{B}}$.

定理 5.4.1 实对称矩阵的特征值都为实数.

证 设复数 λ 为 $\boldsymbol{A}$ 的特征值,向量 $\boldsymbol{p}=(a_1,a_2,\cdots,a_n)^{\mathrm{T}}$ 为对应于 λ 的特征向量,即

$$\boldsymbol{Ap}=\lambda\boldsymbol{p},\boldsymbol{p}\neq\boldsymbol{0}.$$

用 $\overline{\lambda}$ 表示 λ 的共轭复数,$\overline{\boldsymbol{p}}$ 表示向量 $\boldsymbol{p}$ 的共轭向量,即 $\overline{\boldsymbol{p}}=(\overline{a_1},\overline{a_2},\cdots,\overline{a_n})^{\mathrm{T}}$,则

$$\overline{\boldsymbol{p}}^{\mathrm{T}}\boldsymbol{Ap}=\overline{\boldsymbol{p}}^{\mathrm{T}}\lambda\boldsymbol{p}=\lambda\,\overline{\boldsymbol{p}}^{\mathrm{T}}\boldsymbol{p}.$$

又因为

$$\overline{\boldsymbol{p}}^{\mathrm{T}}\boldsymbol{Ap}=\overline{\boldsymbol{p}}^{\mathrm{T}}\boldsymbol{A}^{\mathrm{T}}\boldsymbol{p}=\overline{\boldsymbol{p}}^{\mathrm{T}}\overline{\boldsymbol{A}}^{\mathrm{T}}\boldsymbol{p}=(\overline{\boldsymbol{Ap}})^{\mathrm{T}}\boldsymbol{p}=(\overline{\lambda\boldsymbol{p}})^{\mathrm{T}}\boldsymbol{p}=\overline{\lambda}\,\overline{\boldsymbol{p}}^{\mathrm{T}}\boldsymbol{p}$$

所以

$$\bar{\lambda}\,\bar{\boldsymbol{p}}^{\mathrm{T}}\boldsymbol{p}=\lambda\bar{\boldsymbol{p}}^{\mathrm{T}}\boldsymbol{p},$$

或

$$(\bar{\lambda}-\lambda)\bar{\boldsymbol{p}}^{\mathrm{T}}\boldsymbol{p}=\mathbf{0},$$

由于

$$\bar{\boldsymbol{p}}^{\mathrm{T}}\boldsymbol{p}=\sum_{k=1}^{n}\bar{a}_k a_k=\sum_{k=1}^{n}|a_k|^2\neq 0.$$

所以 $\lambda-\bar{\lambda}=0,\lambda=\bar{\lambda}$ 因此 λ 为实数.

注　对实对称矩阵 $\boldsymbol{A}$,因其特征值 λ_i 为实数，故方程组

$$(\boldsymbol{A}-\lambda_i\boldsymbol{E})\boldsymbol{X}=\mathbf{0}$$

是实系数方程组，由 $|\boldsymbol{A}-\lambda_i\boldsymbol{E}|=0$ 知它必有实的基础解系,所以 $\boldsymbol{A}$ 的特征向量可以取实向量.

定理 5.4.2　设 λ_1,λ_2 是实对称矩阵 $\boldsymbol{A}$ 的两个特征值,$\boldsymbol{p}_1,\boldsymbol{p}_2$ 是对应的特征向量. 若 $\lambda_1\neq\lambda_2$,则 $\boldsymbol{p}_1$ 与 $\boldsymbol{p}_2$ 正交.

证　因为 $\boldsymbol{A}\boldsymbol{p}_1=\lambda\boldsymbol{p}_1,\boldsymbol{A}\boldsymbol{p}_2=\lambda\boldsymbol{p}_2$ 所以

$$\boldsymbol{p}_1^{\mathrm{T}}\boldsymbol{A}\boldsymbol{p}_2=\boldsymbol{p}_1^{\mathrm{T}}\lambda_2\boldsymbol{p}_2=\lambda_2\boldsymbol{p}_1^{\mathrm{T}}\boldsymbol{p}_2.$$

又因为

$$\boldsymbol{p}_1^{\mathrm{T}}\boldsymbol{A}\boldsymbol{p}_2=\boldsymbol{p}_1^{\mathrm{T}}\boldsymbol{A}^{\mathrm{T}}\boldsymbol{p}_2=(\boldsymbol{A}\boldsymbol{p}_1)^{\mathrm{T}}\boldsymbol{p}_2=(\lambda_1\boldsymbol{p}_1)^{\mathrm{T}}\boldsymbol{p}_2=\lambda_1\boldsymbol{p}_1^{\mathrm{T}}\boldsymbol{p}_2.$$

所以

$$\lambda_1\boldsymbol{p}_1^{\mathrm{T}}\boldsymbol{p}_2=\lambda_2\boldsymbol{p}_1^{\mathrm{T}}\boldsymbol{p}_2,$$

或

$$(\lambda_1-\lambda_2)\boldsymbol{p}_1^{\mathrm{T}}\boldsymbol{p}_2=0.$$

因为 $\lambda_1\neq\lambda_2$,所以 $\boldsymbol{p}_1^{\mathrm{T}}\boldsymbol{p}_2=0$,即 $\boldsymbol{p}_1$ 与 $\boldsymbol{p}_2$ 正交.

定理 5.4.3　设 $\boldsymbol{A}$ 为 n 阶实对称矩阵,λ 是 $\boldsymbol{A}$ 的特征方程的 k 重根,则矩阵 $\boldsymbol{A}-\lambda\boldsymbol{E}$ 的秩 $R(\boldsymbol{A}-\lambda\boldsymbol{E})=n-k$,从而对应特征值 λ 恰有 k 个线性无关的特征向量.

由定理 5.4.2 和定理 5.4.3 知,实对称矩阵恰有 n 个两两正交的单位特征向量. 由对角化条件可知,实对称矩阵可化为实对角矩阵,且相似变换矩阵可取为正交矩阵.

定理 5.4.4　设 $\boldsymbol{A}$ 为 n 阶实对称矩阵，则必有正交矩阵 $\boldsymbol{P}$,使

$$\boldsymbol{P}^{-1}\boldsymbol{A}\boldsymbol{P}=\boldsymbol{P}^{\mathrm{T}}\boldsymbol{A}\boldsymbol{P}=\boldsymbol{\Lambda},$$

其中 $\boldsymbol{\Lambda}$ 是以 $\boldsymbol{A}$ 的 n 个特征值为对角线元素的对角矩阵,$\boldsymbol{P}$ 的列向量为 $\boldsymbol{A}$ 的两两正交的单位特征向量,且 $\boldsymbol{P}$ 的第 i 个列向量 $\boldsymbol{p}_i$ 为对角矩阵对角线上第 i 个特征值对应的特征向量, $i=1,2,\cdots,n$.

求正交矩阵把实对称矩阵化为对角矩阵的方法：

(1) 求出 $\boldsymbol{A}$ 的特征值 $\lambda_1,\lambda_2,\cdots,\lambda_s,\lambda_i$ 为 k_i 重特征根,$i=1,2,\cdots,s,k_1+k_2+\cdots+k_s=n$;

(2) 对每一个特征值 $\lambda_i(i=1,2,\cdots,s)$,由$(\boldsymbol{A}-\lambda_i\boldsymbol{E})\boldsymbol{X}=\mathbf{0}$ 求出基础解系(特征向量);

(3) 将基础解系(特征向量)正交化,再单位化;

(4) 以这些单位向量作为列向量构成一个正交矩阵 $\boldsymbol{P}$,使

$$\boldsymbol{P}^{-1}\boldsymbol{A}\boldsymbol{P}=\boldsymbol{P}^{\mathrm{T}}\boldsymbol{A}\boldsymbol{P}=\boldsymbol{\Lambda}.$$

例 5.4.1 已知 $A=\begin{pmatrix}2&0&0\\0&3&2\\0&2&3\end{pmatrix}$,求正交矩阵 P 使得 $P^{-1}AP$ 为对角矩阵.

解 A 的特征多项式为

$$|A-\lambda E|=\begin{vmatrix}2-\lambda&0&0\\0&3-\lambda&2\\0&2&3-\lambda\end{vmatrix}=(2-\lambda)(\lambda-1)(\lambda-5),$$

从而得 A 的特征值为 $\lambda_1=2,\lambda_2=1,\lambda_3=5$,

对 $\lambda_1=2,(A-2E)X=0$,

$$\begin{pmatrix}0&0&0\\0&1&2\\0&2&1\end{pmatrix}\to\begin{pmatrix}0&1&2\\0&0&1\\0&0&0\end{pmatrix},\text{得基础解系 } p_1=(1,0,0)^{\mathrm{T}};$$

对 $\lambda_2=1,(A-E)X=0$,

$$\begin{pmatrix}1&0&0\\0&2&2\\0&2&2\end{pmatrix}\to\begin{pmatrix}1&0&0\\0&1&1\\0&0&0\end{pmatrix},\text{得基础解系 } p_2=(0,1,-1)^{\mathrm{T}};$$

对 $\lambda_3=5,(A-5E)X=0$,

$$\begin{pmatrix}-3&0&0\\0&-2&2\\0&2&-2\end{pmatrix}\to\begin{pmatrix}1&0&0\\0&1&-1\\0&0&0\end{pmatrix},\text{得基础解系 } p_3=(0,1,1)^{\mathrm{T}};$$

因实对称矩阵的属于不同特征值的特征向量必相互正交,故特征向量 p_1,p_2,p_3 已是正交向量组,只需单位化

$$\eta_1=(1,0,0)^{\mathrm{T}},\eta_2=\left(0,\frac{1}{\sqrt{2}},-\frac{1}{\sqrt{2}}\right)^{\mathrm{T}},\eta_3=\left(0,\frac{1}{\sqrt{2}},\frac{1}{\sqrt{2}}\right)^{\mathrm{T}},$$

$$\text{令 } P=(\eta_1,\eta_2,\eta_3)=\begin{pmatrix}1&0&0\\0&1/\sqrt{2}&1/\sqrt{2}\\0&-1/\sqrt{2}&1/\sqrt{2}\end{pmatrix},\text{则 } P^{-1}AP=\begin{pmatrix}2&0&0\\0&1&0\\0&0&5\end{pmatrix}.$$

例 5.4.2 已知 $A=\begin{pmatrix}1&-2&2\\-2&-2&4\\2&4&-2\end{pmatrix}$,求正交矩阵 P,使得 $P^{-1}AP$ 为对角矩阵.

解 A 的特征多项式为

$$|A-\lambda E|=\begin{vmatrix}1-\lambda&-2&2\\-2&-2-\lambda&4\\2&4&-2-\lambda\end{vmatrix}=-(\lambda-2)^2(\lambda+7)=0,$$

从而得 A 的特征值为 $\lambda_1=-7,\lambda_2=\lambda_3=2$.

将 $\lambda_1=-7$ 代入 $(A-\lambda E)X=0$,

$$\begin{pmatrix} 8 & -2 & 2 \\ -2 & 5 & 4 \\ 2 & 4 & 5 \end{pmatrix} \to \begin{pmatrix} 2 & 0 & 1 \\ 0 & 1 & 1 \\ 0 & 0 & 0 \end{pmatrix}$$，得基础解系 $\boldsymbol{p}_1=(1,2,-2)^{\mathrm{T}}$

将 $\lambda_2=\lambda_3=2$ 代入 $(\boldsymbol{A}-\lambda\boldsymbol{E})\boldsymbol{X}=\boldsymbol{0}$，

$$\begin{pmatrix} -1 & -2 & 2 \\ -2 & -4 & 4 \\ 2 & 4 & -4 \end{pmatrix} \to \begin{pmatrix} 1 & 2 & -2 \\ 0 & 0 & 0 \\ 0 & 0 & 0 \end{pmatrix}$$，得基础解系 $\boldsymbol{p}_2=(2,0,1)^{\mathrm{T}},\boldsymbol{p}_3=(0,1,1)^{\mathrm{T}}$.

因实对称矩阵的属于不同特征值的特征向量必相互正交，故特征向量 $\boldsymbol{p}_1$ 与 $\boldsymbol{p}_2,\boldsymbol{p}_3$ 已正交，故可以将特征向量如下正交化

取 $\boldsymbol{\alpha}_1=\boldsymbol{p}_1,\boldsymbol{\alpha}_2=\boldsymbol{p}_2,\boldsymbol{\alpha}_3=\boldsymbol{p}_3-\dfrac{\langle\boldsymbol{\alpha}_2,\boldsymbol{p}_3\rangle}{\langle\boldsymbol{\alpha}_2,\boldsymbol{\alpha}_2\rangle}\boldsymbol{\alpha}_2$，

得正交向量组　$\boldsymbol{\alpha}_1=(1,2,-2)^{\mathrm{T}},\boldsymbol{\alpha}_2=(2,0,1)^{\mathrm{T}},\boldsymbol{\alpha}_3=(-2/5,1,4/5)^{\mathrm{T}}$.

将其单位化得　$\boldsymbol{\eta}_1=\begin{pmatrix} 1/3 \\ 2/3 \\ -2/3 \end{pmatrix},\boldsymbol{\eta}_2=\begin{pmatrix} 2/\sqrt{5} \\ 0 \\ 1/\sqrt{5} \end{pmatrix},\boldsymbol{\eta}_3=\begin{pmatrix} -2/\sqrt{45} \\ 5/\sqrt{45} \\ 4/\sqrt{45} \end{pmatrix}$.

令 $\boldsymbol{P}=\begin{pmatrix} 1/3 & 2/\sqrt{5} & -2/\sqrt{45} \\ 2/3 & 0 & 5/\sqrt{45} \\ -2/3 & 1/\sqrt{5} & 4/\sqrt{45} \end{pmatrix}$，则 $\boldsymbol{P}^{-1}\boldsymbol{A}\boldsymbol{P}=\begin{pmatrix} -7 & 0 & 0 \\ 0 & 2 & 0 \\ 0 & 0 & 2 \end{pmatrix}$.

例 5.4.3　设三阶实对称矩阵 $\boldsymbol{A}$ 的特征值为 $\lambda_1=0,\lambda_2=\lambda_3=1$，$\boldsymbol{A}$ 的对应于特征值 $\lambda_1=0$ 的特征向量 $\boldsymbol{\alpha}_1=(0,1,1)^{\mathrm{T}}$，求矩阵 $\boldsymbol{A}$.

解　由于 $\boldsymbol{A}$ 为实对称矩阵，故 $\boldsymbol{A}$ 可对角化，设特征值 $\lambda_2=\lambda_3=1$ 对应的特征向量 $\boldsymbol{\alpha}=(x_1,x_2,x_3)^{\mathrm{T}}$，则 $\boldsymbol{\alpha}$ 与 $\boldsymbol{\alpha}_1$ 正交，从而有 $x_2+x_3=0$.

解得基础解系为 $\boldsymbol{\alpha}_2=(0,1,-1)^{\mathrm{T}},\boldsymbol{\alpha}_3=(1,0,0)^{\mathrm{T}}$. 由于 $\boldsymbol{\alpha}_2,\boldsymbol{\alpha}_3$ 已经正交，所以只需单位化

$$\boldsymbol{\eta}_1=\left(0,\frac{1}{\sqrt{2}},\frac{1}{\sqrt{2}}\right)^{\mathrm{T}},\boldsymbol{\eta}_2=\left(0,\frac{1}{\sqrt{2}},-\frac{1}{\sqrt{2}}\right)^{\mathrm{T}},\boldsymbol{\eta}_3=(1,0,0)^{\mathrm{T}},$$

令 $\boldsymbol{P}=(\boldsymbol{\eta}_1,\boldsymbol{\eta}_2,\boldsymbol{\eta}_3)=\begin{pmatrix} 0 & 0 & 1 \\ 1/\sqrt{2} & 1/\sqrt{2} & 0 \\ 1/\sqrt{2} & -1/\sqrt{2} & 0 \end{pmatrix}$，则 $\boldsymbol{P}^{-1}\boldsymbol{A}\boldsymbol{P}=\begin{pmatrix} 0 & 0 & 0 \\ 0 & 1 & 0 \\ 0 & 0 & 1 \end{pmatrix}$.

所以 $\boldsymbol{A}=\boldsymbol{P}\begin{pmatrix} 0 & 0 & 0 \\ 0 & 1 & 0 \\ 0 & 0 & 1 \end{pmatrix}\boldsymbol{P}^{-1}=\begin{pmatrix} 1 & 0 & 0 \\ 0 & \frac{1}{2} & -\frac{1}{2} \\ 0 & -\frac{1}{2} & \frac{1}{2} \end{pmatrix}$.

习 题 5.4

1. 试求一个正交相似变换矩阵，将下列对称矩阵化为对角阵：

(1) $\boldsymbol{A}=\begin{pmatrix}2&2&-2\\2&5&-4\\-2&-4&5\end{pmatrix}$； (2) $\boldsymbol{B}=\begin{pmatrix}2&-1&-1&1\\-1&2&1&-1\\-1&1&2&-1\\1&-1&-1&2\end{pmatrix}$

2. 设三阶实对称矩阵 $\boldsymbol{A}$ 的特征值为 6,3,3，与特征值 6 对应的特征向量为 $\boldsymbol{p}_1=(1,1,1)^{\mathrm{T}}$，求矩阵 $\boldsymbol{A}$.

3. 已知 $\boldsymbol{A}=\begin{pmatrix}2&0&0\\0&a&2\\0&2&a\end{pmatrix}$ $(a>0)$ 有一个特征值为 1，求正交矩阵 $\boldsymbol{P}$ 使得 $\boldsymbol{P}^{-1}\boldsymbol{AP}$ 为对角矩阵.

4. 设 $\boldsymbol{A}=\begin{pmatrix}2&-1\\-1&2\end{pmatrix}$，求 $\boldsymbol{A}^n$.

5.5 二 次 型

对二次型及二次多项式的研究源于空间解析几何中二次曲面(平面二次曲线)方程的标准化，如在解析几何中，为了便于研究二次曲线

$$ax^2+bxy+cy^2=1$$

的几何性质，可以选择适当的坐标旋转变换

$$\begin{cases}x=x'\cos\theta-y'\sin\theta\\y=x'\sin\theta+y'\cos\theta\end{cases}$$

把方程化为标准形式

$$mx'^2+cy'^2=1.$$

这个过程实际上就是选取合适的坐标变换，把关于变量 x,y 的二次齐次式 $ax^2+bxy+cy^2$ 化成只含有平方项的二次齐次式 $mx'^2+cy'^2$ 的过程. 其理论广泛应用于现代数学以及物理力学、工程技术和系统工程等领域，本节把这类问题一般化，讨论 n 个变量的二次齐次式的矩阵表示，用正交变换化二次型为标准形.

5.5.1 二次型的概念及标准形

1. 概念

定义 5.5.1 含有 n 个变量 $x_1,x_2,\cdots,x_n$ 的二次齐次函数

$$\begin{aligned}f(x_1,x_2,\cdots,x_n)=&a_{11}x_1^2+a_{12}x_1x_2+\cdots+a_{1n}x_1x_n\\&+a_{21}x_2x_1+a_{22}x_2^2+\cdots+a_{2n}x_2x_n\\&+\cdots\\&+a_{n1}x_nx_1+a_{n2}x_nx_2+\cdots+a_{nn}x_n^2\end{aligned}$$

称为**二次型**. 当 a_{ij} 为复数时，f 称为**复二次型**；当 a_{ij} 为实数时，f 称为**实二次型**. 在本章中

只讨论实二次型.

例 5.5.1 判断下列函数是否为二次型.

(1) $f(x,y,z)=3x^2+2xy+xz-y^2-4yz+5z^2$;

(2) $f(x_1,x_2,x_3,x_4)=x_1x_2+2x_1x_3-4x_1x_4$;

(3) $f(x,y)=x^2+y^2+5x+1$;

(4) $f(x_1,x_2,x_3)=x_1^3+x_1x_2x_3+x_1x_3$.

解 (1) $f(x,y,z)=3x^2+2xy+xz-y^2-4yz+5z^2$ 是一个含有 3 个变量的实二次型;

(2) $f(x_1,x_2,x_3,x_4)=x_1x_2+2x_1x_3-4x_1x_4$ 是一个含有 4 个变量的实二次型;

(3) $f(x,y)=x^2+y^2+5x+1$ 不是一个实二次型，因为它含有一次项 $5x$ 及常数项 1;

(4) $f(x_1,x_2,x_3)=x_1^3+x_1x_2x_3+x_1x_3$ 不是一个实二次型，因为它含有 3 次项.

2. 矩阵表示

令 $a_{ji}=a_{ij}(i<j),i,j=1,2,\cdots,n$，则 $2a_{ij}x_ix_j=a_{ij}x_ix_j+a_{ji}x_jx_i$，于是

$$
\begin{aligned}
f(x_1,x_2,\cdots,x_n)=&a_{11}x_1^2+a_{12}x_1x_2+\cdots+a_{1n}x_1x_n\\
&+a_{21}x_2x_1+a_{22}x_2^2+\cdots+a_{2n}x_2x_n\\
&+\cdots\\
&+a_{n1}x_nx_1+a_{n2}x_nx_2+\cdots+a_{nn}x_n^2
\end{aligned}
$$

令
$$
\boldsymbol{X}=\begin{pmatrix}x_1\\x_2\\\vdots\\x_n\end{pmatrix},\qquad \boldsymbol{A}=\begin{pmatrix}a_{11}&a_{12}&\cdots&a_{1n}\\a_{21}&a_{22}&\cdots&a_{2n}\\\vdots&\vdots&&\vdots\\a_{n1}&a_{n2}&\cdots&a_{nn}\end{pmatrix}.
$$

则二次型可表示为 $f(\boldsymbol{X})=\boldsymbol{X}^{\mathrm{T}}\boldsymbol{A}\boldsymbol{X}$，称之为**二次型的矩阵表示**. 其中，$\boldsymbol{A}$ 为实对称矩阵，它的第 i 行第 i 列元素为 x_i^2 的系数，$i=1,2,\cdots,n$；它的第 i 行第 j 列元素为 x_ix_j 系数的一半，$i\neq j,i,j=1,2,\cdots,n$.

一个二次型唯一确定一个实对称矩阵，一个实对称矩阵可以唯一确定一个二次型，所以二次型与实对称矩阵一一对应. 实对称矩阵 $\boldsymbol{A}$ 称为二次型的矩阵，$\boldsymbol{A}$ 的秩称为二次型的秩，二次型称为对称矩阵 $\boldsymbol{A}$ 的二次型.

显然，二次型只含平方项的充要条件是二次型的矩阵为对角矩阵.

例 5.5.2 写出下列二次型相应的实对称矩阵 $\boldsymbol{A}$.

(1) $f(x,y)=x^2+2xy+y^2$;

(2) $f(x,y,z)=3x^2+2xy+2xz-y^2-4yz+5z^2$;

(3) $f(x_1,x_2,x_3,x_4)=x_1x_2+2x_1x_3-4x_1x_4+3x_2x_4$.

解 (1) $\begin{pmatrix}1&1\\1&1\end{pmatrix}$. (2) $\begin{pmatrix}3&1&1\\1&-1&-2\\1&-2&5\end{pmatrix}$. (3) $\begin{pmatrix}0&1/2&1&-2\\1/2&0&0&3/2\\1&0&0&0\\-2&3/2&0&0\end{pmatrix}$.

例 5.5.3 设有实对称矩阵 $\boldsymbol{A}=\begin{pmatrix}-1&1&0\\1&0&-1/2\\0&-1/2&2\end{pmatrix}$，求 $\boldsymbol{A}$ 对应的实二次型.

解 A 是三阶矩阵，故有 3 个变量，则实二次型为

$$f(x_1,x_2,x_3)=(x_1,x_2,x_3)\begin{pmatrix}-1&1&0\\1&0&-1/2\\0&-1/2&2\end{pmatrix}\begin{pmatrix}x_1\\x_2\\x_3\end{pmatrix}=-x_1^2+2x_1x_2-x_2x_3+2x_3^2.$$

3. 标准形

若把可逆线性变换

$$\begin{cases}x_1=c_{11}y_1+c_{12}y_2+\cdots+c_{1n}y_n\\x_2=c_{21}y_1+c_{22}y_2+\cdots+c_{2n}y_n\\\vdots\qquad\vdots\qquad\vdots\qquad\qquad\vdots\\x_n=c_{n1}y_1+c_{n2}y_2+\cdots+c_{nn}y_n\end{cases}$$

代入二次型，则关于 $x_1,x_2,\cdots,x_n$ 的二次型就变成了关于 $y_1,y_2,\cdots,y_n$ 的二次型，其可逆变换又把这个关于 $y_1,y_2,\cdots,y_n$ 的二次型变回原来的二次型，那么是否可以找到一个可逆的线性变换把关于 $x_1,x_2,\cdots,x_n$ 的二次型变为关于 $y_1,y_2,\cdots,y_n$ 的只含平方项的二次型？这是线性代数要解决的一个主要问题.

线性变换用矩阵表示为

$$\boldsymbol{X}=\boldsymbol{CY}\quad(|\boldsymbol{C}|\neq0),$$

其中

$$\boldsymbol{X}=\begin{pmatrix}x_1\\x_2\\\vdots\\x_n\end{pmatrix},\quad\boldsymbol{C}=\begin{pmatrix}c_{11}&c_{12}&\cdots&c_{1n}\\c_{21}&c_{22}&\cdots&c_{2n}\\\vdots&\vdots&&\vdots\\c_{n1}&c_{n2}&\cdots&c_{nn}\end{pmatrix},\quad\boldsymbol{Y}=\begin{pmatrix}y_1\\y_2\\\vdots\\y_n\end{pmatrix},$$

把可逆线性变换代入二次型，也就是把 $\boldsymbol{X}=\boldsymbol{CY}$ 代入 $f=\boldsymbol{X}^{\mathrm{T}}\boldsymbol{AX}$，得

$$f=\boldsymbol{X}^{\mathrm{T}}\boldsymbol{AX}=(\boldsymbol{CY})^{\mathrm{T}}\boldsymbol{A}(\boldsymbol{CY})$$

问题：$\boldsymbol{C}^{\mathrm{T}}\boldsymbol{AC}$ 是否为对称矩阵？其秩与 $\boldsymbol{A}$ 的秩有什么关系？

4. 矩阵的合同

定义 5.5.2 设 $\boldsymbol{A},\boldsymbol{B}$ 为两个 n 阶方矩阵，如果存在 n 阶非奇异矩阵 $\boldsymbol{C}$，使 $\boldsymbol{B}=\boldsymbol{C}^{\mathrm{T}}\boldsymbol{AC}$，则称矩阵 $\boldsymbol{B}$ 与矩阵 $\boldsymbol{A}$ 合同.

易见，二次型 $f(x_1,x_2,\cdots,x_n)=\boldsymbol{X}^{\mathrm{T}}\boldsymbol{AX}$ 的矩阵 $\boldsymbol{A}$ 与经过可逆线性变换 $\boldsymbol{X}=\boldsymbol{CY}$ 得到的二次型的矩阵 $\boldsymbol{B}=\boldsymbol{C}^{\mathrm{T}}\boldsymbol{AC}$ 是合同的. 容易验证合同具有下列性质：

性质 5.5.1 **反身性** 对任意方阵 $\boldsymbol{A}$，$\boldsymbol{A}$ 与自身合同；

性质 5.5.2 **对称性** 若矩阵 $\boldsymbol{A}$ 与矩阵 $\boldsymbol{B}$ 合同，则矩阵 $\boldsymbol{B}$ 与矩阵 $\boldsymbol{A}$ 合同；

性质 5.5.3 **传递性** 若矩阵 $\boldsymbol{A}$ 与矩阵 $\boldsymbol{B}$ 合同，矩阵 $\boldsymbol{B}$ 与矩阵 $\boldsymbol{C}$ 合同，则矩阵 $\boldsymbol{A}$ 与矩阵 $\boldsymbol{C}$ 合同；

性质 5.5.4 若矩阵 $\boldsymbol{A}$ 与矩阵 $\boldsymbol{B}$ 合同，则 $R(\boldsymbol{A})=R(\boldsymbol{B})$；

性质 5.5.5 若矩阵 $\boldsymbol{A}$ 与矩阵 $\boldsymbol{B}$ 合同，$\boldsymbol{A}$ 为实对称矩阵，则 $\boldsymbol{B}$ 为实对称矩阵，反之亦然.

定义 5.5.3 若存在可逆线性变换 $\boldsymbol{X}=\boldsymbol{CY}$ 把二次型 $f=\boldsymbol{X}^{\mathrm{T}}\boldsymbol{AX}$ 变为关于 $y_1,y_2,\cdots,$

y_n 的只含平方项的二次型,即

$$f=X^{\mathrm{T}}AX=(CY)^{\mathrm{T}}A(CY)=k_1y_1^2+k_2y_2^2+\cdots+k_ny_n^2,$$

则称这个只含有平方项的二次型为二次型的**标准形**.

由二次型标准形与合同的定义可以看出可逆线性变换 $X=CY$ 把二次型 $f=X^{\mathrm{T}}AX$ 变为标准形当且仅当 $C^{\mathrm{T}}AC$ 为对角形,即是否存在可逆线性变换 $X=CY$ 把二次型化为标准形归结为是否存在可逆矩阵 C 使 $C^{\mathrm{T}}AC$ 为对角阵.

5.5.2 用正交变换化二次型为标准形

定理 5.5.1 设有二次型 $f=X^{\mathrm{T}}AX$,则必存在正交线性变换 $X=PY$,把二次型化为标准形.

证 因 A 为实对称矩阵,所以必存在正交矩阵 P 使 $P^{-1}AP=P^{\mathrm{T}}AP$ 为对角阵,即

$$P^{-1}AP=P^{\mathrm{T}}AP=\begin{pmatrix}\lambda_1 & & & \\ & \lambda_2 & & \\ & & \ddots & \\ & & & \lambda_n\end{pmatrix}$$

令 $X=PY$,则 $X=PY$ 为正交线性变换且

$$f=X^{\mathrm{T}}AX=Y^{\mathrm{T}}(P^{\mathrm{T}}AP)Y=\lambda_1y_1^2+\lambda_2y_2^2+\cdots+\lambda_ny_n^2,$$

所以正交线性变换把 $f=X^{\mathrm{T}}AX$ 化为标准形.

由定理 5.5.1 得到求正交线性变换把二次型化为标准形的方法:

(1) 将二次型表成矩阵形式 $f=X^{\mathrm{T}}AX$,求出 A;

(2) 求出 A 的所有特征值 $\lambda_1,\lambda_2,\cdots,\lambda_n$;

(3) 求出对应于特征值的特征向量 $\xi_1,\xi_2,\cdots,\xi_n$;

(4) 将特征向量 $\xi_1,\xi_2,\cdots,\xi_n$ 正交化,单位化,得 $\eta_1,\eta_2,\cdots,\eta_n$,记 $P=(\eta_1,\eta_2,\cdots,\eta_n)$;

(5) 作正交变换 $X=PY$,则得 f 的标准形 $f=\lambda_1y_1^2+\lambda_2y_2^2+\cdots+\lambda_ny_n^2$.

例 5.5.4 将二次型 $f=17x_1^2+14x_2^2+14x_3^2-4x_1x_2-4x_1x_3-8x_2x_3$ 通过正交变换 $X=PY$ 化成标准形.

解 (1) 写出二次型矩阵. $A=\begin{pmatrix}17 & -2 & -2\\ -2 & 14 & -4\\ -2 & -4 & 14\end{pmatrix}$.

(2) 求其特征值. 由

$$|A-\lambda E|=\begin{vmatrix}17-\lambda & -2 & -2\\ -2 & 14-\lambda & -4\\ -2 & -4 & 14-\lambda\end{vmatrix}=-(\lambda-18)^2(\lambda-9),\text{得 }\lambda_1=9,\lambda_2=\lambda_3=18.$$

(3) 求特征向量. 将 $\lambda_1=9$ 代入 $(A-\lambda E)X=0$,得基础解系 $\xi_1=(1/2,1,1)^{\mathrm{T}}$. 将 $\lambda_2=\lambda_3=18$ 代入 $(A-\lambda E)X=0$,得基础解系 $\xi_2=(-2,1,0)^{\mathrm{T}},\xi_3=(-2,0,1)^{\mathrm{T}}$.

(4) 将特征向量正交化

取

$$\alpha_1=\xi_1,\alpha_2=\xi_2,\alpha_3=\xi_3-\frac{\langle\alpha_2,\xi_3\rangle}{\langle\alpha_2,\alpha_2\rangle}\alpha_2,$$

得正交向量组

$$\boldsymbol{\alpha}_1=(1/2,1,1)^{\mathrm{T}},\boldsymbol{\alpha}_2=(-2,1,0)^{\mathrm{T}},\boldsymbol{\alpha}_3=(-2/5,-4/5,1)^{\mathrm{T}}.$$

将其单位化得

$$\boldsymbol{\eta}_1=\begin{pmatrix}1/3\\2/3\\2/3\end{pmatrix},\boldsymbol{\eta}_2=\begin{pmatrix}-2/\sqrt{5}\\1/\sqrt{5}\\0\end{pmatrix},\boldsymbol{\eta}_3=\begin{pmatrix}-2/\sqrt{45}\\-4/\sqrt{45}\\5/\sqrt{45}\end{pmatrix}.$$

作正交矩阵

$$\boldsymbol{P}=\begin{pmatrix}1/3&-2/\sqrt{5}&-2/\sqrt{45}\\2/3&1/\sqrt{5}&-4/\sqrt{45}\\2/3&0&5/\sqrt{45}\end{pmatrix}.$$

(5) 故所求正交变换为

$$\begin{pmatrix}x_1\\x_2\\x_3\end{pmatrix}=\begin{pmatrix}1/3&-2/\sqrt{5}&-2/\sqrt{45}\\2/3&1/\sqrt{5}&-4/\sqrt{45}\\2/3&0&5/\sqrt{45}\end{pmatrix}\begin{pmatrix}y_1\\y_2\\y_3\end{pmatrix},$$

在此变换下原二次型化为标准形 $f=9y_1^2+18y_2^2+18y_3^2$.

*5.5.3 用配方法求可逆线性变换化二次型为标准形

配方法是另一种化二次型为标准形的方法，分两种情况讨论：

(1) 若二次型含有 x_i 的平方项，则先把含有 x_i 的乘积项集中，然后配方，再对其余的变量进行同样过程直到所有变量都配成平方项为止，经过可逆线性变换，就得到标准形；

(2) 若二次型中不含有平方项，但是 $a_{ij}\neq 0(i\neq j)$，则先作可逆变换

$$\begin{cases}x_i=y_i-y_j\\x_j=y_i+y_j\quad(k=1,2,\cdots,n\text{ 且 }k\neq i,j),\\x_k=y_k\end{cases}$$

化二次型为含有平方项的二次型，然后再按(1)中方法配方.

例 5.5.5 用配方法将 $f(x_1,x_2,x_3)=x_1^2+2x_1x_2+2x_1x_3+2x_2^2+4x_2x_3+x_3^2$ 化为标准形.

解

$$\begin{aligned}f(x_1,x_2,x_3)&=x_1^2+2x_1x_2+2x_1x_3+2x_2^2+4x_2x_3+x_3^2\\&=x_1^2+2x_1(x_2+x_3)+(x_2+x_3)^2-(x_2+x_3)^2+2x_2^2+4x_2x_3+x_3^2\\&=(x_1+x_2+x_3)^2+x_2^2+2x_2x_3\\&=(x_1+x_2+x_3)^2+(x_2+x_3)^2-x_3^2,\end{aligned}$$

令 $\begin{cases}y_1=x_1+x_2+x_3\\y_2=x_2+x_3\\y_3=x_3\end{cases}$，即 $\begin{cases}x_1=y_1-y_2\\x_2=y_2-y_3.\\x_3=y_3\end{cases}$

其线性变换矩阵的行列式 $|\boldsymbol{C}|=\begin{vmatrix}1&-1&0\\0&1&-1\\0&0&1\end{vmatrix}=1\neq 0.$

代入得二次型的标准形 $f=y_1^2+y_2^2-y_3^2$.

习　题　5.5

1. 写出下列二次型的矩阵表示：

(1) $f=x^2+2y^2+z^2+4xy+2xz-2yz$;

(2) $f=x^2+y^2-3z^2-2xy+4xz-4yz$;

(3) $f=x_1^2+x_2^2+2x_3^2-x_4^2-2x_1x_2+4x_1x_3-2x_1x_4+6x_2x_3-2x_2x_4$.

2. 写出下列矩阵对应的二次型：

(1) $\begin{pmatrix} 1 & 1 & -1 \\ 1 & 2 & 0 \\ -1 & 0 & -1 \end{pmatrix}$;　　(2) $\begin{pmatrix} 1 & -1 & 0 & 0 \\ -1 & 1 & 0 & 0 \\ 0 & 0 & 1 & -1 \\ 0 & 0 & -1 & 1 \end{pmatrix}$

3. 求一个正交变换将下列二次型化成标准形：

(1) $f=2x_1^2+3x_2^2+3x_3^2+4x_2x_3$;

(2) $f=x_1^2+x_2^2+x_3^2+x_4^2+2x_1x_2-2x_1x_4-2x_2x_3+2x_3x_4$.

4. 用配方法将下列二次型化成标准形：

(1) $f=x^2+2y^2+5z^2+2xy+6xz+2yz$;

(2) $f=4xy+2xz-2yz$.

5.6　正定二次型

5.6.1　惯性定理

由前面的内容知道任意一个二次型都可经过可逆线性变换化为标准形，标准形中所含的系数非零的平方项的项数正好等于二次型的秩. 那么其中系数为正数的平方项项数是否也是固定的呢？

定理 5.6.1(惯性定理)　若秩为 r 的二次型 $f=\boldsymbol{X}^{\mathrm{T}}\boldsymbol{A}\boldsymbol{X}$ 经过可逆线性变换 $\boldsymbol{X}=\boldsymbol{P}\boldsymbol{Y}$ 和 $\boldsymbol{X}=\boldsymbol{C}\boldsymbol{Z}$ 分别化为标准形

$$f=\lambda_1y_1^2+\lambda_2y_2^2+\cdots+\lambda_ry_r^2$$

及

$$f=k_1z_1^2+k_2z_2^2+\cdots+k_rz_r^2$$

$\lambda_i\neq0, k_i\neq0, i=1,2,\cdots,r$, 则 $\lambda_1,\lambda_2,\cdots,\lambda_r$ 中正数的个数与 $k_1,k_2,\cdots,k_r$ 中正数的个数相同.

二次型标准形中正系数的个数称为**正惯性指数**，负系数的个数称为**负惯性指数**，它们的差称为**符号差**.

定义 5.6.1　称系数为 1, −1 或 0 的标准形为二次型**规范形**.

例 5.6.1　把 $f=x_1^2+3x_2^2-2x_3^2$ 变为规范形.

解　令

$$\begin{cases} y_1=x_1 \\ y_2=\sqrt{3}x_2, \\ y_3=\sqrt{2}x_3 \end{cases}$$

即

$$\begin{cases} x_1 = y_1 \\ x_2 = \dfrac{\sqrt{3}}{3} y_2, \\ x_3 = \dfrac{\sqrt{2}}{2} y_3 \end{cases}$$

则

$$f = y_1^2 + y_2^2 - y_3^2.$$

5.6.2 正定二次型

定义 5.6.2 若对任意 n 维非零向量 $\boldsymbol{X} \neq \boldsymbol{0}$，有 $f = \boldsymbol{X}^{\mathrm{T}}\boldsymbol{A}\boldsymbol{X} > 0$，则称二次型 f 为**正定二次型**，称 $\boldsymbol{A}$ 为**正定矩阵**，记为 $\boldsymbol{A} > 0$. 若对任意 $\boldsymbol{X} \neq \boldsymbol{0}$，有 $f = \boldsymbol{X}^{\mathrm{T}}\boldsymbol{A}\boldsymbol{X} < 0$，则称二次型 f 为负定二次型，称 $\boldsymbol{A}$ 为**负定矩阵**，记为 $\boldsymbol{A} < 0$.

定理 5.6.2 $f = \boldsymbol{X}^{\mathrm{T}}\boldsymbol{A}\boldsymbol{X}$ 为正定二次型的充要条件是标准形中平方项的系数全为正，即正惯性指数为 n.

证 设 $f = \boldsymbol{X}^{\mathrm{T}}\boldsymbol{A}\boldsymbol{X}$ 经过可逆线性变换 $\boldsymbol{X} = \boldsymbol{P}\boldsymbol{Y}$ 变为标准形

$$f = \lambda_1 y_1^2 + \lambda_2 y_2^2 + \cdots + \lambda_n y_n^2.$$

充分性. 若 $\lambda_1, \lambda_2, \cdots, \lambda_n$ 全为正，则对任意 n 维非零向量 $\boldsymbol{X}$，有 $\boldsymbol{Y} = \boldsymbol{P}^{-1}\boldsymbol{X} \neq \boldsymbol{0}$，故

$$f = \boldsymbol{X}^{\mathrm{T}}\boldsymbol{A}\boldsymbol{X} = \lambda_1 y_1^2 + \lambda_2 y_2^2 + \cdots + \lambda_n y_n^2 > 0.$$

必要性. 反证法. 若存在自然数 i，$1 \leqslant i \leqslant n$ 使 $\lambda_i \leqslant 0$，则令

$$\boldsymbol{Y} = \begin{pmatrix} 0 \\ \vdots \\ 0 \\ 1 \\ \vdots \\ 0 \end{pmatrix} = \boldsymbol{\varepsilon}_i \neq \boldsymbol{0},$$

此时 $\boldsymbol{X} = \boldsymbol{P}^{-1}\boldsymbol{\varepsilon}_i \neq \boldsymbol{0}$，但 $f = \boldsymbol{X}^{\mathrm{T}}\boldsymbol{A}\boldsymbol{X} = \lambda_i \leqslant 0$，这与 f 为正定二次型矛盾. 因此 $\lambda_1, \lambda_2, \cdots, \lambda_n$ 全为正.

推论 5.6.1 对称矩阵 $\boldsymbol{A}$ 为正定的充分必要条件是它的特征值全大于零.

推论 5.6.2 矩阵 $\boldsymbol{A}$ 为正定矩阵的充分必要条件是存在可逆矩阵 $\boldsymbol{C}$，使 $\boldsymbol{A} = \boldsymbol{C}^{\mathrm{T}}\boldsymbol{C}$.

推论 5.6.3 矩阵 $\boldsymbol{A}$ 为正定矩阵的充分必要条件是 $\boldsymbol{A}$ 与 $\boldsymbol{E}$ 合同.

推论 5.6.4 若 $\boldsymbol{A}$ 为正定矩阵，则 $|\boldsymbol{A}| > 0$.

注 $|\boldsymbol{A}| > 0$，$\boldsymbol{A}$ 不一定正定，例如，设 $\boldsymbol{A} = \begin{pmatrix} -1 & 0 \\ 0 & -1 \end{pmatrix}$，则 $|\boldsymbol{A}| > 0$，但 $\boldsymbol{A}$ 不正定.

定义 5.6.3 n 阶矩阵 $\boldsymbol{A} = (a_{ij})$ 的 k 阶子式

$$|\boldsymbol{A}_k| = \begin{vmatrix} a_{11} & a_{12} & \cdots & a_{1k} \\ a_{21} & a_{22} & \cdots & a_{2k} \\ \vdots & \vdots & & \vdots \\ a_{k1} & a_{k2} & \cdots & a_{kk} \end{vmatrix} \quad (k = 1, 2, \cdots, n),$$

称为 $\boldsymbol{A}$ 的 k 阶顺序主子式.

定理 5.6.3(霍尔维茨定理) 对称矩阵 $\boldsymbol{A}$ 为正定矩阵的充要条件是 $\boldsymbol{A}$ 的各阶顺序主子式全为正,即

$$a_{11}>0,\begin{vmatrix} a_{11} & a_{12} \\ a_{21} & a_{22} \end{vmatrix}>0,\cdots,\begin{vmatrix} a_{11} & a_{12} & \cdots & a_{1n} \\ a_{21} & a_{22} & \cdots & a_{2n} \\ \vdots & \vdots & & \vdots \\ a_{n1} & a_{n2} & \cdots & a_{nn} \end{vmatrix}>0;$$

对称矩阵 $\boldsymbol{A}$ 为负定矩阵的充要条件是 $\boldsymbol{A}$ 的奇数阶顺序主子式为负,偶数阶顺序主子式为正,即

$$(-1)^k\begin{vmatrix} a_{11} & a_{12} & \cdots & a_{1k} \\ a_{21} & a_{22} & \cdots & a_{2k} \\ \vdots & \vdots & & \vdots \\ a_{k1} & a_{k2} & \cdots & a_{kk} \end{vmatrix}>0 \quad (k=1,2,\cdots,n).$$

例 5.6.2 判别二次型 $f(x,y,z)=5x^2+6y^2+4z^2+4xy+4xz$ 的正定性.

解 二次型的矩阵

$$\boldsymbol{A}=\begin{pmatrix} 5 & 2 & 2 \\ 2 & 6 & 0 \\ 2 & 0 & 4 \end{pmatrix},$$

因为 $|\boldsymbol{A}_1|=5>0,|\boldsymbol{A}_2|=\begin{vmatrix} 5 & 2 \\ 2 & 6 \end{vmatrix}=26>0,|\boldsymbol{A}_3|=|\boldsymbol{A}|=80>0$,

所以 $f(x_1,x_2,x_3)$ 为正定二次型.

例 5.6.3 当 λ 取何值时,二次型

$f(x_1,x_2,x_3)=x_1^2+2x_1x_2+4x_1x_3+2x_2^2+6x_2x_3+\lambda x_3^2$ 为正定.

解 二次型的矩阵

$$\boldsymbol{A}=\begin{pmatrix} 1 & 1 & 2 \\ 1 & 2 & 3 \\ 2 & 3 & \lambda \end{pmatrix},$$

因为 $|\boldsymbol{A}_1|=1>0,|\boldsymbol{A}_2|=\begin{vmatrix} 1 & 1 \\ 1 & 2 \end{vmatrix}=1>0,|\boldsymbol{A}_3|=|\boldsymbol{A}|=\lambda-5>0$,

所以当 $\lambda>5$ 时,$f(x_1,x_2,x_3)$ 为正定二次型.

习 题 5.6

1. 判别下列二次型的正定性

(1) $f=-2x_1^2-6x_2^2-4x_3^2+2x_1x_2+2x_1x_3$;

(2) $f=x_1^2+3x_2^2+9x_3^2+19x_4^2-2x_1x_2+4x_1x_3+2x_1x_4-6x_2x_4-12x_3x_4$.

2. 求 t 的值,使下列二次型为正定二次型.

(1) $f=x_1^2+x_2^2+2x_3^2+2tx_1x_2-2x_1x_3$;

(2) $f=x_1^2+x_2^2+5x_3^2+2tx_1x_2-2x_1x_3+4x_2x_3$.

3. 设对称矩阵 $\boldsymbol{A}$ 为正定矩阵,证明:存在可逆矩阵 $\boldsymbol{U}$,使 $\boldsymbol{A}=\boldsymbol{U}^{\mathrm{T}}\boldsymbol{U}$.

4. 如果 $\boldsymbol{A}$ 为 n 阶正定矩阵,证明:$k\boldsymbol{A}(k>0)$ 和 $\boldsymbol{A}^{\mathrm{T}}$ 也是正定矩阵.

5. 证明:如果 $\boldsymbol{A}$ 为正定矩阵,则 $\boldsymbol{A}^{-1}$ 也是正定矩阵.

6. 设 $\boldsymbol{A},\boldsymbol{B}$ 为 n 阶正定矩阵,证明:$\boldsymbol{A}+\boldsymbol{B}$ 也是正定矩阵.

5.7 曲面及其方程

5.7.1 曲面及其方程的概念

平面解析几何中我们把曲线看作动点的轨迹,在空间解析几何中,任何曲面都可看作满足一定条件的动点的轨迹.

定义 5.7.1 若曲面 S 与三元方程

$$F(x,y,z)=0 \tag{5.7.1}$$

有下述关系:

(1) 曲面 S 上任意一点的坐标都满足方程(5.7.1);

(2) 不在曲面 S 上的点的坐标都不满足方程(5.7.1),

则称方程 $F(x,y,z)=0$ 为曲面 S 的**方程**,而曲面 S 称为方程 $F(x,y,z)=0$ 的**图形**. 如图 5.1 所示.

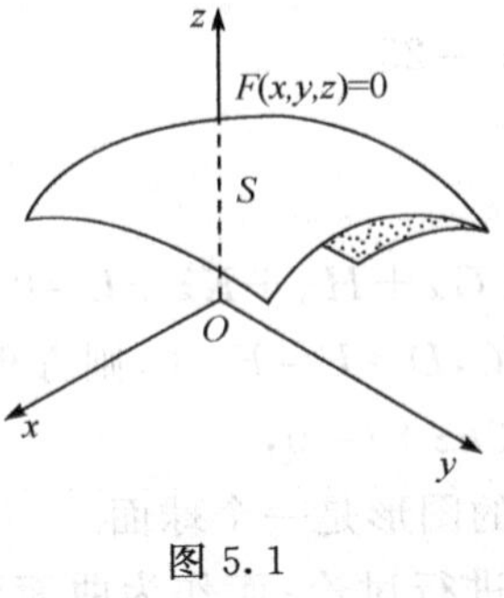

图 5.1

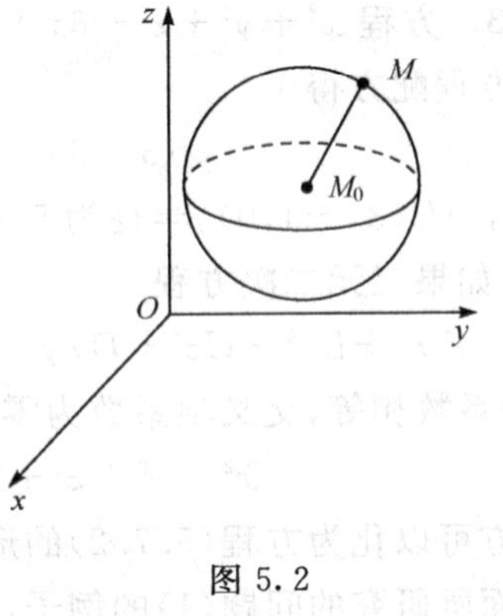

图 5.2

下面举例说明怎样从曲面(作为点的轨迹)上点的特征性质导出曲面的方程.

例 5.7.1 设球面球心在点 $M_0(x_0,y_0,z_0)$,半径为 R,求它的方程.

解 如图 5.2 所示,设 $M(x,y,z)$ 是球面上的任意一点,则

$$|M_0M|=R,$$

$$|M_0M|=\sqrt{(x-x_0)^2+(y-y_0)^2+(z-z_0)^2},$$

所以

$$\sqrt{(x-x_0)^2+(y-y_0)^2+(z-z_0)^2}=R,$$

即

$$(x-x_0)^2+(y-y_0)^2+(z-z_0)^2=R^2. \tag{5.7.2}$$

显然,球面上点的坐标满足方程(5.7.2),不在球面上点的坐标不满足这个方程. 所以

方程(5.7.2)就是所求的球面方程.

特别地,球心在坐标原点的球面方程为

$$x^2+y^2+z^2=R^2.$$

例 5.7.2　求两坐标平面 zOx 与 yOz 所成的二面角的平分面的方程.

解　因为所求的角平分面是与两坐标平面距离相等的点的轨迹,所以点 $M(x,y,z)$ 在平分面上的充要条件是

$$|y|=|x|,$$

即

$$y=\pm x,$$

因此所求的角平分面方程为

$$x+y=0 \text{ 或 } x-y=0.$$

以上两个例题表明,作为点的几何轨迹的曲面(平面是曲面的特殊情形),可以用曲面上点的坐标的方程来表示.反过来,关于变量 x,y,z 的方程通常表示一个曲面.在空间解析几何中关于曲面的研究,主要讨论下面两个问题:

(1) 已知一个曲面(作为点的几何轨迹),建立这个曲面的方程;

(2) 已知一个关于 x,y,z 的方程,研究这个方程表示的曲面的形状.

上述例 5.7.1 和例 5.7.2 都是已知曲面来建立方程的例子,下面的例 5.7.3 是由曲面方程来研究其形状的例子.

例 5.7.3　方程 $x^2+y^2+z^2-6x+8y=0$ 表示怎样的曲面?

解　原方程配方得

$$(x-3)^2+(y+4)^2+z^2=25.$$

它表示球心在 $M_0(3,-4,0)$,半径为 5 的球面.

一般地,如果三元二次方程

$$Ax^2+By^2+Cz^2+Dxy+Exz+Fyz+Gx+Hy+Kz+L=0$$

满足:平方项系数相等,交叉项系数为零,即 $A=B=C, D=E=F=0$,则方程可化为

$$x^2+y^2+z^2+2gx+2hy+2kz+l=0,$$

若再经过配方可以化为方程(5.7.2)的形式,那么它的图形是一个球面.

作为曲面所研究的问题(1)的例子,对旋转曲面进行讨论;而作为曲面所研究的问题(2)的例子,我们讨论柱面.

5.7.2　旋转曲面

定义 5.7.2　平面曲线 C 绕它所在平面内的一条定直线 l 旋转一周所成的曲面,称为**旋转曲面**.定直线 l 称为旋转曲面的**轴**,这条曲线 C 称为旋转曲面的**母线**.

这里只讨论坐标面上的曲线绕它所在坐标面内的一个坐标轴旋转所得到的旋转曲面.

设 yOz 面上有一曲线 C,它的方程为

$$f(y,z)=0,$$

把这条曲线绕 z 轴旋转一周,就得到一个以 z 轴为轴的旋转曲面,下面求它的方程.

设 $M_1(0,y_1,z_1)$ 为曲线 C 上任意一点，如图 5.3 所示，则有

$$f(y_1,z_1)=0. \tag{5.7.3}$$

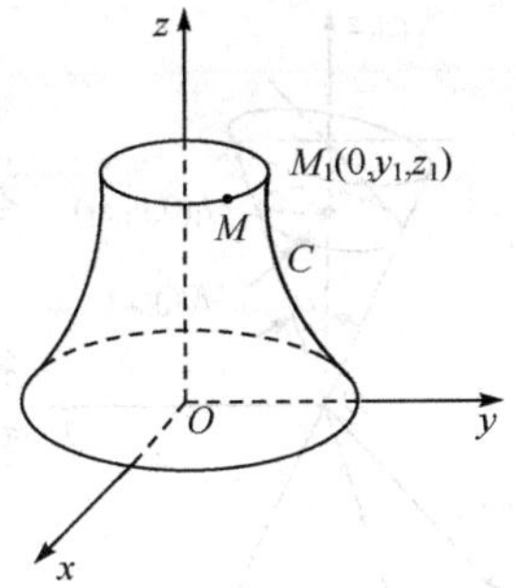

图 5.3

当曲线 C 绕 z 轴旋转时，点 $M_1(0,y_1,z_1)$ 也绕 z 轴旋转到点 $M(x,y,z)$，此时，$z=z_1$ 保持不变，且点 M 到 z 轴的距离为

$$d=\sqrt{x^2+y^2}=|y_1|,$$

将 $y_1=\pm\sqrt{x^2+y^2}$，$z_1=z$ 代入式(5.7.3)，得

$$f(\pm\sqrt{x^2+y^2},z)=0,$$

容易验证，这就是所求的旋转曲面的方程.

由此可见，求 yOz 面上的曲线 C：$f(y,z)=0$ 绕 z 轴旋转而成的旋转曲面方程时，只要将曲线方程 $f(y,z)=0$ 中的 y 换成 $\pm\sqrt{x^2+y^2}$，而 z 保持不变，就得到了该旋转曲面的方程.

同理，曲线 C：$f(y,z)=0$ 绕 y 轴旋转一周所形成的旋转曲面的方程为

$$f(y,\pm\sqrt{x^2+z^2})=0.$$

例 5.7.4 将 yOz 面上的椭圆 $\frac{y^2}{b^2}+\frac{z^2}{c^2}=1$ 绕 z 轴旋转一周所得到的旋转面的方程为

$$\frac{x^2+y^2}{b^2}+\frac{z^2}{c^2}=1,$$

该曲面称为**旋转椭球面**.

例 5.7.5 将 zOx 面上的双曲线 $\frac{x^2}{a^2}-\frac{z^2}{c^2}=1$ 分别绕 x 轴、z 轴旋转一周，求所得到的旋转面的方程.

解 绕 x 轴旋转一周所得到的旋转曲面方程为

$$\frac{x^2}{a^2}-\frac{y^2+z^2}{c^2}=1,$$

该曲面称为**旋转双叶双曲面**.

绕 z 轴旋转一周所得到的旋转曲面方程为

$$\frac{x^2+y^2}{a^2}-\frac{z^2}{c^2}=1,$$

该曲面称为**旋转单叶双曲面**.

类似地，将 zOx 面上的抛物线 $x^2=2z$ 绕 z 轴旋转一周形成的曲面的方程为 $x^2+y^2=2z$，该曲面称为**旋转抛物面**.

定义 5.7.3 直线 l 绕另一条与它相交的直线旋转一周，所得到的旋转曲面称为**圆锥面**. 两直线的交点称为圆锥面的**顶点**. 两直线的夹角 $\alpha\left(0<\alpha<\frac{\pi}{2}\right)$ 称为圆锥面的**半顶角**.

例 5.7.6 试建立顶点在坐标原点 O，旋转轴为 z 轴，半顶角为 α 的圆锥面的方程.

解 如图 5.4 所示，直线 l 在 yOz 面上的方程为：$z=y\cot\alpha$.

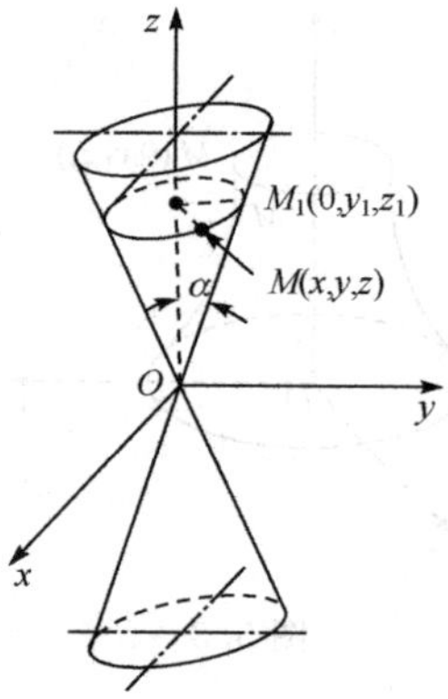

图 5.4

因此将 l 绕 z 轴旋转一周所得到的曲面方程为

$$z=\pm\sqrt{x^2+y^2}\cot\alpha.$$

令 $k=\cot\alpha$，于是得到所求的圆锥面方程为

$$z^2=k^2(x^2+y^2).$$

特别地，yOz 面上的直线 $z=y$ 绕 z 轴旋转一周所得到的圆锥面的方程为

$$z^2=x^2+y^2.$$

5.7.3　柱面

定义 5.7.4　平行于定直线并沿定曲线 C 移动的直线 l 形成的曲面称为**柱面**，动直线 l 称为柱面的**母线**，定曲线 C 称为柱面的**准线**.

例 5.7.7　方程 $x^2+y^2=R^2$ 表示怎样的曲面？

解　方程 $x^2+y^2=R^2$ 在 xOy 面上表示圆心在原点，半径为 R 的圆. 在空间直角坐标系中，注意到方程不含竖坐标 z，因此，对于空间中的一点 $M(x,y,z)$，不论其竖坐标 z 是什么，只要它的横坐标 x 和纵坐标 y 能满足方程 $x^2+y^2=R^2$，则点 $M(x,y,z)$ 就在曲面上. 这就是说，凡是通过 xOy 面内的圆 $x^2+y^2=R^2$ 上一点 $M_1(x,y,0)$，且平行于 z 轴的直线 l 都在该曲面上. 所以该曲面可以看作是平行于 z 轴的直线 l 沿着 xOy 面上的圆 $x^2+y^2=R^2$ 移动而形成的，称该柱面为**圆柱面**. 如图 5.5 所示.

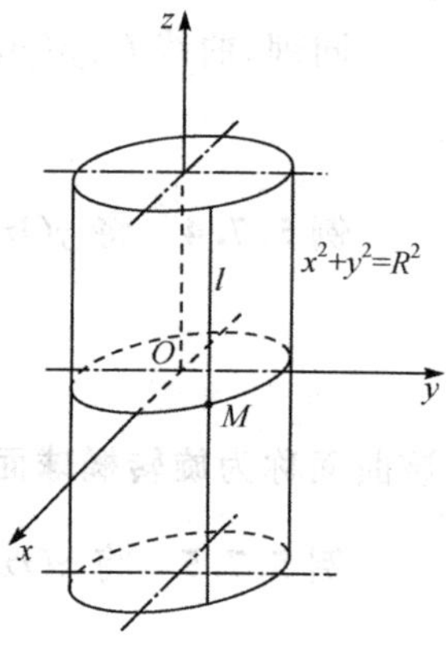

图 5.5

一般地，只含变量 x,y，缺少 z 的方程 $F(x,y)=0$ 在空间中表示以 xOy 坐标面上的曲线 $F(x,y)=0$ 为准线，母线平行于 z 轴的柱面，如图 5.6 所示. 例如，方程 $y^2=2x$ 在空间中表示母线平行于 z 轴的柱面，称为**抛物柱面**，如图 5.7 所示.

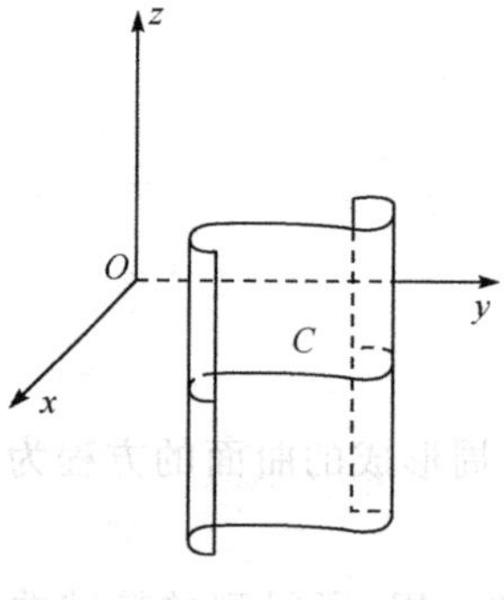

图 5.6

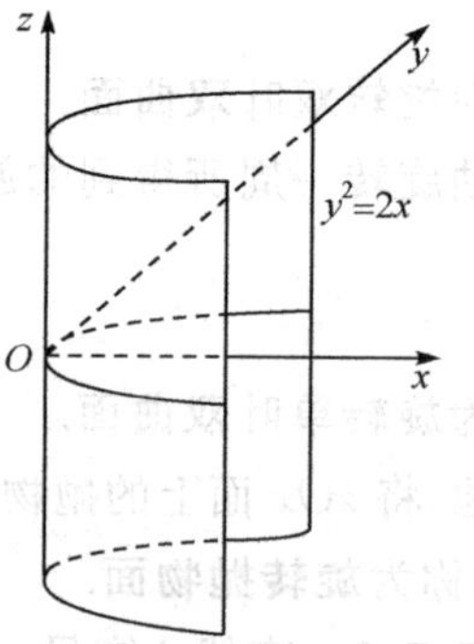

图 5.7

类似地，只含变量 y,z，缺少 x 的方程 $G(y,z)=0$ 在空间中表示以 yOz 坐标面上的曲线 $G(y,z)=0$ 为准线，母线平行于 x 轴的柱面. 只含变量 x,z，缺少 y 的方程 $R(x,z)=0$ 在空间中表示以 zOx 坐标面上的曲线 $R(x,z)=0$ 为准线，母线平行于 y 轴的柱面. 如方程 $x^2-\frac{z^2}{4}=1$ 在空间中表示母线平行于 y 轴的柱面，称为**双曲柱面**.

习 题 5.7

1. 求满足下列条件的球面方程.

(1) 过点(1,−1,1),(1,2,−1),(2,3,0)和坐标原点.

(2) 过点(2,−4,3),且包含圆

$$\begin{cases} x^2+y^2=5 \\ z=0 \end{cases}.$$

2. 方程 $x^2+y^2+z^2-12x-2y-4z+1=0$ 表示什么曲面?

3. 将 zOx 坐标面上的抛物线 $x=4z^2$ 绕 x 轴旋转一周,求所得到的旋转曲面的方程.

4. 将 yOz 坐标面上的椭圆$\dfrac{y^2}{2}+\dfrac{z^2}{3}=1$ 绕 y 轴旋转一周,求所得到的旋转曲面的方程.

5. 将 xOy 坐标面上的双曲线 $9x^2-4y^2=36$ 分别绕 x 轴,y 轴旋转一周,求所得到的旋转曲面的方程.

6. 画出下列方程表示的曲面.

(1) $x^2+y^2-2x=0$;　(2) $9x^2-4y^2=36$;

(3) $y^2+4z^2=16$;　(4) $x^2-z=0$;

(5) $y^2=2x-4$;　(6) $x^2+z^2=1$.

7. 指出下列旋转曲面的名称,并说明它们是怎样形成的.

(1) $x^2+y^2-z-1=0$;　(2) $\dfrac{x^2}{3}+\dfrac{y^2}{4}+\dfrac{z^2}{3}=1$;

(3) $(z-2)^2=x^2+y^2$;　(4) $-\dfrac{x^2}{2}-y^2+z^2=1$;

(5) $x^2-y^2+z^2-16=0$.

8. 指出下列方程在平面解析几何中和在空间解析几何中分别表示什么图形.

(1) $x=2$;　(2) $x+y=3$;

(3) $x^2+y^2=4$;　(4) $x=4y^2$;

(5) $x^2-y^2=-4$;　(6) $\dfrac{x^2}{4}+\dfrac{z^2}{9}=1$.

5.8 空间曲线及其方程

5.8.1 空间曲线的一般方程

我们知道,空间直线可以看作两个平面的交线.同样,空间曲线也能看作两个曲面的交线,设

$$F(x,y,z)=0 \quad 和 \quad G(x,y,z)=0$$

是两个曲面的方程,则其交线 Γ 的方程为

$$\begin{cases} F(x,y,z)=0 \\ G(x,y,z)=0 \end{cases}, \tag{5.8.1}$$

上述方程称为空间曲线的**一般方程**.

例 5.8.1 方程组

$$\begin{cases} x^2+y^2=1 \\ 2x+3y+3z=6 \end{cases}$$

表示怎样的曲线?

解　第一个方程 $x^2+y^2=1$ 表示母线平行于 z 轴的圆柱面,其准线为 xOy 坐标面上的圆周 $x^2+y^2=1$,圆心在原点,半径为 1;第二个方程 $2x+3y+3z=6$ 表示平面,它在 x 轴,y 轴,z 轴上的截距依次为 3,2,2.方程组表示上述圆柱面与平面的交线,如图 5.8 所示.

例 5.8.2　方程组

$$\begin{cases} z=\sqrt{a^2-x^2-y^2} \\ \left(x-\dfrac{a}{2}\right)^2+y^2=\left(\dfrac{a}{2}\right)^2 \end{cases}$$

表示怎样的曲线?

解　第一个方程表示球心在原点,半径为 a 的上半球面;第二个方程表示母线平行于 z 轴的圆柱面,其准线为 xOy 坐标面上的圆 $\left(x-\dfrac{a}{2}\right)^2+y^2=\left(\dfrac{a}{2}\right)^2$,方程组表示半球面与圆柱面的交线,如图 5.9 所示.

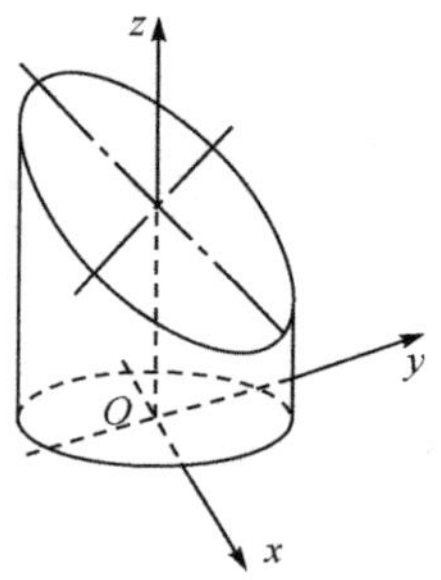

图 5.8

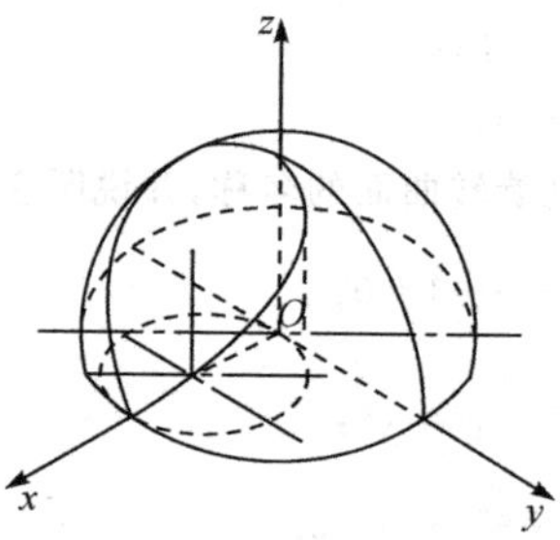

图 5.9

5.8.2　空间曲线的参数方程

与平面曲线类似,空间曲线也可以用参数方程表示.将曲线 Γ 上动点 $M(x,y,z)$ 的坐标表示为参数 t 的函数

$$\begin{cases} x=x(t) \\ y=y(t). \\ z=z(t) \end{cases} \tag{5.8.2}$$

当给定 $t=t_1$ 时,就得到 Γ 上的一个点 (x_1,y_1,z_1),随着 t 的变动就可得到曲线 Γ 上的全部点.上述方程组称为空间曲线 Γ 的**参数方程**.

例 5.8.3　设点 M 在圆柱面 $x^2+y^2=R^2$ 上以匀角速度 ω 绕 z 轴旋转,同时又以匀线速度 v 向平行于 z 轴的方向上升,其中 ω,v 都是常数,动点 M 形成的曲线称为**螺旋线**.试建立其参数方程.

解　取时间 t 为参数,设运动开始时,即 $t=0$ 时,动点在 $A(a,0,0)$ 处,经过时间 t,运动到 $M(x,y,z)$ 点,M 在 xOy 面的投影为 M',则其坐标为 $M'(x,y,0)$,由于动点在圆柱面上以角速度 ω 绕 z 轴旋转,经过时间 t,$\angle AOM'=\omega t$,如图 5.10 所示.于是

$$x=|OM'|\cos\angle AOM'=a\cos\omega t,$$
$$y=|OM'|\sin\angle AOM'=a\sin\omega t.$$

又因为动点以线速度 v 向平行于 z 轴的方向上升,所以

$$z=M'M=vt.$$

因此螺旋线的参数方程为

$$\begin{cases}x=a\cos\omega t\\ y=a\sin\omega t,\\ z=vt\end{cases}$$

若令 $\theta=\omega t$,则螺旋线的参数方程为

$$\begin{cases}x=a\cos\theta\\ y=a\sin\theta,\text{其中 } b=\dfrac{v}{\omega},\theta\text{ 为参数}.\\ z=b\theta\end{cases}$$

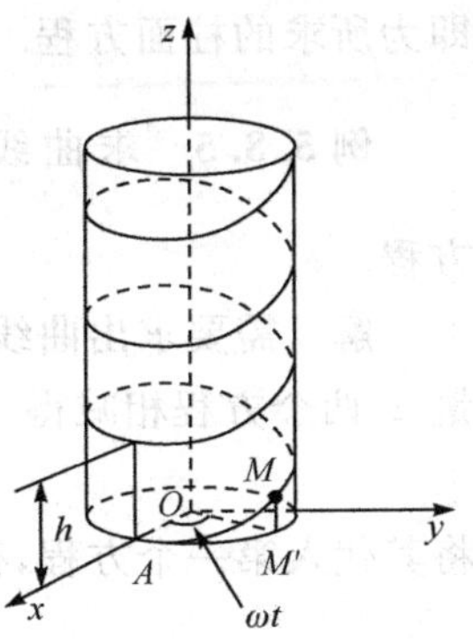

图 5.10

螺旋线是实践中常用的曲线,例如平头螺丝钉的外缘曲线就是螺旋线.当拧螺丝钉时,它的外缘曲线上的任意一点 M,一方面绕螺丝钉的轴旋转,另一方面又沿平行于轴线的方向移动,点 M 就形成一段螺旋线.

5.8.3 空间曲线在坐标面上的投影

设空间曲线 Γ 的一般方程为

$$\begin{cases}F(x,y,z)=0\\ G(x,y,z)=0\end{cases},$$

消去变量 z 后,得到方程

$$H(x,y)=0,$$

在空间中,此方程表示母线平行于 z 轴的柱面,称为空间曲线 Γ 关于 xOy 坐标面的**投影柱面**,投影柱面与 xOy 坐标面的交线

$$\begin{cases}H(x,y)=0\\ z=0\end{cases},$$

称为曲线 Γ 在 xOy 坐标面上的**投影曲线**,简称**投影**.

由于方程 $H(x,y)=0$ 是由方程组消去 z 后所得到的,因此当 x,y,z 满足方程组时,x,y 必定满足方程 $H(x,y)=0$,这说明曲线 Γ 上的所有点都在方程 $H(x,y)=0$ 表示的曲面上.这就是说,曲线 Γ 关于 xOy 坐标面的投影柱面 $H(x,y)=0$ 是包含曲线 Γ 且母线平行于 z 轴的柱面.

同理,从曲线 Γ 的方程中消去 x 或 y,就可得到曲线 Γ 关于 yOz 坐标面或 zOx 坐标面的投影柱面方程,再分别与 $x=0$ 或 $y=0$ 联立,得到相应的投影曲线的方程

$$\begin{cases}R(y,z)=0\\ x=0\end{cases}\quad\text{或}\quad\begin{cases}T(x,z)=0\\ y=0\end{cases}.$$

例 5.8.4 求包含曲线 $\Gamma:\begin{cases}2x=y^2+z^2\\ 4x+6y-z=0\end{cases}$ 且母线平行于 x 轴的柱面方程.

解 只要求出曲线 Γ 在 yOz 坐标面上的投影柱面的方程即可.为此,从方程组中消去变量 x,得

$$2y^2+2z^2+6y-z=0,$$

即为所求的柱面方程.

例 5.8.5　求曲线 $\Gamma:\begin{cases}x^2+y^2+z^2=1\\x^2+(y-1)^2+(z-1)^2=1\end{cases}$ 在 xOy 坐标面上的投影曲线的方程.

解　需要求出曲线 Γ 在 xOy 坐标面上的投影柱面的方程,为此,从方程组中消去变量 z,两个方程相减得

$$z=1-y,$$

将其代入第一个方程,得到曲线 Γ 在 xOy 坐标面上的投影柱面的方程

$$x^2+2y^2-2y=0,$$

于是,曲线 Γ 在 xOy 坐标面上的投影曲线的方程为

$$\begin{cases}x^2+2y^2-2y=0\\z=0\end{cases}.$$

在高等数学中,计算重积分或曲面积分时,常常需要确定一个立体或一张曲面在坐标面上的投影,这时要用到空间曲线在坐标面上的投影柱面和投影.

例 5.8.6　设一个立体由半球面 $z=\sqrt{2-x^2-y^2}$ 和锥面 $z=\sqrt{x^2+y^2}$ 所围成,如图 5.11所示,求它在 xOy 坐标面上的投影.

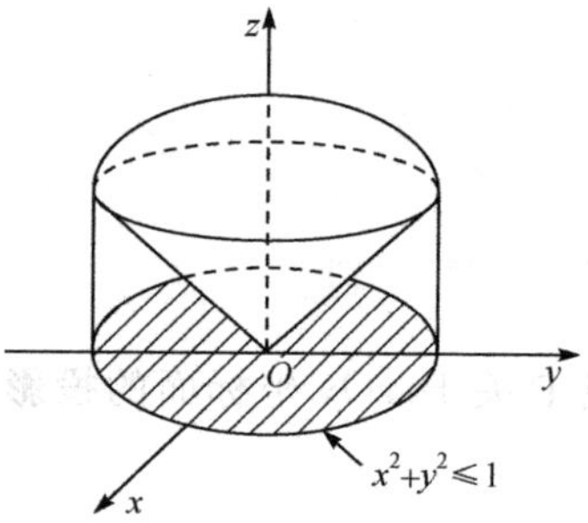

图 5.11

解　半球面和锥面的交线 Γ 的方程为

$$\begin{cases}z=\sqrt{2-x^2-y^2}\\z=\sqrt{x^2+y^2}\end{cases},$$

消去 z,得交线 Γ 在 xOy 坐标面上的投影柱面方程

$$x^2+y^2=1,$$

从而得到交线 Γ 在 xOy 面上的投影方程

$$\begin{cases}x^2+y^2=1\\z=0\end{cases},$$

它是 xOy 面上的一个圆周,因此,所求立体在 xOy 面上的投影就是该圆周在 xOy 面上围成的部分

$$\begin{cases}x^2+y^2\leqslant1\\z=0\end{cases}.$$

习　题　5.8

1. 指出下列方程表示的曲线名称.

(1) $\begin{cases}x^2+y^2+z^2=1\\x+y+z=0\end{cases}$;　(2) $\begin{cases}x^2+y^2+z^2=4\\z=1\end{cases}$;　(3) $\begin{cases}x^2+y^2-z^2=4\\y=1\end{cases}$;　(4) $\begin{cases}3x^2+y^2=z\\x=2\end{cases}$.

2. 画出下列曲线.

(1) $\begin{cases}x^2+y^2+z^2=25\\z=4\end{cases}$;　　(2) $\begin{cases}x^2+y^2=2-z\\\sqrt{x^2+y^2}=z\end{cases}$;

(3) $\begin{cases} x^2+y^2+z^2=1 \\ x^2+y^2=z \end{cases}$；　(4) $\begin{cases} x^2+y^2=R^2 \\ x^2+z^2=R^2 \end{cases}$(位于第一卦限的部分)；

(5) $\begin{cases} x^2+y^2+(z-2)^2=4 \\ z=1 \end{cases}$.

3. 求球面 $x^2+y^2+z^2=25$ 与椭圆锥面 $x^2+4y^2-z^2=0$ 的交线在三个坐标面上的投影.

4. 分别求母线平行于 y 轴与 z 轴且通过曲线 $\begin{cases} x^2+y^2-z^2=0 \\ 2x-z^2+1=0 \end{cases}$ 的柱面方程.

5. 求旋转抛物面 $z=2x^2+2y^2(0\leqslant z\leqslant 4)$ 在三个坐标面上的投影.

6. 画出下列各曲面围成的立体图形.

(1) $x=0,y=0,z=0,x+y+z=1$；

(2) $x^2+y^2=z,z=2$；

(3) $x^2+y^2+z^2=4,z=\sqrt{x^2+y^2}$；

(4) $x=0,y=0,z=0,x+y=1,z=2-x^2-y^2$；

(5) $x^2+y^2+z^2=2z,z=\sqrt{x^2+y^2}$；

(6) $x^2+y^2=R^2,x^2+z^2=R^2$(位于第一卦限的部分).

7. 求由曲面 $z=x^2+2y^2,z=4-x^2$ 围成的立体在 xOy 面上的投影.

5.9 常见的二次曲面

本节将介绍常见的二次曲面的方程，并且作为二次型的应用，讨论了二次曲面与二次曲线的方程化简的方法.

5.9.1 常见的二次曲面

在平面解析几何中，关于变量 x,y 的二元二次方程所表示的曲线称为二次曲线，常见的二次曲线有椭圆、双曲线和抛物线. 类似地，关于变量 x,y,z 的三元二次方程所表示的曲面称为**二次曲面**，而平面称为一次曲面. 常见的二次曲面的标准方程共有九种，下面针对其中六种标准方程讨论它们所表示曲面的形状.

我们利用截痕法来研究曲面，所谓截痕法就是用平行于坐标面的一组平面去截二次曲面，通过考察所得到的交线(称为**截痕**)并综合曲面的对称性、范围等方面来把握曲面的形状.

1. 椭球面

方程

$$\frac{x^2}{a^2}+\frac{y^2}{b^2}+\frac{z^2}{c^2}=1\ (a>0,b>0,c>0) \tag{5.9.1}$$

所表示的曲面称为**椭球面**.

由方程(5.9.1)得椭球面有以下性质：

(1) 对称性：椭球面关于三个坐标平面、三个坐标轴及原点均是对称的；

(2) 范围：因 $\frac{x^2}{a^2}\leqslant 1,\frac{y^2}{b^2}\leqslant 1,\frac{z^2}{c^2}\leqslant 1$，故 $|x|\leqslant a,|y|\leqslant b,|z|\leqslant c$，即椭圆面是有界曲面.

(3) 椭球面与三个坐标面的交线为

$$\begin{cases}\dfrac{x^2}{a^2}+\dfrac{y^2}{b^2}=1\\ z=0\end{cases},\quad \begin{cases}\dfrac{y^2}{b^2}+\dfrac{z^2}{c^2}=1\\ x=0\end{cases},\quad \begin{cases}\dfrac{x^2}{a^2}+\dfrac{z^2}{c^2}=1\\ y=0\end{cases},$$

它们都表示椭圆.

(4) 用平行于 xOy 坐标面的平面 $z=z_1(|z_1|<c)$ 截该椭球面,截痕为

$$\begin{cases}\dfrac{x^2}{a^2}+\dfrac{y^2}{b^2}+\dfrac{z^2}{c^2}=1\\ z=z_1\end{cases},$$

表示平面 $z=z_1$ 上的椭圆

$$\frac{x^2}{\left(a\sqrt{1-\dfrac{z_1^2}{c^2}}\right)^2}+\frac{y^2}{\left(b\sqrt{1-\dfrac{z_1^2}{c^2}}\right)^2}=1.$$

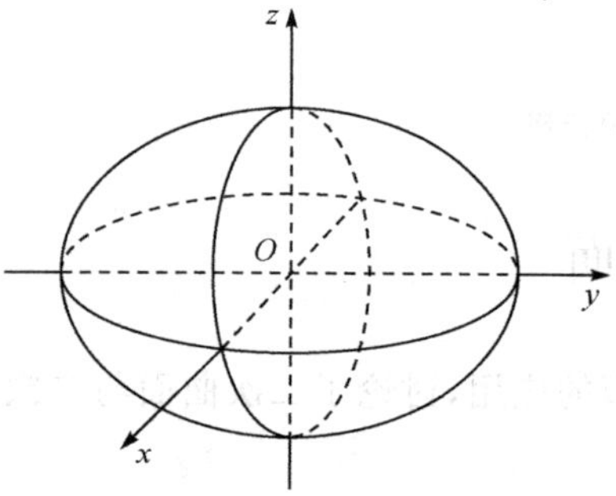

图 5.12

它的中心在 z 轴上,两个半轴分别为 $a\sqrt{1-\dfrac{z_1^2}{c^2}}$,$b\sqrt{1-\dfrac{z_1^2}{c^2}}$,当 $|z_1|$ 由零增大到 c 时,椭圆截面由大变小,最后变为一点.因此椭球面可以看成是无数个椭圆沿着竖的方向连续变化组成的,椭球面的大致形状如图 5.12 所示.

特别地,当 $a=b=c$ 时,椭球面为球面 $x^2+y^2+z^2=a^2$;当 $a=b$ 时,为旋转椭球面 $\dfrac{x^2+y^2}{a^2}+\dfrac{z^2}{c^2}=1$.

2. 单叶双曲面

方程

$$\frac{x^2}{a^2}+\frac{y^2}{b^2}-\frac{z^2}{c^2}=1\quad (a>0,b>0,c>0) \tag{5.9.2}$$

所表示的曲面称为**单叶双曲面**.

由方程(5.9.2)得单叶双曲面有以下性质:

(1) 对称性:单叶双曲面关于三个坐标平面、三个坐标轴及原点均是对称的.

(2) 单叶双曲面与三个坐标面的交线为

$$\begin{cases}\dfrac{x^2}{a^2}+\dfrac{y^2}{b^2}=1\\ z=0\end{cases},\quad \begin{cases}\dfrac{y^2}{b^2}-\dfrac{z^2}{c^2}=1\\ x=0\end{cases},\quad \begin{cases}\dfrac{x^2}{a^2}-\dfrac{z^2}{c^2}=1\\ y=0\end{cases},$$

第一个方程组表示椭圆,后面两个都表示双曲线.

(3) 用平行于 xOy 面的平面 $z=z_1$ 去截,得截痕

$$\begin{cases}\dfrac{x^2}{a^2}+\dfrac{y^2}{b^2}=1+\dfrac{z_1^2}{c^2}\\ z=z_1\end{cases},$$

表示平面 $z=z_1$ 上的一个椭圆

$$\frac{x^2}{\left(a\sqrt{1+\frac{z_1^2}{c^2}}\right)^2}+\frac{y^2}{\left(b\sqrt{1+\frac{z_1^2}{c^2}}\right)^2}=1.$$

该椭圆随着 $|z_1|$ 的增大而变大，在 $z=0$ 时得到的截痕椭圆最小.

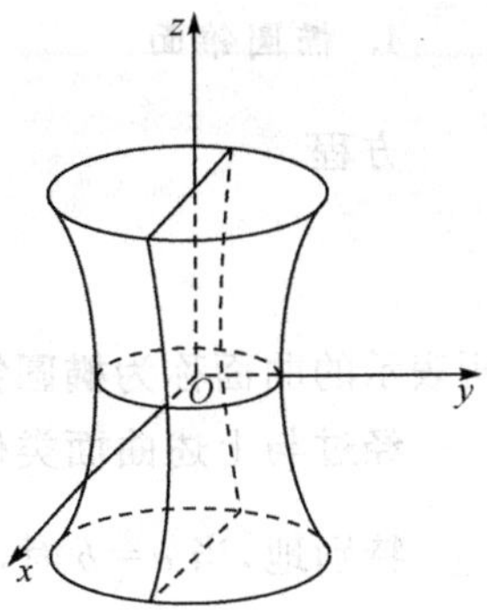

图 5.13

(4) 用平面 $x=x_1(x_1>0,x_1\neq a)$ 截得双曲线

$$\begin{cases}\frac{y^2}{b^2}-\frac{z^2}{c^2}=1-\frac{x_1^2}{a^2},\\ x=x_1\end{cases}$$

但是，用平面 $x=a$ 截得两条相交直线

$$\begin{cases}\frac{y}{b}+\frac{z}{c}=0\\ x=a\end{cases},\quad \begin{cases}\frac{y}{b}-\frac{z}{c}=0\\ x=a\end{cases}.$$

因曲面关于 yOz 面对称，对于 $x_1<0$ 时的情形不再讨论.

用平面 $y=b,y=y_1$ 截得的情况与平面 $x=a,x=x_1$ 截得的情况类似. 单叶双曲面的大致形状如图 5.13 所示.

特别地，当 $a=b$ 时，$\frac{x^2+y^2}{a^2}-\frac{z^2}{c^2}=1$ 表示旋转单叶双曲面.

3. 双叶双曲面

方程

$$-\frac{x^2}{a^2}+\frac{y^2}{b^2}-\frac{z^2}{c^2}=1(a>0,b>0,c>0) \tag{5.9.3}$$

所表示的曲面称为**双叶双曲面**.

双叶双曲面同样也可用截痕法加以讨论，其形状如图 5.14 所示，这里讨论过程从略. 特别地，当 $a=c$ 时，$-\frac{x^2+z^2}{a^2}+\frac{y^2}{b^2}=1$ 表示旋转双叶双曲面.

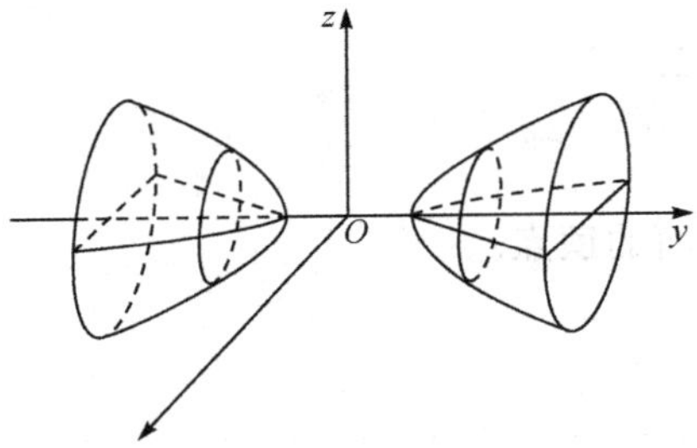

图 5.14

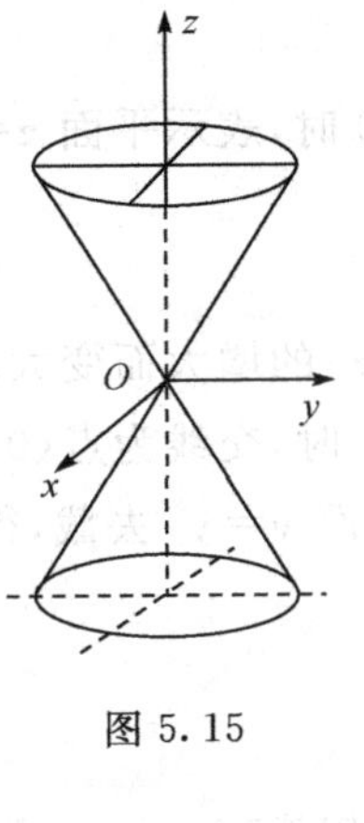

图 5.15

4. 椭圆锥面

方程

$$\frac{x^2}{a^2}+\frac{y^2}{b^2}=z^2 \tag{5.9.4}$$

所表示的曲面称为**椭圆锥面**.

经过与上述曲面类似的讨论,得到椭圆锥面的大致形状,如图 5.15所示.

特别地,当 $a=b$ 时,$\frac{x^2}{a^2}+\frac{y^2}{a^2}=z^2$ 表示圆锥面.

5. 椭圆抛物面

方程

$$\frac{x^2}{2p}+\frac{y^2}{2q}=z\ (p,q\ 同号) \tag{5.9.5}$$

所表示的曲面称为**椭圆抛物面**.

这里对 $p>0,q>0$ 的情形加以讨论.

由方程(5.9.5)得椭圆抛物面有以下性质:

(1) 对称性:关于 zOx,yOz 坐标面及 z 轴均是对称的.

(2) 范围:$z\geqslant 0$,椭圆抛物面位于 xOy 坐标面的上方.

(3) 该曲面与 yOz,zOx 坐标面的截线分别为

$$\begin{cases}\frac{y^2}{2q}=z,\\ x=0\end{cases}\qquad \begin{cases}\frac{x^2}{2p}=z.\\ y=0\end{cases}$$

是两条开口向上的抛物线.

(4) 用平面 $z=z_1(z_1\geqslant 0)$去截,得截痕

$$\begin{cases}\frac{x^2}{2pz_1}+\frac{y^2}{2qz_1}=1,\\ z=z_1\end{cases}$$

当 $z_1>0$ 时,表示平面 $z=z_1$ 上的椭圆

$$\frac{x^2}{2pz_1}+\frac{y^2}{2qz_1}=1.$$

且椭圆随着 z_1 的增大而变大.

当 $z_1=0$ 时,交线为点(0,0,0),称为椭圆抛物面的**顶点**.

(5)用平面 $y=y_1$ 去截,得抛物线

$$\begin{cases}\frac{x^2}{2p}=z-\frac{y_1^2}{2q}.\\ y=y_1\end{cases}$$

类似地,用平面 $x=x_1$ 去截,得到的截痕仍为抛物线.

根据以上讨论，得到 $p>0,q>0$ 时，椭圆抛物面的大致形状如图 5.16 所示.

由此可见，当 $p>0,q>0$ 时，方程(5.9.5)表示以原点为顶点，开口向上的椭圆抛物面；类似地，当 $p<0,q<0$ 时，方程(5.9.5)表示以原点为顶点，开口向下的椭圆抛物面.

特别地，当 $p=q$ 时，$\dfrac{x^2+y^2}{2p}=z$ 表示旋转抛物面.

6. 双曲抛物面(马鞍面)

方程

$$-\frac{x^2}{2p}+\frac{y^2}{2q}=z\ (p,q\ 同号) \tag{5.9.6}$$

所表示的曲面称为**双曲抛物面**. 双曲抛物面同样可用截痕法加以讨论，当 $p>0,q>0$ 时，其形状如图 5.17 所示，这里讨论过程从略.

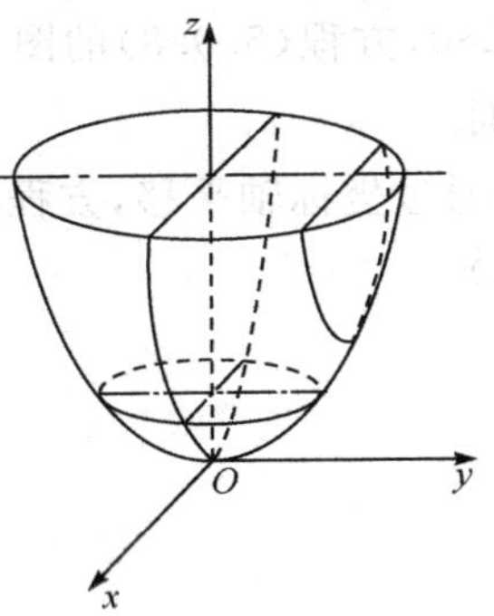

图 5.16

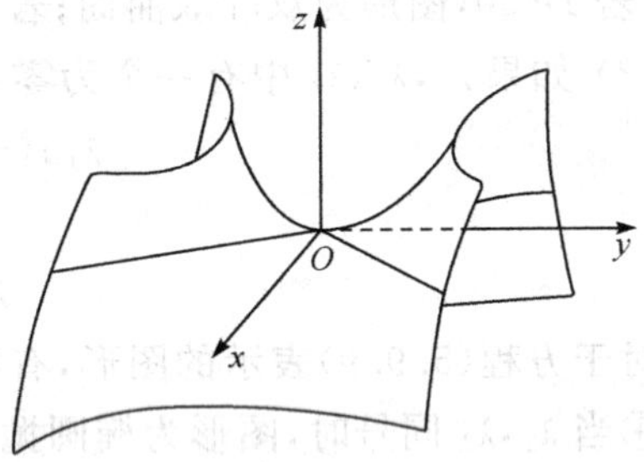

图 5.17

此外，还有三种常见的二次曲面均为柱面，它们的方程分别为

$$\frac{x^2}{a^2}+\frac{y^2}{b^2}=1,\quad \frac{x^2}{a^2}-\frac{y^2}{b^2}=1,\quad y^2=2px,$$

依次称为**椭圆柱面**、**双曲柱面**、**抛物柱面**，其形状前面已作讨论，这里不再赘述.

我们已经学过化二次型为标准形的方法，并认识了常见的二次曲面的标准方程，下面研究二次型在化简二次曲面和二次曲线方程中的应用.

*5.9.2 二次曲面方程的化简

空间中二次曲面的一般方程为

$$ax^2+by^2+cz^2+2dxy+2exz+2fyz+lx+my+nz+k=0. \tag{5.9.7}$$

下面介绍将方程(5.9.7)化为上述的二次曲面标准方程的方法.

首先，选取正交矩阵 $\boldsymbol{P}$ 将方程(5.9.7)的二次项对应的实对称矩阵

$$\boldsymbol{A}=\begin{pmatrix} a & d & e \\ d & b & f \\ e & f & c \end{pmatrix},$$

对角化，即

$$P^{-1}AP=P^{\mathrm{T}}AP=\begin{pmatrix}\lambda_1 & & \\ & \lambda_2 & \\ & & \lambda_3\end{pmatrix},$$

其中 $\lambda_1,\lambda_2,\lambda_3$ 是实对称矩阵 A 的 3 个特征值，而 P 的三个列向量是对应于 $\lambda_1,\lambda_2,\lambda_3$ 的三个相互正交的单位特征向量.

(1)如果 $\lambda_1,\lambda_2,\lambda_3$ 都不为零，再通过配方(相当于坐标轴平移)，方程可化为

$$\lambda_1 x_1^2+\lambda_2 y_1^2+\lambda_3 z_1^2=D\ (D\ 为常数) \tag{5.9.8}$$

此时，$\lambda_1,\lambda_2,\lambda_3$ 有下面四种可能性：

①$\lambda_1,\lambda_2,\lambda_3,D$ 同号，方程(5.9.8)的图形为椭球面；

②$\lambda_1,\lambda_2,\lambda_3$ 同号，且与 D 异号，方程(5.9.8)不表示任何点；

③$\lambda_1,\lambda_2,\lambda_3$ 同号，且 $D=0$，方程(5.9.8)表示一个点，即新坐标系的原点；

④$\lambda_1,\lambda_2,\lambda_3$ 不同号，例如 $\lambda_1,\lambda_2>0,\lambda_3<0$ 时：若 $D>0$，方程(5.9.8)的图形为单叶双曲面；若 $D<0$，图形为双叶双曲面；若 $D=0$，图形为锥面.

(2) 如果 $\lambda_1,\lambda_2,\lambda_3$ 中有一个为零，不妨设 $\lambda_3=0$，再通过坐标轴平移，方程可化为

$$\lambda_1 x_1^2+\lambda_2 y_1^2=az_1\ (a\neq 0) \tag{5.9.9}$$

或

$$\lambda_1 x_1^2+\lambda_2 y_1^2=b \tag{5.9.10}$$

对于方程(5.9.9)表示的图形，有两种可能性：

①当 λ_1,λ_2 同号时，图形为椭圆抛物面；

②当 λ_1,λ_2 异号时，图形为双曲抛物面.

对于方程(5.9.10)表示的图形，有五种可能性：

①当 λ_1,λ_2,b 同号时，图形为柱面，准线为椭圆；

②当 λ_1,λ_2 同号且与 b 异号时，方程不表示任何点；

③当 λ_1,λ_2 同号且 $b=0$ 时，图形为直线，即新坐标系的 z_1 轴；

④当 λ_1,λ_2 异号且 $b\neq 0$ 时，图形为柱面，准线为双曲线；

⑤当 λ_1,λ_2 异号且 $b=0$ 时，图形为相交的两个平面.

(3) 如果 $\lambda_1,\lambda_2,\lambda_3$ 中有两个为零，不妨设 $\lambda_1\neq 0$，方程可化为以下三种情况之一：

$$\lambda_1 x_1^2+py_1+qz_1=0\ (p,q\neq 0), \tag{5.9.11}$$

$$\lambda_1 x_1^2+py_1=0\ (p\neq 0), \tag{5.9.12}$$

$$\lambda_1 x_1^2+k=0. \tag{5.9.13}$$

对于方程(5.9.11)，再通过正交变换

$$\begin{cases}x'=x_1\\ y'=\dfrac{py_1+qz_1}{\sqrt{p^2+q^2}}\\ z'=\dfrac{-qy_1+pz_1}{\sqrt{p^2+q^2}}\end{cases},$$

方程(5.9.11)可化为

$$\lambda_1 x'^2+\sqrt{p^2+q^2}\,y'=0,$$

图形为柱面,其准线为抛物线;

对于方程(5.9.12),显然图形为柱面,其准线为抛物线;

对于方程(5.9.13),当 λ_1,k 同号时,不表示任何点:当 $k=0$ 时,图形为一个平面,即 y_1Oz_1 坐标面;当 λ_1,k 异号时,图形为两个平面.

例 5.9.1 讨论二次方程

$$x^2-2y^2+10z^2+28xy-8yz+20xz-26x+32y+28z-38=0 \tag{5.9.14}$$

表示的图形.

解 此方程的二次项

$$x^2-2y^2+10z^2+28xy-8yz+20xz$$

对应的矩阵为

$$\boldsymbol{A}=\begin{pmatrix}1 & 14 & 10\\ 14 & -2 & -4\\ 10 & -4 & 10\end{pmatrix},$$

由

$$|\boldsymbol{A}-\lambda\boldsymbol{E}|=\begin{vmatrix}1-\lambda & 14 & 10\\ 14 & -2-\lambda & -4\\ 10 & -4 & 10-\lambda\end{vmatrix}=(9-\lambda)(18-\lambda)(18+\lambda)=0,$$

求得特征值 $\lambda_1=9$,$\lambda_2=18$,$\lambda_3=-18$.

由 $(\boldsymbol{A}-\lambda\boldsymbol{E})\boldsymbol{X}=\boldsymbol{0}$ 求出相应的两两正交的单位特征向量

$$\boldsymbol{e}_1=\begin{pmatrix}\frac{1}{3}\\ \frac{2}{3}\\ -\frac{2}{3}\end{pmatrix},\quad \boldsymbol{e}_2=\begin{pmatrix}\frac{2}{3}\\ \frac{1}{3}\\ \frac{2}{3}\end{pmatrix},\quad \boldsymbol{e}_3=\begin{pmatrix}-\frac{2}{3}\\ \frac{2}{3}\\ \frac{1}{3}\end{pmatrix}.$$

以它们为列向量得到正交矩阵

$$\boldsymbol{P}=\frac{1}{3}\begin{pmatrix}1 & 2 & -2\\ 2 & 1 & 2\\ -2 & 2 & 1\end{pmatrix},$$

作正交变换

$$\begin{pmatrix}x\\ y\\ z\end{pmatrix}=\boldsymbol{P}\begin{pmatrix}x_1\\ y_1\\ z_1\end{pmatrix},$$

代入方程(5.9.14)得

$$x_1^2+2y_1^2-2z_1^2-\frac{2}{3}x_1+\frac{4}{3}y_1-\frac{16}{3}z_1-\frac{38}{9}=0,$$

配方得

$$\left(x_1-\frac{1}{3}\right)^2+2\left(y_1+\frac{1}{3}\right)^2-2\left(z_1+\frac{4}{3}\right)^2=1,$$

令

$$\begin{cases} x'=x_1-\dfrac{1}{3} \\ y'=y_1+\dfrac{1}{3}, \\ z'=z_1+\dfrac{4}{3} \end{cases}$$

在新坐标系下,二次曲面的方程化为

$$x'^2+2y'^2-2z'^2=1.$$

因此,二次曲面方程(5.9.14)的图形为单叶双曲面.

5.9.3 二次曲线方程的化简

平面上二次曲线的一般方程为

$$ax^2+2bxy+cy^2+2dx+2ey+f=0, \tag{5.9.15}$$

其中 a,b,c 不全为零.

在新坐标系下,二次曲线的方程可化为以下几种标准形式之一:

(1) $\dfrac{s^2}{a^2}+\dfrac{t^2}{b^2}=1$ (椭圆);

(2) $\dfrac{s^2}{a^2}+\dfrac{t^2}{b^2}=-1$ (无实图形,虚椭圆);

(3) $\dfrac{s^2}{a^2}+\dfrac{t^2}{b^2}=0$ (新坐标系的原点);

(4) $\dfrac{s^2}{a^2}-\dfrac{t^2}{b^2}=1$ (双曲线);

(5) $\dfrac{s^2}{a^2}-\dfrac{t^2}{b^2}=0$ (两条相交直线);

(6) $t=as^2$ ($a\neq 0$,抛物线);

(7) $s^2=a$ ($a>0$,两条平行直线;$a<0$,无实图形,两条平行虚直线;$a=0$,两条重合直线).

下面介绍把方程(5.9.15)化为上述标准方程的方法.

方程(5.9.15)的二次项部分

$$ax^2+2bxy+cy^2$$

对应的实对称矩阵为

$$\boldsymbol{A}=\begin{pmatrix} a & b \\ b & c \end{pmatrix},$$

通过正交矩阵 $\boldsymbol{P}$,将 $\boldsymbol{A}$ 化为对角阵得

$$P^{-1}AP=P^{T}AP=\begin{pmatrix}\lambda_1 & 0\\ 0 & \lambda_2\end{pmatrix},$$

其中 λ_1,λ_2 是实对称矩阵 $\boldsymbol{A}$ 的 2 个特征值. 因为 a,b,c 不全为零,所以 $\boldsymbol{A}$ 的特征值 λ_1,λ_2 不全为零.

根据 λ_1,λ_2 的不同取值情况,分别作如下讨论:

(1) 如果 λ_1,λ_2 都不为零,作正交变换

$$\begin{pmatrix}x\\ y\end{pmatrix}=P\begin{pmatrix}x_1\\ y_1\end{pmatrix},$$

在新坐标系 (x_1,y_1) 下,方程(5.9.15)化为

$$\lambda_1x_1^2+\lambda_2y_1^2+2d_1x_1+2e_1y_1+f_1=0, \tag{5.9.16}$$

再通过配方(相当于坐标轴平移),方程(5.9.16)可化为

$$\lambda_1s^2+\lambda_2t^2=f_2.$$

此时,有下面五种可能性:

①当 λ_1,λ_2,f_2 同号,方程的图形为椭圆;

②当 λ_1,λ_2 同号但与 f_2 异号,方程不表示任何实点,为虚椭圆;

③当 λ_1,λ_2 同号,$f_2=0$,方程表示一个点,即新坐标系的原点;

④当 λ_1,λ_2 异号,$f_2\neq0$,方程的图形为双曲线;

⑤当 λ_1,λ_2 异号,$f_2=0$,方程的图形为两条相交直线.

(2) 如果 λ_1,λ_2 中有一个为零,方程化为标准方程(6)、(7)之一,表示抛物线或两条(实或虚的)平行或重合的直线.

例 5.9.2 讨论二次方程

$$x^2-3xy+y^2+10x-10y+21=0$$

表示的图形.

解 此方程的二次项 $x^2-3xy+y^2$ 对应的矩阵

$$A=\begin{pmatrix}1 & -3/2\\ -3/2 & 1\end{pmatrix},$$

由 $|\boldsymbol{A}-\lambda\boldsymbol{E}|=0$ 求得矩阵 $\boldsymbol{A}$ 的特征值 $\lambda_1=\dfrac{5}{2},\lambda_2=-\dfrac{1}{2}$.

由 $(\boldsymbol{A}-\lambda\boldsymbol{E})\boldsymbol{X}=\boldsymbol{0}$ 求得相应的正交单位的特征向量

$$\begin{pmatrix}1/\sqrt{2}\\ 1/\sqrt{2}\end{pmatrix},\begin{pmatrix}-1/\sqrt{2}\\ 1/\sqrt{2}\end{pmatrix}.$$

以它们为列向量得到正交矩阵

$$P=\begin{pmatrix}1/\sqrt{2} & -1/\sqrt{2}\\ 1/\sqrt{2} & 1/\sqrt{2}\end{pmatrix},$$

作正交变换

$$\begin{pmatrix}x\\ y\end{pmatrix}=P\begin{pmatrix}x_1\\ y_1\end{pmatrix},$$

代入原二次方程得

$$x_1^2-5y_1^2+20\sqrt{2}y_1-42=0,$$

上式配方得

$$x_1^2-5(y_1-2\sqrt{2})^2-2=0,$$

令

$$\begin{cases}s=x_1\\ t=y_1-2\sqrt{2}\end{cases},$$

在新坐标下，二次曲线的方程化为

$$s^2-5t^2=2.$$

因此，原二次曲线方程的图形为双曲线.

习　题　5.9

1. 说明下列曲面表示的曲面名称，并画图.

(1) $\dfrac{x^2}{1}+\dfrac{y^2}{2}-\dfrac{z^2}{4}=1$；　　(2) $\dfrac{x^2}{4}-\dfrac{y^2}{9}-\dfrac{z^2}{4}=1$；

(3) $\dfrac{x^2}{3}+\dfrac{y^2}{5}+\dfrac{z^2}{6}=1$；　　(4) $z=1+2x^2+3y^2$；

(5) $z=x^2-4y^2$.

*2. 讨论二次曲面的方程

$$z=xy$$

表示的图形.

3. 讨论二次曲线的方程

$$x^2+4xy+4y^2-20x+10y-50=0$$

表示的图形.

*实际应用题

某国对城乡人口流动作年度调查，发现有一个稳定地朝城镇流动的趋势：

(1) 每年，农村居民的2.5%移居城镇；

(2) 每年，城镇居民的1%移居农村.

现在总人口的60%住在城镇.假定总人口(包括城乡)保持不变，并且人口流动的这种趋势保持下去，那么一年以后城镇人口所占比例多少？两年以后呢？十年以后呢？最终呢？

设 $x_1^{(0)}$ 和 $x_2^{(0)}$ 分别表示现在城镇与农村人口所占比例，在我们的问题中，$x_1^{(0)}=0.6$，$x_2^{(0)}=0.4$，又设 $x_1^{(n)}$ 与 $x_2^{(n)}$ 为 n 年以后对应的比例，先求 $x_1^{(1)}$ 与 $x_2^{(1)}$.假定总人口为 N，假设此数不变，于是一年以后，城镇人口 $x_1^{(1)}N$ 由原来城镇居民的99%加原来农村人口的2.5%所组成，即

$$0.99x_1^{(0)}N+0.025x_2^{(0)}N=x_1^{(1)}N,$$

同样

$$0.01x_1^{(0)}N+0.975x_2^{(0)}N=x_2^{(1)}N,$$

于是我们求得 $x_1^{(0)}=0.604$，$x_2^{(1)}=0.396$，即一年以后总人口的 60.4%住在城镇.

以上系统写成矩阵方程是

$$\begin{pmatrix}0.99 & 0.025\\ 0.01 & 0.975\end{pmatrix}\begin{pmatrix}x_1^{(0)}\\ x_2^{(0)}\end{pmatrix}=\begin{pmatrix}x_1^{(1)}\\ x_2^{(1)}\end{pmatrix}.$$

系数矩阵 $\boldsymbol{A}$ 描述了从现在到一年之后的转变. 又因假定人口流动这一趋势持续下去，所以这一矩阵同样描述了 n 年之后到 $n+1$ 年之后的转变

$$\begin{pmatrix}0.99 & 0.025\\ 0.01 & 0.975\end{pmatrix}\begin{pmatrix}x_1^{(n)}\\ x_2^{(n)}\end{pmatrix}=\begin{pmatrix}x_1^{(n+1)}\\ x_2^{(n+1)}\end{pmatrix}.$$

一般地，在物理学、生物学与社会科学中有广泛的一类问题，它们研究的是事件的一个序列，其中每一事件仅与紧靠在它前面的事件有关. 这样一个事件序列称为 Markov 过程（以纪念俄罗斯数学家 A. A. Markov，他在 1907 年首先提出了这一问题）. 我们现在正与 Markov 过程打交道：$n+1$ 年后的情况仅与它前一年（第 n 年）的情况有关. 矩阵 $\boldsymbol{A}$ 称为这一 Markov 过程的转移矩阵. 令 $x^{(n)}=(x_1^{(n)},x_2^{(n)})$，有

$$x^{(n)}=\boldsymbol{A}^n x^{(0)},$$

矩阵 $\boldsymbol{A}^n$ 描述了从现在到 n 年之后的转变，特别

$$\boldsymbol{A}^2=\begin{pmatrix}0.98035 & 0.049125\\ 0.01965 & 0.950875\end{pmatrix},$$

由此，$x_1^{(2)}=0.98035x_1^{(0)}+0.049125x_2^{(0)}=0.60786$，因而两年以后总人口的 60.786%是城镇居民.

十年以后的人口分布由 $\boldsymbol{A}^{10}$ 决定，而最终人口分布则由 n 充分大时，$\boldsymbol{A}^n$ 的性质决定.

$\boldsymbol{A}$ 的特征值为 $\lambda_1=1$ 与 $\lambda_2=0.965$，相应的特征向量为 $\boldsymbol{v}_1=\left(\frac{5}{2},1\right)^{\mathrm{T}}$，$\boldsymbol{v}_2=(-1,1)^{\mathrm{T}}$，因而有

$$\boldsymbol{A}=\begin{pmatrix}\frac{5}{2} & -1\\ 1 & 1\end{pmatrix}\begin{pmatrix}1 & 0\\ 0 & 0.965\end{pmatrix}\begin{pmatrix}\frac{2}{7} & \frac{2}{7}\\ -\frac{2}{7} & \frac{5}{7}\end{pmatrix},$$

于是

$$\begin{aligned}x^{(n)}&=\begin{pmatrix}\frac{5}{2} & -1\\ 1 & 1\end{pmatrix}\begin{pmatrix}1 & 0\\ 0 & 0.965\end{pmatrix}^n\begin{pmatrix}\frac{2}{7} & \frac{2}{7}\\ -\frac{2}{7} & \frac{5}{7}\end{pmatrix}\begin{pmatrix}x_1^{(0)}\\ x_2^{(0)}\end{pmatrix}\\ &=\frac{1}{7}\begin{pmatrix}5+2(0.965)^n & 5-5(0.965)^n\\ 2-2(0.965)^n & 2+5(0.965)^n\end{pmatrix}\begin{pmatrix}x_1^{(0)}\\ x_2^{(0)}\end{pmatrix},\end{aligned}$$

$$\lim_{n\to\infty}x^{(n)}=\frac{1}{7}\begin{pmatrix}5 & 5\\ 2 & 2\end{pmatrix}\begin{pmatrix}x_1^{(0)}\\ x_2^{(0)}\end{pmatrix}.$$

由于 $x_1^{(0)}+x_2^{(0)}=1$，这一结果表明，最终总人口的$\frac{5}{7}(=x_1^{(0)})$住在城镇.

值得注意的是这一结果与 $x_1^{(0)}, x_2^{(0)}$ 无关. 所以，不管最初人口分布如何，最终城乡居民是按 5∶2 的比率分布的. 这个最终分布是城乡之间的平衡状态：迁到农村的城镇居民正好被迁到城镇的农村居民所抵消.

综合习题 5

1. 填空题

(1) 设可逆矩阵 $\boldsymbol{A}$ 的一个特征值为 $\lambda=3$，则 $\left(\frac{1}{4}\boldsymbol{A}^2\right)^{-1}$ 的一个特征值为________.

(2) 设 $\boldsymbol{A}$ 为 n 阶矩阵，若方程 $\boldsymbol{AX}=\boldsymbol{0}$ 有非零解，则 $\boldsymbol{A}$ 必有一个特征值为________.

(3) 已知向量 $\boldsymbol{\alpha}=(1,k,1)^{\mathrm{T}}$ 是矩阵 $\boldsymbol{A}=\begin{pmatrix}2&1&1\\1&2&1\\1&1&2\end{pmatrix}$ 的逆矩阵 $\boldsymbol{A}^{-1}$ 的特征向量，常数 $k=$________.

(4) 设三阶方阵 $\boldsymbol{A}$ 的一个特征值为 1/6，对应的特征向量 $\boldsymbol{\alpha}=(1,1,1)^{\mathrm{T}}$，则方阵 $\boldsymbol{A}$ 的 9 个元素之和为________.

(5) 设 n 阶方阵 $\boldsymbol{A}$ 有 n 个特征值 $0,1,2,\cdots,n-1$，且方阵 $\boldsymbol{B}$ 与 $\boldsymbol{A}$ 相似，则 $|\boldsymbol{B}+\boldsymbol{E}|=$________.

(6) 设三阶实对称矩阵 $\boldsymbol{A}$ 的秩 $R(\boldsymbol{A})=2$ 且满足 $\boldsymbol{A}^2=2\boldsymbol{A}$，则行列式 $|4\boldsymbol{E}-\boldsymbol{A}|=$________.

(7) 设 $\boldsymbol{\alpha}=(1,1,1)^{\mathrm{T}}, \boldsymbol{\beta}=(1,0,k)^{\mathrm{T}}$，若矩阵 $\boldsymbol{\alpha\beta}^{\mathrm{T}}$ 相似于 $\begin{pmatrix}3&0&0\\0&0&0\\0&0&0\end{pmatrix}$，则 $k=$________.

(8) 设二次型 $f=x_1^2+4x_2^2+4x_3^2+2\lambda x_1x_2-2x_1x_3+4x_2x_3$，则 $\lambda=$________时，f 为正定二次型.

(9) 若 $\boldsymbol{A}$、$\boldsymbol{B}$ 为实对称矩阵，则 $\boldsymbol{A}$ 与 $\boldsymbol{B}$ 合同的充分必要条件是________.

2. 选择题

(1) 设 $\boldsymbol{A}=\begin{pmatrix}1&2\\2&1\end{pmatrix}$，则在实数域上与 $\boldsymbol{A}$ 合同的矩阵为(　　).

(A) $\begin{pmatrix}-2&1\\1&-2\end{pmatrix}$；　(B) $\begin{pmatrix}2&-1\\-1&2\end{pmatrix}$；　(C) $\begin{pmatrix}2&1\\1&2\end{pmatrix}$；　(D) $\begin{pmatrix}1&-2\\-2&1\end{pmatrix}$.

(2) 方阵 $\begin{pmatrix}1&1\\0&2\end{pmatrix}$ 相似于矩阵(　　).

(A) $\begin{pmatrix}-1&0\\0&-2\end{pmatrix}$；　(B) $\begin{pmatrix}1&1\\2&2\end{pmatrix}$；　(C) $\begin{pmatrix}1&0\\0&2\end{pmatrix}$；　(D) $\begin{pmatrix}1&1\\0&1\end{pmatrix}$.

(3) 设矩阵 $\boldsymbol{A}=\begin{pmatrix}2&-1&-1\\-1&2&-1\\-1&-1&2\end{pmatrix}, \boldsymbol{B}=\begin{pmatrix}1&0&0\\0&1&0\\0&0&0\end{pmatrix}$，则 $\boldsymbol{A}$ 与 $\boldsymbol{B}$(　　).

(A) 合同，且相似；　(B) 合同，但不相似；

(C) 不合同，但相似；　(D) 既不合同，又不相似.

(4) 实二次型 $f=\boldsymbol{X}^{\mathrm{T}}\boldsymbol{AX}$ 正定的充要条件是(　　).

(A) 对于任意的 $\boldsymbol{X}\neq 0$,有 $\boldsymbol{X}^{\mathrm{T}}\boldsymbol{A}\boldsymbol{X}>0$; (B) $|\boldsymbol{A}|>0$;

(C) 存在 n 阶矩阵 $\boldsymbol{C}$ 使得 $\boldsymbol{A}=\boldsymbol{C}^{\mathrm{T}}\boldsymbol{C}$; (D) 负惯性指数为零.

(5) n 阶方阵 $\boldsymbol{A}$ 具有 n 个不同的特征值,是 $\boldsymbol{A}$ 与对角阵相似的(　　).

(A) 充分必要条件; (B) 充分而非必要条件;

(C) 必要而非充分条件; (D) 既非充分条件而非必要条件.

(6) 设 $\boldsymbol{A}=\begin{pmatrix}1&1&4\\1&x&2\\0&0&1\end{pmatrix}$ 且 $\boldsymbol{A}$ 的特征值为 0,1,2,则 $x=$(　　).

(A) 1; (B) 2; (C) 3; (D) 4

(7) 对于 n 阶矩阵 $\boldsymbol{A}$,以下正确的结论是(　　).

(A) 一定有 n 个不同的特征值; (B) 存在可逆阵 $\boldsymbol{B}$,使得 $\boldsymbol{B}^{-1}\boldsymbol{A}\boldsymbol{B}$ 为对角阵;

(C) 它的特征值一定是正数; (D) 属于不同特征值的特征向量一定线性无关.

(8) 设 $\boldsymbol{A}$ 为 n 阶方阵,则下列结论正确的是(　　).

(A) 若 $\boldsymbol{A}$ 的所有顺序主子式全为正,则 $\boldsymbol{A}$ 是正定矩阵;

(B) $\boldsymbol{A}$ 必与一对角阵合同;

(C) 若 $\boldsymbol{A}$ 与一对角阵相似,则必与一对角阵合同;

(D) 若 $\boldsymbol{A}$ 与正定阵合同,则 $\boldsymbol{A}$ 是正定矩阵.

(9) 下列结论不正确的是(　　)

(A) 若 $\boldsymbol{A},\boldsymbol{B}$ 为实对称阵,且 $\boldsymbol{A}$ 与 $\boldsymbol{B}$ 相似,则 $\boldsymbol{A}$ 与 $\boldsymbol{B}$ 合同;

(B) 若实矩阵 $\boldsymbol{A}$ 与对角阵相似,则 $\boldsymbol{A}$ 为实对称阵;

(C) 若 $\boldsymbol{A}$ 为实对称阵,则 $\boldsymbol{A}>0$ 的充要条件是 $\boldsymbol{A}$ 的特征值全大于零;

(D) 若 n 阶方阵 $\boldsymbol{A}$ 有 n 个不同的特征值,则 $\boldsymbol{A}$ 与对角阵相似.

3. 求矩阵 $\boldsymbol{A}=\begin{pmatrix}-3&-1&2\\0&-1&4\\-1&0&1\end{pmatrix}$ 的实特征值及对应的特征向量.

4. 设向量 $\boldsymbol{\alpha}=(a_1,a_2,\cdots,a_n)^{\mathrm{T}}$,$\boldsymbol{\beta}=(b_1,b_2,\cdots,b_n)^{\mathrm{T}}$ 都是非零向量,且满足条件 $\boldsymbol{\alpha}^{\mathrm{T}}\boldsymbol{\beta}=0$,记矩阵 $\boldsymbol{A}=\boldsymbol{\alpha}\boldsymbol{\beta}^{\mathrm{T}}$,求:(1) $\boldsymbol{A}^2$;(2)矩阵 $\boldsymbol{A}$ 的特征值和特征向量.

5. 设 $\boldsymbol{A}=\begin{pmatrix}-1&2&2\\2&-1&-2\\2&-2&-1\end{pmatrix}$,(1)求 $\boldsymbol{A}$ 的特征值;(2)求 $\boldsymbol{E}+\boldsymbol{A}^{-1}$ 的特征值.

6. 求一正交变换化二次型 $f=x_1^2+4x_2^2+4x_3^2-4x_1x_2+4x_1x_3-8x_2x_3$ 为标准形.

7. 已知二次型 $f(x_1,x_2,x_3)=4x_2^2-3x_3^2+4x_1x_2-4x_1x_3+8x_2x_3$,

(1) 写出二次型 f 的矩阵表达式;

(2) 用正交变换把二次型 f 化为标准形,并写出相应的正交矩阵.

8. 已知 $\boldsymbol{\xi}=\begin{pmatrix}1\\1\\-1\end{pmatrix}$ 是矩阵 $\boldsymbol{A}=\begin{pmatrix}2&-1&2\\5&a&3\\-1&b&-2\end{pmatrix}$ 的一个特征向量,

(1) 试确定参数 a,b 及特征向量 $\boldsymbol{\xi}$ 所对应的特征值;

(2) 问 $\boldsymbol{A}$ 能否相似于对角阵?说明理由.

9. 设矩阵 $\boldsymbol{A}=\begin{pmatrix}a&-1&c\\5&b&3\\1-c&0&-a\end{pmatrix}$,其行列式 $|\boldsymbol{A}|=-1$,又 $\boldsymbol{A}$ 的伴随矩阵 $\boldsymbol{A}^*$ 有一个特征值 λ_0,属于

λ_0 的一个特征向量为 $\boldsymbol{\alpha}=(-1,-1,1)^{\mathrm{T}}$，求 a,b,c 和 λ_0 的值.

10. 设矩阵 $\boldsymbol{A}=\begin{pmatrix}1&0&1\\0&2&0\\1&0&1\end{pmatrix}$，$\boldsymbol{B}=(k\boldsymbol{E}+\boldsymbol{A})^2$，求对角阵 $\boldsymbol{\Lambda}$，使 $\boldsymbol{B}$ 与 $\boldsymbol{\Lambda}$ 相似，并求 k 为何值时，$\boldsymbol{B}$ 为正定矩阵.

11. 设二次型 $f(x_1,x_2,x_3)=x_1^2+x_2^2+x_3^2+2\alpha x_1x_2+2\beta x_2x_3+2x_1x_3$，经正交变换 $\boldsymbol{X}=\boldsymbol{PY}$ 化成 $f=y_2^2+2y_3^2$，试求常数 α,β.

12. 设二次型 $f(x_1,x_2,x_3)=ax_1^2+ax_2^2+(a-1)x_3^2+2x_1x_3-2x_2x_3$，

(1) 求二次型 f 的矩阵的所有特征值；

(2) 若二次型 f 的规范形为 $y_1^2+y_2^2$，求 a 的值.

13. 设 $\boldsymbol{A}$ 是 n 阶正定矩阵，$\boldsymbol{E}$ 是 n 阶单位阵，证明：$\boldsymbol{A}+\boldsymbol{E}$ 的行列式大于 1.

14. 设 $\boldsymbol{A}$ 为 $m\times n$ 实矩阵，已知 $\boldsymbol{B}=\lambda\boldsymbol{E}+\boldsymbol{A}^{\mathrm{T}}\boldsymbol{A}$，证明：当 $\lambda>0$ 时，矩阵 $\boldsymbol{B}$ 为正定矩阵.

15. 设 $\boldsymbol{U}$ 为可逆矩阵，$\boldsymbol{A}=\boldsymbol{U}^{\mathrm{T}}\boldsymbol{U}$，证明：$f=\boldsymbol{X}^{\mathrm{T}}\boldsymbol{AX}$ 为正定二次型.

16. 求螺旋线 $\begin{cases}x=a\cos\theta\\y=a\sin\theta\\z=b\theta\end{cases}$ 在三个坐标面上的投影柱面的直角坐标方程.

17. (1) 求半球面 $z=\sqrt{a^2-x^2-y^2}$ 被柱面 $x^2+y^2=ax$ 截下的曲面在 xOy 坐标面上的投影；

(2) 求柱面 $y=\sqrt{ax-x^2}$ 被半球面 $z=\sqrt{a^2-x^2-y^2}$ 截下的曲面在 zOx 坐标面上的投影.

18. 求曲线 $\begin{cases}z=2-x^2-y^2\\z=(x-1)^2+(y-1)^2\end{cases}$ 在三个坐标面上的投影的方程.

19. 求下列曲线绕坐标轴旋转一周所形成的曲面的方程.

(1) 将圆 $\begin{cases}(x-3)^2+z^2=1\\y=0\end{cases}$ 绕 z 轴旋转；(2) 将 $\begin{cases}2x=1\\2z=\sqrt{3}\end{cases}$ 绕 y 轴旋转.

拓展阅读

欧 几 里 得

欧几里得

欧几里得(Euclid，约公元前 330～前 275 年)是古希腊最负盛名、最有影响的数学家之一. 关于他的生平我们所知甚少，据有限的历史资料推断，他早年大概求学于雅典，公元前 300 年左右应托勒密一世(Ptolemaeus，约公元前 367～前 283 年)之邀到亚历山大，成为亚历山大学派的奠基人.

欧几里得治学严谨，为数学而数学，鄙视急功近利和投机取巧的作风，反对狭隘实用观点. 据传托勒密一世曾经问欧几里得有无学习几何的捷径，欧几里得回答说，“几何学无王者之道”. 这句话成为传诵千古的学习箴言. 还有个故事是说一个学生才开始学了第一个几何命题，就问欧几里得学了几何学之后将得到些什么. 欧几里得对一个仆人吩咐说：“给他三个钱币，因为他想在学习中获得实利.”

欧几里得一生著述颇多，其中最著名的是《几何原本》(Elements). 在欧几里得之前，希腊数学已经历了三百多年蓬勃发展的历史，积累了大量成果. 他将公元前7世纪以来希腊几何积累起来的丰富成果整理在严密的逻辑体系之中，其中包括伊奥尼亚学派的命题证明思想，毕达哥拉斯学派的数的理论，智人学派的尺规作图和穷竭法，埃利亚学派的无穷思想，柏拉图学派的逻辑思想和欧多克索斯(Eudoxus，约公元前408～前355年)的比例论等，使几何学成为一门独立的、演绎的科学.

《几何原本》共13卷，后人增补两卷，内容循序渐进，博大精深. 如第一卷从简单23个定义、5个公理、5个公设出发，推导出48个命题，逢题必证，演绎出整个数学体系，内容十分严谨. 欧几里得实质上建立了历史上的第一个公理系统，公理化的方法后来成了建立任何知识体系的典范，在差不多2000年间，被奉为必须遵守的严密思维的范例.

在西方，欧几里得的《几何原本》是仅次于《圣经》的畅销书，久经历史考验，流传至今. 除早期的希腊文、阿拉伯文和拉丁文抄本外，仅从1482年第一个拉丁文印刷本在威尼斯问世以来，已用各种文字出版了一千多版. 不过，有一点需要指出的是：欧几里得《几何原本》原作已经失传，现在的各种版本都是根据后人的修订、注释重新整理出来的. 英国哲学家和数学家伯特兰·罗素(Bertrand Russell，1872～1970年)在《西方哲学史》一书中说："欧几里得的《几何原本》毫无疑问是古往今来最伟大的著作之一，是希腊最完美的纪念碑."

除了《几何原本》之外，欧几里得还有不少著作，如《圆锥曲线》、《曲面轨迹》、《纠错集》以及天文、力学和音乐著作，可惜大都失传.《已知数》是除《几何原本》之外保存下来的他的希腊文纯粹几何著作，体例和《原本》前6卷相近，包括94个命题，指出若图形中某些元素已知，则另外一些元素也可以确定. 另外保存下来的是《图形的分割》，不过不是希腊文，而是拉丁文，其中心思想是作直线将已知图形分为相等的部分、成比例的部分或分成满足某种条件的图形.

尽管如此，影响最大的仍然是《几何原本》，其中所描述的几何学，即欧氏几何学，虽不是欧几里得所创，但在两千年之久的时间里，一直统治着数学思想. 我们现在确实知道还有非欧几何学，然而也就是在两百年以前，仍有许多数学家和哲学家坚持认为，欧几里得几何学是宇宙中唯一可靠的几何学，形成了当时欧氏几何一统天下的局面.

*第6章 线性空间与线性变换

在第3章我们引入了向量空间的概念,向量空间是定义了线性运算(加法和数乘)并满足一定运算律的非空集合.本章将向量空间的概念推广到线性空间,并介绍其上的线性运算.线性空间和线性变换是最基本的数学概念之一,它不仅是线性代数的核心,而且它的理论和方法已经渗透到自然科学、工程技术、经济管理的各个领域.

本章主要介绍线性空间的定义、性质、维数、基与坐标、基变换与坐标变换、子空间,线性变换的定义、基本性质、核与象,线性变换的运算及坐标表示.

6.1 线性空间

6.1.1 线性空间的定义

定义 6.1.1(数域) 设 P 是一个非空数集,若 P 中的数满足:

(1) $\forall \lambda,\mu\in P$,有 $\lambda+\mu\in P$,$\lambda-\mu\in P$,$\lambda\mu\in P$;

(2) P 中含有非零数;

(3) 若 $\lambda,\mu\in P$ 且 $\mu\neq 0$,则 $\dfrac{\lambda}{\mu}\in P$.

则称 P 为一个数域.

由定义可以看出,数域 P 是一个关于数的四则运算(加、减、乘、除)封闭的含有非零数的集合.

例如,实数集合 $\mathbf{R}$,有理数集合 $\mathbf{Q}$,复数集合 $\mathbf{C}$ 对于数的四则运算都构成数域;而无理数集合不是数域,整数集合也不是数域.

例 6.1.1 验证 $K=\{a+b\sqrt{2}\mid a,b\in\mathbf{Q}\}$ 是一个数域.

解 首先有理数集合 $\mathbf{Q}$ 包含于 K,故 K 为非空集合,且 K 中含有非零数.

又对 $\forall\, a_1+b_1\sqrt{2},a_2+b_2\sqrt{2}\in K$,有

$$(a_1+b_1\sqrt{2})+(a_2+b_2\sqrt{2})=(a_1+a_2)+(b_1+b_2)\sqrt{2}\in K,$$

$$(a_1+b_1\sqrt{2})-(a_2+b_2\sqrt{2})=(a_1-a_2)+(b_1-b_2)\sqrt{2}\in K,$$

$$(a_1+b_1\sqrt{2})(a_2+b_2\sqrt{2})=(a_1a_2+2b_1b_2)+(a_1b_2+a_2b_1)\sqrt{2}\in K.$$

当 $a_2+b_2\sqrt{2}\neq 0$ 时,$\dfrac{a_1+b_1\sqrt{2}}{a_2+b_2\sqrt{2}}=\dfrac{(a_1a_2-2b_1b_2)+(a_2b_1-a_1b_2)\sqrt{2}}{a_2^2-2b_2^2}\in K$.

因此 K 是一个数域.

定义 6.1.2(线性空间) 设 V 是一个非空集合,P 为一个数域,若 V 中定义了两种运算:“加法”和“数乘”,即

(1) $\forall\,\boldsymbol{\alpha},\boldsymbol{\beta}\in V$,在 V 中有唯一确定的元素与它们相对应,称该元素为 $\boldsymbol{\alpha}$ 与 $\boldsymbol{\beta}$ 的和,记

为 $\boldsymbol{\alpha}+\boldsymbol{\beta}$；

(2) $\forall \boldsymbol{\alpha}\in V,\lambda\in P$，在 V 中有唯一确定的元素与它们相对应，称该元素为 λ 与 $\boldsymbol{\alpha}$ 的**数量乘法**，简称**数乘**，记为 $\lambda\boldsymbol{\alpha}$. 并且这两种运算满足以下运算律：

i. $\forall \boldsymbol{\alpha},\boldsymbol{\beta}\in V,\boldsymbol{\alpha}+\boldsymbol{\beta}=\boldsymbol{\beta}+\boldsymbol{\alpha}$；

ii. $\forall \boldsymbol{\alpha},\boldsymbol{\beta},\boldsymbol{\gamma}\in V,(\boldsymbol{\alpha}+\boldsymbol{\beta})+\boldsymbol{\gamma}=\boldsymbol{\alpha}+(\boldsymbol{\beta}+\boldsymbol{\gamma})$；

iii. 在 V 中存在一个元素 $\mathbf{0}$，使得对 $\forall \boldsymbol{\alpha}\in V$，都有 $\boldsymbol{\alpha}+\mathbf{0}=\boldsymbol{\alpha}$，称该元素为 V 中的零元素；

iv. 对 $\forall \boldsymbol{\alpha}\in V$，都有元素 $\boldsymbol{\beta}\in V$，使得 $\boldsymbol{\alpha}+\boldsymbol{\beta}=\mathbf{0}$，称 $\boldsymbol{\beta}$ 为 $\boldsymbol{\alpha}$ 的负元素，记作：$-\boldsymbol{\alpha}$；

v. $\forall \lambda,\mu\in \boldsymbol{P},\boldsymbol{\alpha}\in V$，有 $\lambda(\mu\boldsymbol{\alpha})=(\lambda\mu)\boldsymbol{\alpha}$；

vi. $\forall \lambda\in \boldsymbol{P},\boldsymbol{\alpha},\boldsymbol{\beta}\in V$，有 $\lambda(\boldsymbol{\alpha}+\boldsymbol{\beta})=\lambda\boldsymbol{\alpha}+\lambda\boldsymbol{\beta}$；

vii. $\forall \lambda,\mu\in \boldsymbol{P},\boldsymbol{\alpha}\in V$，有 $(\lambda+\mu)\boldsymbol{\alpha}=\lambda\boldsymbol{\alpha}+\mu\boldsymbol{\alpha}$；

viii. P 中存在单位元素 1，使得 $\forall \boldsymbol{\alpha}\in V$，有 $1\boldsymbol{\alpha}=\boldsymbol{\alpha}$.

则称集合 V 是数域 P 上的**线性空间**，V 中的元素称为**向量**.

注 线性空间 V 总要依赖于一个数域 P. V 中的元素不再局限于有序数组.

例 6.1.2 实数集 $\mathbf{R}$ 本身对于普通的加法和数乘运算构成实数域 $\mathbf{R}$ 上的线性空间.

例 6.1.3 向量空间 $\mathbf{R}^n$ 对于向量的加法和数乘运算构成实数域 $\mathbf{R}$ 上的线性空间.

例 6.1.4 集合 $\mathbf{R}^{m\times n}=\{\boldsymbol{A}=(a_{ij})_{m\times n}\mid a_{ij}\in\mathbf{R}\}$ 对于矩阵的加法和数乘运算构成实数域 $\mathbf{R}$ 上的线性空间.

例 6.1.5 实数集 $\mathbf{R}$ 上的次数不超过 n 次的多项式的全体构成的集合 $P_n[x]$，即

$$P_n[x]=\{a_nx^n+a_{n-1}x^{n-1}+\cdots+a_1x+a_0\mid a_n,a_{n-1},\cdots,a_0\in\mathbf{R}\}.$$

对于通常多项式的加法及数与多项式的乘积构成实数域 $\mathbf{R}$ 上的一个线性空间.

例 6.1.6 集合 $C[a,b]=\{f(x)\mid f(x)$ 为区间 $[a,b]$ 上的连续函数$\}$ 对于通常的函数的加法和数乘运算构成实数域 $\mathbf{R}$ 上的线性空间.

6.1.2 线性空间的性质

设 $\boldsymbol{\alpha},\boldsymbol{\beta},\boldsymbol{\gamma}\in V,\lambda\in P$：

(1) 零元素唯一.

证 设 $\mathbf{0}_1,\mathbf{0}_2$ 是线性空间的两个零元素，即对任意 $\boldsymbol{\alpha}\in V$，有 $\boldsymbol{\alpha}+\mathbf{0}_1=\boldsymbol{\alpha},\boldsymbol{\alpha}+\mathbf{0}_2=\boldsymbol{\alpha}$. 于是，有

$$\mathbf{0}_2+\mathbf{0}_1=\mathbf{0}_2,\mathbf{0}_1+\mathbf{0}_2=\mathbf{0}_1.$$

所以

$$\mathbf{0}_1=\mathbf{0}_1+\mathbf{0}_2=\mathbf{0}_2+\mathbf{0}_1=\mathbf{0}_2.$$

(2) 负元素唯一.

证 设 $\boldsymbol{\alpha}$ 有两个负元素 $\boldsymbol{\beta},\boldsymbol{\gamma}$，即 $\boldsymbol{\alpha}+\boldsymbol{\beta}=\mathbf{0},\boldsymbol{\alpha}+\boldsymbol{\gamma}=\mathbf{0}$. 于是

$$\boldsymbol{\beta}=\boldsymbol{\beta}+\mathbf{0}=\boldsymbol{\beta}+(\boldsymbol{\alpha}+\boldsymbol{\gamma})=(\boldsymbol{\alpha}+\boldsymbol{\beta})+\boldsymbol{\gamma}=\boldsymbol{\gamma}.$$

(3) $0\boldsymbol{\alpha}=\mathbf{0}$；$\lambda\mathbf{0}=\mathbf{0}$；$(-1)\boldsymbol{\alpha}=-\boldsymbol{\alpha}$.

证 $\boldsymbol{\alpha}+0\boldsymbol{\alpha}=(1+0)\boldsymbol{\alpha}=1\boldsymbol{\alpha}=\boldsymbol{\alpha}$，所以 $0\boldsymbol{\alpha}=\mathbf{0}$；

$\lambda\mathbf{0}=\lambda(0\boldsymbol{\alpha})=(\lambda 0)\boldsymbol{\alpha}=0\boldsymbol{\alpha}=\mathbf{0}$；

$\boldsymbol{\alpha}+(-1)\boldsymbol{\alpha}=[1+(-1)]\boldsymbol{\alpha}=0\boldsymbol{\alpha}=\boldsymbol{0}$，所以$(-1)\boldsymbol{\alpha}=-\boldsymbol{\alpha}$.

(4) 如果 $\lambda\boldsymbol{\alpha}=\boldsymbol{0}$,则 $\lambda=0$ 或 $\boldsymbol{\alpha}=\boldsymbol{0}$.

证　若 $\lambda\neq0$,则$\frac{1}{\lambda}(\lambda\boldsymbol{\alpha})=\frac{1}{\lambda}\boldsymbol{0}=\boldsymbol{0}$. 又$\frac{1}{\lambda}(\lambda\boldsymbol{\alpha})=\left(\frac{1}{\lambda}\lambda\right)\boldsymbol{\alpha}=\boldsymbol{\alpha}$. 于是 $\boldsymbol{\alpha}=\boldsymbol{0}$.

6.1.3　线性空间的维数、基与坐标

线性空间是向量空间的推广,因而在向量空间中定义的向量的线性组合、线性相关、线性无关、极大无关组、等价等概念和性质在线性空间中仍然适用,以后我们将直接引用这些概念和结果.

定义 6.1.3(基与维数)　在线性空间 V 中,若存在 n 个元素 $\boldsymbol{\alpha}_1,\boldsymbol{\alpha}_2,\cdots,\boldsymbol{\alpha}_n$ 满足

(1) $\boldsymbol{\alpha}_1,\boldsymbol{\alpha}_2,\cdots,\boldsymbol{\alpha}_n$ 线性无关;

(2) V 中的任一元素 $\boldsymbol{\alpha}$ 都可以由 $\boldsymbol{\alpha}_1,\boldsymbol{\alpha}_2,\cdots,\boldsymbol{\alpha}_n$ 线性表示,则称 $\boldsymbol{\alpha}_1,\boldsymbol{\alpha}_2,\cdots,\boldsymbol{\alpha}_n$ 是 V 的一个**基**,n 称为 V 的**维数**,记作 $\dim V=n$. 线性空间 V 称为 n 维线性空间,记作 V_n.

只含一个零元素的线性空间称为零空间,零空间没有基,规定它的维数为 0.

若 $\boldsymbol{\alpha}_1,\boldsymbol{\alpha}_2,\cdots,\boldsymbol{\alpha}_n$ 是 V_n 的一个基,则 V_n 可表示为

$$V_n=\{\boldsymbol{\alpha}=\lambda_1\boldsymbol{\alpha}_1+\lambda_2\boldsymbol{\alpha}_2+\cdots+\lambda_n\boldsymbol{\alpha}_n\mid\lambda_1,\lambda_2,\cdots,\lambda_n\in P\},$$

即 V_n 是由基 $\boldsymbol{\alpha}_1,\boldsymbol{\alpha}_2,\cdots,\boldsymbol{\alpha}_n$ 所生成的线性空间,这就较清楚地显示出线性空间 V_n 的构造.

注　线性空间 V_n 中任何 n 个线性无关的向量都可以作为它的基. 因此,线性空间的基不是唯一的,但基中所含有向量的个数是唯一确定的.

定义 6.1.4(坐标)　设 $\boldsymbol{\alpha}_1,\boldsymbol{\alpha}_2,\cdots,\boldsymbol{\alpha}_n$ 是 V_n 的一个基. 对于任一向量 $\boldsymbol{\alpha}\in V_n$,总有唯一一组有序数 $x_1,x_2,\cdots,x_n$,使

$$\boldsymbol{\alpha}=x_1\boldsymbol{\alpha}_1+x_2\boldsymbol{\alpha}_2+\cdots+\boldsymbol{\alpha}_nx_n=(\boldsymbol{\alpha}_1,\boldsymbol{\alpha}_2,\cdots,\boldsymbol{\alpha}_n)\begin{pmatrix}x_1\\x_2\\\vdots\\x_n\end{pmatrix},$$

则称 $x_1,x_2,\cdots,x_n$ 为 $\boldsymbol{\alpha}$ 在基 $\boldsymbol{\alpha}_1,\boldsymbol{\alpha}_2,\cdots,\boldsymbol{\alpha}_n$ 下的**坐标**,并记作$(x_1,x_2,\cdots,x_n)^{\mathrm{T}}$.

例 6.1.7　在线性空间 $P_n[x]$中,任意多项式

$$f(x)=a_0+a_1x+\cdots+a_{n-1}x^{n-1}+a_nx^n$$

可由线性无关的 $n+1$ 个多项式 $1,x,\cdots,x^{n-1},x^n$ 线性表示,故 $1,x,\cdots,x^{n-1},x^n$ 是 $P_n[x]$ 的一个基,$\dim P_n[x]=n+1$. $f(x)=a_0+a_1x+\cdots+a_{n-1}x^{n-1}+a_nx^n$ 在这个基下的坐标为$(a_0,a_1,\cdots,a_{n-1},a_n)^{\mathrm{T}}$.

如果在 $P_n[x]$中取另外一个基 $1,(x-a),\cdots,(x-a)^{n-1},(x-a)^n$,根据泰勒公式,有

$$f(x)=f(a)+f'(a)(x-a)+\frac{f''(a)}{2!}(x-a)^2+\cdots+\frac{f^{(n)}(a)}{n!}(x-a)^n,$$

$f(x)$在这个基下的坐标为$\left(f(a),f'(a),\frac{f''(a)}{2!},\cdots,\frac{f^{(n)}(a)}{n!}\right)^{\mathrm{T}}$.

例 6.1.8　在线性空间 $\mathbf{R}^{2\times2}=\{\boldsymbol{A}=(a_{ij})_{2\times2}\mid a_{ij}\in\mathbf{R}\}$中,取

$$\boldsymbol{E}_{11}=\begin{pmatrix}1&0\\0&0\end{pmatrix},\boldsymbol{E}_{12}=\begin{pmatrix}0&1\\0&0\end{pmatrix},\boldsymbol{E}_{21}=\begin{pmatrix}0&0\\1&0\end{pmatrix},\boldsymbol{E}_{22}=\begin{pmatrix}0&0\\0&1\end{pmatrix},$$

则 $\boldsymbol{E}_{11},\boldsymbol{E}_{12},\boldsymbol{E}_{21},\boldsymbol{E}_{22}$ 线性无关，且任意 $\boldsymbol{A}=\begin{pmatrix}a_{11}&a_{12}\\a_{21}&a_{22}\end{pmatrix}$，有

$$\boldsymbol{A}=a_{11}\boldsymbol{E}_{11}+a_{12}\boldsymbol{E}_{12}+a_{21}\boldsymbol{E}_{21}+a_{22}\boldsymbol{E}_{22}.$$

故 $\boldsymbol{E}_{11},\boldsymbol{E}_{12},\boldsymbol{E}_{21},\boldsymbol{E}_{22}$ 是 $\mathbf{R}^{2\times 2}$ 的一个基，且 $\mathbf{R}^{2\times 2}$ 的维数为 4，$\boldsymbol{A}$ 在基 $\boldsymbol{E}_{11},\boldsymbol{E}_{12},\boldsymbol{E}_{21},\boldsymbol{E}_{22}$ 下的坐标为 $(a_{11},a_{12},a_{21},a_{22})^{\mathrm{T}}$.

6.1.4 基变换与坐标变换

线性空间中一个向量在给定基下的坐标是唯一的. 一般地，同一向量在不同基下有不同的坐标. 那么，不同的基和不同的坐标之间有怎样的联系呢？

设 $\boldsymbol{\alpha}_1,\boldsymbol{\alpha}_2,\cdots,\boldsymbol{\alpha}_n$ 及 $\boldsymbol{\beta}_1,\boldsymbol{\beta}_2,\cdots,\boldsymbol{\beta}_n$ 是线性空间 V_n 的两个基，且有

$$\begin{cases}\boldsymbol{\beta}_1=a_{11}\boldsymbol{\alpha}_1+a_{21}\boldsymbol{\alpha}_2+\cdots+a_{n1}\boldsymbol{\alpha}_n\\ \boldsymbol{\beta}_2=a_{12}\boldsymbol{\alpha}_1+a_{22}\boldsymbol{\alpha}_2+\cdots+a_{n2}\boldsymbol{\alpha}_n\\ \quad\vdots\\ \boldsymbol{\beta}_n=a_{1n}\boldsymbol{\alpha}_1+a_{2n}\boldsymbol{\alpha}_2+\cdots+a_{nn}\boldsymbol{\alpha}_n\end{cases},\tag{6.1.1}$$

式(6.1.1)写成矩阵形式为

$$(\boldsymbol{\beta}_1,\boldsymbol{\beta}_2,\cdots,\boldsymbol{\beta}_n)=(\boldsymbol{\alpha}_1,\boldsymbol{\alpha}_2,\cdots,\boldsymbol{\alpha}_n)\boldsymbol{P},\tag{6.1.2}$$

其中 $\boldsymbol{P}=\begin{pmatrix}a_{11}&a_{12}&\cdots&a_{1n}\\a_{21}&a_{22}&\cdots&a_{2n}\\\vdots&\vdots&&\vdots\\a_{n1}&a_{n2}&\cdots&a_{nn}\end{pmatrix}$，称 $\boldsymbol{P}$ 为由基 $\boldsymbol{\alpha}_1,\boldsymbol{\alpha}_2,\cdots,\boldsymbol{\alpha}_n$ 到基 $\boldsymbol{\beta}_1,\boldsymbol{\beta}_2,\cdots,\boldsymbol{\beta}_n$ 的过渡矩阵.

过渡矩阵是可逆的，由式(6.1.2)得

$$(\boldsymbol{\alpha}_1,\boldsymbol{\alpha}_2,\cdots,\boldsymbol{\alpha}_n)=(\boldsymbol{\beta}_1,\boldsymbol{\beta}_2,\cdots,\boldsymbol{\beta}_n)\boldsymbol{P}^{-1},\tag{6.1.3}$$

式(6.1.2)，式(6.1.3)统称为**基变换公式**.

又设 V_n 中向量 $\boldsymbol{\alpha}$ 在基 $\boldsymbol{\alpha}_1,\boldsymbol{\alpha}_2,\cdots,\boldsymbol{\alpha}_n$ 下的坐标为 $(x_1,x_2,\cdots,x_n)^{\mathrm{T}}$，在基 $\boldsymbol{\beta}_1,\boldsymbol{\beta}_2,\cdots,\boldsymbol{\beta}_n$ 下的坐标为 $(y_1,y_2,\cdots,y_n)^{\mathrm{T}}$，则

$$\boldsymbol{\alpha}=(\boldsymbol{\alpha}_1,\boldsymbol{\alpha}_2,\cdots,\boldsymbol{\alpha}_n)\begin{pmatrix}x_1\\x_2\\\vdots\\x_n\end{pmatrix}=(\boldsymbol{\beta}_1,\boldsymbol{\beta}_2,\cdots,\boldsymbol{\beta}_n)\begin{pmatrix}y_1\\y_2\\\vdots\\y_n\end{pmatrix}=(\boldsymbol{\alpha}_1,\boldsymbol{\alpha}_2,\cdots,\boldsymbol{\alpha}_n)\boldsymbol{P}\begin{pmatrix}y_1\\y_2\\\vdots\\y_n\end{pmatrix},$$

所以

$$\begin{pmatrix}x_1\\x_2\\\vdots\\x_n\end{pmatrix}=\boldsymbol{P}\begin{pmatrix}y_1\\y_2\\\vdots\\y_n\end{pmatrix}\text{ 或 }\begin{pmatrix}y_1\\y_2\\\vdots\\y_n\end{pmatrix}=\boldsymbol{P}^{-1}\begin{pmatrix}x_1\\x_2\\\vdots\\x_n\end{pmatrix}.\tag{6.1.4}$$

式(6.1.4)称为**坐标变换公式**.

例 6.1.9　设 $\mathbf{R}^3$ 中两个基为

$$I:\boldsymbol{\alpha}_1=\begin{pmatrix}1\\1\\0\end{pmatrix},\boldsymbol{\alpha}_2=\begin{pmatrix}0\\1\\1\end{pmatrix},\boldsymbol{\alpha}_3=\begin{pmatrix}1\\0\\1\end{pmatrix};$$

$$II:\boldsymbol{\beta}_1=\begin{pmatrix}1\\0\\1\end{pmatrix},\boldsymbol{\beta}_2=\begin{pmatrix}2\\1\\1\end{pmatrix},\boldsymbol{\beta}_3=\begin{pmatrix}1\\1\\2\end{pmatrix}.$$

(1) 求从基 I 到基 II 的过渡矩阵；

(2) 求向量 $\boldsymbol{\eta}=3\boldsymbol{\beta}_1+2\boldsymbol{\beta}_3$ 在基 I 下的坐标；

(3) 求向量 $\boldsymbol{\xi}=(3,1,2)^{\mathrm{T}}$ 在基 II 下的坐标.

解　(1) 设从基 I 到基 II 的过渡矩阵为 $\boldsymbol{P}$，则 $(\boldsymbol{\beta}_1,\boldsymbol{\beta}_2,\boldsymbol{\beta}_3)=(\boldsymbol{\alpha}_1,\boldsymbol{\alpha}_2,\boldsymbol{\alpha}_3)\boldsymbol{P}$，即

$$\begin{pmatrix}1&2&1\\0&1&1\\1&1&2\end{pmatrix}=\begin{pmatrix}1&0&1\\1&1&0\\0&1&1\end{pmatrix}\boldsymbol{P},$$

所以过渡矩阵

$$\boldsymbol{P}=\begin{pmatrix}1&0&1\\1&1&0\\0&1&1\end{pmatrix}^{-1}\begin{pmatrix}1&2&1\\0&1&1\\1&1&2\end{pmatrix}=\frac{1}{2}\begin{pmatrix}1&1&-1\\-1&1&1\\1&-1&1\end{pmatrix}\begin{pmatrix}1&2&1\\0&1&1\\1&1&2\end{pmatrix}=\begin{pmatrix}0&1&0\\0&0&1\\1&1&1\end{pmatrix}.$$

(2) 设 $\boldsymbol{\eta}=3\boldsymbol{\beta}_1+2\boldsymbol{\beta}_3=(\boldsymbol{\beta}_1,\boldsymbol{\beta}_2,\boldsymbol{\beta}_3)\begin{pmatrix}3\\0\\2\end{pmatrix}$ 在基 I 下的坐标为 $(x_1,x_2,x_3)^{\mathrm{T}}$，则

$$\begin{pmatrix}x_1\\x_2\\x_3\end{pmatrix}=\boldsymbol{P}\begin{pmatrix}3\\0\\2\end{pmatrix}=\begin{pmatrix}0&1&0\\0&0&1\\1&1&1\end{pmatrix}\begin{pmatrix}3\\0\\2\end{pmatrix}=\begin{pmatrix}0\\2\\5\end{pmatrix}.$$

(3) $\boldsymbol{\xi}=(3,1,2)^{\mathrm{T}}$ 在标准基 $\boldsymbol{\varepsilon}_1=(1,0,0)^{\mathrm{T}},\boldsymbol{\varepsilon}_2=(0,1,0)^{\mathrm{T}},\boldsymbol{\varepsilon}_3=(0,0,1)^{\mathrm{T}}$ 下的坐标为 $(3,1,2)^{\mathrm{T}}$. 标准基到基 II 的过渡矩阵为

$$(\boldsymbol{\beta}_1,\boldsymbol{\beta}_2,\boldsymbol{\beta}_3)=\begin{pmatrix}1&2&1\\0&1&1\\1&1&2\end{pmatrix}.$$

设 $\boldsymbol{\xi}=(3,1,2)^{\mathrm{T}}$ 在基 II 下的坐标为 $(y_1,y_2,y_3)^{\mathrm{T}}$，则

$$\begin{pmatrix}y_1\\y_2\\y_3\end{pmatrix}=\begin{pmatrix}1&2&1\\0&1&1\\1&1&2\end{pmatrix}^{-1}\begin{pmatrix}3\\1\\2\end{pmatrix}=\frac{1}{2}\begin{pmatrix}1&-3&1\\1&1&-1\\-1&1&1\end{pmatrix}\begin{pmatrix}3\\1\\2\end{pmatrix}=\begin{pmatrix}1\\1\\0\end{pmatrix}.$$

6.1.5　子空间

定义 6.1.5 (子空间)　设 V 是数域 P 上的一个线性空间，W 是 V 的一个非空子集，如果 W 对于 V 中定义的加法和数乘两种运算也构成 P 上的一个线性空间，则称 W 为 V 的一个**线性子空间**(简称**子空间**).

一个非空子集 W 要满足什么样的条件才能构成 V 的子空间呢？按定义 W 应满足：

(1) W 是 V 的非空子集；

(2) $\forall \boldsymbol{\alpha},\boldsymbol{\beta}\in W$，有 $\boldsymbol{\alpha}+\boldsymbol{\beta}\in W$(加法封闭)；

(3) $\forall \boldsymbol{\alpha}\in W,\lambda\in P$，有 $\lambda\boldsymbol{\alpha}\in W$(数乘封闭)；

(4) W 中的运算满足定义 6.1.2 中的 8 条运算律.

首先要指出的是 W 中向量也是 V 中的向量，故在 V 的加法和数乘下当然适合 8 条运算律中的 i, ii, v, vi, vii, viii. 进而考察运算律中的 iii 和 iv 条是否满足？即 $\mathbf{0}\in W$？及当 $\boldsymbol{\alpha}\in W$ 时，$-\boldsymbol{\alpha}\in W$？而这两条只要注意到

$$\mathbf{0}=0\boldsymbol{\alpha}\in W,\quad -\boldsymbol{\alpha}=(-1)\boldsymbol{\alpha}\in W$$

即可. 于是有如下定理.

定理 6.1.1 线性空间 V 的一个非空子集 W 构成子空间的充分必要条件是 W 对于 V 中的线性运算封闭. 即 $\forall \boldsymbol{\alpha},\boldsymbol{\beta}\in W$，$\forall \lambda,\mu\in P$，有 $\lambda\boldsymbol{\alpha}+\mu\boldsymbol{\beta}\in W$.

线性空间 V 至少有两个子空间，一个是只含有零向量的**零空间**，另一个是 V 本身，这两个空间称为 V 的**平凡子空间**. 其他子空间称为 V 的**非平凡子空间**.

设 $\boldsymbol{\alpha}_1,\boldsymbol{\alpha}_2,\cdots,\boldsymbol{\alpha}_m\in V$，则

$$L(\boldsymbol{\alpha}_1,\boldsymbol{\alpha}_2,\cdots,\boldsymbol{\alpha}_m)=\{\boldsymbol{\alpha}=\lambda_1\boldsymbol{\alpha}_1+\lambda_2\boldsymbol{\alpha}_2+\cdots+\lambda_m\boldsymbol{\alpha}_m\mid\lambda_1,\lambda_2,\cdots,\lambda_m\in P\}$$

是 V 的一个子空间，称为由 $\boldsymbol{\alpha}_1,\boldsymbol{\alpha}_2,\cdots,\boldsymbol{\alpha}_m$ 生成的子空间.

易知 $\dim L(\boldsymbol{\alpha}_1,\boldsymbol{\alpha}_2,\cdots,\boldsymbol{\alpha}_m)=\boldsymbol{\alpha}_1,\boldsymbol{\alpha}_2,\cdots,\boldsymbol{\alpha}_m$ 的秩，$L(\boldsymbol{\alpha}_1,\boldsymbol{\alpha}_2,\cdots,\boldsymbol{\alpha}_m)$ 的基就是 $\boldsymbol{\alpha}_1,\boldsymbol{\alpha}_2,\cdots,\boldsymbol{\alpha}_m$ 的极大无关组.

例 6.1.10 在线性空间 $\mathbf{R}^{n\times n}$ 中，设

$$W_1=\{\boldsymbol{A}\in\mathbf{R}^{n\times n}\mid\boldsymbol{A}^{\mathrm{T}}=\boldsymbol{A}\},$$
$$W_2=\{\boldsymbol{A}\in\mathbf{R}^{n\times n}\mid\boldsymbol{A}^{\mathrm{T}}=-\boldsymbol{A}\},$$

即 W_1 是 n 阶对称矩阵的全体，W_2 是 n 阶反对称矩阵的全体. 则 W_1,W_2 均为 $\mathbf{R}^{n\times n}$ 的子空间.

例 6.1.11 设 $\boldsymbol{A}\in\mathbf{R}^{n\times n}$，证明：全体与 $\boldsymbol{A}$ 可交换的矩阵构成的集合 $C(\boldsymbol{A})=\{\boldsymbol{X}\in\mathbf{R}^{n\times n}\mid\boldsymbol{AX}=\boldsymbol{XA}\}$ 是 $\mathbf{R}^{n\times n}$ 的一个子空间.

证 显然单位矩阵 $\boldsymbol{E}\in\mathbf{R}^{n\times n}$，故 $C(\boldsymbol{A})\neq\varnothing$. 又对任意的 $\boldsymbol{X},\boldsymbol{Y}\in C(\boldsymbol{A})$，$\lambda,\mu\in\mathbf{R}$，有

$$\boldsymbol{A}(\lambda\boldsymbol{X}+\mu\boldsymbol{Y})=\lambda(\boldsymbol{AX})+\mu(\boldsymbol{AY})=\lambda(\boldsymbol{XA})+\mu(\boldsymbol{YA})=(\lambda\boldsymbol{X}+\mu\boldsymbol{Y})\boldsymbol{A},$$

即 $\lambda\boldsymbol{X}+\mu\boldsymbol{Y}\in C(\boldsymbol{A})$，所以 $C(\boldsymbol{A})$ 是 $\mathbf{R}^{n\times n}$ 的一个子空间.

习 题 6.1

1. 检验以下集合对于所指的线性运算是否构成实数域上的线性空间.

(1) 设 $\boldsymbol{A}$ 是一个 $n\times n$ 实矩阵，$\boldsymbol{A}$ 的实系数多项式 $f(\boldsymbol{A})$ 的全体对于矩阵的加法和数量乘法；

(2) 全体可逆矩阵对于矩阵的加法和数量乘法；

(3) 平面上不平行于某一向量的所有向量构成的集合对于向量的加法和数量乘法；

(4) 实数集 $\mathbf{R}$ 上的 n 次多项式的全体构成的集合 $Q_n[x]$，即

$$Q_n[x]=\{a_nx^n+a_{n-1}x^{n-1}+\cdots+a_1x+a_0\mid a_n,a_{n-1},\cdots,a_0\in\mathbf{R},a_n\neq0\}$$

对于通常多项式的加法及数与多项式的乘积；

(5) $V=\{f(x)\in C[a,b]\mid f(a)=1\}$对于函数的加法及数与函数的乘积；

(6) 全体实数的二元数列对于下面定义的运算：

$$(a_1,b_1)+(a_2,b_2)=(a_1+a_2,b_1+b_2),\ \lambda(a,b)=\left(\lambda a,\lambda b+\frac{\lambda(\lambda-1)}{2}a^2\right);$$

(7) 平面上全体向量对于通常的加法和定义 $\lambda\cdot\boldsymbol{\alpha}=\mathbf{0}$ 的数量乘法.

2. 求下列线性空间的维数和一组基：

(1) 复数域 **C** 对通常数的加法和乘法构成复数域 **C** 上的线性空间；

(2) 复数域 **C** 对通常数的加法和乘法构成实数域 **R** 上的线性空间；

(3) $\mathbf{C}^2=\{(x,y)^{\mathrm{T}}\mid x,y\in\mathbf{C}\}$作为复数域 **C** 上的线性空间；

(4) $\mathbf{C}^2=\{(x,y)^{\mathrm{T}}\mid x,y\in\mathbf{C}\}$作为实数域 **R** 上的线性空间；

(5) $\mathbf{R}^{n\times n}$作为实数域 **R** 上的线性空间；

(6) $\mathbf{R}^{n\times n}$中全体对称矩阵作为实数域 **R** 上的线性空间.

3. 在 $\mathbf{R}^4$ 中，求向量 $\boldsymbol{\xi}$ 在基 $\boldsymbol{\varepsilon}_1,\boldsymbol{\varepsilon}_2,\boldsymbol{\varepsilon}_3,\boldsymbol{\varepsilon}_4$ 下的坐标，设

(1) $\boldsymbol{\varepsilon}_1=(1,1,1,1),\boldsymbol{\varepsilon}_2=(1,1,-1,-1),\boldsymbol{\varepsilon}_3=(1,-1,1,-1),\boldsymbol{\varepsilon}_4=(1,-1,-1,1),\boldsymbol{\xi}=(1,2,1,1)$；

(2) $\boldsymbol{\varepsilon}_1=(1,1,0,1),\boldsymbol{\varepsilon}_2=(2,1,3,1),\boldsymbol{\varepsilon}_3=(1,1,0,0),\boldsymbol{\varepsilon}_4=(0,1,-1,-1),\boldsymbol{\xi}=(0,0,0,1)$.

4. 在线性空间 $\mathbf{R}^3$ 中，设有两组基

$$I:\boldsymbol{\varepsilon}_1=(1,2,1)^{\mathrm{T}},\boldsymbol{\varepsilon}_2=(2,3,3)^{\mathrm{T}},\boldsymbol{\varepsilon}_3=(3,7,1)^{\mathrm{T}};$$

$$II:\boldsymbol{\varepsilon}'_1=(9,24,-1)^{\mathrm{T}},\boldsymbol{\varepsilon}'_2=(8,22,-2)^{\mathrm{T}},\boldsymbol{\varepsilon}'_3=(12,28,4)^{\mathrm{T}}.$$

(1) 求基 I 到基 II 的过渡矩阵；

(2) 若向量 $\boldsymbol{\alpha}$ 在基 I 下的坐标为 $\boldsymbol{X}=(0,1,-1)^{\mathrm{T}}$，求 $\boldsymbol{\alpha}$ 在基 II 下的坐标 $\boldsymbol{X}'$.

5. 在线性空间 $\mathbf{R}^{2\times2}$ 中，设有两组基

$$I:\boldsymbol{E}_{11}=\begin{pmatrix}1&0\\0&0\end{pmatrix},\boldsymbol{E}_{12}=\begin{pmatrix}0&1\\0&0\end{pmatrix},\boldsymbol{E}_{21}=\begin{pmatrix}0&0\\1&0\end{pmatrix},\boldsymbol{E}_{22}=\begin{pmatrix}0&0\\0&1\end{pmatrix};$$

$$II:\boldsymbol{E}'_{11}=\begin{pmatrix}1&1\\1&1\end{pmatrix},\boldsymbol{E}'_{12}=\begin{pmatrix}1&1\\1&0\end{pmatrix},\boldsymbol{E}'_{21}=\begin{pmatrix}1&1\\0&0\end{pmatrix},\boldsymbol{E}'_{22}=\begin{pmatrix}1&0\\0&0\end{pmatrix}.$$

(1) 求基 I 到基 II 的过渡矩阵；

(2) 求矩阵 $\boldsymbol{A}=\begin{pmatrix}1&2\\3&4\end{pmatrix}$在基 I，基 II 下的坐标.

6. 在 $P_3[x]$中取两个基

$$\boldsymbol{\alpha}_1=x^3+2x^2-x,\boldsymbol{\alpha}_2=x^3-x^2+x+1,$$
$$\boldsymbol{\alpha}_3=-x^3+2x^2+x+1,\boldsymbol{\alpha}_4=-x^3-x^2+1,$$

及

$$\boldsymbol{\beta}_1=2x^3+x^2+1,\boldsymbol{\beta}_2=x^2+2x+2,$$
$$\boldsymbol{\beta}_3=-2x^3+x^2+x+2,\boldsymbol{\beta}_4=x^3+3x^2+x+2,$$

求坐标变换公式.

7. $\mathbf{R}^{2\times3}$的下列子集是否构成子空间？为什么？

(1) $W_1=\left\{\begin{pmatrix}1&b&0\\0&c&d\end{pmatrix}\middle| b,c,d\in\mathbf{R}\right\}$；

(2) $W_1=\left\{\begin{pmatrix}a&b&0\\0&0&c\end{pmatrix}\middle| a+b+c=0,a,b,c\in\mathbf{R}\right\}$.

8. 设 H 是所有形如 $(a-2b,b-2a,a,b)$ 的向量所构成的集合，其中 a,b 是任意实数，即

$$H=\{(a-2b,b-2a,a,b)\mid a,b\in\mathbf{R}\}.$$

证明：H 是 $\mathbf{R}^4$ 的子空间.

6.2 线性变换

6.2.1 线性变换的定义

线性空间中向量之间的联系是通过线性空间到线性空间的映射来实现的. 线性空间 V 到自身的映射称为 V 的一个变换，线性变换是线性空间中一种最简单、最基本的变换，是线性代数研究的中心问题之一.

定义 6.2.1(线性变换) 设 V 和 W 是数域 P 上的 n 维和 m 维的线性空间，σ 是从 V 到 W 的映射，如果映射 σ 满足：

(1) $\forall \boldsymbol{\alpha}_1,\boldsymbol{\alpha}_2\in V$，有 $\sigma(\boldsymbol{\alpha}_1+\boldsymbol{\alpha}_2)=\sigma(\boldsymbol{\alpha}_1)+\sigma(\boldsymbol{\alpha}_2)$；

(2) $\forall \boldsymbol{\alpha}\in V,\lambda\in P$，有 $\sigma(\lambda\boldsymbol{\alpha})=\lambda\sigma(\boldsymbol{\alpha})$，

则称 σ 是从 V 到 W 的**线性映射**. 特别地，当 $V=W$ 时，称 σ 是 V 上的一个**线性变换**.

注 (1) 线性变换就是保持线性空间中线性运算的变换.

(2) σ 是从 V 到 W 的线性映射 $\Leftrightarrow \forall \boldsymbol{\alpha}_1,\boldsymbol{\alpha}_2\in V,\forall\lambda_1,\lambda_2\in P$，有

$$\sigma(\lambda_1\boldsymbol{\alpha}_1+\lambda_2\boldsymbol{\alpha}_2)=\lambda_1\sigma(\boldsymbol{\alpha}_1)+\lambda_2\sigma(\boldsymbol{\alpha}_2).$$

例 6.2.1 证明：线性空间 V 中的恒等变换 $I:I(\boldsymbol{\alpha})=\boldsymbol{\alpha}(\forall\boldsymbol{\alpha}\in V)$，零变换 $O:O(\boldsymbol{\alpha})=\mathbf{0}(\forall\boldsymbol{\alpha}\in V)$ 及数乘变换 $\sigma:\sigma(\boldsymbol{\alpha})=k\boldsymbol{\alpha}(\forall\boldsymbol{\alpha}\in V)$ 均为线性变换.

证 $\forall\boldsymbol{\alpha},\boldsymbol{\beta}\in V,\forall\lambda\in P$，有

$$I(\boldsymbol{\alpha}+\boldsymbol{\beta})=\boldsymbol{\alpha}+\boldsymbol{\beta}=I(\boldsymbol{\alpha})+I(\boldsymbol{\beta}),\ I(\lambda\boldsymbol{\alpha})=\lambda\boldsymbol{\alpha}=\lambda I(\boldsymbol{\alpha}),$$

故 I 是 V 中的线性变换. 同理可验证零变换和数乘变换也是 V 中的线性变换.

例 6.2.2 平面上的旋转变换：$\sigma:\mathbf{R}^2\to\mathbf{R}^2$，为每个向量绕原点按逆时针方向旋转角 θ 的变换. 设 $\boldsymbol{\alpha}=\begin{pmatrix}x\\y\end{pmatrix}$，$\sigma(\boldsymbol{\alpha})=\begin{pmatrix}x'\\y'\end{pmatrix}$，则必有 $\begin{pmatrix}x'\\y'\end{pmatrix}=\begin{pmatrix}x\cos\theta-y\sin\theta\\x\sin\theta+y\cos\theta\end{pmatrix}=\begin{pmatrix}\cos\theta-\sin\theta\\\sin\theta\cos\theta\end{pmatrix}\begin{pmatrix}x\\y\end{pmatrix}$. 容易验证它是线性变换.

例 6.2.3 在线性空间 $P_n[x]$ 中，定义微分变换 D：$D(f(x))=f'(x)$，求证微分变换 D 是线性变换.

证 设 $f(x),g(x)\in P_n[x],\lambda\in\mathbf{R}$，则有

$$D(f(x)+g(x))=[f(x)+g(x)]'=f'(x)+g'(x)=D(f(x))+D(g(x)),$$

$$D(\lambda f(x))=[\lambda f(x)]'=\lambda f'(x)=\lambda D(f(x)),$$

所以微分变换 D 是线性变换.

6.2.2 线性变换的基本性质

定理 6.2.1 设 σ 是线性空间 V 上的线性变换，则

(1) $\sigma(\mathbf{0})=\mathbf{0}$，$\sigma(-\boldsymbol{\alpha})=-\sigma(\boldsymbol{\alpha})$；

(2) 若 $\boldsymbol{\beta}=\lambda_1\boldsymbol{\alpha}_1+\lambda_2\boldsymbol{\alpha}_2+\cdots+\lambda_m\boldsymbol{\alpha}_m$，则 $\sigma(\boldsymbol{\beta})=\lambda_1\sigma(\boldsymbol{\alpha}_1)+\lambda_2\sigma(\boldsymbol{\alpha}_2)+\cdots+\lambda_m\sigma(\boldsymbol{\alpha}_m)$；

(3) 若 $\boldsymbol{\alpha}_1,\boldsymbol{\alpha}_2,\cdots,\boldsymbol{\alpha}_m$ 线性相关,则 $\sigma(\boldsymbol{\alpha}_1),\sigma(\boldsymbol{\alpha}_2),\cdots,\sigma(\boldsymbol{\alpha}_m)$ 也线性相关.

证 (1) $\sigma(\mathbf{0})=\sigma(0\boldsymbol{\alpha})=0\sigma(\boldsymbol{\alpha})=\mathbf{0}$. $\sigma(-\boldsymbol{\alpha})=\sigma((-1)\boldsymbol{\alpha})=(-1)\sigma(\boldsymbol{\alpha})=-\sigma(\boldsymbol{\alpha})$.

(2) 利用 $\sigma(\lambda_1\boldsymbol{\alpha}_1+\lambda_2\boldsymbol{\alpha}_2)=\lambda_1\sigma(\boldsymbol{\alpha}_1)+\lambda_2\sigma(\boldsymbol{\alpha}_2)$ 及数学归纳法即可证明.

(3) 由于 $\boldsymbol{\alpha}_1,\boldsymbol{\alpha}_2,\cdots,\boldsymbol{\alpha}_m$ 线性相关,即存在不全为零的一组数 $\lambda_1,\lambda_2,\cdots,\lambda_m$,使得

$$\lambda_1\boldsymbol{\alpha}_1+\lambda_2\boldsymbol{\alpha}_2+\cdots+\lambda_m\boldsymbol{\alpha}_m=\mathbf{0},$$

则

$$\sigma(\lambda_1\boldsymbol{\alpha}_1+\lambda_2\boldsymbol{\alpha}_2+\cdots+\lambda_m\boldsymbol{\alpha}_m)=\lambda_1\sigma(\boldsymbol{\alpha}_1)+\lambda_2\sigma(\boldsymbol{\alpha}_2)+\cdots+\lambda_m\sigma(\boldsymbol{\alpha}_m)=\sigma(\mathbf{0})=\mathbf{0},$$

故 $\sigma(\boldsymbol{\alpha}_1),\sigma(\boldsymbol{\alpha}_2),\cdots,\sigma(\boldsymbol{\alpha}_m)$ 也线性相关.

注 性质(3)的逆命题不成立,因为线性变换可能把线性无关的向量组变成线性相关的向量组.例如,零变换就是这样.

6.2.3 线性映射(变换)的核与象

设 σ 是线性空间 V 到 W 上的线性映射,对 $\forall\,\boldsymbol{\alpha}\in V$,称 $\boldsymbol{\beta}=\sigma(\boldsymbol{\alpha})$ 为 $\boldsymbol{\alpha}$ 在 σ 下的**象**,而 $\boldsymbol{\alpha}$ 称为 $\boldsymbol{\beta}$ 在 σ 下的**原象**.

定义 6.2.2(象与核) 设 σ 是线性空间 V 到 W 上的线性映射,则 V 中所有元素在 σ 下的象构成的集合叫做 σ 的**象**,记为 $\mathrm{Im}\,\sigma$ 或 $\sigma(V)$,即 $\mathrm{Im}\,\sigma=\sigma(V)=\{\boldsymbol{\beta}=\sigma(\boldsymbol{\alpha})\,|\,\boldsymbol{\alpha}\in V\}$. 而 V 中所有象为 $\mathbf{0}$ 的元素的集合称为 σ 的**核**,记作 $\ker\sigma$,即 $\ker\sigma=\{\boldsymbol{\alpha}\,|\,\sigma(\boldsymbol{\alpha})=\mathbf{0}\}$.

定理 6.2.2 设 σ 是线性空间 V 到 W 上的线性映射,则 $\mathrm{Im}\,\sigma$ 和 $\ker\sigma$ 分别为 W 和 V 的子空间.

证 (1) $\mathrm{Im}\,\sigma$ 为 W 的子空间.

对 $\forall\,\boldsymbol{\beta}_1,\boldsymbol{\beta}_2\in\mathrm{Im}\,\sigma$,必有 $\boldsymbol{\alpha}_1,\boldsymbol{\alpha}_2\in V$,使得 $\sigma(\boldsymbol{\alpha}_1)=\boldsymbol{\beta}_1,\sigma(\boldsymbol{\alpha}_2)=\boldsymbol{\beta}_2$. 故对 $\forall\,\lambda,\mu\in P$,有

$$\lambda\boldsymbol{\beta}_1+\mu\boldsymbol{\beta}_2=\lambda\sigma(\boldsymbol{\alpha}_1)+\mu\sigma(\boldsymbol{\alpha}_2)=\sigma(\lambda\boldsymbol{\alpha}_1+\mu\boldsymbol{\alpha}_2).$$

又 $\lambda\boldsymbol{\alpha}_1+\mu\boldsymbol{\alpha}_2\in V$, 所以 $\lambda\boldsymbol{\beta}_1+\mu\boldsymbol{\beta}_2\in\mathrm{Im}\,\sigma\subset W$, 于是 $\mathrm{Im}\,\sigma$ 为 W 的子空间.

(2) $\ker\sigma$ 为 V 的子空间.

对 $\forall\,\boldsymbol{\alpha}_1,\boldsymbol{\alpha}_2\in\ker\sigma$, $\forall\,\lambda,\mu\in P$,由于 $\sigma(\boldsymbol{\alpha}_1)=\mathbf{0},\sigma(\boldsymbol{\alpha}_2)=\mathbf{0}$,故

$$\sigma(\lambda\boldsymbol{\alpha}_1+\mu\boldsymbol{\alpha}_2)=\lambda\sigma(\boldsymbol{\alpha}_1)+\mu\sigma(\boldsymbol{\alpha}_2)=\mathbf{0},$$

所以 $\lambda\boldsymbol{\alpha}_1+\mu\boldsymbol{\alpha}_2\in\ker\sigma\subset V$. 于是 $\ker\sigma$ 为 V 的子空间.

例 6.2.4 设 n 阶矩阵 $\boldsymbol{A}=\begin{pmatrix}a_{11}&a_{12}&\cdots&a_{1n}\\a_{21}&a_{22}&\cdots&a_{2n}\\\vdots&\vdots&&\vdots\\a_{n1}&a_{n2}&\cdots&a_{nn}\end{pmatrix}=(\boldsymbol{\alpha}_1,\boldsymbol{\alpha}_2,\cdots,\boldsymbol{\alpha}_n)$,其中 $\boldsymbol{\alpha}_i=\begin{pmatrix}a_{1i}\\a_{2i}\\\vdots\\a_{ni}\end{pmatrix}$ $(i=1,2,\cdots,n)$. 定义 $\mathbf{R}^n$ 中的变换为 $\sigma:\sigma(\boldsymbol{X})=\boldsymbol{A}\boldsymbol{X}(\boldsymbol{X}\in\mathbf{R}^n)$.

(1) 证明:σ 为 $\mathbf{R}^n$ 上的线性变换;(2) 求 σ 的象;(3) 求 σ 的核.

(1) **证** 对 $\forall\,\boldsymbol{\alpha},\boldsymbol{\beta}\in\mathbf{R}^n$, $\forall\,\lambda,\mu\in\mathbf{R}$, 有

$$\sigma(\lambda\boldsymbol{\alpha}+\mu\boldsymbol{\beta})=\boldsymbol{A}(\lambda\boldsymbol{\alpha}+\mu\boldsymbol{\beta})=\lambda\boldsymbol{A}\boldsymbol{\alpha}+\mu\boldsymbol{A}\boldsymbol{\beta}=\lambda\sigma(\boldsymbol{\alpha})+\mu\sigma(\boldsymbol{\beta}).$$

即 σ 为 $\mathbf{R}^n$ 上的线性变换.

(2) **解** 因为 $\mathrm{Im}\,\sigma=\{\boldsymbol{Y}=\boldsymbol{A}\boldsymbol{X}\,|\,\boldsymbol{X}\in\mathbf{R}^n\}$,其中 $\boldsymbol{X}=(x_1,x_2,\cdots,x_n)^{\mathrm{T}}$,故

$$\mathrm{Im}\sigma=\{\boldsymbol{Y}=x_1\boldsymbol{\alpha}_1+x_2\boldsymbol{\alpha}_2+\cdots+x_n\boldsymbol{\alpha}_n\,|\,x_1,x_2,\cdots,x_n\in\mathbf{R}\}.$$

即 $\mathrm{Im}\sigma$ 是由 $\boldsymbol{\alpha}_1,\boldsymbol{\alpha}_2,\cdots,\boldsymbol{\alpha}_n$ 生成的向量空间.

(3) **解** $\ker\sigma=\{\boldsymbol{X}|\boldsymbol{AX}=\boldsymbol{0}\}$,即 σ 的核是所有满足方程 $\boldsymbol{AX}=\boldsymbol{0}$ 的向量构成的向量空间.

6.2.4 线性变换的运算

定义 6.2.3(和变换) 设 σ_1,σ_2 是线性空间 V 中的两个线性变换,对 $\forall\boldsymbol{\alpha}\in V$,变换 $(\sigma_1+\sigma_2)(\boldsymbol{\alpha})=\sigma_1(\boldsymbol{\alpha})+\sigma_2(\boldsymbol{\alpha})$称为 σ_1 与 σ_2 的**和变换**,记作 $\sigma_1+\sigma_2$.

定义 6.2.4(数乘变换) 设 σ 是线性空间 V 中的线性变换,$\lambda\in P$,对 $\forall\boldsymbol{\alpha}\in V$,变换 $(\lambda\sigma)(\boldsymbol{\alpha})=\lambda\sigma(\boldsymbol{\alpha})$称为 σ 的**数乘变换**,记作 $\lambda\sigma$. 特殊地,当 $\lambda=-1$ 时,变换$(-\sigma)(\boldsymbol{\alpha})=-\sigma(\boldsymbol{\alpha})$称为 σ 的**负变换**,记作$-\sigma$.

规定 $\sigma_1-\sigma_2=\sigma_1+(-\sigma_2)$,称为 σ_1 与 σ_2 的**差变换**.

容易验证和变换、数乘变换、差变换均为线性变换.

设 V 是数域 P 上的线性空间,用 $L(V)$表示 V 中所有线性变换构成的集合,则 $L(V)$构成数域 P 上的线性空间,称为**线性变换空间**.

定义 6.2.5(乘积变换) 设 σ_1,σ_2 是线性空间 V 中的两个线性变换,对 $\forall\boldsymbol{\alpha}\in V$,变换 $(\sigma_1\sigma_2)(\boldsymbol{\alpha})=\sigma_1(\sigma_2(\boldsymbol{\alpha}))$称为 σ_1 与 σ_2 的**乘积变换**,记作 $\sigma_1\sigma_2$.

可以验证,乘积变换也是 V 中的线性变换.

一般地,乘积变换不满足交换律. 例如,在 $\mathbf{R}^2$ 中,取标准基 $\boldsymbol{\varepsilon}_1=(1,0)^{\mathrm{T}},\boldsymbol{\varepsilon}_2=(0,1)^{\mathrm{T}}$,设 σ_1 是将向量绕原点向逆时针方向旋转 $90°$的旋转变换,σ_2 是将向量向横轴上投影的投影变换,易验证 σ_1,σ_2 均为线性变换. 由于

$$\sigma_1\sigma_2\begin{pmatrix}1\\0\end{pmatrix}=\sigma_1\begin{pmatrix}1\\0\end{pmatrix}=\begin{pmatrix}0\\1\end{pmatrix},$$

$$\sigma_2\sigma_1\begin{pmatrix}1\\0\end{pmatrix}=\sigma_2\begin{pmatrix}0\\1\end{pmatrix}=\begin{pmatrix}0\\0\end{pmatrix}.$$

故 $\sigma_1\sigma_2\neq\sigma_2\sigma_1$.

定义 6.2.6(逆变换) 设 σ 是线性空间 V 中的线性变换,若存在变换 τ,使得 $\tau\sigma=\sigma\tau=I$,则称 τ 为 σ 的**逆变换**,也称 σ 是可逆变换. 容易验证可逆变换 σ 的逆变换是唯一的,记作 σ^{-1}.

例 6.2.5 已知 σ 为 $\mathbf{R}^2$ 中的线性变换,$\sigma(x_1,x_2)=(x_1-x_2,x_1+x_2)$,(1) 求 $\sigma^2(x_1,x_2)$;(2) 证明:σ 可逆,且 $\sigma^{-1}(x_1,x_2)=\left(\dfrac{x_1+x_2}{2},\dfrac{x_2-x_1}{2}\right)$.

(1) **解**
$$\begin{aligned}\sigma^2(x_1,x_2)&=\sigma(x_1-x_2,x_1+x_2)\\&=((x_1-x_2)-(x_1+x_2),(x_1-x_2)+(x_1+x_2))=(-2x_2,2x_1);\end{aligned}$$

(2) **证** 设 $\tau(x_1,x_2)=\left(\dfrac{x_1+x_2}{2},\dfrac{x_2-x_1}{2}\right)$. 则

$$\tau\sigma(x_1,x_2)=\tau(x_1-x_2,x_1+x_2)=(x_1,x_2),$$

$$\sigma\tau(x_1,x_2)=\sigma\left(\frac{x_1+x_2}{2},\frac{x_2-x_1}{2}\right)=(x_1,x_2).$$

故 σ 可逆,且 $\sigma^{-1}(x_1,x_2)=\left(\dfrac{x_1+x_2}{2},\dfrac{x_2-x_1}{2}\right)$.

6.2.5　线性变换的矩阵表示

以下建立线性变换与矩阵之间的一一对应关系,从而使线性变换矩阵化,通过对矩阵的分析了解线性变换的性质.

定义 6.2.7(线性变换的矩阵) 设 σ 是线性空间 V 中的线性变换,$\boldsymbol{\alpha}_1,\boldsymbol{\alpha}_2,\cdots,\boldsymbol{\alpha}_n$ 是 V 的一个基,这个基在 σ 下的象可由 $\boldsymbol{\alpha}_1,\boldsymbol{\alpha}_2,\cdots,\boldsymbol{\alpha}_n$ 线性表示:

$$\begin{cases}\sigma(\boldsymbol{\alpha}_1)=a_{11}\boldsymbol{\alpha}_1+a_{21}\boldsymbol{\alpha}_2+\cdots+a_{n1}\boldsymbol{\alpha}_n\\ \sigma(\boldsymbol{\alpha}_2)=a_{12}\boldsymbol{\alpha}_1+a_{22}\boldsymbol{\alpha}_2+\cdots+a_{n2}\boldsymbol{\alpha}_n\\ \qquad\qquad\cdots\cdots\\ \sigma(\boldsymbol{\alpha}_n)=a_{1n}\boldsymbol{\alpha}_1+a_{2n}\boldsymbol{\alpha}_2+\cdots+a_{nn}\boldsymbol{\alpha}_n\end{cases},$$

写成矩阵形式为

$$(\sigma(\boldsymbol{\alpha}_1),\sigma(\boldsymbol{\alpha}_2),\cdots,\sigma(\boldsymbol{\alpha}_n))=(\boldsymbol{\alpha}_1,\boldsymbol{\alpha}_2,\cdots,\boldsymbol{\alpha}_n)\boldsymbol{A},$$

其中 $\boldsymbol{A}=\begin{pmatrix}a_{11}&a_{12}&\cdots&a_{1n}\\a_{21}&a_{22}&\cdots&a_{2n}\\\vdots&\vdots&&\vdots\\a_{n1}&a_{n2}&\cdots&a_{nn}\end{pmatrix}$,$\boldsymbol{A}$ 称为线性变换 σ 在基 $\boldsymbol{\alpha}_1,\boldsymbol{\alpha}_2,\cdots,\boldsymbol{\alpha}_n$ 下的矩阵.

显然,矩阵 $\boldsymbol{A}$ 由基的象 $\sigma(\boldsymbol{\alpha}_1),\sigma(\boldsymbol{\alpha}_2),\cdots,\sigma(\boldsymbol{\alpha}_n)$ 唯一确定. 反之,给定一个 n 阶方阵 $\boldsymbol{A}$,可以证明线性空间中有唯一一个线性变换 σ 与之对应,并且 σ 在给定基下的矩阵恰为 $\boldsymbol{A}$. 这样,线性变换与矩阵之间就有了一一对应关系.

零变换在任一基下的矩阵都是零矩阵,恒等变换在任一基下的矩阵都是单位矩阵.

下面给出元素 $\boldsymbol{\alpha}$ 与它的象 $\sigma(\boldsymbol{\alpha})$ 在基 $\boldsymbol{\alpha}_1,\boldsymbol{\alpha}_2,\cdots,\boldsymbol{\alpha}_n$ 下的坐标之间的关系. 设

$$\boldsymbol{\alpha}=x_1\boldsymbol{\alpha}_1+x_2\boldsymbol{\alpha}_2+\cdots+x_n\boldsymbol{\alpha}_n=(\boldsymbol{\alpha}_1,\boldsymbol{\alpha}_2,\cdots,\boldsymbol{\alpha}_n)\begin{pmatrix}x_1\\x_2\\\vdots\\x_n\end{pmatrix},$$

$$\sigma(\boldsymbol{\alpha})=y_1\boldsymbol{\alpha}_1+y_2\boldsymbol{\alpha}_2+\cdots+y_n\boldsymbol{\alpha}_n=(\boldsymbol{\alpha}_1,\boldsymbol{\alpha}_2,\cdots,\boldsymbol{\alpha}_n)\begin{pmatrix}y_1\\y_2\\\vdots\\y_n\end{pmatrix},$$

又

$$\begin{aligned}\sigma(\boldsymbol{\alpha})&=\sigma(x_1\boldsymbol{\alpha}_1+x_2\boldsymbol{\alpha}_2+\cdots+x_n\boldsymbol{\alpha}_n)\\&=x_1\sigma(\boldsymbol{\alpha}_1)+x_2\sigma(\boldsymbol{\alpha}_2)+\cdots+x_n\sigma(\boldsymbol{\alpha}_n)\\&=(\sigma(\boldsymbol{\alpha}_1),\sigma(\boldsymbol{\alpha}_2),\cdots,\sigma(\boldsymbol{\alpha}_n))\begin{pmatrix}x_1\\x_2\\\vdots\\x_n\end{pmatrix}\end{aligned}$$

$$=(\boldsymbol{\alpha}_1,\boldsymbol{\alpha}_2,\cdots,\boldsymbol{\alpha}_n)\boldsymbol{A}\begin{pmatrix}x_1\\x_2\\\vdots\\x_n\end{pmatrix},$$

所以元素 $\boldsymbol{\alpha}$ 与它的象 $\sigma(\boldsymbol{\alpha})$ 在基 $\boldsymbol{\alpha}_1,\boldsymbol{\alpha}_2,\cdots,\boldsymbol{\alpha}_n$ 下的坐标之间的关系为

$$\begin{pmatrix}y_1\\y_2\\\vdots\\y_n\end{pmatrix}=\boldsymbol{A}\begin{pmatrix}x_1\\x_2\\\vdots\\x_n\end{pmatrix}.$$

例 6.2.6 在 $\mathbf{R}^3$ 中，σ 表示将向量投影到 xOy 平面的投影变换，即 $\sigma(x\boldsymbol{i}+y\boldsymbol{j}+z\boldsymbol{k})=x\boldsymbol{i}+y\boldsymbol{j}$，

(1) 求 σ 在基 $\boldsymbol{i},\boldsymbol{j},\boldsymbol{k}$ 下的矩阵；

(2) 求 σ 在基 $\boldsymbol{\alpha}=\boldsymbol{i},\boldsymbol{\beta}=\boldsymbol{j},\boldsymbol{\gamma}=\boldsymbol{i}+\boldsymbol{j}+\boldsymbol{k}$ 下的矩阵.

解 (1) 因为 $\begin{cases}\sigma(\boldsymbol{i})=\boldsymbol{i},\\\sigma(\boldsymbol{j})=\boldsymbol{j},\\\sigma(\boldsymbol{k})=\boldsymbol{0},\end{cases}$ 即 $(\sigma(\boldsymbol{i}),\sigma(\boldsymbol{j}),\sigma(\boldsymbol{k}))=(\boldsymbol{i},\boldsymbol{j},\boldsymbol{k})\begin{pmatrix}1&0&0\\0&1&0\\0&0&0\end{pmatrix}$，

故 σ 在基 $\boldsymbol{i},\boldsymbol{j},\boldsymbol{k}$ 下的矩阵为 $\begin{pmatrix}1&0&0\\0&1&0\\0&0&0\end{pmatrix}$.

(2) 因为 $\begin{cases}\sigma(\boldsymbol{\alpha})=\boldsymbol{i}=\boldsymbol{\alpha},\\\sigma(\boldsymbol{\beta})=\boldsymbol{j}=\boldsymbol{\beta},\\\sigma(\boldsymbol{\gamma})=\boldsymbol{i}+\boldsymbol{j}=\boldsymbol{\alpha}+\boldsymbol{\beta},\end{cases}$ 即 $(\sigma(\boldsymbol{\alpha}),\sigma(\boldsymbol{\beta}),\sigma(\boldsymbol{\gamma}))=(\boldsymbol{\alpha},\boldsymbol{\beta},\boldsymbol{\gamma})\begin{pmatrix}1&0&1\\0&1&1\\0&0&0\end{pmatrix}$，

故 σ 在基 $\boldsymbol{\alpha},\boldsymbol{\beta},\boldsymbol{\gamma}$ 下的矩阵为 $\begin{pmatrix}1&0&1\\0&1&1\\0&0&0\end{pmatrix}$.

由此可见，同一个线性变换在不同基下一般有不同的矩阵，那么，同一个线性变换在不同基下的矩阵之间有何联系呢？

定理 6.2.3 设 $\boldsymbol{\alpha}_1,\boldsymbol{\alpha}_2,\cdots,\boldsymbol{\alpha}_n$ 和 $\boldsymbol{\beta}_1,\boldsymbol{\beta}_2,\cdots,\boldsymbol{\beta}_n$ 是线性空间 V 的两个基，$\boldsymbol{P}$ 为由基 $\boldsymbol{\alpha}_1,\boldsymbol{\alpha}_2,\cdots,\boldsymbol{\alpha}_n$ 到基 $\boldsymbol{\beta}_1,\boldsymbol{\beta}_2,\cdots,\boldsymbol{\beta}_n$ 的过渡矩阵. V 中的线性变换 σ 在这两个基下的矩阵分别为 $\boldsymbol{A}$ 和 $\boldsymbol{B}$，则 $\boldsymbol{B}=\boldsymbol{P}^{-1}\boldsymbol{A}\boldsymbol{P}$.

证 由已知可得

$$(\boldsymbol{\beta}_1,\boldsymbol{\beta}_2,\cdots,\boldsymbol{\beta}_n)=(\boldsymbol{\alpha}_1,\boldsymbol{\alpha}_2,\cdots,\boldsymbol{\alpha}_n)\boldsymbol{P},$$

其中 P 可逆，且

$$(\sigma(\boldsymbol{\alpha}_1),\sigma(\boldsymbol{\alpha}_2),\cdots,\sigma(\boldsymbol{\alpha}_n))=(\boldsymbol{\alpha}_1,\boldsymbol{\alpha}_2,\cdots,\boldsymbol{\alpha}_n)\boldsymbol{A},$$
$$(\sigma(\boldsymbol{\beta}_1),\sigma(\boldsymbol{\beta}_2),\cdots,\sigma(\boldsymbol{\beta}_n))=(\boldsymbol{\beta}_1,\boldsymbol{\beta}_2,\cdots,\boldsymbol{\beta}_n)\boldsymbol{B}.$$

同时

$$\begin{aligned}(\sigma(\boldsymbol{\beta}_1),\sigma(\boldsymbol{\beta}_2),\cdots,\sigma(\boldsymbol{\beta}_n))&=(\sigma(\boldsymbol{\alpha}_1),\sigma(\boldsymbol{\alpha}_2),\cdots,\sigma(\boldsymbol{\alpha}_n))\boldsymbol{P}\\&=(\boldsymbol{\alpha}_1,\boldsymbol{\alpha}_2,\cdots,\boldsymbol{\alpha}_n)\boldsymbol{A}\boldsymbol{P}\end{aligned}$$

$$=(\boldsymbol{\beta}_1,\boldsymbol{\beta}_2,\cdots,\boldsymbol{\beta}_n)\boldsymbol{P}^{-1}\boldsymbol{AP}.$$

由于$\boldsymbol{\beta}_1,\boldsymbol{\beta}_2,\cdots,\boldsymbol{\beta}_n$线性无关,所以$\boldsymbol{B}=\boldsymbol{P}^{-1}\boldsymbol{AP}$.

例 6.2.7 设在$\mathbf{R}^{2\times 2}$中的线性变换σ在基$\boldsymbol{\alpha},\boldsymbol{\beta}$下的矩阵为$\boldsymbol{A}=\begin{pmatrix}a_{11}&a_{12}\\a_{21}&a_{22}\end{pmatrix}$,求$\sigma$在基$\boldsymbol{\beta},\boldsymbol{\alpha}$下的矩阵.

解 由于$(\boldsymbol{\beta},\boldsymbol{\alpha})=(\boldsymbol{\alpha},\boldsymbol{\beta})\begin{pmatrix}0&1\\1&0\end{pmatrix}$,即从$\boldsymbol{\alpha},\boldsymbol{\beta}$到$\boldsymbol{\beta},\boldsymbol{\alpha}$的过渡矩阵为$\boldsymbol{P}=\begin{pmatrix}0&1\\1&0\end{pmatrix}$,易求得$\boldsymbol{P}^{-1}=\begin{pmatrix}0&1\\1&0\end{pmatrix}$,于是$\sigma$在基$\boldsymbol{\beta},\boldsymbol{\alpha}$下的矩阵为

$$\boldsymbol{B}=\begin{pmatrix}0&1\\1&0\end{pmatrix}\begin{pmatrix}a_{11}&a_{12}\\a_{21}&a_{22}\end{pmatrix}\begin{pmatrix}0&1\\1&0\end{pmatrix}=\begin{pmatrix}a_{22}&a_{21}\\a_{12}&a_{11}\end{pmatrix}.$$

习　题　6.2

1. 判断下列变换是否为$\mathbf{R}^3$上的线性变换:

(1) $\sigma(a_1,a_2,a_3)^{\mathrm{T}}=(1,a_2,a_3)^{\mathrm{T}}$;

(2) $\sigma(a_1,a_2,a_3)^{\mathrm{T}}=(0,a_2,a_3)^{\mathrm{T}}$;

(3) $\sigma(a_1,a_2,a_3)^{\mathrm{T}}=(2a_1-a_2,a_2+a_3,a_1)^{\mathrm{T}}$;

(4) $\sigma(a_1,a_2,a_3)^{\mathrm{T}}=(1,a_2^2,3a_3)^{\mathrm{T}}$.

2. 求$\mathbf{R}^3$上如下线性变换的象与核:

(1) $T(x_1,x_2,x_3)=(x_1,0,0)$;

(2) $T(x_1,x_2,x_3)=(x_1+x_2+x_3,x_2+x_3,x_3)$;

(3) $T(x_1,x_2,x_3)=(x_1+x_2+x_3,-x_1-2x_3,x_2-x_3)$.

3. 设$T:\mathbf{R}^2\to\mathbf{R}^2$为$T(x,y)=(-2x,-2y)$,求$T$与$T^2$关于$\mathbf{R}^2$的标准基$\boldsymbol{\varepsilon}_1=(1,0),\boldsymbol{\varepsilon}_2=(0,1)$的矩阵.

4. 设$\mathbf{R}^3$上的线性变换T为

$$T(x_1,x_2,x_3)=(2x_1-x_2,x_2+x_3,x_1),$$

求T在标准基$\boldsymbol{\varepsilon}_1,\boldsymbol{\varepsilon}_2,\boldsymbol{\varepsilon}_3$下的矩阵,其中$\boldsymbol{\varepsilon}_1=(1,0,0),\boldsymbol{\varepsilon}_2=(0,1,0),\boldsymbol{\varepsilon}_3=(0,0,1)$.

5. 设T为$\mathbf{R}^3$上的线性变换,满足

$$T(\boldsymbol{\varepsilon}_1)=(-1,1,0)^{\mathrm{T}},T(\boldsymbol{\varepsilon}_2)=(2,1,1)^{\mathrm{T}},T(\boldsymbol{\varepsilon}_3)=(0,-1,-1)^{\mathrm{T}},$$

其中$\boldsymbol{\varepsilon}_1,\boldsymbol{\varepsilon}_2,\boldsymbol{\varepsilon}_3$为标准基.

(1) 求T在基$\boldsymbol{\varepsilon}_1,\boldsymbol{\varepsilon}_2,\boldsymbol{\varepsilon}_3$下的矩阵$\boldsymbol{A}$;

(2) 求T在基$\boldsymbol{\xi}_1=\boldsymbol{\varepsilon}_1+\boldsymbol{\varepsilon}_2+\boldsymbol{\varepsilon}_3,\boldsymbol{\xi}_2=\boldsymbol{\varepsilon}_1+\boldsymbol{\varepsilon}_2,\boldsymbol{\xi}_3=\boldsymbol{\varepsilon}_1$下的矩阵$\boldsymbol{B}$.

6. 设$\boldsymbol{\alpha}_1,\boldsymbol{\alpha}_2,\cdots,\boldsymbol{\alpha}_n$是线性空间$V$的一个基,$\sigma,\tau$是$V$上的两个线性变换,它们在基$\boldsymbol{\alpha}_1,\boldsymbol{\alpha}_2,\cdots,\boldsymbol{\alpha}_n$下的矩阵分别为$\boldsymbol{A}$和$\boldsymbol{B}$,证明:

(1) $\sigma\tau$在基$\boldsymbol{\alpha}_1,\boldsymbol{\alpha}_2,\cdots,\boldsymbol{\alpha}_n$下的矩阵为$\boldsymbol{AB}$;

(2) σ可逆的充分必要条件是$\boldsymbol{A}$可逆.

综合习题 6

1. 下列集合能否构成实数域 $\mathbf{R}$ 上的线性空间，为什么？

(1) 在正实数集合 $\mathbf{R}^+$ 中定义加法和数乘运算为

$$a+b=ab(a,b\in\mathbf{R}^+),\lambda\cdot a=a^{\lambda}(\lambda\in\mathbf{R},a\in\mathbf{R}^+).$$

(2) 全体二维实向量的集合 V，加法和数乘运算定义为

$$(a,b)+(c,d)=(a+c,b+d+ac),$$

$$\lambda\cdot(a,b)=(\lambda a,\lambda b+\frac{\lambda(\lambda-1)}{2}a^2).$$

(3) 全体 n 维实向量集合 V，对于通常的向量加法和如下定义的数乘运算

$$\lambda\boldsymbol{\alpha}=\boldsymbol{\alpha},\forall\boldsymbol{\alpha}\in V,\lambda\in\mathbf{R}.$$

2. 令 $\omega=\dfrac{-1+\sqrt{3}i}{2}$，而 $Q(\omega)$ 为全体形如

$$a+b\omega(a,b\in\mathbf{Q})$$

的数所成的集合，定义 $Q(\omega)$ 内元素的加法为普通数的加法，与有理数 λ 的数乘为普通数的乘法，问 $Q(\omega)$ 关于上述运算是否构成有理数域 $\mathbf{Q}$ 上的线性空间？

3. (1) 设 $V=\mathbf{R}^3$，问 $W=\{(a,b,c)\mid a^2+b^2+c^2\leqslant 1\}$ 是否为 V 的子空间？

(2) 设 V 是从实数域 $\mathbf{R}$ 到 $\mathbf{R}$ 的所有函数组成的线性空间，$W=\{f\mid f(3)=0\}$，即 W 是把 3 映到 0 的函数组成的集合，问 W 是否为 V 的子空间？

(3) 设 V 是从实数域 $\mathbf{R}$ 到 $\mathbf{R}$ 的所有函数组成的线性空间，$W=\{f\mid f(7)=2+f(1)\}$，问 W 是否为 V 的子空间？

4. 设 W_1,W_2 为线性空间 V 的两个子空间，令

$$W_1\cap W_2=\{x\mid x\in W_1,\text{且 }x\in W_2\},W_1\cup W_2=\{x\mid x\in W_1,\text{或 }x\in W_2\},$$

问 $W_1\cap W_2,W_1\cup W_2$ 是否构成 V 的子空间？如果能构成子空间，证明之；如果不能，举出反例.

5. 已知 $\mathbf{R}^3$ 的两组基：

$\boldsymbol{\varepsilon}_1=(1,0,0)^{\mathrm{T}},\boldsymbol{\varepsilon}_2=(0,1,0)^{\mathrm{T}},\boldsymbol{\varepsilon}_3=(0,0,1)^{\mathrm{T}}$ 和 $\boldsymbol{\alpha}_1=(1,0,0)^{\mathrm{T}},\boldsymbol{\alpha}_2=(1,1,0)^{\mathrm{T}},\boldsymbol{\alpha}_3=(1,1,1)^{\mathrm{T}}$.

(1) 求由基 $\boldsymbol{\varepsilon}_1,\boldsymbol{\varepsilon}_2,\boldsymbol{\varepsilon}_3$ 到 $\boldsymbol{\alpha}_1,\boldsymbol{\alpha}_2,\boldsymbol{\alpha}_3$ 的过渡矩阵 $\boldsymbol{A}$；

(2) 设由基 $\boldsymbol{\alpha}_1,\boldsymbol{\alpha}_2,\boldsymbol{\alpha}_3$ 到基 $\boldsymbol{\beta}_1,\boldsymbol{\beta}_2,\boldsymbol{\beta}_3$ 的过渡矩阵为

$$\boldsymbol{B}=\begin{pmatrix}1&-1&0\\0&1&-1\\0&0&1\end{pmatrix},$$

求 $\boldsymbol{\beta}_1,\boldsymbol{\beta}_2,\boldsymbol{\beta}_3$.

(3) $\boldsymbol{\alpha}$ 在基 $\boldsymbol{\beta}_1,\boldsymbol{\beta}_2,\boldsymbol{\beta}_3$ 下的坐标为 $(1,2,3)^{\mathrm{T}}$，求 $\boldsymbol{\alpha}$ 在基 $\boldsymbol{\alpha}_1,\boldsymbol{\alpha}_2,\boldsymbol{\alpha}_3$ 下的坐标.

6. 设 $\boldsymbol{\alpha}_1,\boldsymbol{\alpha}_2,\cdots,\boldsymbol{\alpha}_n$ 是 $\mathbf{R}^n$ 的一组基.

(1) 证明：$\boldsymbol{\alpha}_1,\boldsymbol{\alpha}_1+\boldsymbol{\alpha}_2,\boldsymbol{\alpha}_1+\boldsymbol{\alpha}_2+\boldsymbol{\alpha}_3,\cdots,\boldsymbol{\alpha}_1+\boldsymbol{\alpha}_2+\cdots+\boldsymbol{\alpha}_n$ 也是 $\mathbf{R}^n$ 的一组基；

(2) 求从旧基 $\boldsymbol{\alpha}_1,\boldsymbol{\alpha}_2,\cdots,\boldsymbol{\alpha}_n$ 到新基 $\boldsymbol{\alpha}_1,\boldsymbol{\alpha}_1+\boldsymbol{\alpha}_2,\boldsymbol{\alpha}_1+\boldsymbol{\alpha}_2+\boldsymbol{\alpha}_3,\cdots,\boldsymbol{\alpha}_1+\boldsymbol{\alpha}_2+\cdots+\boldsymbol{\alpha}_n$ 的过渡矩阵 $\boldsymbol{P}$；

(3) 求向量 $\boldsymbol{\alpha}$ 在旧基下的坐标 $(x_1,x_2,\cdots,x_n)^{\mathrm{T}}$ 与在新基下的坐标 $(y_1,y_2,\cdots,y_n)^{\mathrm{T}}$ 间的变换公式.

7. 假设线性空间中的线性变换 T 满足 $T^{m-1}(\boldsymbol{\alpha})\neq\mathbf{0},T^m(\boldsymbol{\alpha})=\mathbf{0}$，证明：$\boldsymbol{\alpha},T(\boldsymbol{\alpha}),\cdots,T^{m-1}(\boldsymbol{\alpha})$ 线性无关.

8. 若 $\boldsymbol{\alpha}_1,\boldsymbol{\alpha}_2,\cdots,\boldsymbol{\alpha}_n$ 是线性空间 V_n 的一组基，T 是 V_n 上的线性变换，证明：T 可逆的充分必要条件

是 $T(\boldsymbol{\alpha}_1),T(\boldsymbol{\alpha}_2),\cdots,T(\boldsymbol{\alpha}_n)$线性无关.

9. 在 $\mathbf{R}^{2\times2}$中定义变换如下：

$$T(\boldsymbol{X})=\boldsymbol{AX}-\boldsymbol{XA}\ (\boldsymbol{X}\in\mathbf{R}^{2\times2}),$$

其中 $\boldsymbol{A}$ 是 $\mathbf{R}^{2\times2}$ 中一固定的二阶方阵.

(1) 证明：T 是 $\mathbf{R}^{2\times2}$上的一个线性变换；

(2) 求 T 在 $\mathbf{R}^{2\times2}$的一组基

$$\boldsymbol{E}_{11}=\begin{pmatrix}1&0\\0&0\end{pmatrix},\boldsymbol{E}_{12}=\begin{pmatrix}0&1\\0&0\end{pmatrix},\boldsymbol{E}_{21}=\begin{pmatrix}0&0\\1&0\end{pmatrix},\boldsymbol{E}_{22}=\begin{pmatrix}0&0\\0&1\end{pmatrix}$$

下的矩阵.

10. $P(x)$为多项式全体构成的线性空间，对 $\forall\, p(x)\in P(x)$，线性变换 $D(p(x))=p'(x)$，$T(p(x))=xp(x)$，证明：$DT-TD=I$，其中 I 为 $P(x)$上的恒等变换.

11. 设在 $P_n[x]$中，线性变换 T 定义为

$$T(f(x))=\frac{1}{a}[f(x+a)-f(x)]\quad (f(x)\in P_n[x]),$$

其中 a 为一定数. 求 T 在基

$$f_0=1,f_1=x,f_2=\frac{x(x-a)}{2!},f_3=\frac{x(x-a)(x-2a)}{3!},\cdots,f_n=\frac{x(x-a)(x-2a)\cdots(x-(n-1)a)}{n!}$$

下的矩阵.

习题答案

第1章

习题 1.1

1. (1) 1； (2) 0； (3) 0； (4) 4； (5) $3abc-a^3-b^3-c^3$； (6) $(a-b)(b-c)(c-a)$.

2. (1) 4； (2) 4； (3) $\frac{(n-1)n}{2}$； (4) n^2； (5) $(n-1)n$； (6) $\frac{(n-1)n}{2}-s$.

3. $a_{11}a_{24}a_{32}a_{43}$；$-a_{11}a_{24}a_{33}a_{42}$

4. 正号；负号.

5. 略.

6. (1) $-abcd$； (2) 0； (3) $(-1)^{n-1}n!$； (4) $(-1)^{\frac{(n-1)(n-2)}{2}}n!$； (5) 0；

(6) $(-1)^{\frac{(n-1)n}{2}}a_{1n}a_{2,n-1}\cdots a_{n-1,2}a_{n1}$.

习题 1.2

1. (1) 27； (2) 0； (3) 0； (4) $4abcdef$； (5) 0.125； (6) -1080.

2. (1) $(\lambda-1)^2(10-\lambda)$； (2) -3； (3) $(a+b+c)^3$； (4) 0；

(5) $(-1)^{\frac{n(n+1)}{2}}(n+1)^{n-1}$；(6) $a_0a_1a_2\cdots a_n-\sum_{i=1}^{n}\frac{a_1a_2\cdots a_n}{a_i}$.

3. 略.

4. 略.

习题 1.3

1. (1) $x_1=3, x_2=-4, x_3=-1, x_4=1$； (2) $x_1=\frac{11}{4}, x_2=\frac{7}{4}, x_3=\frac{3}{4}, x_4=-\frac{1}{4}, x_5=-\frac{5}{4}$.

2. (1) $\lambda=-1$ 或 4； (2) $\lambda=0,2$ 或 3.

3. (1) $\lambda\neq\frac{1}{4}$； (2) $\lambda=1$ 或 $\mu=0$.

4. $x^2+y^2-4x-2y-20=0$.

综合习题 1

1. (1) 2,1； (2) 6,2； (3) 0； (4) 0,0； (5) $n!\,(1-\sum_{i=2}^{n}\frac{1}{i})$.

2. (1) B； (2) D； (3) A； (4) B； (5) C.

3. (1) a^2b^2；

(2) $(x_1-a_1)(x_2-a_2)(x_3-a_3)(x_4-a_4)+\sum_{i=1}^{4}\frac{a_i(x_1-a_1)(x_2-a_2)(x_3-a_3)(x_4-a_4)}{(x_i-a_i)}$；

(3) $n+1$； (4) $(-1)^n(n+1)a_1a_2\cdots a_n$； (5) $x^n+(-1)^{n+1}y^n$；

(6) $n!(n-1)!\cdots 2!$； (7) $1-a_1+a_1a_2-a_1a_2a_3+\cdots+(-1)^n a_1a_2\cdots a_n$；

(8) $\frac{1}{2}(-n)^{n-1}(n+1)$.

4. (1) 0,4,9； (2) 5,−1,−1； (3) $a_1,a_2,\cdots,a_n$.

5. (1) $D=-142,D_1=-142,D_2=-248,D_3=-426,D_4=142$.

$x_1=1,x_2=2,x_3=3,x_4=-1$.

(2) $D=665,D_1=1507,D_2=-1145,D_3=-703,D_4=-395,D_5=212$.

$x_1=\frac{1507}{665},x_2=\frac{-1145}{665},x_3=\frac{703}{665},x_4=\frac{-395}{665},x_5=\frac{212}{665}$.

(3) 系数行列式 D 及 D_1,D_2,D_3,D_4 均为四阶范德蒙行列式，且

$D=12,D_1=48,D_2-72,D_3=48,D_4=-12$,

故 $x_1=4,x_2-6,x_3=4,x_4=-1$.

第2章

习题 2.2

1. (1) $\boldsymbol{X}=\begin{pmatrix}1&4&2\\0&3&4\\0&-2&2\end{pmatrix}$； (2) $\boldsymbol{X}=\begin{pmatrix}2&3&-2&-2\\2&-2&1&-1\\0&-1&-3&-1\end{pmatrix}$.

2. 略.

3. $\boldsymbol{AB}=\begin{pmatrix}6&2&-2\\6&1&0\\8&-1&2\end{pmatrix}$；$\boldsymbol{AB}-\boldsymbol{BA}=\begin{pmatrix}2&2&-2\\2&0&0\\4&-4&-2\end{pmatrix}$；$(\boldsymbol{AB})^{\mathrm{T}}=\begin{pmatrix}6&6&8\\2&1&-1\\-2&0&2\end{pmatrix}$.

4. (1) $\begin{pmatrix}2&0\\3&2\\1&4\end{pmatrix}$； (2) $ax^2+2bxy+cy^2+2dx+2ey+f$； (3) 10 ； (4) $\begin{pmatrix}3&6&9\\2&4&6\\1&2&3\end{pmatrix}$.

5. 略.

6. 略.

7. 81.

8. 提示：$\boldsymbol{A}=\frac{\boldsymbol{A}+\boldsymbol{A}^{\mathrm{T}}}{2}+\frac{\boldsymbol{A}-\boldsymbol{A}^{\mathrm{T}}}{2}$.

9. $\boldsymbol{A}^{100}=\begin{pmatrix}1&0\\-100&1\end{pmatrix}$.

10. $f(\boldsymbol{A})\,g(\boldsymbol{A})=\begin{pmatrix}1-a^n&-na^{n-1}b\\0&1-a^n\end{pmatrix}$.

习题 2.3

1. $\boldsymbol{B}^{-1}=\begin{pmatrix}0&\frac{1}{2}\\-1&-1\end{pmatrix}$.

2. 略.

3. (1) $A^{-1}=\begin{pmatrix} d & -b \\ -c & a \end{pmatrix}$; (2) $A^{-1}=\begin{pmatrix} -\frac{1}{2} & -\frac{3}{2} & -\frac{5}{2} \\ \frac{1}{2} & \frac{1}{2} & \frac{1}{2} \\ 0 & 1 & 1 \end{pmatrix}$.

4. (1) $X=\begin{pmatrix} \frac{3}{2} & \frac{1}{2} \\ \frac{7}{2} & \frac{1}{2} \end{pmatrix}$; (2) $X=\begin{pmatrix} -3 & -2 & -\frac{5}{2} \\ -16 & -11 & -13 \\ -12 & -7 & -\frac{19}{2} \end{pmatrix}$; (3) $X=\begin{pmatrix} 3 & -1 \\ 2 & 0 \\ 1 & -1 \end{pmatrix}$.

5. 略.

6. 提示:$A\left(-\frac{1}{5}(A-2E)\right)=E$.

7. 提示:$-A(A+B)(B^2)^{-1}=E$.

习题 2.4

1. $kA=\begin{pmatrix} k & 0 & k & 3k \\ 0 & k & 2k & 4k \\ 0 & 0 & -k & 0 \\ 0 & 0 & 0 & -k \end{pmatrix}$; $A+B=\begin{pmatrix} 2 & 2 & 1 & 3 \\ 2 & 1 & 2 & 4 \\ 6 & 3 & 0 & 0 \\ 0 & -2 & 0 & -2 \end{pmatrix}$.

2. 由拉普拉斯展开定理得$|A|=|B||C|\neq 0$,故 A 是可逆矩阵,$A^{-1}=\begin{pmatrix} B^{-1} & O \\ O & C^{-1} \end{pmatrix}$.

3. (1) $A^{-1}=\begin{pmatrix} 2 & 1 & 0 & 0 \\ 3 & 2 & 0 & 0 \\ 0 & 0 & 3 & 4 \\ 0 & 0 & 2 & 3 \end{pmatrix}$; (2) $A^{-1}=\begin{pmatrix} 0 & 0 & \frac{3}{5} & -\frac{1}{5} \\ 0 & 0 & -\frac{1}{5} & \frac{2}{5} \\ -\frac{1}{3} & \frac{2}{3} & 0 & 0 \\ \frac{2}{3} & -\frac{1}{3} & 0 & 0 \end{pmatrix}$.

4. 40.

习题 2.5

1. (1) $\begin{pmatrix} 1 & -1 & 2 \\ 0 & 0 & 1 \\ 0 & 0 & 0 \end{pmatrix}$; $\begin{pmatrix} 1 & -1 & 0 \\ 0 & 0 & 1 \\ 0 & 0 & 0 \end{pmatrix}$; $\begin{pmatrix} 1 & 0 & 0 \\ 0 & 1 & 0 \\ 0 & 0 & 0 \end{pmatrix}$.

(2) $\begin{pmatrix} 1 & -1 & 2 & -1 \\ 0 & 4 & -6 & 5 \\ 0 & 0 & 0 & 0 \end{pmatrix}$; $\begin{pmatrix} 1 & 0 & \frac{1}{2} & \frac{1}{4} \\ 0 & 1 & -\frac{3}{2} & \frac{5}{4} \\ 0 & 0 & 0 & 0 \end{pmatrix}$; $\begin{pmatrix} 1 & 0 & 0 & 0 \\ 0 & 1 & 0 & 0 \\ 0 & 0 & 0 & 0 \end{pmatrix}$.

2. (1) $A^{-1}=\begin{pmatrix}1 & 0 & -1\\ -\frac{1}{2} & -\frac{1}{2} & \frac{3}{2}\\ 0 & 1 & -1\end{pmatrix}$； (2) $A^{-1}=\begin{pmatrix}1 & -3 & 11 & -38\\ 0 & 1 & -2 & 7\\ 0 & 0 & 1 & -2\\ 0 & 0 & 0 & 1\end{pmatrix}$；

(3) $A^{-1}=\begin{pmatrix} & & & \frac{1}{a_n}\\ & & \iddots & \\ & \frac{1}{a_2} & & \\ \frac{1}{a_1} & & & \end{pmatrix}$，$a_i\neq 0(i=1,2,\cdots,n)$.

3. 略.

4. (1) $X=\begin{pmatrix}0 & 4\\ \frac{1}{2} & -\frac{7}{2}\\ 0 & 1\end{pmatrix}$； (2) $X=\frac{1}{5}\begin{pmatrix}3 & 8 & 6\\ -2 & 3 & 6\\ 6 & -4 & -3\end{pmatrix}$； (3) $X=\begin{pmatrix}2 & -1 & 0\\ 1 & 3 & -4\\ 1 & 0 & -2\end{pmatrix}$.

习题 2.6

1. (1) 2； (2) 4； (3) $R(A)=\begin{cases}2 & 当\ x=11\ 且\ y=-6\\ 3 & x\neq 11\ 且\ y=-6,或\ x=11\ 且\ y\neq -6.\\ 4 & 当\ x\neq 11\ 且\ y\neq -6\end{cases}$

2. $R(C)=1$.

3. $\lambda=5,\mu=1$.

4. 略.

5. 略.

综合习题 2

1. (1) $|A|=0$； (2) -8； (3) $-\frac{16}{27}$； (4) $\begin{pmatrix}1 & -1 & 1\\ -1 & 1 & 0\\ 2 & -1 & 0\end{pmatrix}$； (5) $\frac{9}{4}$；(6) $\begin{pmatrix}0 & \frac{1}{2}\\ -1 & -1\end{pmatrix}$；

(7) $\begin{pmatrix}a_1b_1 & a_1b_2 & \cdots & a_1b_n\\ a_2b_1 & a_2b_2 & \cdots & a_2b_n\\ \vdots & \vdots & & \vdots\\ a_nb_1 & a_nb_2 & \cdots & a_nb_n\end{pmatrix}$； (8) O.

2. (1) C； (2) C； (3) B； (4) D； (5) C； (6) B； (7) A； (8) A； (9) B； (10) D.

3. 略.

4. 1.

5. $A=\begin{pmatrix}1 & 0 & 0\\ -1 & 1 & 0\\ 0 & 0 & 1\end{pmatrix}\begin{pmatrix}1 & 0 & 0\\ 0 & 1 & 0\\ 3 & 0 & 1\end{pmatrix}\begin{pmatrix}1 & 0 & 0\\ 0 & 1 & 0\\ 0 & 0 & -8\end{pmatrix}\begin{pmatrix}1 & 0 & 0\\ 0 & 1 & 3\\ 0 & 0 & 1\end{pmatrix}\begin{pmatrix}1 & 0 & 0\\ 0 & 0 & 1\\ 0 & 1 & 0\end{pmatrix}\begin{pmatrix}1 & 2 & 0\\ 0 & 1 & 0\\ 0 & 0 & 1\end{pmatrix}$.

6. $\begin{pmatrix}-2 & 0 & 1\\ 0 & -1 & 0\\ 0 & 0 & -2\end{pmatrix}$.

7. $A^{-1}=\begin{pmatrix}3&9&4\\-2&-5&-2\\-2&-7&-3\end{pmatrix}$；$(A^*)^{-1}=\begin{pmatrix}1&-1&2\\-2&-1&-2\\4&3&3\end{pmatrix}$；$[(-2A)^*]^{-1}=\frac{1}{4}\begin{pmatrix}1&-1&2\\-2&-1&-2\\4&3&3\end{pmatrix}$.

8. $A=\begin{pmatrix}0&a_{12}&0&0\\a_{12}&0&0&0\\0&0&0&1\\0&0&1&0\end{pmatrix}$或$A=\begin{pmatrix}0&a_{12}&0&0\\a_{12}&0&0&0\\0&0&0&-1\\0&0&-1&0\end{pmatrix}$，其中 a_{12} 为任意实数.

9. $AB=\begin{pmatrix}0&1&2\\-\frac{1}{3}&0&1\\-\frac{2}{3}&7&9\end{pmatrix}$.

10. $|A|=a^2+b^2+c^2+d^2$.

11. 略.

12. 略.

13. $X=\begin{pmatrix}3&-1&-6\\0&3&3\\0&0&-3\end{pmatrix}$.

14. 略.

15. 当 $x\neq y$ 且 $x\neq(1-n)y$ 时，$R(A)=n$；当 $x=y\neq 0$ 时，$R(A)=1$；当 $x=(1-n)y\neq 0$ 时，$R(A)=n-1$；当 $x=y=0$ 时，$R(A)=0$.

16. 满足条件的 A 有以下四种形式：

$$\begin{pmatrix}1&0\\0&1\end{pmatrix},\begin{pmatrix}-1&0\\0&-1\end{pmatrix},\begin{pmatrix}1&c\\0&-1\end{pmatrix},\begin{pmatrix}-1&c\\0&1\end{pmatrix}.$$

17. 提示：$(A-E)(B-E)^{\mathrm T}=E\Rightarrow AB^{\mathrm T}-B^{\mathrm T}=A\Rightarrow(A-E)B^{\mathrm T}=A$.

18. 提示：$\begin{vmatrix}A&E\\E&B\end{vmatrix}=\begin{vmatrix}O&E-AB\\E&B\end{vmatrix}=(-1)^{n\times n}|E-AB|$.

第3章

习题 3.1

1. $\left(\frac{2}{7},-\frac{3}{7},\frac{6}{7}\right)$ 或 $\left(-\frac{2}{7},\frac{3}{7},-\frac{6}{7}\right)$.

2. x 轴：$2\sqrt{10}$；y 轴：$2\sqrt{13}$；z 轴：$2\sqrt{5}$.

3. $\lambda=3,\mu=-2$.

4. $C(1,0,5)$，$D(0,5,-3)$.

5. $(2,2,2\sqrt{2})$ 或 $(2,2,-2\sqrt{2})$. 提示：$a=|a|(\cos\alpha,\cos\beta,\cos\gamma)$.

6. $|\overrightarrow{M_1M_2}|=3$；$\cos\alpha=\frac{1}{3}$，$\cos\beta=-\frac{2}{3}$，$\cos\gamma=\frac{2}{3}$.

7. (1) 垂直于 x 轴； (2) 与 y 轴平行且指向 y 轴的正向； (3) 垂直于 xOy 坐标面.

习题 3.2

1. $\sqrt{2}$.

2. $(-2,3,0)$. 提示：$\boldsymbol{a}=\overrightarrow{AB}=\overrightarrow{OB}-\overrightarrow{OA}$.

3. (1) $-6,(1,8,5)$；(2) $12,(3,24,15)$；(3) $-\frac{\sqrt{14}}{7}$.

4. 10. 提示：$|\boldsymbol{a}+\boldsymbol{b}+\boldsymbol{c}|^2=(\boldsymbol{a}+\boldsymbol{b}+\boldsymbol{c})\cdot(\boldsymbol{a}+\boldsymbol{b}+\boldsymbol{c})$.

5. $\frac{2}{\sqrt{3}}$. 提示：$\mathrm{Prj}_{\boldsymbol{b}}\boldsymbol{a}=\frac{\boldsymbol{a}\cdot\boldsymbol{b}}{|\boldsymbol{b}|}$.

6. (1) 错误；(2) 错误；(3) 错误；(4) 错误；(5) 错误；*(6) 正确.

7. 提示：$(\boldsymbol{b}\cdot\boldsymbol{c})\boldsymbol{a}-(\boldsymbol{a}\cdot\boldsymbol{c})\boldsymbol{b}$ 中的括号不能去掉.

8. $\left(\frac{-2}{3\sqrt{5}},\frac{5}{3\sqrt{5}},\frac{4}{3\sqrt{5}}\right)$ 或 $\left(\frac{2}{3\sqrt{5}},\frac{-5}{3\sqrt{5}},\frac{-4}{3\sqrt{5}}\right)$.

9. $(7,5,1)$.

10. $12\sqrt{2}$.

11. (1) $-8\boldsymbol{j}-24\boldsymbol{k}$；(2) $-\boldsymbol{j}-\boldsymbol{k}$；(3) 2.

12. (1) $k=-2$；(2) $k=-1$ 或 5.

13. 提示：用数量积的运算公式证明.

14. 略.

15. (1) 共面；(2) 不共面，$V=19\frac{1}{3}$.

习题 3.3

1. $y=-4$.

2. $\frac{2}{3}$. 提示：所求的夹角是该平面的法向量与单位向量 $\boldsymbol{i}$ 的所夹的锐角.

3. (1) 平行但不重合；(2) 相交；(3) 重合.

4. $2x+2y-3z-7=0$.

5. $2x-y-z=0$.

6. (1) $x-2y+4z-17=0$；(2) $x+y+z=1$；(3) $2x-y+2z+10=0$ 或 $2x-y+2z-2=0$；(4) $2x-y-3z+5=0$；(5) $4x-5y=0$.

7. $y+\sqrt{3}z-4=0$ 或 $y-\sqrt{3}z-4=0$.

8. $\arccos\frac{\sqrt{2}}{3}$.

9. 略.

习题 3.4

1. $5x+7y+11z-8=0$.

2. $2x+19y-5z-45=0$. 提示：利用平面束方程.

3. $\frac{x+5}{-3}=\frac{y}{1}=\frac{z-11}{10}$；$\begin{cases}x=-5-3t\\y=t\\z=11+10t\end{cases}$.

4. $\begin{cases}5x+2y-1=0\\7x-2z+1=0\end{cases}$. **提示**:答案不唯一.

5. (1) 平行; (2) 垂直; (3) 直线在平面内.

6. $\dfrac{x-1}{1}=\dfrac{y+2}{-2}=\dfrac{z-3}{0}$. **提示**:设直线与 z 轴交点为 $B(0,0,a)$,利用垂直的条件求出 a.

7. $\dfrac{x-1}{1}=\dfrac{y-2}{-2}=\dfrac{z-1}{-3}$.

8. $\arccos\dfrac{72}{77}$.

9. $\dfrac{x-2}{6}=\dfrac{y+1}{-5}=\dfrac{z-3}{3}$; $\dfrac{\sqrt{70}}{5}$.

10. (1) $\arcsin\dfrac{\sqrt{105}}{15}$; (2) $\begin{cases}5y-3z-13=0\\x=0\end{cases}$; (3) $\begin{cases}x-3y+2z+7=0\\x+y+z-9=0\end{cases}$.

11. $5x-22y+19z+9=0$.

12. $11x+2y+z-15=0$.

13. $(5,11,-7)$.

14. $\dfrac{x-1}{-4}=\dfrac{y}{50}=\dfrac{z+2}{31}$.

15. 略.

习题 3.5

1. (1) $(6,18,12,19)^{\mathrm{T}}$; (2) $(1,2,3,4)^{\mathrm{T}}$.

2. **提示**:(1) $\boldsymbol{\beta}_1-\boldsymbol{\beta}_2+\boldsymbol{\beta}_3-\boldsymbol{\beta}_4=\mathbf{0}$; (2) $\boldsymbol{\beta}_1+\boldsymbol{\beta}_2-\boldsymbol{\beta}_3=\mathbf{0}$.

3. **提示**:设有一组数 $\lambda_1,\lambda_2,\lambda_3$,使

$$\lambda_1\boldsymbol{\beta}_1+\lambda_2\boldsymbol{\beta}_2+\lambda_3\boldsymbol{\beta}_3=\mathbf{0},$$

推导出 $\lambda_1=\lambda_2=\lambda_3=0$ 即可.

4. (1) 不正确; (2) 不正确; (3) 正确; (4) 不正确; (5) 不正确; (6) 不正确.

5. (1) 反例 $\boldsymbol{\alpha}_1=\begin{pmatrix}1\\0\end{pmatrix},\boldsymbol{\alpha}_2=\begin{pmatrix}0\\1\end{pmatrix},\boldsymbol{\beta}_1=\begin{pmatrix}-1\\0\end{pmatrix},\boldsymbol{\beta}_2=\begin{pmatrix}0\\-1\end{pmatrix},\lambda_1=\lambda_2=1$;

(2) 反例 $\boldsymbol{\alpha}_1=\begin{pmatrix}0\\0\end{pmatrix},\boldsymbol{\alpha}_2=\begin{pmatrix}1\\0\end{pmatrix},\boldsymbol{\beta}_1=\begin{pmatrix}0\\1\end{pmatrix},\boldsymbol{\beta}_2=\begin{pmatrix}0\\0\end{pmatrix}$;

(3) 反例 $\boldsymbol{\alpha}_1=\begin{pmatrix}0\\0\end{pmatrix},\boldsymbol{\alpha}_2=\begin{pmatrix}1\\0\end{pmatrix}$ 与 $\boldsymbol{\beta}_1=\begin{pmatrix}0\\1\end{pmatrix},\boldsymbol{\beta}_2=\begin{pmatrix}0\\0\end{pmatrix}$ 均线性相关,但是对于这两个向量组不存在不全为零的数 λ_1,λ_2,使

$$\lambda_1\boldsymbol{\alpha}_1+\lambda_2\boldsymbol{\alpha}_2=\mathbf{0},\lambda_1\boldsymbol{\beta}_1+\lambda_2\boldsymbol{\beta}_2=\mathbf{0}$$

同时成立.这是因为由第一式 $\begin{pmatrix}0\\0\end{pmatrix}=\lambda_1\boldsymbol{\alpha}_1+\lambda_2\boldsymbol{\alpha}_2=\begin{pmatrix}\lambda_2\\0\end{pmatrix}$,推得 $\lambda_2=0$;同理,由第二式推得 $\lambda_1=0$.

6. **提示**:只要证明向量 $\boldsymbol{\alpha}_m$ 可由向量组 $\boldsymbol{\alpha}_1,\boldsymbol{\alpha}_2,\cdots,\boldsymbol{\alpha}_{m-1},\boldsymbol{\beta}$ 线性表示即可.

7. 证:设有一组数 $\lambda_1,\lambda_2,\cdots,\lambda_m$,使

$$\lambda_1\boldsymbol{\beta}_1+\lambda_2\boldsymbol{\beta}_2+\cdots+\lambda_{m-1}\boldsymbol{\beta}_{m-1}+\lambda_m\boldsymbol{\beta}_m=\mathbf{0},$$

即 $$\lambda_1(\boldsymbol{\alpha}_1+\boldsymbol{\alpha}_2)+\lambda_2(\boldsymbol{\alpha}_2+\boldsymbol{\alpha}_3)+\cdots+\lambda_{m-1}(\boldsymbol{\alpha}_{m-1}+\boldsymbol{\alpha}_m)+\lambda_m(\boldsymbol{\alpha}_m+\boldsymbol{\alpha}_1)=\mathbf{0},$$

整理得 $$(\lambda_1+\lambda_m)\boldsymbol{\alpha}_1+(\lambda_1+\lambda_2)\boldsymbol{\alpha}_2+\cdots+(\lambda_{m-1}+\lambda_m)\boldsymbol{\alpha}_m=\mathbf{0},$$
因 $\boldsymbol{\alpha}_1,\boldsymbol{\alpha}_2,\cdots,\boldsymbol{\alpha}_m$ 线性无关，所以

$$\begin{cases}\lambda_1+\qquad\qquad\lambda_m=0\\ \lambda_1+\lambda_2\qquad\qquad=0\\ \qquad\cdots\\ \qquad\lambda_{m-1}+\lambda_m=0\end{cases},$$

这是一个含有 m 个方程 m 个未知数的齐次线性方程组，系数行列式为

$$D=\begin{vmatrix}1&0&\cdots&0&1\\1&1&\cdots&0&0\\\vdots&\vdots&&\vdots&\vdots\\0&0&\cdots&1&0\\0&0&\cdots&1&1\end{vmatrix}=1+(-1)^{m+1}.$$

所以，当 m 为奇数时，$D=2(\neq 0)$，由克莱姆法则知，此方程组只有零解，即 $\lambda_1=\lambda_2=\cdots=\lambda_m=0$，因此向量组 $\boldsymbol{\beta}_1,\boldsymbol{\beta}_2,\cdots,\boldsymbol{\beta}_m$ 的线性无关；

当 m 为偶数时，$D=0$，此方程组有非零解，从而向量组 $\boldsymbol{\beta}_1,\boldsymbol{\beta}_2,\cdots,\boldsymbol{\beta}_m$ 的线性相关.

习题 3.6

1. $k\neq -1$. **提示**：$\boldsymbol{\alpha}_1,\boldsymbol{\alpha}_2,\boldsymbol{\alpha}_3$ 线性无关的充要条件是 $\boldsymbol{A}=(\boldsymbol{\alpha}_1,\boldsymbol{\alpha}_2,\boldsymbol{\alpha}_3)$ 的行列式不等于零.

2. (1) 线性相关； (2) 线性无关.

3. **提示**：只要证明向量组 $\boldsymbol{A}:\boldsymbol{\alpha}_1,\boldsymbol{\alpha}_2,\cdots,\boldsymbol{\alpha}_m$ 与向量组 $\boldsymbol{B}:\boldsymbol{\beta}_1,\boldsymbol{\beta}_2,\cdots,\boldsymbol{\beta}_m$ 等价即可.

注意，$\boldsymbol{\alpha}_1=\boldsymbol{\beta}_1,\boldsymbol{\alpha}_2=\boldsymbol{\beta}_2-\boldsymbol{\beta}_1,\cdots,\boldsymbol{\alpha}_m=\boldsymbol{\beta}_m-\boldsymbol{\beta}_{m-1}$.

4. **提示**：向量组 $\boldsymbol{\beta}_1,\boldsymbol{\beta}_2,\cdots,\boldsymbol{\beta}_m$ 可由向量组 $\boldsymbol{\alpha}_1,\boldsymbol{\alpha}_2,\cdots,\boldsymbol{\alpha}_m$ 线性表示，从而向量组 $\boldsymbol{\beta}_1,\boldsymbol{\beta}_2,\cdots,\boldsymbol{\beta}_m$ 的秩$\leqslant$向量组 $\boldsymbol{\alpha}_1,\boldsymbol{\alpha}_2,\cdots,\boldsymbol{\alpha}_m$ 的秩$<m$.

5. (1) 秩为 3，$\boldsymbol{\alpha}_1,\boldsymbol{\alpha}_2,\boldsymbol{\alpha}_3$ 本身是其极大无关组；

(2) 秩为 3，$\boldsymbol{\alpha}_1,\boldsymbol{\alpha}_2,\boldsymbol{\alpha}_4$ 是一个极大无关组.

6. $t=3$. **提示**：对矩阵 $\boldsymbol{A}$ 进行初等变换得 $\boldsymbol{A}=(\boldsymbol{\alpha}_1,\boldsymbol{\alpha}_2,\boldsymbol{\alpha}_3)\rightarrow\begin{pmatrix}1&2&0\\0&1&1\\0&0&3-t\\0&0&0\end{pmatrix}$.

7. 证：必要性. 设 $\boldsymbol{\alpha}_1,\boldsymbol{\alpha}_2,\cdots,\boldsymbol{\alpha}_n$ 线性无关，任取 n 维向量 $\boldsymbol{\alpha}$，则向量组 $\boldsymbol{\alpha}_1,\boldsymbol{\alpha}_2,\cdots,\boldsymbol{\alpha}_n,\boldsymbol{\alpha}$ 线性相关(含有 $n+1$ 个向量的 n 维向量组)，由定理 3.5.2 知，向量 $\boldsymbol{\alpha}$ 可由向量组 $\boldsymbol{\alpha}_1,\boldsymbol{\alpha}_2,\cdots,\boldsymbol{\alpha}_n$ 线性表示.

充分性. 设任一 n 维向量组均可由 $\boldsymbol{\alpha}_1,\boldsymbol{\alpha}_2,\cdots,\boldsymbol{\alpha}_n$ 线性表示，特别地，n 维单位向量组 $\boldsymbol{\varepsilon}_1,\boldsymbol{\varepsilon}_2,\cdots,\boldsymbol{\varepsilon}_n$ 也可由 $\boldsymbol{\alpha}_1,\boldsymbol{\alpha}_2,\cdots,\boldsymbol{\alpha}_n$ 线性表示，由 $\boldsymbol{\varepsilon}_1,\boldsymbol{\varepsilon}_2,\cdots,\boldsymbol{\varepsilon}_n$ 线性无关知，

$n=\boldsymbol{\varepsilon}_1,\boldsymbol{\varepsilon}_2,\cdots,\boldsymbol{\varepsilon}_n$ 的秩$\leqslant\boldsymbol{\alpha}_1,\boldsymbol{\alpha}_2,\cdots,\boldsymbol{\alpha}_n$ 的秩$\leqslant n$.

所以 $\boldsymbol{\alpha}_1,\boldsymbol{\alpha}_2,\cdots,\boldsymbol{\alpha}_n$ 的秩$=n$，$\boldsymbol{\alpha}_1,\boldsymbol{\alpha}_2,\cdots,\boldsymbol{\alpha}_n$ 线性无关.

8. **提示**：只要证明向量组 $\boldsymbol{\alpha}_1,\boldsymbol{\alpha}_2,\cdots,\boldsymbol{\alpha}_r$ 的极大无关组也是向量组 $\boldsymbol{\alpha}_1,\boldsymbol{\alpha}_2,\cdots,\boldsymbol{\alpha}_r,\boldsymbol{\alpha}_{r+1},\cdots,\boldsymbol{\alpha}_s$ 的一个极大无关组即可.

习题 3.7

1. (1) (3) 构成； (2) (4) 不构成.

2. (1) 不共线；(2) 不共面.

3. $(-1,0,2)^{\mathrm{T}}$.

4. (1) 基为 $\boldsymbol{\alpha}_1=(1,1,0,0)^{\mathrm{T}}, \boldsymbol{\alpha}_2=(0,0,1,1)^{\mathrm{T}}$，维数为 2；

(2) 基为 $\boldsymbol{\varepsilon}_1=(1,0,0,0)^{\mathrm{T}}, \boldsymbol{\varepsilon}_3=(0,0,1,0)^{\mathrm{T}}, \boldsymbol{\varepsilon}_4=(0,0,0,1)^{\mathrm{T}}$，维数为 3；

(3) 基为 $\boldsymbol{\alpha}_1, \boldsymbol{\alpha}_2$，维数为 2. **提示**：$V_3$ 是由 $\boldsymbol{\alpha}_1, \boldsymbol{\alpha}_2, \boldsymbol{\alpha}_3$ 生成的子空间，因此 V_3 的基是 $\boldsymbol{\alpha}_1, \boldsymbol{\alpha}_2, \boldsymbol{\alpha}_3$ 的一个极大无关组，V_3 的维数是 $\boldsymbol{\alpha}_1, \boldsymbol{\alpha}_2, \boldsymbol{\alpha}_3$ 的秩.

综合习题 3

1. (1) 共线；(2) 共面；(3) -7；(4) $(0,1,-2)$；(5) $\arccos \dfrac{2}{\sqrt{7}}$；

(6) r；(7) 3；(8) $a+b=0$；(9) 4.

2. (1) B；(2) B；(3) C；(4) A；(5) B；(6) D.

3. 略.

4. $(14,10,2)$.

5. $\lambda=2$.

6. 30.

7. $x+2y+1=0$.

8. $x-z+2=0$ 及 $x+20y+7z-6=0$.

9. $\dfrac{x}{1}=\dfrac{y}{1}=\dfrac{z}{2}$ 和 $\dfrac{x}{-1}=\dfrac{y}{1}=\dfrac{z}{0}$.

10. 略.

11. **提示**：利用条件 $\lambda_1\lambda_2\neq0$，证明向量组 $\boldsymbol{\alpha}_1, \boldsymbol{\alpha}_2$ 与向量组 $\boldsymbol{\alpha}_2, \boldsymbol{\alpha}_3$ 可以相互线性表示即可.

12. **提示**：因 $\boldsymbol{\alpha}_1, \boldsymbol{\alpha}_2, \cdots, \boldsymbol{\alpha}_m$ 线性相关，所以存在一组不全为零的数 $\lambda_1, \lambda_2, \cdots, \lambda_m$，使 $\lambda_1\boldsymbol{\alpha}_1+\lambda_2\boldsymbol{\alpha}_2+\cdots+\lambda_m\boldsymbol{\alpha}_m=\mathbf{0}$，在此式中考察系数 λ_i，从右到左第一个不为零的数设为 λ_k，则 $\boldsymbol{\alpha}_k$ 能由 $\boldsymbol{\alpha}_1, \boldsymbol{\alpha}_2, \cdots, \boldsymbol{\alpha}_{k-1}$ 线性表示. 注意，需对 $k\geqslant2$（即 $k\neq1$）进行讨论.

13. **提示**：设有一组数 $\lambda_1, \lambda_2, \cdots, \lambda_m, \lambda_{m+1}$，使 $\lambda_1\boldsymbol{\alpha}_1+\lambda_2\boldsymbol{\alpha}_2+\cdots+\lambda_m\boldsymbol{\alpha}_m+\lambda_{m+1}\boldsymbol{\alpha}_{m+1}=\mathbf{0}$，只要证明 $\lambda_{m+1}=0$ 即可.

14. **提示**：设矩阵 $\boldsymbol{A}=(\boldsymbol{\alpha}_1, \boldsymbol{\alpha}_2, \cdots, \boldsymbol{\alpha}_n)$，$\boldsymbol{B}=(\boldsymbol{\beta}_1, \boldsymbol{\beta}_2, \cdots, \boldsymbol{\beta}_n)$，由题设条件知 $\boldsymbol{B}=\boldsymbol{AC}$，其中

$$\boldsymbol{C}=\begin{pmatrix} 0 & 1 & 1 & \cdots & 1 \\ 1 & 0 & 1 & \cdots & 1 \\ 1 & 1 & 0 & \cdots & 1 \\ \vdots & \vdots & \vdots & \ddots & \vdots \\ 1 & 1 & 1 & \cdots & 0 \end{pmatrix},$$

而 $|\boldsymbol{C}|=(n-1)(-1)^{n-1}\neq0\ (n\geqslant2)$，故 $\boldsymbol{C}$ 可逆，$\boldsymbol{A}=\boldsymbol{BC}^{-1}$，因此两向量组等价.

15. 略.

第 4 章

习 题 4.1

1. (1) 原方程组的通解为 $\begin{pmatrix} x_1 \\ x_2 \\ x_3 \\ x_4 \end{pmatrix}=k_1\begin{pmatrix} 2 \\ -2 \\ 1 \\ 0 \end{pmatrix}+k_2\begin{pmatrix} \frac{5}{3} \\ -\frac{4}{3} \\ 0 \\ 1 \end{pmatrix}$.

(2) 基础解系为 $\boldsymbol{\eta}_1=(-1,1,0,0,0)^{\mathrm{T}}$，$\boldsymbol{\eta}_2=(0,0,1,0,1)^{\mathrm{T}}$，

原方程组的通解为 $k_1\boldsymbol{\eta}_1+k_2\boldsymbol{\eta}_2$，其中($k_1,k_2$ 为任意实数).

(3) 基础解系 $\boldsymbol{\eta}=(-2,1,0,0,0)^{\mathrm{T}}$. 原方程的通解为 $k\boldsymbol{\eta}$，其中 k 可取任何数.

2. 齐次线性方程组为 $\begin{cases} x_1-2x_2+x_3=0 \\ 2x_1-3x_2+x_4=0 \end{cases}$.

3. **提示：**利用 $\mathbf{AX}=\mathbf{0}$ 解的理论.

习 题 4.2

1. (1) $R(\mathbf{A})=3$，$R(\mathbf{A}\vdots b)=4$，$R(\mathbf{A}\vdots b)\neq R(\mathbf{A})$，所以原方程组无解.

(2) 方程组的通解为 $\begin{pmatrix} x_1\\x_2\\x_3\\x_4 \end{pmatrix}=k_1\begin{pmatrix} -\frac{3}{7}\\ \frac{2}{7}\\ 1\\ 0 \end{pmatrix}+k_1\begin{pmatrix} -\frac{13}{7}\\ \frac{4}{7}\\ 0\\ 1 \end{pmatrix}+\begin{pmatrix} -\frac{13}{7}\\ \frac{4}{7}\\ 0\\ 2 \end{pmatrix}$ $(k_1,k_2\in\mathbf{R})$.

(3) 原方程组的通解为 $\begin{pmatrix} x_1\\x_2\\x_3\\x_4 \end{pmatrix}=k_1\begin{pmatrix} 1\\1\\0\\0 \end{pmatrix}+k_2\begin{pmatrix} 1\\0\\2\\1 \end{pmatrix}+\begin{pmatrix} \frac{1}{2}\\ 0\\ \frac{1}{2}\\ 0 \end{pmatrix}$ $(k_1,k_2\in\mathbf{R})$.

(4) 原方程组的通解为 $\begin{pmatrix} x_1\\x_2\\x_3\\x_4 \end{pmatrix}=k_1\begin{pmatrix} \frac{3}{16}\\ \frac{7}{16}\\ 1\\ 0 \end{pmatrix}+k_2\begin{pmatrix} \frac{9}{16}\\ \frac{5}{16}\\ 0\\ 1 \end{pmatrix}+\begin{pmatrix} \frac{9}{16}\\ \frac{5}{16}\\ 0\\ 0 \end{pmatrix}$ $(k_1,k_2\in\mathbf{R})$.

2. (1) $\lambda\neq1$ 且 $\lambda\neq-2$ 时，$R(\mathbf{A})=R(\overline{\mathbf{A}})=3$，所以方程组有唯一解；

(2) $\lambda=-2$ 时，$R(\mathbf{A})=1$，$R(\overline{\mathbf{A}})=2$，方程组无解；

(3) $\lambda=1$ 时，方程组有无穷多解，将 $\lambda=1$ 代入 $\overline{\mathbf{A}}$ 的行阶梯形中，得

$$\overline{\mathbf{A}}\sim\left(\begin{array}{ccc:c} 1 & 1 & 1 & 1\\ 0 & 0 & 0 & 0\\ 0 & 0 & 0 & 0 \end{array}\right),$$

所以通解 $\begin{pmatrix} x_1\\x_2\\x_3 \end{pmatrix}=k_1\begin{pmatrix} -1\\1\\0 \end{pmatrix}+k_2\begin{pmatrix} -1\\0\\1 \end{pmatrix}+\begin{pmatrix} 1\\0\\0 \end{pmatrix}$ $(k_1,k_2\in\mathbf{R})$.

3. (1) $\lambda\neq0$ 且 $\lambda\neq-3$ 时，$R(\mathbf{A})=R(\overline{\mathbf{A}})=3$，所以方程组有唯一解；

(2) $\lambda=0$ 时，$R(\mathbf{A})=1$，$R(\overline{\mathbf{A}})=2$，方程组无解；

(3) $\lambda=-3$ 时，通解为 $\begin{pmatrix} x_1\\x_2\\x_3 \end{pmatrix}=k\begin{pmatrix} 1\\1\\1 \end{pmatrix}+\begin{pmatrix} -1\\-2\\0 \end{pmatrix}$ $(k\in\mathbf{R})$.

4. $\begin{cases} x_1=a_1+a_2+a_3+a_4+x_5 \\ x_2=a_2+a_3+a_4+x_5 \\ x_3=a_3+a_4+x_5 \\ x_4=a_4+x_5 \\ x_5=x_5 \end{cases}$ （x_5 为任意实数）.

5. 当 $p\neq 2$ 时，$R(\mathbf{A})=R(\overline{\mathbf{A}})=4$，方程组有唯一解；

当 $p=2$ 时，当 $t\neq 1$ 时，$R(\mathbf{A})=3<R(\overline{\mathbf{A}})=4$，方程组无解；

当 $t=1$ 时，$R(\mathbf{A})=R(\overline{\mathbf{A}})=3$，方程组有无穷多解.

综合习题 4

1. (1) $k=n-r, r=n$； (2) $r=n, r<n$； (3) 3； (4) $c_1+c_2+\cdots+c_s=1$；

(5) $\boldsymbol{b}$ 是任意的三维向量； (6) $k=-2$； (7) $a=4, b=12$； (8) $|\mathbf{A}|=d$.

2. (1) D； (2) C； (3) C； (4) B； (5) A.

3. (1) $\mathbf{X}=k_1\begin{pmatrix}\frac{9}{4}\\-\frac{3}{4}\\1\\0\end{pmatrix}+k_2\begin{pmatrix}\frac{3}{4}\\\frac{7}{4}\\0\\1\end{pmatrix}(k_1,k_2\in\mathbf{R})$； (2) $\mathbf{X}=k_1\begin{pmatrix}-3\\1\\0\\0\end{pmatrix}+k_2\begin{pmatrix}3\\0\\2\\1\end{pmatrix}+\begin{pmatrix}-5\\0\\-4\\0\end{pmatrix}(k_1,k_2\in\mathbf{R})$.

4. 当 $a\neq -1$ 时，$R(\mathbf{A})=R(\overline{\mathbf{A}})=3$，方程组有唯一解；

当 $a=-1, b\neq 1$ 时，$R(\mathbf{A})=2, R(\overline{\mathbf{A}})=3$，方程组无解；

当 $a=-1, b=1$ 时，$R(\mathbf{A})=R(\overline{\mathbf{A}})=2<3$，方程组有无穷多解，

通解为 $\mathbf{X}=k\begin{pmatrix}-1\\0\\1\end{pmatrix}+\begin{pmatrix}\frac{-3}{7}\\\frac{1}{7}\\0\end{pmatrix}(k\in\mathbf{R})$.

5. 当 $a\neq 0, a+5b+12\neq 0$ 时，$R(\mathbf{A})=R(\overline{\mathbf{A}})=3$，方程组有唯一解，解为 $\mathbf{X}=\begin{pmatrix}1-\frac{1}{a}\\\frac{1}{a}\\0\end{pmatrix}$；

当 $a=0, b\neq -4$ 时，$R(\mathbf{A})=2, R(\overline{\mathbf{A}})=3$，方程组无解；

当 $a=-1, b=-\frac{12}{5}$ 时，$R(\mathbf{A})=R(\overline{\mathbf{A}})=2<3$，方程组有无穷多解，

此时通解为 $\mathbf{X}=k\begin{pmatrix}-1\\1\\0\end{pmatrix}+\begin{pmatrix}\frac{13}{8}\\0\\\frac{5}{8}\end{pmatrix}(k\in\mathbf{R})$.

6. (1) $\boldsymbol{X}=\begin{pmatrix}-2\\-4\\-5\\0\end{pmatrix}+k\begin{pmatrix}1\\1\\2\\1\end{pmatrix}(k\in\mathbf{R})$；　(2) $m=2,n=4,t=6$.

7. **提示**:必要性反证.

8. 略　9. 略　10. 略　11. 略　12. 略　13. 略.

第5章

习题5.1

1. (1) $\|\boldsymbol{\alpha}\|=3,\|\boldsymbol{\beta}\|=3$;(2) $\langle\boldsymbol{\alpha}+\boldsymbol{\beta},\boldsymbol{\alpha}-\boldsymbol{\beta}\rangle=\langle\boldsymbol{\alpha},\boldsymbol{\alpha}\rangle-\langle\boldsymbol{\beta},\boldsymbol{\beta}\rangle=0$;(3) $\|3\boldsymbol{\alpha}-2\boldsymbol{\beta}\|=\sqrt{117}$.

2. 取 $\boldsymbol{\beta}_1=\boldsymbol{\alpha}_1=\begin{pmatrix}1\\0\\1\end{pmatrix},\boldsymbol{\beta}_2=\frac{1}{2}\begin{pmatrix}1\\2\\-1\end{pmatrix},\boldsymbol{\beta}_3=\begin{pmatrix}-\frac{1}{3}\\\frac{1}{3}\\\frac{1}{3}\end{pmatrix}$.

3. 取 $\boldsymbol{\beta}_1=\boldsymbol{\alpha}_1=(1,1,1,1)^{\mathrm{T}},\boldsymbol{\beta}_2=(0,-2,-1,3)^{\mathrm{T}},\boldsymbol{\beta}_3=(1,1,-2,0)^{\mathrm{T}}$,

再单位化,得规范正交向量如下

$\boldsymbol{e}_1=\left(\frac{1}{2},\frac{1}{2},\frac{1}{2},\frac{1}{2}\right)^{\mathrm{T}},\boldsymbol{e}_2=\left(0,\frac{-2}{\sqrt{14}},\frac{-1}{\sqrt{14}},\frac{3}{\sqrt{14}}\right)^{\mathrm{T}},\boldsymbol{e}_3=\left(\frac{1}{\sqrt{6}},\frac{1}{\sqrt{6}},\frac{-2}{\sqrt{6}},0\right)^{\mathrm{T}}$.

4. (1) 不是正交矩阵；(2) 是正交矩阵.

习题5.2

1. (1) 特征值 $\lambda_1=4$,全部特征向量 $k_1\begin{pmatrix}1\\1\end{pmatrix}(k_1\neq0)$；

特征值 $\lambda_1=-2$,全部特征向量 $k_2\begin{pmatrix}1\\-5\end{pmatrix}(k_2\neq0)$;

(2) 特征值 $\lambda_1=-1$,全部特征向量 $k_1\begin{pmatrix}1\\0\\1\end{pmatrix}(k_1\neq0)$；

特征值 $\lambda_2=\lambda_2=2$,全部特征向量 $k_2\begin{pmatrix}1\\4\\0\end{pmatrix}+k_2\begin{pmatrix}1\\0\\4\end{pmatrix}$ (k_2,k_3 不同时为 0);

(3) 特征值 $\lambda_1=1$,全部特征向量 $k_1(-1,1,1)^{\mathrm{T}}(k_1\neq0)$.

特征值 $\lambda_2=\lambda_3=2$,全部特征向量为:$k_2(1,0,1)^{\mathrm{T}}+k_3=(0,1,1)^{\mathrm{T}}$($k_2,k_3$ 不同时为 0).

2. **提示**:必要性反证.

3. **提示**:定义证明.

习 题 5.3

1. (1) $\lambda_1=4, \boldsymbol{p}_1=\begin{pmatrix}1\\1\\2\end{pmatrix}$； $\lambda_2=-2, \boldsymbol{p}_2=\begin{pmatrix}-1\\0\\1\end{pmatrix}$， $\boldsymbol{p}_3=\begin{pmatrix}1\\1\\0\end{pmatrix}$；可以对角化.

(2) $\lambda_1=4, \boldsymbol{p}_1=\begin{pmatrix}0\\1\\1\end{pmatrix}$； $\lambda_2=-2, \boldsymbol{p}_2=\begin{pmatrix}1\\1\\0\end{pmatrix}$；不可以对角化.

2. $x=4, y=5$.

3. $\boldsymbol{A}=\begin{pmatrix}-\frac{1}{3} & 0 & \frac{2}{3}\\ 0 & \frac{1}{3} & \frac{2}{3}\\ \frac{2}{3} & \frac{2}{3} & 0\end{pmatrix}$.

习 题 5.4

1. (1) $\boldsymbol{P}=\begin{pmatrix}0 & \frac{4}{\sqrt{18}} & \frac{1}{3}\\ \frac{1}{\sqrt{2}} & -\frac{1}{\sqrt{18}} & \frac{2}{3}\\ \frac{1}{\sqrt{2}} & \frac{1}{\sqrt{18}} & -\frac{2}{3}\end{pmatrix}, \boldsymbol{P}^{-1}\boldsymbol{AP}=\begin{pmatrix}1 & & \\ & 1 & \\ & & 10\end{pmatrix}$；

(2) $\boldsymbol{P}=\begin{pmatrix}\frac{1}{2} & \frac{1}{\sqrt{2}} & 0 & \frac{1}{2}\\ -\frac{1}{2} & \frac{1}{\sqrt{2}} & 0 & -\frac{1}{2}\\ -\frac{1}{2} & 0 & \frac{1}{\sqrt{2}} & \frac{1}{2}\\ \frac{1}{2} & 0 & \frac{1}{\sqrt{2}} & -\frac{1}{2}\end{pmatrix}, \boldsymbol{P}^{-1}\boldsymbol{AP}=\begin{pmatrix}5 & & & \\ & 1 & & \\ & & 1 & \\ & & & 1\end{pmatrix}$.

2. $\boldsymbol{A}=\begin{pmatrix}4 & 1 & 1\\ 1 & 4 & 1\\ 1 & 1 & 4\end{pmatrix}$.

3. $\lambda_1=2, \boldsymbol{p}_1=(1,0,0)^{\mathrm{T}}$；$\lambda_2=1, \boldsymbol{p}_2=(0,1,-1)^{\mathrm{T}}$；$\lambda_3=5$， $\boldsymbol{p}_3=(0,1,1)^{\mathrm{T}}$.

$\boldsymbol{P}=(\boldsymbol{\eta}_1, \boldsymbol{\eta}_2, \boldsymbol{\eta}_3)=\begin{pmatrix}1 & 0 & 0\\ 0 & 1/\sqrt{2} & 1/\sqrt{2}\\ 0 & -1/\sqrt{2} & 1/\sqrt{2}\end{pmatrix}$，则 $\boldsymbol{P}^{-1}\boldsymbol{AP}=\begin{pmatrix}2 & 0 & 0\\ 0 & 1 & 0\\ 0 & 0 & 5\end{pmatrix}$.

4. $\boldsymbol{A}^n=\boldsymbol{P\Lambda}^n\boldsymbol{P}^{-1}=\frac{1}{2}\begin{pmatrix}1+3^n & 1-3^n\\ 1-3^n & 1+3^n\end{pmatrix}$.

习题 5.5

1. (1) $f=(x,y,z)\begin{pmatrix}1&2&1\\2&2&-1\\-1&2&1\end{pmatrix}\begin{pmatrix}x\\y\\z\end{pmatrix}$；(2) $f=(x,y,z)\begin{pmatrix}1&-1&2\\-1&1&-2\\2&-2&-3\end{pmatrix}\begin{pmatrix}x\\y\\z\end{pmatrix}$；

(3) $f=(x_1,x_2,x_3,x_4)\begin{pmatrix}1&-1&2&-1\\-1&1&3&-1\\2&3&2&0\\-1&-1&0&-1\end{pmatrix}\begin{pmatrix}x_1\\x_2\\x_3\\x_4\end{pmatrix}$.

2. (1) $f=x^2+2y^2-z^2+2xy-2xz$；　(2) $f=x_1^2+x_2^2+x_3^2+x_4^2-2x_1x_2-2x_3x_4$.

3. (1) $\begin{pmatrix}x_1\\x_2\\x_3\end{pmatrix}=\begin{pmatrix}1&0&0\\0&\frac{1}{\sqrt{2}}&-\frac{1}{\sqrt{2}}\\0&\frac{1}{\sqrt{2}}&\frac{1}{\sqrt{2}}\end{pmatrix}\begin{pmatrix}y_1\\y_2\\y_3\end{pmatrix}$，且有 $f=2y_1^2+5y_2^2+y_3^2$；

(2) $\begin{pmatrix}x_1\\x_2\\x_3\\x_4\end{pmatrix}=\begin{pmatrix}\frac{1}{2}&\frac{1}{2}&\frac{1}{\sqrt{2}}&0\\-\frac{1}{2}&\frac{1}{2}&0&\frac{1}{\sqrt{2}}\\-\frac{1}{2}&-\frac{1}{2}&\frac{1}{\sqrt{2}}&0\\\frac{1}{2}&-\frac{1}{2}&0&\frac{1}{\sqrt{2}}\end{pmatrix}\begin{pmatrix}y_1\\y_2\\y_3\\y_4\end{pmatrix}$，且有 $f=-y_1^2+3y_2^2+y_3^2+y_4^2$.

4. 略.

习题 5.6

1. (1) f 为负定；　(2) f 为正定.

2. (1) $-\frac{\sqrt{2}}{2}<t<\frac{\sqrt{2}}{2}$；　(2) $-\frac{4}{5}<t<0$.

3. **提示**：利用定义.

4. **提示**：利用正定定义.

5. **提示**：利用正定定义.

6. **提示**：利用定义.

习题 5.7

1. (1) $x^2+y^2+z^2-\frac{7}{2}x-2y-\frac{3}{2}z=0$；　(2) $x^2+y^2+(z-4)^2=21$.

2. 球面.

3. $x=4y^2+4z^2$.

4. $\frac{y^2}{2}+\frac{x^2+z^2}{3}=1$.

5. $9x^2-4(y^2+z^2)=36$，$9(x^2+z^2)-4y^2=36$.

6. 略.

7. (1) 旋转抛物面;(2) 旋转椭球面;(3) 圆锥面;(4) 旋转双叶双曲面;(5) 旋转单叶双曲面.

8. 略.

习题 5.8

1. (1) 圆周;(2) 圆周;(3) 双曲线;(4) 椭圆.

2. 略.

3. $\begin{cases}2x^2+5y^2=25\\z=0\end{cases}$, $\begin{cases}-3y^2+2z^2=25\\x=0\end{cases}$, $\begin{cases}3x^2+5z^2=100\\y=0\end{cases}$.

4. $2x-z^2+1=0(1-\sqrt{2}\leqslant x\leqslant 1+\sqrt{2})$, $x^2+y^2-2x-1=0$.

5. $\begin{cases}x^2+y^2\leqslant 2\\z=0\end{cases}$, $\begin{cases}2x^2\leqslant z\leqslant 4\\y=0\end{cases}$, $\begin{cases}2y^2\leqslant z\leqslant 4\\x=0\end{cases}$.

6. 略.

7. $\begin{cases}x^2+y^2\leqslant 2\\z=0\end{cases}$.

习题 5.9

1. (1) 单叶双曲面;(2) 双叶双曲面;(3) 椭球面;(4) 椭圆抛物面;(5) 马鞍面.

*2. 马鞍面.

3. 抛物线.

综合习题 5

1. (1) 4/9; (2) 0; (3) $k=1$ 或 -2; (4) 1/2; (5) $n!$; (6) 16; (7) $k=2$; (8) $-2<\lambda<1$;
(9) $R(\boldsymbol{A})=R(\boldsymbol{B})$,且 $\boldsymbol{A}$、$\boldsymbol{B}$ 有相同的正惯性指数.

2. (1) **D**; (2) **C**; (3) **B**; (4) **A**; (5) **B**; (6) **A**; (7) **D**; (8) **D**; (9) **B**.

3. (1) $\boldsymbol{\lambda}=1$,特征值 $\boldsymbol{\lambda}=1$ 的所有特征向量为 $\boldsymbol{k}(0,2,1)^{\mathrm{T}}$,$\boldsymbol{k}$ 为任意非零常数.

4. 提示:(1) $\boldsymbol{A}^2=(\boldsymbol{\alpha\beta}^{\mathrm{T}})(\boldsymbol{\alpha\beta}^{\mathrm{T}})=\boldsymbol{\alpha}(\boldsymbol{\beta}^{\mathrm{T}}\boldsymbol{\alpha})\boldsymbol{\beta}^{\mathrm{T}}=(\boldsymbol{\beta}^{\mathrm{T}}\boldsymbol{\alpha})\boldsymbol{\alpha\beta}^{\mathrm{T}}$, $\boldsymbol{\beta}^{\mathrm{T}}\boldsymbol{\alpha}=0\Rightarrow\boldsymbol{A}^2=\boldsymbol{O}$ (2) $\lambda=0$,

$$\boldsymbol{\xi}_1=\left(-\frac{b_2}{b_1},1,0,\cdots,0\right)^{\mathrm{T}},\boldsymbol{\xi}_2=\left(-\frac{b_3}{b_1},0,1,\cdots,0\right)^{\mathrm{T}},\cdots,\boldsymbol{\xi}_{n-1}=\left(-\frac{b_n}{b_1},0,0,\cdots,1\right)^{\mathrm{T}},$$

$\boldsymbol{A}$ 的属于特征值 $\lambda=0$ 的全部特征向量为 $c_1\boldsymbol{\xi}_1+c_2\boldsymbol{\xi}_2+\cdots+c_{n-1}\boldsymbol{\xi}_{n-1}$,其中 $c_1,c_2,\cdots,c_{n-1}$ 是不全为零的任意常数.

5. $\boldsymbol{A}$ 的特征值为 $1,1,-5$; $\boldsymbol{E}+\boldsymbol{A}^{-1}$ 的特征值为 $2,2,\frac{4}{5}$.

6. $\boldsymbol{P}=\begin{pmatrix}2/\sqrt{5} & -2/3\sqrt{5} & 1/3\\ 1/\sqrt{5} & 4/3\sqrt{5} & -2/3\\ 0 & 5/3\sqrt{5} & 2/3\end{pmatrix}$,做正交变换 $\boldsymbol{X}=\boldsymbol{PY}$;标准形 $f=9y_3^2$.

7. (1) $f(x_1,x_2,x_3)=(x_1,x_2,x_3)\begin{pmatrix}0 & 2 & -2\\ 2 & 4 & 4\\ -2 & 4 & -3\end{pmatrix}\begin{pmatrix}x_1\\x_2\\x_3\end{pmatrix}$;

(2) $\boldsymbol{P}=\begin{pmatrix} \frac{2}{\sqrt{5}} & \frac{1}{\sqrt{30}} & \frac{1}{\sqrt{6}} \\ 0 & \frac{5}{\sqrt{30}} & -\frac{1}{\sqrt{6}} \\ -\frac{1}{\sqrt{5}} & \frac{2}{\sqrt{30}} & \frac{2}{\sqrt{6}} \end{pmatrix}$，$f(x_1,x_2,x_3)=y_1^2-6y_2^2-6y_3^2$.

8. (1) $\lambda_0=-1, a=-3, b=0$.　(2) $\boldsymbol{A}$ 不可对角化.

9. $b=-3$，$a=c=2, \lambda_0=-1$.

10. $\lambda_1=0, \lambda_{2,3}=2$，$\boldsymbol{B}$ 的特征值为 $\lambda_1'=k^2, \lambda_{2,3}'=(k+2)^2$，$k\neq 0$ 且 $k\neq -2$ 时，此时 $\boldsymbol{B}$ 正定.

11. $\alpha=\beta=0$.

12. (1) $\lambda_1=a-2$，　$\lambda_2=a$，　$\lambda_3=a+1$.

(2) $\boldsymbol{A}$ 的特征值中有 2 个为正，1 个为零，所以 $\lambda_1=a-2=0$，即 $a=2$.

13. **提示**：$\boldsymbol{A}$ 是正定阵，所以 $\lambda_i>0(i=1,2,\cdots,n)$，$\boldsymbol{A}+\boldsymbol{E}$ 的特征值 $\lambda_i+1>1(i=1,2,\cdots,n)$.

14. **提示**：用定义证.

15. **提示**：反证法.

16. xOy 面：$x^2+y^2=a^2$；zOx 面：$x=a\cos\frac{z}{b}$；yOz 面：$y=a\sin\frac{z}{b}$.

17. (1) $\begin{cases} x^2+y^2\leqslant ax \\ z=0 \end{cases}$；　(2) $\begin{cases} 0\leqslant z\leqslant \sqrt{a^2-ax} \\ y=0 \end{cases}$.

18. $\begin{cases} x^2+y^2=x+y \\ z=0 \end{cases}$，$\begin{cases} 2y^2+2yz+z^2-4y-3z+2=0 \\ x=0 \end{cases}$，$\begin{cases} 2x^2+2xz+z^2-4x-3z+2=0 \\ y=0 \end{cases}$.

19. (1) $(\sqrt{x^2+y^2}-3)^2+z^2=1$；　(2) $x^2+z^2=1$.

第 6 章

习题 6.1

1. (1) 能构成线性空间；(2) 不能构成线性空间；(3) 不能构成线性空间；

(4) 不能构成线性空间；　(5) 不能构成线性空间；　(6) 能构成线性空间；

(7) 不能构成线性空间.

2. (1) 1 维，基可取 1；　(2) 2 维，基可取 $1, i$；　(3) 2 维，基可取 $(1,0)^{\mathrm{T}},(0,1)^{\mathrm{T}}$；

(4) 4 维，基可取 $(1,0)^{\mathrm{T}},(i,0)^{\mathrm{T}},(0,1)^{\mathrm{T}},(0,i)^{\mathrm{T}}$；

(5) n^2 维，基可取为 $\boldsymbol{E}_{ij}(i,j=1,2,\cdots,n)$，其中 $\boldsymbol{E}_{ij}$ 为位于第 i 行第 j 列的元素为 1，其余元素均为 0 的 n 阶方阵；

(6) $\frac{n(n+1)}{2}$ 维，基可取为 $\boldsymbol{F}_{ij}=\begin{cases} \boldsymbol{E}_{ij}+\boldsymbol{E}_{ji}, i\neq j \\ \boldsymbol{E}_{ij}, i=j \end{cases}$.

3. (1) $\left(\frac{5}{4},\frac{1}{4},-\frac{1}{4},-\frac{1}{4}\right)^{\mathrm{T}}$；　(2) $(1,0,-1,0)^{\mathrm{T}}$.

4. (1) $\begin{pmatrix} 1 & 0 & 0 \\ -2 & -2 & 0 \\ 4 & 4 & 4 \end{pmatrix}$；　(2) $\boldsymbol{X}'=\left(0,-\frac{1}{2},\frac{1}{4}\right)^{\mathrm{T}}$.

5. (1) 由基 I 到基 II 的过渡矩阵为 $\boldsymbol{M}=\begin{pmatrix}1&1&1&1\\1&1&1&0\\1&1&0&0\\1&0&0&0\end{pmatrix}$；

(2) $\boldsymbol{A}$ 在基 II 下的坐标为 $\boldsymbol{X}'=(4,-1,-1,-1)^{\mathrm{T}}$.

6. 坐标变换公式为

$$\begin{pmatrix}x'_1\\x'_2\\x'_3\\x'_4\end{pmatrix}=\begin{pmatrix}0&1&-1&1\\-1&1&0&0\\0&0&0&1\\1&-1&1&-1\end{pmatrix}\begin{pmatrix}x_1\\x_2\\x_3\\x_4\end{pmatrix}.$$

7. (1) 不构成子空间； (2) W_2 构成 $\mathbf{R}^{2\times3}$ 的子空间.

8. 略.

习题 6.2

1. (1) 不是； (2) 是； (3) 是； (4) 不是.

2. (1) $\operatorname{Im} T=\{x_1\boldsymbol{\varepsilon}_1 \mid x_1\in\mathbf{R},\boldsymbol{\varepsilon}_1=(1,0,0)\}$,

$\operatorname{Ker} T=\{(0,x_2,x_3)\mid x_2,x_3\in\mathbf{R}\}$

$=\{x_2\boldsymbol{\varepsilon}_2+x_3\boldsymbol{\varepsilon}_3 \mid x_2,x_3\in\mathbf{R},\boldsymbol{\varepsilon}_2=(0,1,0),\boldsymbol{\varepsilon}_3=(0,0,1)\}$；

(2) $\operatorname{Im} T=\{x_1\boldsymbol{\varepsilon}_1+x_2\boldsymbol{\varepsilon}_2+x_3\boldsymbol{\varepsilon}_3 \mid x_1,x_2,x_3\in\mathbf{R},\boldsymbol{\varepsilon}_1=(1,0,0),\boldsymbol{\varepsilon}_2=(1,1,0),\boldsymbol{\varepsilon}_3=(1,1,1)\}$,

$\operatorname{Ker} T=\{(0,0,0)\}$；

(3) $\operatorname{Im} T=\{x_1\boldsymbol{\alpha}_1+x_2\boldsymbol{\alpha}_2 \mid x_1,x_2\in\mathbf{R},\boldsymbol{\alpha}_1=(1,-1,0),\boldsymbol{\alpha}_2=(1,0,1)\}$,

$\operatorname{Ker} T=\{x\boldsymbol{\alpha}_3 \mid x\in\mathbf{R},\boldsymbol{\alpha}_3=(-2,1,1)\}$.

3. $\begin{pmatrix}-2&0\\0&-2\end{pmatrix},\begin{pmatrix}4&0\\0&4\end{pmatrix}$. 4. $\begin{pmatrix}2&-1&0\\0&1&1\\1&0&0\end{pmatrix}$.

5. (1) $\boldsymbol{A}=\begin{pmatrix}-1&2&0\\1&1&-1\\0&1&-1\end{pmatrix}$；(2) $\boldsymbol{B}=\begin{pmatrix}0&1&0\\1&1&1\\0&-1&-2\end{pmatrix}$.

6. 略.

综合习题 6

1. (1) 构成线性空间； (2) 构成线性空间； (3) 不构成线性空间.

2. 构成线性空间.

3. (1) W 不是 V 的子空间； (2) W 是 V 的子空间； (3) W 不是 V 的子空间.

4. (1) $W_1\cap W_2$ 构成 V 的子空间；

(2) $W_1\cup W_2$ 不一定构成 V 的子空间.

例如：设 $V=\mathbf{R}^2$, $W_1=\{(x,0)\mid x\in\mathbf{R}\}$, $W_2=\{(0,y)\mid y\in\mathbf{R}\}$. 显然 W_1,W_2 都是 V 的子空间，取 $\boldsymbol{\alpha}=(1,0)\in W_1$, $\boldsymbol{\beta}=(0,1)\in W_2$，于是 $\boldsymbol{\alpha},\boldsymbol{\beta}\in W_1\cup W_2$，但 $\boldsymbol{\alpha}+\boldsymbol{\beta}=(1,1)\notin W_1\cup W_2$，故 $W_1\cup W_2$ 不一定构成 V 的子空间.

注 $W_1\cup W_2$ 构成 V 的子空间的充要条件是 $W_1\subseteq W_2$ 或 $W_1\supseteq W_2$.

5. (1) $\boldsymbol{A}=\begin{pmatrix}1&1&1\\0&1&1\\0&0&1\end{pmatrix}$;　(2) $\boldsymbol{\beta}_1=(1,0,0)^{\mathrm{T}},\boldsymbol{\beta}_2=(0,1,0)^{\mathrm{T}},\boldsymbol{\beta}_3=(0,0,1)^{\mathrm{T}}$;

(3) $(-1,-1,3)^{\mathrm{T}}$.

6. (1) 证明略; (2) $\boldsymbol{P}=\begin{pmatrix}1&1&1&\cdots&1\\0&1&1&\cdots&1\\0&0&1&\cdots&1\\\vdots&\vdots&\vdots&&\vdots\\0&0&0&\cdots&1\end{pmatrix}$.

(3) 坐标变换公式为 $\begin{pmatrix}y_1\\y_2\\\vdots\\y_n\end{pmatrix}=\boldsymbol{P}^{-1}\begin{pmatrix}x_1\\x_2\\\vdots\\x_n\end{pmatrix}=\begin{pmatrix}1&-1&0&\cdots&0&0\\0&1&-1&\cdots&0&0\\0&0&1&\cdots&0&0\\\vdots&\vdots&\vdots&&\vdots&\vdots\\0&0&0&0&1&-1\\0&0&0&0&0&1\end{pmatrix}\begin{pmatrix}x_1\\x_2\\\vdots\\x_n\end{pmatrix}$.

7. 略.

8. 略.

9. (1) 证明略; (2) 设 $\boldsymbol{A}=\begin{pmatrix}a&b\\c&d\end{pmatrix}$,则 T 在给定基下的矩阵为 $\begin{pmatrix}0&-c&b&0\\-b&a-d&0&b\\c&0&d-a&-c\\0&c&-b&0\end{pmatrix}$.

10. 略.

11. $\begin{pmatrix}0&1&0&\cdots&0\\0&0&1&\cdots&0\\\vdots&\vdots&\vdots&&\vdots\\0&0&0&\cdots&1\\0&0&0&\cdots&0\end{pmatrix}$.